Р.М. Теремова, В.Л. Гаврилова

ОКНО В МИР РУССКОЙ РЕЧИ

Издательство «Борей»
Санкт-Петербург
2001

Теремова Р.М., Гаврилова В.Л.

Окно в мир русской речи. Учебное пособие по русскому языку для иностранцев. – Санкт-Петербург: издательство "Борей", 2001. – 472 с. с ил.

ISBN 5-7187-0302-7

Окно в мир русской речи. **Учебное пособие по русскому языку для иностранцев — Санкт-Петербург, 2001. — 472 с. с ил.**

Учебное пособие "Окно в мир русской речи" предназначено для интенсивного обучения русскому языку самого широкого круга иностранных учащихся: студентов, аспирантов, слушателей краткосрочных курсов среднего и продвинутого уровней владения русским языком.

С учетом определенной корректировки учебного материала пособие может быть использовано для начального этапа обучения русскому языку как иностранному.

Цель пособия – активизация навыков устной речи, совершенствование коммуникативной и лингвокультурологической компетенции иностранных учащихся.

Пособие включает 20 тематически организованных разделов, каждый из которых имеет следующую структуру: *"Лексика по теме"* (с переводом на английский язык), *"Давайте поговорим!"* (тексты, диалоги, учебные задания, игровой материал, грамматический комментарий), *"Время. События. Люди"* (материалы для дискуссий, а также для дополнительной и самостоятельной работы), *"Проверьте себя!"* (тест), русские песни и ключи к наиболее трудным заданиям.

Может быть использовано для самостоятельного изучения русского языка. К учебному пособию прилагается аудиокассета.

Авторы благодарят Натана Лонгана (США), Г.А.Мажную за помощь в работе над переводом лексики на английский язык.

ISBN 5-7187-0302-7

СОДЕРЖАНИЕ

Условные обозначения

ключ к заданиям

задание на аудирование

письмо друзьям

1 ДАВАЙТЕ ПОЗНАКОМИМСЯ!

1. Лексика по теме

ЗНАКОМИТЬСЯ/ПОЗНАКОМИТЬСЯ (*с кем?*), представляться/представиться (*кому?*); знакомить/познакомить (*кого? кого с кем?*), представлять/представить (*кого кому?*).	TO MEET/TO GET ACQUAINTED (*with whom?*), to introduce oneself (*to whom?*); to acquaint (*whom? whom with whom?*), to introduce/to present (*whom to whom?*).
ЗНАКОМСТВО: удачное, неудачное; случайное; способ знакомства; повод для знакомства; место знакомства.	ACQUAINTANCESHIP: fortunate, unfortunate; by chance; manner/way of getting to know somebody; cause/reason/opportunity to get to know somebody; place of acquaintanceship.

2. Давайте поговорим!

РАССКАЗЫВАЕМ О СЕБЕ

1 ***а)*** Прочитайте текст.

Вы хотите познакомиться с нашими героями? Пожалуйста!

Главный герой – это американский студент Мэтью. Может быть, он сам расскажет о себе? Давайте спросим его. Он отвечает: "С удовольствием!" Прекрасно! Начинайте, Мэтью!

Меня зовут Мэтью. Я приехал из Америки. По национальности я американец. Родился я в небольшом городе Тэкоме. Это в одном из западных штатов США – Вашингтоне.

Сейчас я живу в пригороде Чикаго – Эванстоне, где учусь в Нортвестернском университете. Это очень престижный университет. Он входит в десятку лучших университетов страны.

Мне 20 лет, и учусь я на третьем курсе университета. По профессии я будущий историк. Моя вторая специальность – русский язык и литература. Русский язык я изучаю 2 года, это не так много, и поэтому я ещё не очень хорошо говорю по-русски.

Женат ли я? Что за вопрос! Конечно, не женат! Зачем жениться так рано? Как говорят русские, сначала надо встать на ноги.

Группа, в которой учится Мэтью, – интернациональная. Сразу же Мэтью познакомился с Джоном, студентом из Англии, и через неделю они стали друзьями. И это естественно: оба они увлекаются историей, культурой, оба уже полюбили Санкт-Петербург и, если не хватает русских слов, переходят на английский.

Кроме того, Мэтью нравится разговаривать с Патриком. Патрик – швед. Он учится в шведском университете в Лунде. Его будущая профессия – политолог. Поэтому они часто спорят о политике и "решают", каким курсом идти России дальше.

Мэтью подружился с Майей. Она студентка Хельсинкского университета, увлекается театром и музыкой. И они уже несколько раз ходили на концерт в филармонию. Кстати, с ними была и Сюцинь – студентка из Китая. Она тоже любит музыку и увлекается живописью. Её хобби – русский фольклор.

В группе ещё учится Флориан, студент из Фрайбурга. Он будущий юрист и сейчас проходит практику в одной из юридических фирм Петербурга.

Группа собралась интересная, весёлая. Студенты твёрдо решили говорить ТОЛЬКО ПО-РУССКИ! Это очень трудно, но они надеются, что через месяц будет легче.

Мэтью, конечно, хочет лучше узнать русских людей, их историю, культуру. Ему нравятся русские, и он считает, что они похожи на американцев. Впрочем, с ним не все согласны.

Мэтью повезло. В Петербурге он сразу же познакомился с русской семьёй: Александром и его женой Леной и часто бывает у них в гостях.

Мэтью собирается путешествовать по России, потому что лучше "один раз увидеть, чем сто раз услышать!" Что ж, пожелаем ему успехов!

б) Вам понравился наш герой? Расскажите о нём.

в) Составьте по тексту диалог "Разговор с Мэтью".

2 А теперь – давайте познакомимся! Расскажите о себе. *ИСПОЛЬЗУЙТЕ* эту анкету.

Меня зовут ______________________________

Я приехал из ______________________________

Я родился (когда? где?) ______________________________

Я живу в ______________________________

Я учусь ______________________________

По профессии я ______________________________

Я работаю ______________________________

Я женат/замужем ______________________________

Моя семья ______________________________

Я похож на ______________________________

У меня есть ______________________________

Я люблю ______________________________

Я увлекаюсь ______________________________

Моё хобби ___

Больше всего я люблю

- блюдо ___
- книгу ___
- фильм ___
- музыкальное произведение ___

Я приехал в ___,

чтобы (потому что хочу) ___

3 **а)** Прочитайте стихотворение, состоящее из вопросов.

Разные вопросы задаю я всем:

– Как?
– Откуда?
– Сколько?
– Почему?
– Зачем?
– Где?
– Куда?
– Какая?
– Отчего?
– О ком?
– Что?
– Кому?
– Который?
– Чья?
– Каким?
– О чём?

б) Используя стихотворение, составьте вопросы, которые вы можете задать при знакомстве.

МОДЕЛЬ: *Как* вас зовут?

в) Соедините левую и правую колонки и задайте полученные вопросы друг другу.

Как	языки вы знаете?
Откуда	времени вы будете в Петербурге?
Кто	вы изучаете?
Где	вы приехали?
Что	вы поедете из Петербурга?
Почему	вы живёте?
Сколько	вы?
Куда	вы учите русский язык?
Какие	вас зовут?

 Вместо точек вставьте в диалоги глаголы в нужной форме.

ИСПОЛЬЗУЙТЕ:

ВЫ ЗНАКОМИТЕСЬ САМИ	знакомиться/познакомиться *(с кем?)* представляться/представиться *(кому?)*
	Можно / Я хотел бы / Мне хотелось бы — с вами познакомиться Давайте — знакомиться! / (с вами) познакомимся! Разрешите (Позвольте) — с вами познакомиться. / представиться. } Меня зовут…

* * *

Звонок. Вы открываете дверь. Перед вами молодая симпатичная женщина:

– Я ваша новая соседка. Мне хотелось бы с вами … . Меня зовут Аня.

* * *

В библиотеке. Молодой человек говорит девушке:

– Мы здесь с вами часто встречаемся. Я хотел бы с вами … . Меня зовут Игорь. А вас?

* * *

К группе туристов подходит экскурсовод:

– Разрешите … . Я ваш гид. Меня зовут Марина Николаевна.

* * *

В спортивный зал входит молодой мужчина:

— Давайте …! Олег Михайлович, ваш новый тренер.

 Вместо точек вставьте в диалоги глаголы в нужной форме.

ИСПОЛЬЗУЙТЕ:

ВАС ЗНАКОМЯТ	знакомить/познакомить *(кого? кого с кем?)* представлять/представить *(кого кому?)*	
	Знакомьтесь! Познакомьтесь, пожалуйста!	Это…, а это…
	Познакомьтесь Я хочу познакомить вас Мне хотелось бы познакомить вас	с моим другом
	Разрешите вас познакомить	с нашим новым директором
	Разрешите (Позвольте) представить вам	нашего нового директора

* * *

Серёжа знакомит своих друзей.

– … ! Это – Кирилл, а это – Леонид.

* * *

Таня и Нина едут в автобусе. К Тане подходит её знакомый. Она обращается к подруге:

– Нина, … , пожалуйста! Это Борис. А это моя подруга Нина!

* * *

Директор – рабочим:

– Разрешите … вас с новым инженером. Михайлов Константин Владимирович!

* * *

На деловой встрече секретарь знакомит партнёров фирмы:

– Господин Смит! Позвольте … вам нашего нового партнёра господина Белоусова!

А теперь

- познакомьтесь друг с другом;
- представьтесь преподавателю;
- представьте преподавателю друг друга.

7 Прочитайте диалоги и разыграйте их.

– Простите, девушка, это вы забыли книгу?

– Ой, большое спасибо. Это действительно моя книга.

– Не за что. Можно с вами познакомиться? Меня зовут Сергей. Я студент.

– А меня Наташа. Я тоже учусь в университете.

– Очень приятно. Я рад познакомиться с такой симпатичной девушкой.

– ... которая всё забывает!

* * *

– Здравствуйте! Я ваша преподавательница русского языка. Давайте познакомимся. Меня зовут Тамара Сергеевна. А как вас зовут?

– Меня зовут Мэтью. Познакомьтесь, пожалуйста, это Майя, это Джон, это Патрик, это Сюцинь, а это Флориан.

– Я рада познакомиться с такой приятной группой. Откуда вы приехали?

– Из разных стран. Я из Америки, Майя из Финляндии, Джон из Англии, Патрик из Швеции, Сюцинь из Китая, Флориан из Германии.

* * *

– Разрешите представиться. Иванова Елена Григорьевна. Я ваш переводчик.

– Очень приятно.

– Я тоже рада с вами познакомиться и хотела бы узнать вашу программу на завтра.

– В 12 часов у нас встреча с деканом факультета русского языка как иностранного, затем обед и вечером балет в Мариинском театре.

* * *

– Знакомьтесь! Это Майя и Сойле, мои знакомые из Хельсинки. А это мой старый друг Сергей.

– *Очень приятно. Как вы доехали?*

– Отлично!

* * *

– Анна Владимировна, я хочу познакомить вас с моей женой. Её зовут Аня.

– *Я рада с вами познакомиться, тёзка.*

– Я тоже.

8 ***а)*** Как вы думаете, где чаще всего люди знакомятся? Почему? Заполните таблицу:

В	*НА*
в институте	на лекции
…	…
…	…

ИСПОЛЬЗУЙТЕ:

спортклуб, кафе, театр, поезд, остановка, библиотека, самолёт, школа, университет, Чикаго, почта, отпуск, Милан, путешествие, поликлиника, курсы русского языка, пляж, экскурсия, транспорт, ресторан, Хельсинки, магазин, лаборатория, больница, Великобритания, выставка, музей, улица, санаторий, вечер, концерт, Санкт-Петербург, Нортвестернский университет.

б) Кто чаще всего знакомится

- в библиотеке;
- на дискотеке;
- на выставке;
- в поликлинике?

9 ***а)*** Рассмотрите картинку. Как пытался познакомиться этот молодой человек? Удалось ли это ему?

б) Составьте диалог по данной картинке.

в) Считаете ли вы удачным этот способ знакомства? Почему?

– Простите, вы тоже летите этим самолётом?

10 ***а)*** Прочитайте текст.

ГДЕ И КАК ИСКАТЬ СПУТНИКА (СПУТНИЦУ) ЖИЗНИ?

В России местом первой встречи может быть и выставка, и концерт, и вечеринка, а также теннисный корт, бассейн, институт, работа, в конце концов, просто улица, где вы также можете случайно познакомиться.

А вот, например, в Америке не принято знакомиться на улице. Многие мужчины запуганы многочисленными *судебными исками (lawsuits)* американок о *сексуальных домогательствах (sexual harassment)* и на службе побоятся даже сказать комплимент даме.

И всё-таки, где же знакомятся американцы?

Исследования показывают: на службе, у родственников и друзей.

б) А где знакомятся в вашей стране? Где познакомились вы со своим другом (подругой)? Интересно, а где познакомились ваши родители?

в) Где бы вы посоветовали (не советовали) знакомиться? Почему?

а) Расскажите, где и как они познакомились.

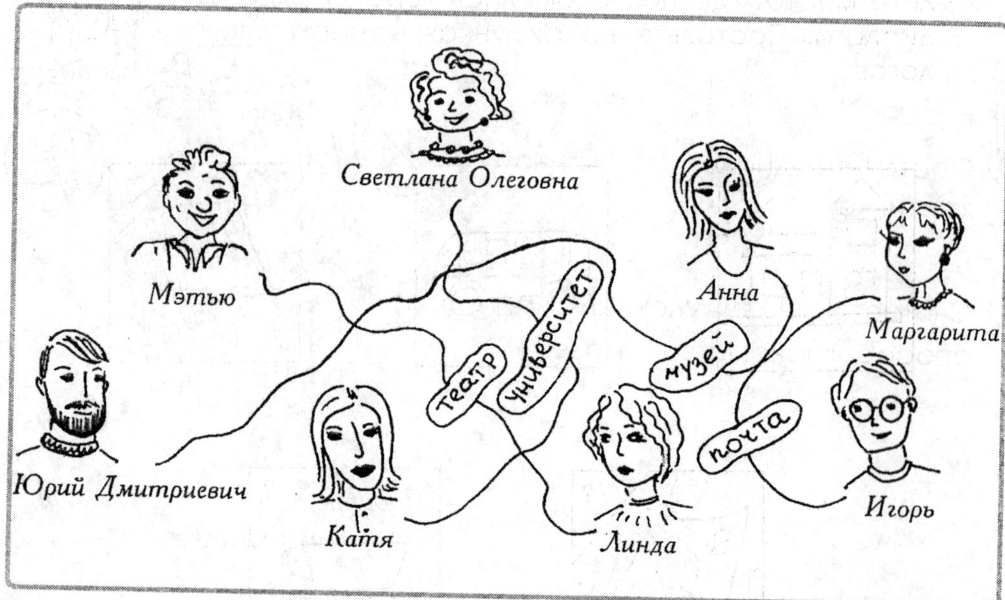

б) Итак, Линда и Мэтью познакомились. А теперь составьте рассказ о них.

ИСПОЛЬЗУЙТЕ:

Они They	познакомились уже давно знакомы часто разговаривают советуются	met have been acquainted for a long time often talk ask... for advice	*друг с другом (with, to) each other*
	хорошо относятся	relate well	*друг к другу to each other*
	помогают часто пишут	help often write	*друг другу each other*
	любят	love	*друг друга each other*
	думают говорят заботятся	think talk take care of	*друг о друге (about) each other*

Прослушайте диалоги, которые состоялись в разных местах (смотрите рисунки). Определите место, где познакомились герои каждого диалога. Поставьте на рисунках номера диалогов.

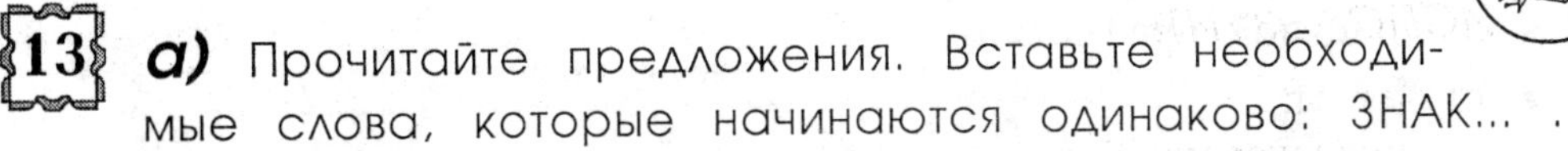

13 ***а)*** Прочитайте предложения. Вставьте необходимые слова, которые начинаются одинаково: ЗНАК... .

Я не умею ЗНАК..., поэтому у меня всё ещё нет девушки. На вечер в университет я пришёл один. Ко мне подошёл Слава, мой ЗНАК... по университету. Слава любит ЗНАК... своих друзей друг с другом. Вот и сейчас он предложил мне познакомиться с симпатичной девушкой. Я согласился, и наше ЗНАК... состоялось. Теперь мы часто встречаемся с Таней.

б) А теперь запишите эти слова:

ЗНАК			ы	й			
				т	ь		
						о	
				т	ь	с	я

а) Прочитайте диалог и разыграйте его. Выпишите фразеологизмы.

– Ты хорошо знаешь Таню Королёву?

– Нет! Почти не знаю, только здороваемся. Как говорят, *шапочное знакомство.*

– Я давно хотел с ней познакомиться, но всё как-то не получалось. А вдруг ей будет неинтересно со мной!

– Напрасно ты так думаешь. Это очень общительная, весёлая девушка. Думаю, что вы быстро *найдёте общий язык*.

б) Какое знакомство русские называют "*шапочным*"? Почему?

Какие традиционные жесты, движения используют разные народы при встрече и прощании? Какие жесты приняты или не приняты в вашей стране в этих ситуациях?

в) Как вы понимаете выражение "*найти общий язык*"?

г) Кто быстрее всего найдёт общий язык друг с другом:

- люди, имеющие похожие увлечения, хобби;
- люди одной профессии;
- студенты;
- одногодки;
- пенсионеры?

Почему?

Согласны ли вы с тем, что

- начинать знакомство лучше всего с фразы: *"Разрешите представиться ... "*;
- чем старше человек, тем легче он знакомится с новыми людьми;
- знакомиться лучше всего на улице;
- девушка, как и молодой человек, может быть инициатором знакомства;
- люди разных специальностей легче находят общий язык?

 *а)* Познакомьтесь с русскими пословицами.

- Не имей сто рублей, а имей сто друзей.
- Старый друг лучше новых двух.
- Одна голова хорошо, а две лучше.

б) Закончите рассказы пословицей.

- Серёжа и Марина собирались в отпуск. Но что делать с цветами? Ведь без воды они погибнут! Марина пошла к соседям. Вернулась радостная: "Мы оставим ключи *(we`ll leave the keys)* нашей соседке Марии Ивановне. Она будет поливать цветы! Правду говорят, ... ".
- У меня много новых друзей. Мы часто встречаемся и хорошо проводим время. Но в трудную или, наоборот, радостную минуту я всё-таки чаще всего вспоминаю своего старого школьного друга, которого очень люблю. Правду говорят: " ... ".

 Прочитайте шутки и перескажите их.

– Мама, вы с папой где родились?

– *Я – в Киеве, а папа – в Саратове.*

– А я где родился?

– *А ты – в Москве.*

– А как же мы все трое познакомились?

* * *

В больнице молодая девушка подошла к женщине в белом халате.

– Могу ли я видеть Петрова из пятой палаты?

– *А кто вы ему?*

– Я его сестра.

– *Очень рада познакомиться с вами. Я его мама.*

* * *

– Были ли у тебя трудности в Санкт-Петербурге с твоим русским языком?

– *У меня нет. У русских были.*

3. Время. События. Люди

НАШ КАЛЕЙДОСКОП

Встречи и знакомства бывают неожиданными, интересными, необычными – разными. Сколько людей – столько и историй.

"МЕНЯ ЗОВУТ СЕРГЕЙ. А ВАС?"

Это было летом. Я сдала последний экзамен за летнюю сессию, поэтому настроение у меня было отличное.

Я ехала домой на трамвае. В вагоне увидела высокого молодого мужчину с бородой и стала фантазировать: "Вот сейчас будет моя остановка, и ОН вдруг выйдет вместе со мной и скажет: "Вы так божественно прекрасны, разрешите Вас проводить, меня зовут "Икс", а как Ваше имя?", – и я скажу: "Назовите Ваше любимое женское имя!", – и он в ответ назовёт моё, и мы познакомимся, и он станет моим мужем, и мы пойдём по жизни рука об руку".

Когда я вышла из трамвая и прошла несколько шагов, я вдруг услышала: "Ради Бога, извините, но я из-за Вас уехал непонятно куда. Вы позволите мне Вас проводить?" Передо мной стоял ОН. Он сказал: "Меня зовут Сергей. А вас?"

Всё было так, как я задумала! "Назовите своё любимое женское имя", – сказала я. Его ответ был быстрым: "Дездемона!"

Мы стояли перед нашим домом, я должна была уехать с родителями на дачу. Наше знакомство могло завершиться, не начавшись. Сергей попросил у меня адрес, чтобы написать мне. Вдруг он сказал: "Невероятно! Вам известно, что у Вашего отца был роман с моей матушкой, когда они были студентами театрального училища?" Этот факт *был впоследствии подтверждён (was confirmed afterwards)*. Всё лето у нас шла оживлённая переписка, иногда я приезжала в город, и мы встречались и гуляли по светлым ночным питерским улицам, а осенью мне было сделано предложение о замужестве... Впрочем, это уже совсем другая история.

Серёжи уже нет на свете. Все его письма я бережно храню. Написанные им книги – это бестселлеры, образец прекрасной русской прозы. Я хочу назвать Вам его полное имя: это Сергей Довлатов.

Л.Ю. Толубеева

"КТО ПОЙДЁТ ЗА МЕНЯ ЗАМУЖ?"

Дело было в июне. Мы – четверо друзей – выпускники морского училища. Молодые офицеры. Белая петербургская ночь. Дворцовая площадь. Позади – годы учёбы, впереди – целая жизнь.

И тут нам навстречу попались четыре девчонки. Они смеялись, о чём-то болтали. Мы замедлили шаг. *Меня* как будто *что-то ударило в спину (something struck me into the back)* и *толкнуло вперёд (pushed forward)*: сейчас или никогда!

– Девчонки, а кто пойдёт за меня замуж?

– А вот я пойду! – и ОНА шагнула ко мне навстречу. И не было ни *замешательства (embarrassment)*, ни *бесшабашности (dare-devilry)*.

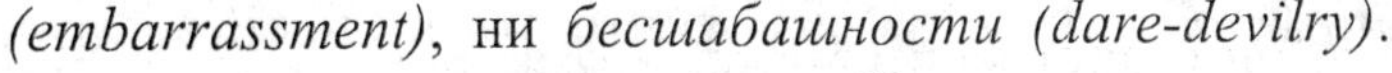

И прошло лет этак ...дцать. Когда я прохожу через Дворцовую площадь, то всегда вспоминаю то летнее утро.

Геннадий Герм

СПАСИБО БИМКЕ!

"Собачья" история первая

Она жила в соседнем подъезде и каждое утро, спеша на работу, проходила мимо нас с Бимкой, моим спаниелем. Как познакомиться с ней, я не представлял: во-первых, она всегда торопилась, во-вторых, ясно было, что она не из тех, кто даёт свой телефон *первому встречному (first person one meets)*, в-третьих, с женщинами я всегда очень робок…

И вот однажды Бимка, как будто понимая мои *страдания (sufferings)*, вдруг бросился к прекрасной незнакомке и стал с ней радостно заигрывать. Она присела и погладила его.

– Это ваш такой ласковый? – спросила она.

– Мой, – подтвердил я.

– Чудный пёс! – погладила она его. – Ужасно люблю спаниелей.

Мы проводили её до метро. А вечером мы уже пили с ней кофе. Спасибо Бимке!

(По материалам прессы)

СПАСИБО ДОРЕ И КЛОДУ!

"Собачья" история вторая

Даша была красива, умна и обаятельна, и женихов у неё было немало, но... замуж не выходила – всё как-то не получалось. И вот однажды, *выгуливая свою овчарку (walking with her sheep-dog)* Дору, она познакомилась с хозяином ротвейлера Клода. Он жил в соседнем доме и звали его Андреем. Собаки подбежали друг к другу и увлекли их за собой. Так состоялось знакомство. Говорили о своих любимцах. Они встречались каждый вечер, подружились, а вскоре поняли, что им лучше не расставаться. Они не могли жить друг без друга.

Теперь они живут все вместе: Даша с Андреем и Клод с Дорой. Соседи *ворчат (grumble)*: зачем им две собаки. Они не знают, что это не просто "друзья человека", а четвероногие *свахи (matchmakers)*. И что у свадебного стола обе собаки в белых ошейниках – вполне заслуженно поедали свой "педи гри"...

Любопытно, что ротвейлер стал относиться к Даше с бо́льшим *почтением (respect)*, чем к своему хозяину, а овчарка *сразу полюбила (liked at once)* Андрея.

(По материалам прессы)

"МАМА – ПАПА..."

Мы *столкнулись (came across each other)* у выхода из парка. Молодой человек куда-то спешил, на руках у него сидел симпатичный малыш. Он трогал папу за волосы и смеялся.

– Это, случайно, не ваш ребёнок? – вдруг спросил молодой папа.

– Нет, – растерялась я. Но тут же нашлась: – А вам не кажется странным, что вы не знаете маму своего сына?

Мы посмотрели друг на друга, на малыша и расхохотались.

– Вы представляете, иду я по парку, читаю конспекты, у меня завтра экзамен, – начал рассказывать молодой человек, – и вдруг вижу, выползает из кустов это чудо. Спрашиваю, как тебя зовут, где твоя мама. А он и говорить-то не умеет.

Малыш посмотрел на нас своими глазёнками и вдруг отчётливо произнёс:

– Мама-папа...

Мы тоже внимательно посмотрели друг на друга и опять дружно рассмеялись.

– Ну, ничего не поделаешь, – сказал он, – это неприлично, если мама и папа не знают, как друг друга зовут.

Так мы и познакомились. Игорь – студент педагогического вуза, готовился сдавать экзамен по литературе. А я пришла в парк просто подышать свежим воздухом, почитать любимую книгу. Потом... мы долго гуляли, ели мороженое, катались на карусели. Так пролетел этот чудесный летний день. Малыш уснул у меня на руках.

У выхода из парка к нам подбежала молодая женщина. Она кричала:

– Вот он, мой Димочка! Спасибо, что вы его нашли!

Молодая женщина обнимала и целовала своего малыша, а он тянулся ручонками к нам.

Через месяц мы с Игорем поженились. И своего сына, конечно же, назвали Димочкой.

(По материалам прессы)

"ЖИВ. ЛЮБЛЮ. БУДЬ СЧАСТЛИВА!"

Олег и Лена познакомились в Афганистане. Он воевал, был ранен. Она работала медсестрой в госпитале. Там они и встретились. Он подарил ей игрушечного медвежонка. А она ему – фотографию, где была в белом платье.

Роман их был недолог. *Подлечившись (having undergone a cure)*, он вновь ушёл на войну и *погиб (perished)*. А она вернулась в Питер, вышла замуж и родила девочку. Игрушечного медвежонка она сохранила, он стоял на полке у зеркала, и муж не знал, чей это подарок.

Они жили хорошо, но однажды в газете она увидела свою фотографию. Ту самую, где она юная, в белом платье. И короткое письмо – от Олега. Он писал, что *чудом остался жив (survived by chance)*. И теперь ищет девушку Лену, которую очень любит. Она принесла в редакцию газеты медвежонка, написала "прости" и не оставила своего адреса.

А через несколько лет они встретились случайно и долго гуляли по улицам, *не в силах расстаться (parting was beyond them)*. Потом он уехал в другой город. Но каждый год, в июньский день, в годовщину их самой первой встречи, она получает *коротенькое письмецо "до востребования" (short letter "poste restante")*: "Я жив. Люблю тебя. Будь счастлива!"

(По материалам прессы)

ОДИНОКИМ ПРЕДОСТАВЛЯЕТСЯ... КОМПЬЮТЕР

Любовь, знакомство по компьютерной сети Internet – понятие в нашей стране новое и плохо изученное. Что же это за явление такое, и почему оно так популярно на Западе?

Он был прекрасен. Блондин с голубыми глазами, под два метра ростом. Умён, образован. Ему нравилось то же, что и ей: книги, путешествия, лошади, романтика. Даже имя у него было как у принца: Полярная Звезда. Она влюбилась, он, кажется, отвечал взаимностью. Она строила планы, будущее казалось светлым и радостным. Но через два месяца он исчез. У неё началась депрессия, появились мысли о самоубийстве. Напилась каких-то таблеток – еле спасли. Довольно банальная история.

Возможно, вы скажете, что бедняжка – сумасшедшая? Нет, просто у неё есть компьютер. Компьютер с модемом, позволяющим через телефонную линию подсоединиться к глобальной сети Internet, где есть всё. Здесь вы всегда найдёте то, что интересует конкретно вас. А вскоре у вас появятся и друзья по интересам. А там, где есть дружба, почему бы не быть и любви?

Internet построен так, что в нём, как и в реальной жизни, можно выбирать способ общения. Хотите, присоединяйтесь к общей болтовне на выбранную тему – для этого существуют специальные "гостиные". Можете, задав вопрос или высказав оригинальное замечание, оставить свой компьютерный адрес – и вам непременно кто-нибудь ответит.

Входя в Internet, вы можете создать себе любой имидж, играть любую роль. Это очень подходящий способ общения для человека, который панически боится *заводить личные знакомства (to strike up personal acquaintances)*, потому что считает себя слишком толстым, недостаточно красивым и так далее.

Для десятков миллионов людей в Европе, Азии, Америке, Австралии это так же обычно, как пропылесосить пол, вскипятить чайник или выключить телевизор. От дружбы к свиданиям, от ухаживания и флирта к свадьбе – жизнь некоторых людей почти полностью устраивается через компьютер.

Американка Лайза хороша собой, весела и явно довольна жизнью. Через три недели она выходит замуж. В течение полутора лет они с Алексом обменивались тремя-четырьмя письмами в день. Обсуждали свои проблемы, *привязанности (affections)* – и находили много общего. А потом они договорились описать свой идеал семьи и спутника жизни. Послать эти письма они должны были одновременно, чтобы ни один заранее не знал, что пишет другой. "Когда я читала его послание, – рассказывает Лайза, – чуть не плакала. Наши идеалы полностью совпадали".

Три месяца назад они встретились в его родном городе и две недели вместе путешествовали по стране. Через месяц Алекс сделал ей предложение.

Красивая история, правда? Вполне в духе Голливуда. Но жизнь, как известно, не кино, и *счастливый конец далеко не всегда венчает дело (happy end does not always crown the deed)* (вспомнить хотя бы предыдущую историю).

При знакомстве через компьютерную сеть не видишь человека, с которым общаешься. Отсутствие личного контакта порождает массу проблем. У человека есть фигура, черты лица, жесты, привычки – то, что словами передать невозможно. Нет конкретной информации о предлагаемом партнёре – и вы начинаете фантазировать. И когда происходит встреча, иногда наступает *разочарование (disappointment)*.

Итак, хотите ли вы найти свою истинную любовь через компьютер? Если да, то познакомьтесь с нашими советами. Вот они:

- Не спешите. Чем быстрее строятся отношения, тем больше вы фантазируете и тем больше ошибаетесь. Если ваш партнёр настроен серьёзно, у вас масса времени.
- Прежде чем встретиться, обменяйтесь фотографиями – может быть, вам лучше вообще не встречаться.
- Говорите правду и не представляйтесь тем, кем не являетесь, – можете упустить хороший вариант.
- Не давайте своего телефона, пока *не убедитесь в порядочности намерений вашего приятеля (until you are convinced your friend's intentions are quite decent)* и т.п.

А если и это не прибавит вам счастья, можно выключить компьютер и отправиться искать свою любовь на улицы родного города.

(По материалам прессы)

"LOVE STORY" В ИНТЕРНЕТЕ

Два года назад во всемирной компьютерной сети существовала "комната" для чата (chat – разговор в реальном времени) под названием Russian Room (русская комната). В этой-то "комнате" и познакомились Володя с девушкой под псевдонимом "Кореуka". Они начали переписываться с помощью электронной почты, и через несколько месяцев общения наш герой понял, что влюбился. Причём совсем не виртуально. Выяснилось, что зовут её Анна и что живёт она… в Америке. Сначала Владимир решил, что его любовь безнадёжна, так как его любимая находится по ту сторону океана.

Но его любовь не осталась безответной. Анна уговорила своих родителей и на зимних каникулах приехала в Петербург. Казалось, они были знакомы всю жизнь, так легко и просто им было вдвоём… Владимир предложил ей руку и сердце и получил согласие.

Дома Анну ожидали скандал, слёзы и *уговоры (persuasions)*, но ничто уже не могло остановить влюблённых. Они снова встретились летом – теперь уже навсегда. Так почти ровно через год после первой встречи в "русской комнате" состоялась свадьба. Счастливая пара живёт пока в Петербурге, снова используя Интернет для общения, на этот раз – с "несчастными родителями" молодой жены, оставшимися в Америке.

(По материалам прессы)

4. Проверьте себя!

1. Составьте словосочетания с предлогом или без предлога:

познакомиться (новый преподаватель)
представиться (новый коллектив)
познакомить (Наташа) (Николай)
представить (друг) (родители)

2. Вставьте необходимые слова и выражения по теме.

СЧАСТЛИВОЕ ЗНАКОМСТВО

Каждое утро Сергей спешил к троллейбусной остановке. Он не торопился в университет, просто хотел увидеть Её. "Какая красивая! – думал Сергей. – Как же с нею … ? Не могу же я так просто подойти и сказать: "Меня … . А как вас ... ?"

Однажды Сергей увидел на остановке своего однокурсника Димку. Сергею не хотелось, чтобы Димка был тут, стоял и дышал вместе с Нею. Димка мешал!

Но Димка был человеком активным и общительным. Он поздоровался с Сергеем и потом *(о, ужас!) (oh no!)* направился прямо к Ней!

"Танька, привет! – закричал он. – Как твои дела?" Потом он повернулся к Сергею и позвал его: "Иди сюда! Я вас …!" Когда Сергей подошёл поближе, Димка … их друг другу: "…! Это Сергей, мой … , а это Таня!"

Сергей очень смутился и едва мог сказать: "…". Таня посмотрела на него и тоже очень тихо ответила: "…".

Тут Димка увидел троллейбус и закричал: "Ну что, … друг с другом? Давайте скорее в троллейбус!"

Это был самый счастливый день и самый счастливый троллейбус в жизни Сергея. И Димка был тоже хороший человек.

3. Вместо точек вставьте слова *ПОЗНАКОМИТЬ, ПОЗНАКОМИТЬСЯ* в нужной форме.

Саше давно нравилась его соседка по дому Катя, но он не знал, как с нею … . Однажды их … общий друг Слава. Он увидел Катю во дворе дома и решил … её с Сашей. "…, – сказал он. – Это Саша, а это Катя". Сердце Саши радостно забилось: наконец-то он ... с девушкой своей мечты.

4. К следующим выражениям подберите синонимичные:

- я хотел бы с вами познакомиться;
- позвольте представить вам моего друга;
- рад с вами познакомиться.

5. Найдите нужные выражения и поставьте их вместо точек.

а) **Ученик знакомит своих родителей с новой учительницей.**

– … (Познакомьтесь, пожалуйста … . Это … . А это … . Разрешите представить вам. Это … . Позвольте познакомить вас с … .)

– … (Очень приятно. Моя фамилия Николаева. Ольга Васильевна. Меня зовут Ольга).

– … (Рад (-а, -ы) познакомиться. Петровы. Родители Серёжи. Николай Иванович. Светлана Алексеевна. Николай. Светлана.)

б) **На вечеринке молодой человек знакомится с девушкой, которую пригласил танцевать.**

– … (Разрешите представиться … . Как ваша фамилия? Ваше имя и отчество? Можно с вами познакомиться?)

– … (Моя фамилия Иванова. Меня зовут Наташа. Разрешите представиться. Наташа.)

– … (Очень приятно. Меня зовут Кулаков Иван Семёнович. Моя фамилия Кулаков. Иван Семёнович. Иван.)

6. Составьте предложения с фразеологизмами "шапочное знакомство", "найти общий язык".

7. Составьте рассказ на тему: "Как я познакомился с …".

2 ЗДРАВСТВУЙТЕ! КАК ДЕЛА?

1. Лексика по теме

ЗДОРОВАТЬСЯ/ПОЗДОРОВАТЬСЯ *(с кем?),* приветствовать/поприветствовать *(кого?),* прощаться/попрощаться *(с кем?)*, передавать/передать привет *(кому?)*.	TO GREET/TO SAY HELLO TO, to greet, to take leave of someone/ to say goodbye, to say hello/to give regards.
ОБРАЩАТЬСЯ/ОБРАТИТЬСЯ *(к кому?)* к родственникам, к знакомым, к незнакомым людям; *(как?)* по имени, по имени и отчеству, по фамилии, на "ты", на "вы". Переходить/перейти на "ты".	TO ADDRESS *(to whom?)* to relatives, to acquaintances, to strangers; *(how?)* by name, by name and patronymic, by last name, informally, formally. To switch to the informal way of address.
ОБРАЩЕНИЕ по имени, по имени и отчеству, по фамилии.	FORMS OF ADDRESS by name, by name and patronymic, by last name.

2. Давайте поговорим!

ФОРМЫ ПРИВЕТСТВИЯ И ПРОЩАНИЯ

 **а)** Прочитайте письмо.

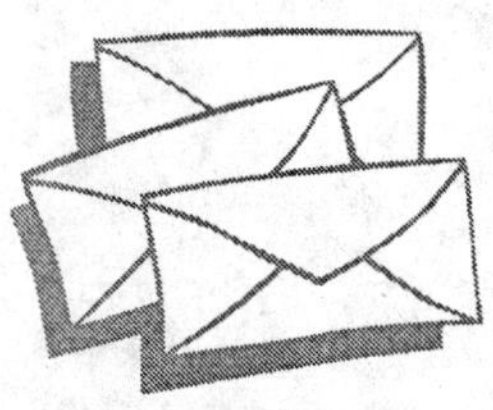

Здравствуй, Том!

Я в России всего лишь второй день, но уже кое-что знаю о жизни русских. Помнишь, нам на занятиях говорили о том, как русские здороваются, как прощаются. А сейчас я всё узнаю на пра́ктике, ведь я общаюсь с русскими каждый день.

Самой распространённой формой приветствия у русских является "здравствуйте". Так они приветствуют и знакомых, и незнакомых, причём в любое время: и днём, и вечером… Кстати, обрати внимание, что слово "здравствуйте" – это пожелание здоровья.

Широко используются также приветствия: "Доброе утро!", "С добрым утром!" (конечно, утром), "Добрый день!" (днём) и "Добрый вечер!" (вечером).

Ну а молодые люди чаще всего говорят друг другу: "Привет!"

Если русские в этот же день встречаются ещё раз, то просто кивают головой и иногда говорят: "Мы уже виделись (встречались)!" или "Здравствуйте ещё раз!"

Прощаются русские так: "До свидания!", "Всего доброго!", "Всего хорошего!", "До скорой встречи!", "Пока!", "Счастливо!", "Будьте здоровы!" Если знают, когда встретятся снова, то, соответственно, говорят: "До вечера!", "До завтра!", "До скорого!" (имеется в виду "свидания").

Да, "Прощайте!" русские говорят, когда думают, что больше уже не встретятся, или, по крайней мере, не знают, встретятся они или нет и когда. "Прощай" – от слова "прости".

Слово "прощай" мне не нравится, невесёлое оно. Поэтому в конце письма я с удовольствием пишу тебе:

"До свидания!"

Мэтью.

б) Ответьте на вопросы:

1) Как русские приветствуют друг друга при встрече и как прощаются?
2) Почему в русском языке существуют две формы прощания: “До свидания” и “Прощайте”?
3) Как приветствуют друг друга русские, если они встречаются повторно? Как поступаете в такой ситуации вы?
4) Что нового для себя вы узнали из письма Мэтью?

2 Дополните диалоги формами приветствия и прощания.

– … , Сергей Николаевич!
– *… , Юра! Как твои дела?*
– Всё в порядке! Вчера сдал последний экзамен!
– *Я тебя поздравляю! Передавай привет своим родителям!*
– Спасибо, обязательно передам! … !

* * *

– Кого я вижу! Верочка, … !
– *Вот так встреча! … , Наташа!*
– Мы с тобой не виделись лет десять?
– *Да-да, почти десять. Как быстро летит время!*

* * *

– … , Иван Иванович!
– *… ещё раз, Ольга Игоревна! Мы уже виделись!*

* * *

– Когда мы сегодня встретимся?
– *Я думаю, часов в пять у Марины!*
– Ну, тогда я пошла, … !
– *… ! До вечера!*

* * *

– … , Сережа! Откуда ты идёшь?
– *… , Дима! Я был на вокзале, провожал сестру в Москву.*
– Она надолго уехала?
– *Нет, на один день, завтра уже вернётся. Она так и кричала мне из поезда: “ … ! До … !”*

3 Познакомьтесь с русским речевым этикетом: что русские говорят при встрече. Составьте короткие диалоги с данными репликами.

Таблица 1

РЕПЛИКИ ПРИ ВСТРЕЧЕ *(после приветствия)* *Lines used after greeting*	*ВОЗМОЖНЫЕ ОТВЕТЫ* *Possible responses*
Рад вас видеть! Сколько лет, сколько зим! Какая приятная встреча!	*Glad to see you!* *We haven't met for ages!/Haven't seen you for ages!* *What a nice meeting!*
Как (ваши) дела? *How are you?* Как жизнь? *How's your life?* Как (вы) живёте? *How are you doing?* Как ваша семья (муж, сын, дочь)? *How's your family (husband, son, daughter)?* Как успехи? *How's it going?*	Спасибо. Всё в порядке. *Thanks, everything's fine.* Хорошо. *Good.* Нормально. *Fine.* Неплохо. *Not bad.* Ничего. *O'kay.* Так себе. *So-so.*
Как настроение? *How's your mood?*	Прекрасное. *Wonderful.* Неважное. *Not so good.* Плохое. *Bad.*

Как вы себя чувствуете? *How are you?/How do you feel?* Как (ваше) здоровье? *How are you?/How's your health?*		Хорошо. *Fine/Well.* Так себе. *So-so.* Неважно. Плохо. *Not so good. Bad.*
Что нового? *What's new?* Какие новости? *What's news?*	Ничего	нового. *Nothing new.* особенного. *Nothing in particular.*
	Всё	по-старому. *Same as usual.* нормально. *Everything's o'kay.* хорошо. *Everything's fine.*

4 **а)** Перепутались последние реплики диалогов. Как правильно?

– Привет, Вася!
– Здравствуй, Игорь! Рад тебя видеть. Как дела?
– Спасибо. Всё в порядке. Галя ещё не приехала из Америки?
– *Да, день очень тёплый! Настоящая весна!*

* * *

– Нина Петровна! Какая приятная встреча!
– Добрый вечер, Наталья Константиновна! Как вы живёте, как ваша дочь?
– Хорошо. А дочь – вот она, рядом.
– Это ваша дочь? Как летит время!
– Вы тоже были в театре? Вам понравился спектакль?
– *Приехала в прошлое воскресенье.*

2 Зак. 33

* * *

– Привет!

– Привет! Мы уже виделись!

– Ты что-то сегодня неважно выглядишь. Как ты себя чувствуешь?

– *Да ничего особенного!*

* * *

– Катюша, здравствуй! Как настроение?

– Добрый день, Олечка! Настроение прекрасное!

– А что у тебя нового?

– *Да, спектакль был чудесный!*

* * *

– Добрый день, Лариса! Сколько лет, сколько зим!

– Здравствуйте, Иван Андреевич!

– Какая сегодня прекрасная погода!

– *Да, я две недели учился на Курсах русского языка в Петербурге.*

* * *

– Здравствуй, Джон! Как жизнь?

– Привет, Марк! Всё отлично!

– Я слышал, ты ездил в Россию?

– *Да, у меня сегодня болит голова.*

б) Разыграйте диалоги, заменив реплики русского речевого этикета другими. Используйте таблицу 1.

5 Прочитайте диалог. Как по-другому мог ответить Виталий? Сформулируйте свой вариант ответов.

– Здравствуй, Виталий!

– *Здравствуй, Виктор!*

– Как жизнь?

– *Нормально.*

– Как дела, работа?

– *Нормально.*

– А жена?

– *Нормально.*

– Как сын? Пошёл в первый класс?

– *Нормально.*

– Я рад за тебя. Мы очень хорошо, *нормально* поговорили. Привет семье!
– *До свидания!*

ИСПОЛЬЗУЙТЕ:

Таблица 2

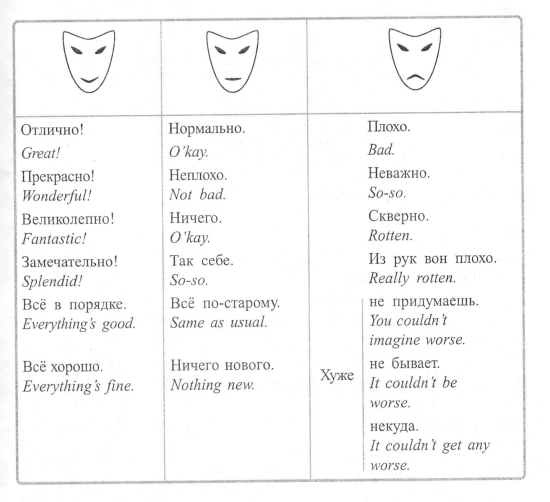

<table>
<tr><td>Отлично!
Great!</td><td>Нормально.
O'kay.</td><td colspan="2">Плохо.
Bad.</td></tr>
<tr><td>Прекрасно!
Wonderful!</td><td>Неплохо.
Not bad.</td><td colspan="2">Неважно.
So-so.</td></tr>
<tr><td>Великолепно!
Fantastic!</td><td>Ничего.
O'kay.</td><td colspan="2">Скверно.
Rotten.</td></tr>
<tr><td>Замечательно!
Splendid!</td><td>Так себе.
So-so.</td><td colspan="2">Из рук вон плохо.
Really rotten.</td></tr>
<tr><td>Всё в порядке.
Everything's good.</td><td>Всё по-старому.
Same as usual.</td><td rowspan="3">Хуже</td><td>не придумаешь.
You couldn't imagine worse.</td></tr>
<tr><td>Всё хорошо.
Everything's fine.</td><td>Ничего нового.
Nothing new.</td><td>не бывает.
It couldn't be worse.</td></tr>
<tr><td></td><td></td><td>некуда.
It couldn't get any worse.</td></tr>
</table>

б) О чём они говорят? Составьте диалоги по рисункам.

ИСПОЛЬЗУЙТЕ таблицы 1 и 2.

6 ***а)*** Прочитайте шутку.

Встречаются два друга:

– Вы часто видитесь с Иваном Петровичем?

– Редко. Не нравится он мне: такой *нудный (tedious)*.

– А в чём дело?

– Да встретились мы, я спросил его: "Как дела?", и, представляешь, он полчаса мне рассказывал о своей жизни.

б) Как, по-вашему, надо ли при встрече подробно отвечать на вопрос "Как дела?"

КАК РУССКИЕ ОБРАЩАЮТСЯ ДРУГ К ДРУГУ. "ТЫ" И "ВЫ"

7 ***а)*** Прочитайте шутку. Перескажите её.

Вовочка всё время говорил учительнице "ты". Тогда учительница сказала:

– Напиши пятьдесят раз в тетради: "Учительнице нужно говорить "вы".

Вовочка написал не пятьдесят, а сто раз. Учительница обрадовалась:

– Ты понял свою ошибку?

– Да, – ответил Вовочка. – Я хочу, чтобы ты больше не сердилась.

б) Выберите правильный ответ. *Проверьте себя!*

- Приветствуя и прощаясь, русские называют друг друга:
  1) по имени и фамилии;
  2) по имени и отчеству;
  3) по имени;
  4) по фамилии.
- По имени и на "ты" русские обращаются:
  1) к друзьям и знакомым такого же возраста;
  2) к близким родственникам;
  3) к лицам старше по возрасту и положению.
- По имени-отчеству и на "вы" русские обращаются:
  1) к малознакомым людям;
  2) к друзьям;
  3) к лицам старше по возрасту и положению.

ПОВЕДЕНИЕ ПРИ ВСТРЕЧЕ: ПРАВИЛА ХОРОШЕГО ТОНА

8 **а)** Прочитайте текст и перескажите его.

РИТУАЛ ВСТРЕЧИ

Вы никогда не задумывались над тем, как ведут себя люди при встрече? Ведь это традиционный ритуал, и в каждой стране он свой.

В *РОССИИ*, например, при встрече надо смотреть в глаза собеседнику, протянуть руку (можно помахать рукой, кивнуть головой и так далее). При этом можно улыбаться, а можно и не улыбаться, главное – сохранить вежливое выражение лица.

Прощаясь, мужчины пожимают друг другу руки, женщины улыбаются, детей целуют. Договариваются о новой встрече, телефонном звонке, передают приветы.

А как ведут себя при встрече, например, *АМЕРИКАНЦЫ*? Об этом (с юмором!) рассказывает английский журналист Саймон Хогарт:

"Американцы ужасно вежливы. Предположим, вы видите на улице своего старого друга. Он разговаривает с двумя людьми, которых вы не знаете. Вы машете ему рукой и подходите. Происходит следующий разговор:

Ваш друг: Саймон, я рад тебя видеть. Я хотел бы познакомить тебя с Элом и Фрэнком.

Эл: Мне очень приятно познакомиться с вами, Саймон.

Вы: Я очень рад познакомиться с вами, Эл.

Фрэнк: Я счастлив с вами познакомиться, Саймон.

Вы: Я просто восхищён, что встретил вас, Фрэнк.

Ваш друг: Как поживает твоя жена, Саймон?

Вы: Всё в порядке. Забавно, что ты об этом спросил. Она плохо себя чувствует и послала меня за лекарством в аптеку. Надеюсь, это не займёт много времени.

Ваш друг: Ну что ж, в таком случае, я думаю, мы не будем тебя больше задерживать! Надеюсь, что всё обойдётся!

Эл: Очень приятно было познакомиться, Саймон.

И так далее, и тому подобное. К концу этого обмена любезностями вам пожали руку шесть раз – по разу каждый, здороваясь и прощаясь.

И ещё: после любой дружеской встречи непременно надо попрощаться с каждым уходящим гостем, добавляя, что знакомство с ним было для вас самым приятным моментом в вашей жизни, – даже если за весь вечер вы не сказали друг другу ни единого слова.

Если вы зашли к кому-нибудь на минутку, то фразу "Как поживаете?" придётся произнести с огромным воодушевлением, которое означает, что ваша встреча – самое восхитительное событие в вашей жизни.

Таковы правила хорошего тона в Америке".

(По материалам прессы)

б) Согласны ли вы с автором? "Напишите" небольшую рецензию на его заметку.

в) А какое поведение при встрече и прощании диктуют правила хорошего тона в вашей стране?

г) Составьте диалоги по ситуациям:

- На концерте Мэтью знакомит Майю со своим американским другом Томом, приехавшим в Петербург к нему в гости.
- Мэтью знакомится с Леной и Александром. Александр и Лена приглашают Мэтью к себе в гости.

9 **а)** Известно, что женщины любят поболтать. А вот о чём говорят мужчины, когда собираются вместе?

ИТАК, ГОВОРЯТ МУЖЧИНЫ

Французский психолог Жерар Панич несколько лет записывал свои беседы с друзьями, а также "прислушивался", о чём ведут речь те, кто рядом. Вот результаты неожиданного психологического эксперимента.

Мужчины любят поговорить *ОБ АВТОМОБИЛЯХ*. При этом они учитывают престижность модели (не стыдно ли в ней предложить прокатиться женщине), а также комфортность салона.

За чашечкой кофе или бокалом вина обсуждается тот или иной *ПОЛИТИК*. После перечисления его достоинств и недостатков говорят о его супруге.

Мужчины обожают делиться впечатлениями об удачной *ОХОТЕ, РЫБАЛКЕ*, выпитом *ПИВЕ*, выигранном *ПАРИ*.

Если это *доверительная (confidential)* беседа, речь идёт *ОБ ИНТИМНОМ*. Мужчины не любят говорить о неудачах, они "запрограммированы" на успех.

б) Побеседуем.

1) Согласны ли вы с мнением психолога?
2) Как вы думаете, о чём чаще всего говорят между собой мужчины и женщины в вашей стране, в Петербурге?

К СВЕДЕНИЮ!

По данным социологического опроса, проведённого в США, *ЖЕНЩИНЫ* чаще всего говорят:

о еде, о здоровье, о телепередачах, о новостях, о работе, о кинофильмах, о личных проблемах, о спорте, об одежде, о сексе.

10 *а)* Прочитайте текст.

О ЧЁМ ЛЮБЯТ ГОВОРИТЬ В АНГЛИИ?

Как известно, в каждой стране существуют свои важные темы для разговора. В Англии это – погода. Недаром этот предмет разговора – обычный предмет для шуток. Вот как об этом с юмором пишет Джордж Микетш.

ПОГОДА

В Англии в любую погоду говорят... о погоде. Вот вам прекрасные образцы беседы о погоде.

1. На случай хорошей погоды

– Прекрасный день, не так ли?

– *Разве не чудесно?*

– Солнце...

– *Разве не великолепно?*

– Восхитительно, не правда ли?

– *Так хорошо и жарко...*

– Лично я считаю, что так замечательно, когда жарко, не правда ли?

– *Я в восторге, а вы?*

2. На случай плохой погоды

– Мерзкий день, на так ли?

– *Разве не ужасно?*

– Дождь... я терпеть не могу дождь...

– *Мне тоже это не нравится.*

– Подумать только, подобный день в июле. Утром дождь, потом ненадолго выглянуло солнце, и затем дождь, дождь, дождь...

– *Я помню точно такой июльский день в 1986 году.*

– Да, я тоже помню.

И ещё. Беседуя о погоде, вы никогда не должны спорить с собеседником: пусть будет самая отвратительная погода, но если кто-нибудь обратился к вам со словами: "Прекрасный день, не так ли?" – отвечайте, не сомневаясь: "Разве не чудесно?"

Научитесь говорить о погоде, и окружающие будут вас считать остроумным и наблюдательным человеком с чрезвычайно приятными манерами.

(По материалам прессы)

б) Разыграйте диалоги:

- о хорошей погоде;
- о плохой погоде.

в) Существует ли в вашей стране подобная "универсальная" тема для "светской" беседы. Назовите несколько типичных тем для разговора. Разыграйте соответствующие диалоги.

11 **а)** Познакомьтесь с информацией: о чём принято и о чём не принято говорить у русских.

У русских не принято:

- спрашивать о возрасте женщины;
- задавать прямые вопросы типа: "Вы замужем?", "У вас есть семья?";
- говорить о сексе и интимной жизни;
- говорить о карьере, о собственных успехах.

У русских принято:

- говорить о здоровье;
- говорить о детях и гордиться ими *(to talk about children and be proud of them)*;
- обсуждать спектакли, книги;
- спорить о политике.

б) О чём чаще всего говорят при встрече ваши русские друзья?

в) А о чём больше всего говорите вы? Какие проблемы для вас наиболее актуальны?

12 Согласны ли вы с тем, что

- люди при встрече чаще всего говорят о работе;
- в ответ на вопрос "Как дела?" надо подробно рассказывать о своих делах;
- вопрос о зарплате — самый естественный, нормальный вопрос.

3. Время. События. Люди

СТРАНЫ И ТРАДИЦИИ

АМЕРИКУ СПАСЛА УЛЫБКА

В разных странах – разные традиции: традиции в поведении, в манере вести себя, в общении, в привычках. Интересно, каковы же эти традиции в Финляндии, Италии, России, Америке?

Например, улыбка. Это что? Знак вежливости, проявление приветливости, радости или ... ? И помогает ли она *справляться (to cope) с* проблемами?

Обратимся к истории: какой выход из тяжёлых ситуаций находили разные народы и как им в этом помогали их традиции. Например, американцы в годы великой депрессии. Об этом пишет американский психолог Джулия Дженстон.

"В начале 30-х годов в Америке и многих странах мира наступил экономический кризис – время резкого спада производства, инфляции, безработицы. Всё это привело к нестабильности в обществе. Люди стали раздражительными, много времени тратили на бессмысленные споры, конфликты. Многим казалось, что мир *катится в пропасть (is "on the skids", in difficulties and heading for failure)*.

И всё же... американцы выжили. Что же им помогло? Не поверите: традиции!

У американцев, например, с детства воспитывается такое качество, как "репрезентабельность". А это значит, что "на людях" ты всегда должен быть элегантным, красивым и непременно улыбаться. Иногда над нами даже смеются: мол, у них, наверное, "не все дома", раз они постоянно улыбаются. На самом же деле любую проблему (в том числе и выход из кризисной ситуации) чисто психологически легче решать с радостными людьми.

Я твёрдо убеждена, что американцам в 30-е годы очень помогли выйти из экономического кризиса их жизнелюбие, вера в успех, стремление быть просто красивыми. Можно сказать образно: "Америку спасла улыбка!"

(По материалам прессы)

ЧТО СЛУЧИЛОСЬ С ПРОДАВЩИЦЕЙ?

Вы первый раз пришли в российский магазин. Здесь есть всё: товары, прилавки, касса, продавцы, покупатели. Но… вы чувствуете, что что-то не так, чего-то не хватает. Вы смотрите по сторонам и не сразу понимаете, что вам не хватает привычной *УЛЫБКИ*.

Нет, не надо думать, что русская продавщица не улыбается, потому что она больна или у неё финансовые проблемы. Вовсе нет.

В российских магазинах – хмурые продавцы, в кафе – милые, но серьёзные официантки, в транспорте – неулыбчивые кондукторы, на таможне – люди с каменными лицами.

Почему? Уверяем вас, к вам лично это не относится! Так уж сложилось, что русские не улыбаются:

- *незнакомым людям;*
- *на работе.* Ещё в школе маленькие ученики слышат: "Перестаньте улыбаться! Работайте серьезно!" Именно об этом говорят и русские пословицы: "Делу – время, потехе – час" *("Work first, play later")*;
- *без причины.* Русские считают, что "смех без причины – признак дурачины" *("laughter without cause is a sign of idiocy")*.

Надо ли вам улыбаться в России? Странный вопрос! Конечно, надо! Ведь именно улыбка, хорошая, дружеская улыбка, так необходима в общении.

Может, и русские начнут улыбаться в этих ситуациях! Неплохо было бы, как вы думаете?

(По материалам прессы)

ПОЧЕМУ РУССКИЕ ЛЮДИ МАЛО УЛЫБАЮТСЯ?

Патрик Херцберг (Швеция):

– Я думаю, что русские улыбаются мало, и это плохо. Мало улыбаются на улице, в метро, в магазине. И, если мало знаешь русских, можно подумать, что они неприветливые люди и вы им совсем не нравитесь. Это ужасно!

Но когда бываешь в гостях у русских, видишь, что это не так. Дома они совсем другие, не знаю почему. Это немного странно.

Ария Маннинен (Финляндия):

– Я считаю, что петербуржцы улыбаются мало из-за погоды. Холодная погода соответствует темпераменту. Я думаю, что на юге люди веселее и больше улыбаются.

Ян Сюцинь (Китай):

– Русские не очень приветливы, потому что у них сейчас тяжёлая экономическая и политическая ситуация в стране. Русские живут трудно, и поэтому мы видим, что они мало улыбаются.

4. Проверьте себя!

1. Составьте словосочетания с предлогом или без предлога:

встречать (друг)
встречаться (брат)
проститься (подруга)
спрашивать (дела)
приветствовать (коллега)
обращаться (профессор)

2. Угадайте слова-антонимы:

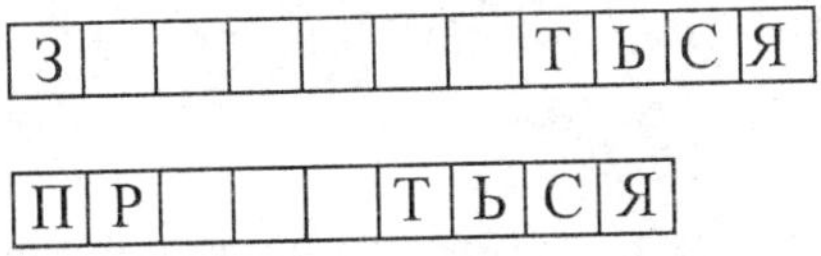

3. Соедините одинаковые по смыслу предложения из двух колонок:

Как ваше здоровье?	Какие новости?
Как дела?	Кто бы мог подумать, что встречу тебя!
Что нового?	Как идут ваши дела?
Как жизнь?	Как муж, сын, дочь?
Как ваша семья?	Сколько лет, сколько зим!
Давно мы с вами не встречались!	Как живёте?
Не думал, что встречу тебя!	Как вы себя чувствуете?

4. Восстановите пропущенные реплики диалогов.

1) – Здравствуйте, Игорь Петрович! Как ваше здоровье?
– … .

2) – Привет, Коля! Ты помнишь, что завтра наша репетиция?
– … .

3) – … !

– Ой, это ты! Вот не думала, что встречу тебя! Как живёшь?

4) – … !

– До завтра! Передавай привет Сергею!

5. Восстановите первые реплики диалогов.

1) – … .

– Здравствуй! Сто лет тебя не видел!

2) – … .

– Здравствуйте, господин Фишер! Декана сейчас нет, он будет после двух.

3) – … .

– До завтра! Жаль, что ты уже уходишь!

4) – … .

– До скорой встречи в Петербурге на конференции!

6. ***а)*** Рассмотрите картинку. Как, по-вашему:

- Знакомы ли мужчина и женщина?
- Где и когда они познакомились?
- О чём они говорят?
- Чем закончилась встреча?

(Х. Бидструп)

б) Составьте небольшой рассказ по картинке.

7. Напишите, как вы здороваетесь и прощаетесь:

- со своими друзьями;
- с вашим преподавателем русского языка;
- с дедушкой.

1. Лексика по теме

ИМЯ,	NAME,
прозвище,	nickname,
кличка.	pet's name (for animals).
Имя полное,	Full name,
краткое;	short;
уменьшительно-ласкательное;	diminutive-endearing;
распространённое,	widespread, common,
нераспространённое,	infrequent, uncommon,
редкое;	rare;
популярное,	popular,
модное.	fashionable.
Выбирать/выбрать имя,	To choose a name,
давать/дать имя;	to give a name;
назвать *(кого? как? в честь кого?)*;	to name *(somebody? how? after whom?)*;

звать *(кого? как?)*; называть *(кого? как?)*; называться *(как?)*. Тёзка, они тёзки.	to call *(someone? how?)*; to name/to designate *(whom? how?)*; to be called *(how?)*. Namesake, they share the same name.
ОТЧЕСТВО.	PATRONYMIC.
ФАМИЛИЯ распространённая, редкая; трудная; длинная, короткая; красивая; девичья, фамилия по мужу. Однофамилец. Переходить/перейти от отца к сыну; брать/взять фамилию мужа (жены), оставлять/оставить свою фамилию.	LAST NAME/FAMILY NAME common, rare; difficult; long, short; pretty, nice; maiden name, husband's last name. Person with the same last name. To pass down from father to son; to take a husband's (wife's) last name, to keep one's last name.

2. Давайте поговорим!

 **а)** Прочитайте письмо.

Здравствуй, Том!

Вчера я был в гостях у Александра и Лены. Меня удивило, что моего друга называют по-разному.

Когда я с ним знакомился, он сказал, что его зовут Александр. Так его назвали в честь дедушки Александра Петровича.

Однако дома все называли его по-разному: жена Лена – Сашенькой, его тёща, Ленина мать, – Сашей, коллега – Александром Владимировичем. А в ответ на мой вопрос, как же всё-таки мне его называть, Саша рассмеялся и сказал: "Хоть горшком назови, только в печку не ставь" (call me a pot if you wish, just don't put me in the oven).

Я, конечно, совсем растерялся, и Саша объяснил мне смысл этой русской пословицы: неважно, как тебя называют, важно, как к тебе относятся.

Вот такая интересная история со мной произошла. Как твои дела?

Пока.

Мэтью.

б) Ответьте на вопросы:

1) Что удивило Мэтью, когда он пришёл в гости к своему другу?
2) Как называют Александра
   - жена;
   - тёща;
   - коллеги;
   - Мэтью?

2 ***а)*** Познакомьтесь с таблицей.

Таблица 1

ЗВАТЬ, НАЗВАТЬ, НАЗЫВАТЬ, НАЗЫВАТЬСЯ		
Звать	иметь: имя (о человеке), кличку (о животном)	Меня зовут Мария.
Назвать	дать: имя (о человеке), кличку (о животном)	Меня назвали Марией.
Называть	обращаться к кому-либо (о человеке, животном)	Дома меня обычно называют Машенькой.
Называться	иметь название (о вещах, предметах)	– Как называется этот город? – Этот город называется Суздаль.

б) Ответьте на вопросы, используя материал таблицы:

- Как вас *зовут*?
- В честь кого вас так *назвали*?
- Как вас обычно *называют* в семье?
- Как *зовут* вашу маму, вашего папу, вашу сестру, вашего брата?
- Как вы *назвали* свою собаку?
- Как *зовут* вашу тётю?
- Как *зовут* вашего преподавателя?
- Как *называется* улица, на которой вы живёте дома, в Петербурге?
- Как *называется* ваше любимое блюдо?
- Как *называется* последняя книга, которую вы прочитали?
- Как *называется* страна, в которой вы хотите побывать?

КОГО (вин. пад.)		*ЗОВУТ*	*КАК*
я	меня	зовут	Валя.
он	его		
она	её		

Падежи	ИМЯ	
	ед. ч.	*мн.ч.*
Им. пад.	имя	им***ен***а
Род. пад.	им***ен***и	им***ён***
Дат. пад.	им***ен***и	им***ен***ам
Вин. пад.	имя	им***ен***а
Твор. пад.	им***ен***ем	им***ен***ами
Предл. пад.	об им***ен***и	об им***ен***ах

3 Вместо точек вставьте глаголы в нужной форме. *ИСПОЛЬЗУЙТЕ* таблицу 1.

– Серёжа, представь себе, какая радость! У Лены родилась дочка!
– *Это прекрасно. Как её ... ?*

* * *

– Давайте познакомимся! Меня ... Андрей! А как вас ... ?
– *Мария Петровна. Впрочем, вы можете ... Марией.*

* * *

– У вас прекрасная собака! Она породистая?
– *Это обычная собака, дворняжка (mut, mongrel – a dog).*
– Но она очень умная и любит вас. Как вы её ... ?
– *Мы с сестрой ... её Пуськой.*

* * *

– Наташа, как ... твоего нового друга?
– *Его ... Юра, но я чаще всего ... его Юриком.*

* * *

– Вы любите читать русскую классику?
– *Да, конечно! Особенно Достоевского.*
– Как ... ваш любимый роман?
– *"Преступление и наказание". Я читала ещё какой-то роман, но, к сожалению, забыла, как он ... .*

* * *

– Как ... университет, где вы были на стажировке?
– *Российский государственный педагогический университет имени А.И. Герцена.*

4 ***а)*** Прочитайте текст. Перескажите его.

РУССКИЕ ИМЕНА, ОТЧЕСТВА, ФАМИЛИИ

В России каждый человек имеет имя, фамилию и отчество, и это является одной из отличительных особенностей русских.

Имя даётся человеку при рождении, и он проносит своё имя через всю жизнь.

Имя в полной форме имеет официальный характер (Алексей, Наталия), кратким же именем называют человека в быту, в кругу семьи (Алёша, Наташа). Дома часто используются уменьшительно-ласкательные формы имён. Например, Наташа – Наташенька, Наташечка, Натуля и др. От некоторых имён (например, Мария, Иван) можно образовать до ста и более уменьшительно-ласкательных форм.

Отчество – это по-особому оформленное имя отца. Отчество – это чаще всего знак вежливости, почтительного отношения к человеку в официальной обстановке. Например, Ольга Ивановна, Пётр Андреевич.

Фамилия переходит от отца к сыну, от сына к внуку – по мужской линии. Дочь, как правило, носит фамилию отца только до замужества. После свадьбы женщина обычно берёт фамилию мужа. Но она имеет право оставить отцовскую (девичью) фамилию. Муж также может взять фамилию жены, но это бывает редко.

Люди, носящие одинаковые имена, называются *тёзками*, одинаковые фамилии, – *однофамильцами*.

Одни имена распространены очень широко, другие встречаются редко. То же относится и к фамилиям. Но бывают и необыкновенные совпадения. Например, в Москве живёт много "поэтов" Александров Пушкиных и "учёных" Михаилов Ломоносовых, а в Брянске – "писатель" Лев Толстой.

А в вашей стране есть такие интересные и удивительные совпадения?

б) Закончите предложения. Проверьте себя по тексту.

- Фамилия у русских переходит
  1) по женской линии
  2) по мужской линии
- Дочь носит фамилию отца
  1) до замужества
  2) после замужества

- После свадьбы женщина может взять
  1) фамилию мужа
  2) фамилию матери
- Тёзками называют людей, носящих
  1) разные имена
  2) одинаковые имена
- Однофамильцами называют людей, носящих
  1) одинаковые фамилии
  2) разные фамилии
- От отца к сыну переходит
  1) имя
  2) фамилия
  3) отчество
- Муж может взять
  1) имя жены
  2) фамилию жены
  3) отчество жены

в) Ответьте на вопросы:

- Когда употребляется полная и краткая форма имён?
- Что такое отчество?
- В каких случаях человек может изменить свою фамилию?
- Кого называют тёзками, однофамильцами?

5 Какие русские имена вы знаете? Напишите их.

МУЖСКИЕ ИМЕНА	*ЖЕНСКИЕ ИМЕНА*

6 Познакомьтесь с наиболее распространёнными русскими именами.

Таблица 2

РУССКИЕ ИМЕНА	
ПОЛНЫЕ	*КРАТКИЕ*
Мужские имена	
Александр	Саша, Саня, Шура
Алексей	Алёша, Лёша
Анатолий	Толя
Валерий	Валера
Василий	Вася
Владимир	Володя, Вова
Григорий	Гриша
Дмитрий	Дима, Митя
Евгений	Женя
Иван	Ваня
Михаил	Миша
Николай	Коля
Павел	Паша
Пётр	Петя
Сергей	Серёжа
Фёдор	Федя
Юрий	Юра
Женские имена	
Алла	Алла
Анна	Аня
Валентина	Валя
Вера	Вера
Галина	Галя
Екатерина	Катя
Елена	Лена
Елизавета	Лиза
Зинаида	Зина
Зоя	Зоя
Ирина	Ира
Любовь	Люба
Людмила	Люда, Люся, Мила

Мария	Маша, Маня
Надежда	Надя
Наталия	Наташа
Нина	Нина
Ольга	Оля
Татьяна	Таня

К СВЕДЕНИЮ!

1) Краткие русские имена *Саша, Валя, Женя* могут быть и мужскими, и женскими.
Соответствующие им полные имена различаются по окончанию:
Александр □ – *Александр**а***
Валентин □ – *Валентин**а***
Евгений □ – *Евгени**я***

2) Некоторые русские полные имена имеют несколько кратких:
Александр – Саша, Саня, Шура
Дмитрий – Дима, Митя
Людмила – Люда, Люся, Мила
Мария – Маша, Маня

3) Русские имена *Алла, Вера, Зоя, Нина* и полные, и краткие.

7 А теперь составьте свой словарик русских имён (полных и кратких).

	Мужские имена	*Женские имена*
1. Имена, которые вам особенно нравятся		
2. Имена ваших русских друзей и знакомых		

8 ***а)*** Кто больше напишет за три минуты русских имён на буквы А, В, Н?

б) Скажите, о ком (мальчике или девочке) идёт речь в эти диалогах? Как вы догадались?

– *Женя*, здравствуй! Я звонила тебе вчера вечером, но тебя не было
– Вчера мы с дедушкой ходили в зоопарк. Мне очень понравилось! Я давно *хотел* пойти туда!

* * *

– Простите, а *Жени* нет дома?
– Нет, она *ушла* в библиотеку.

* * *

– Ты не знаешь, где *Саша*?
– Он *уехал* в Москву.

* * *

– Простите, *Саша* уже *вернулась* из Финляндии?
– Ещё нет. Она приедет завтра.

9 **а)** Познакомьтесь с образованием уменьшительно-ласкательных форм имён.

Таблица 3

СУФФИКСЫ	*ИМЕНА*		
	Юра	***Таня***	***Толя***
- очк - , - ечк -	Юр***очк***а	Тан***ечк***а	Тол***ечк***а
- оньк - , - еньк -	Юр***оньк***а		Тол***еньк***а
- уш - , - юш -	Юр***уш***а	Тан***юш***а	
(- уш-)-к - , (- юш-)-к -	Юруш***к***а	Танюш***к***а	
- ушк- , - юшк -			Тол***юшк***а
- ик-	Юр***ик***		Тол***ик***

б) Заполните таблицу: напишите уменьшительно-ласкательные формы имён там, где стоит знак +. Проверьте, правильно ли вы выполнили задание.

ИМЕНА	*СУФФИКСЫ*					
	- очк -, - ечк -	- оньк -, - еньк -	- уш - - юш -,	(-уш-)-к- (-юш-)-к-	- ушк - - юшк -	- ик -
	Мужские					
Толя	+	+			+	+
Валера	+	+			+	+
Дима	+	+			+	
Ваня	+		+	+		
Коля	+	+	+	+		
	Женские					
Вера	+	+	+	+		
Катя	+	+	+	+		
Лиза	+	+			+	+
Надя	+	+	+	+		
Оля	+	+			+	

в) Как вы называете своих русских друзей (назовите их полные, краткие и уменьшительно-ласкательные имена)?

10 *а)* Рассмотрите картинку. Как зовут этих ребят? Обратите внимание: второй слог имён – на мячах (РА и ША).

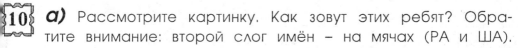

б) А теперь от этих имён образуйте уменьшительно-ласкательные формы имён.

*МОДЕЛЬ: Ира – Ир**очк**а, Ир**оньк**а, Ир**ушк**а.*

11 **а)** Познакомьтесь с образованием русских отчеств.

ИМЯ ОТЦА	*МУЖСКИЕ ОТЧЕСТВА*	*ЖЕНСКИЕ ОТЧЕСТВА*
Иван	Иван***ович***	Иван***овн***а
Дмитрий	Дмитри***евич***	Дмитри***евн***а
Никита	Никит***ич***	Никит***ичн***а

б) Обратитесь по имени и отчеству

- *К МУЖЧИНАМ:*

Его зовут так	*Суффикс*	*А так зовут его отца*
Пётр	**- ович -**	Пётр Александр
Игорь	**- евич -**	Николай Василий
	- ич -	Илья

- *К ЖЕНЩИНАМ:*

Её зовут так	*Суффикс*	*А так зовут её отца*
Ольга	**- овн -**	Пётр Александр
Татьяна	**- евн -**	Николай Василий
	- ичн -	Илья (Ильинична)

в) Как этих людей называют

- родители;
- жена или муж;
- коллеги?

Прочитайте диалоги и разыграйте их, заменив имена, имена и отчества, фамилии другими.

– Наташа, я купил билеты в театр, и сегодня мы идём на “Лебединое озеро”!
– *Но билеты на этот спектакль купить почти невозможно! Как тебе это удалось?*
– Для тебя, дорогая, я всё могу сделать. И звезду с неба достану!

* * *

– Светлана Васильевна, можно войти?
– *Опять ты, Васечкин, опаздываешь! В чём дело?*
– Вы знаете, Светлана Васильевна, автобуса не было…
– *Ох, Васечкин! Кто хочет много знать, тот должен мало спать!*

* * *

– Серёжа, ты уже сделал уроки? Иди сюда!
– *Мам, сейчас!*
– Серёжа, иди помоги мне!
– *Мам, сейчас!*
– А, ты опять смотришь это видео, с ума сойти можно.

* * *

– Николай! У нас нет хлеба. Тебе придётся сходить в магазин.
– *Танечка, на улице идёт такой сильный дождь, что и собаку не выгонишь…*
– Хорошо, согласна. Иди без собаки.

Вставьте обращения: Виктор, Виктор Иванович, Витька, Витенька.

Кому принадлежат эти реплики?

1) … , зайдите к директору!
2) … ! Пойдём гулять!
3) … ! Пора вставать!
4) … ! Выключи, пожалуйста, телевизор!

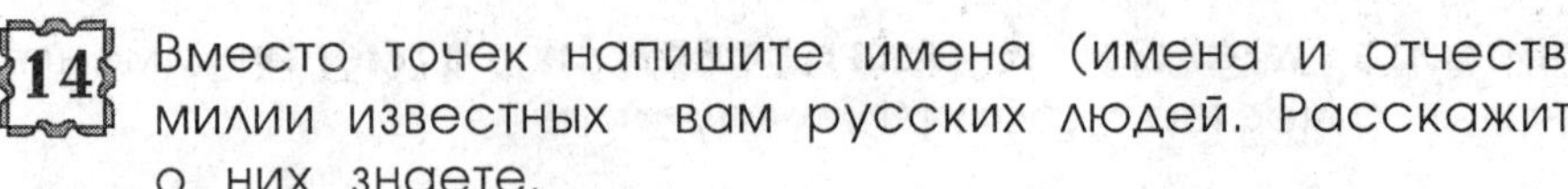

14 Вместо точек напишите имена (имена и отчества) и фамилии известных вам русских людей. Расскажите, что вы о них знаете.

- Писатель – …
- Поэт – …
- Художник – …
- Композитор – …
- Артист – …
- Президент – …

15 Прочитайте шутку и разыграйте её.

– Здравствуйте!

– *Добрый день!*

– Вы давно из Петербурга?

– *Но я там никогда и не был!*

– А как чувствует себя ваша жена?

– *У меня нет жены…*

– Иван Петрович, так вы развелись?

– *Я не Иван Петрович!*

– А, так вы и имя сменили!

16 Перед вами фотоальбом Мэтью.

- Рассмотрите портреты его родственников и знакомых.
- Дайте этим людям имя, отчество, фамилию.
- Расскажите о них (сколько лет, где живут, учатся, что закончили, кто они по профессии, где работают, есть ли у них семья).

3. Время. События. Люди

СЛАВНЫЕ ИМЕНА РОССИИ

МСТИСЛАВ РОСТРОПОВИЧ: "Я ВСЮ СВОЮ ЖИЗНЬ ЗАНИМАЛСЯ ОДНИМ И ТЕМ ЖЕ – ИСПОЛНЯЛ МУЗЫКАЛЬНЫЕ ПРОИЗВЕДЕНИЯ И ПОМОГАЛ ЛЮДЯМ"

Мстислав Ростропович:

- *выдающийся виолончелист;*
- *замечательный дирижёр;*
- *общественный деятель.*

Десятки стран мира вручили ему свои главные награды. Награждён высшей наградой США – президентской медалью Свободы, английским орденом "Рыцарь Британской империи". Не так давно Ростроповича торжественно назначили "послом доброй воли ЮНЕСКО". Около 40 крупнейших университетов присудили ему степень почётного доктора. Он входит в число "Сорока бессмертных" во Франции.

Для Ростроповича писали музыку великие композиторы XX века: Прокофьев, Шостакович, Бриттен, Бернстайн, Пендерецкий, Лютославский, Хачатурян, Шнитке. И это его главное профессиональное признание.

Уже в 34 года Мстислав Ростропович – профессор одновременно Ленинградской и Московской консерваторий. Однако неожиданно для большинства людей Ростропович, один из самых признанных музыкантов в СССР, превращается у себя на родине в персону "нон грата".

Причиной послужило главным образом то, что он поселил у себя на даче опального А. Солженицына. После этого Ростропович практически был лишён возможности работать в СССР. В 1974 году Мстислав Лео-

польдович вынужден был уехать за рубеж, куда за ним вскоре последовала жена, солистка Большого театра Галина Вишневская, с дочерьми.

На Западе Ростропович по-прежнему много трудится. График его концертов расписан на много лет вперёд, за право работать с ним соревнуются лучшие оркестры мира.

РОСТРОПОВИЧ ДАЁТ ИНТЕРВЬЮ

Музыка

– Вам не трудно совмещать карьеру виолончелиста с дирижёрской работой?

– Нет, они дополняют друг друга. Виолончель – это мой голос. Мы с ней вдвоём, и между нами никого нет. А когда я дирижирую, между мной и инструментом стоит второй человек.

– А чем вы дирижируете охотнее всего?

– Я очень люблю оперу. Знаете, я когда оперу дирижирую, у меня слёзы текут. До того я переживаю за судьбы человеческие. Вот дирижирую "Онегина" и в сцене дуэли думаю – господи, зачем я здесь? Вот сейчас всё брошу и уйду, и тогда Онегин – понимаете? – Онегин тогда Ленского не убьёт…

– Известно, что вы познакомились с виолончелью, когда вам был всего месяц.

– Да, мой отец был виолончелистом. А с оркестром я впервые сыграл в 13 лет. К виолончели я уже привык до такой степени, что считаю её женщиной. Она иногда мне шепчет что-то тайное, иногда кричит на меня, простужается, кашляет при плохой погоде… Дождь не любит – вообще, когда сыро, лучше её не тревожить.

– То есть у вашей виолончели женский голос?

– У неё женский род! Виолончель ведь в русском языке женского рода! Между прочим, я в 87-м году с ужасом обнаружил, что, оказывается, во французском языке виолончель – мужского рода. В этот момент меня как раз избрали членом Французской Академии Бессмертных, и я должен был произносить часовую речь. В результате она носила крайне шутливый характер: я попросил академиков пересмотреть род виолончели. Ну что это за язык, в котором виолончель – мужчина, а контрабас – женщина!..

– Вы играете на виолончели знаменитого Страдивари…

– Сначала я играл на виолончели Лоренцо Сториони, а потом ко мне попала первая виолончель мира – знаменитая страдивариевская "Дюпор" 1711 года. Банкир, который был её владельцем, сделал специальное завещание: продать её только мне, а если я откажусь, оставить навечно в семье.

Но я, конечно, отказаться не мог. На ней до сих пор хранится *царапина (scratch)* Наполеона!

– Император Бонапарт ещё и на виолончели играл?!

– О, это очень интересная история! Как-то Дюпор играл Наполеону. После концерта Наполеон пришёл за кулисы и попросил Дюпора дать ему поиграть. А тогда у виолончелей не было внизу металлического шпиля – её держали в ногах. Дюпор протянул инструмент – Наполеон попытался установить виолончель и *шпорой (spur)* сделал огромную царапину на ней.

Политика

– Почему вы так полюбили политические акции? То к "Белому дому", то к Берлинской стене...

– Что вы, солнышко, я политику ненавижу! Просто у меня в жизни есть три великих дня: День Победы, конец путча и крушение Стены. Это символические вещи! Когда меня в 47 лет отсюда выгнали, моя жизнь разделилась как бы на две части. Символом двух этих разъединённых жизней стала для меня Берлинская стена. Когда я увидел по телевизору (я тогда был в Париже), что на Стене – толпа людей, и понял, что она рушится, я почти лишился чувств. В этот миг объединились две мои жизни, мир становился единым! И поэтому я на следующий же день сел в самолёт и приехал к этому святому месту – поиграть и просто помолиться Богу. Я хотел играть Баха в месте, где сливаются две мои жизни.

– Я всё хотела спросить: как вас Галина Павловна отпустила в Москву во время путча?

– Её просто не было в это время в Париже. Я сразу решил, что поеду в Москву умирать. Потому что, если всё вернётся обратно, какой тогда смысл? Я был уверен, что меня убьют. Приготовился...

– И так спокойно думали о смерти?

– А я к ней готов в любую секунду. Потому что у меня жизнь была полна счастья. Счастья, музыки, любви, друзей, тепла…

Любовь

– Вы человек мягкий. В этом и есть секрет вашего счастливого брака с Галиной Вишневской?

– Благодаря нашему браку я получил сорок долларов от журнала "Ридерз Дайджест". За самый остроумный ответ. Они меня спросили, правда ли, что я женился на Вишневской на четвёртый день знакомства, и что я по этому поводу могу сказать. Я ответил: "Жалею, что потерял четыре дня".

– Вы в Вишневской что полюбили сначала – певицу или женщину?

– Что за вопрос? Женщину, конечно. И она ничего не знала про меня, виолончелиста. У своей подруги спрашивала: "Слушай, Ростропович – он, как, ничего играет?"

Я обедал в ресторане, и в этот момент вплыла Она… У меня аж кусок в горле застрял! Представляете, как я был потрясён, если при моей внешности смог покорить её всего за четыре дня!

– Так если не секрет, чем берут такие крепости?

– Чувством юмора. В последний день перед "капитуляцией" Галя руками держала себе щёки – боялась, что у неё от смеха морщины появятся: она без перерыва хохотала. Ну вот, досмеялась. Сорок лет уже смеётся. Двое детей, шестеро внуков.

– Не считая собаки…

– Да-а, как же я забыл! Собаки у нас всю жизнь! Таксы – уже третье поколение. Нашу Вегу я всегда беру с собой, но сейчас она осталась в Париже, потому что в Москве она бы жила в полном одиночестве: по 10 часов в день репетирую.

Россия

– Мстислав Леопольдович, где, по-вашему, ваш дом – в Москве?

– Мне пришлось построить по всему миру "русские острова". Я ведь думал, что никогда не вернусь в Россию… Первую квартиру мы купили в Париже. Там у меня прижизненные издания Пушкина, Гоголя, картины – Россия XVIII–XIX веков. В Лозанне – Россия современная…

– Интересно, что покупают миллионеры.

– А я начинающий миллионер. *"Я меняю пот на пот"* (*"I exchange sweat for sweat"*). Играю концерт – и мучаюсь, потею. Потом получаю деньги и хочу обменять их на мучения другого художника.

Петербург

– Вы, наконец, стали петербуржцем.

– Я люблю Петербург. И меня, и жену Галю всегда тянет в этот город с "низким небом" и "этим ужасным климатом". Мы купили двухэтажную квартиру: помогли расселить большую коммуналку.

А теперь уж я постараюсь сделать как можно больше подарков моему любимому городу, его чудесной публике. Петербургская публика – привилегия моя, выступать перед ней – для меня счастье и честь.

– Вы предполагаете разместить в этой квартире свой архив?

– Мне кажется, я прихожу к какому-то красивому финишу, и считаю, что мой архив должен храниться в России, в Петербурге. Помяните моё слово, Петербург будет культурной столицей мира, он заслужил, *выстрадал (suffered through it)* это своё назначение!.. А я, со своей стороны, оставлю ему в дар ценнейший архив. Петербург – моя основная любовь, и сам город, конечно, уникальный, с великолепными музыкальными традициями.

ТОЧКА ЗРЕНИЯ

Марк ГАЛЬПЕРИН (США) о Ростроповиче: "Такой человек должен быть счастлив"

Моё первое впечатление о Ростроповиче: хороший человек – талантливый, сердечный, щедрый. У него хорошее чувство юмора. Он очень скромный. Это необыкновенная черта, когда человек так известен и богат. Вообще я придерживаюсь первого впечатления.

Я много раз слушал компакт-диск, на котором он играет сюиты для виолончели Баха – колоссальный исполнитель!

Знаю, что он дарил больницам медицинское оборудование и устраивал концерты, чтобы поддержать демократизацию в России.

Но положение всегда сложнее, чем мы можем угадать. Например, он любит Россию, и у него даже квартира в Москве, но он живёт в Париже. Почему? Для человека с такими деньгами, как у Ростроповича, жизнь может быть лёгкой и в Москве, и в Париже.

К сожалению, очень редко человек может действовать так, как он хочет: жить, где он хочет, обладать талантом и жить благодаря своему таланту, быть с любимым человеком. Такой человек должен быть счастлив. Мне кажется, Ростропович – один из них: удачливый и счастливый человек.

4. Проверьте себя!

1. Составьте словосочетания:

брать (фамилия мужа)
оставить (девичья фамилия)
давать (кличка)
назвать (Маша)
редкий (имя)
полная форма (имя)

2. Имена девушек состоят из двух гласных "А" и двух одинаковых согласных. Как зовут этих девушек?

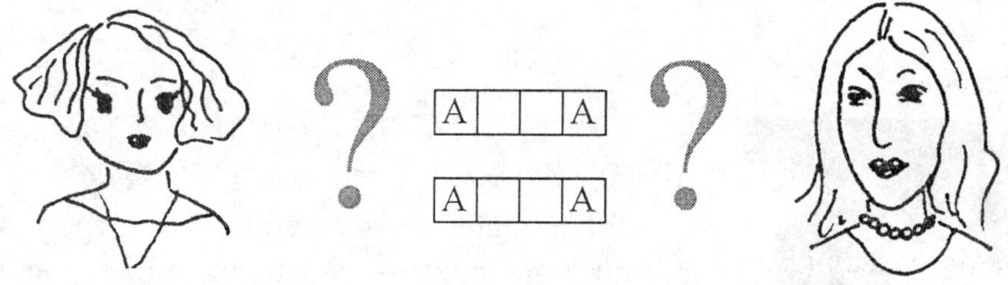

3. Напишите, кто к кому обращается. Вам поможет правая колонка.

• Андрей, ты перевёл текст?	1) бабушка к внучке 2) мама к сыну
• Андрюша, ты когда приедешь?	1) жена к мужу 2) студент к профессору
• Андрей Петрович, когда вы читаете доклад?	1) отец к сыну 2) коллега к коллеге
• Андрюшка, где ты был так долго?	1) приятель к приятелю 2) бабушка к дедушке

4. Восстановите реплики диалогов.

– Я слышала, что Наташа Иванова вышла замуж. Интересно, она оставила свою фамилию?
– По-моему, она … .

* * *

– Простите, я забыл, как зовут господина Петрова?
– … .
– А по имени и отчеству?
– Петров … … .

* * *

– Алексей, как тебя называют дома родители?
– … .
– А бабушка?
– … .

* * *

– … ?
– Ольга Семёновна.
– … ?
– Петрова.

* * *

– … ?
– Меня назвали Аней в честь бабушки.

5. Прочитайте текст и ответьте на вопрос:

ЧТО СЛУЧИЛОСЬ С КОЛЕЙ?

Раньше Коля был хорошим учеником. Он никогда не ложился спать, пока не выучит все уроки. А теперь… теперь он их совсем не учит.

Было время, когда Коля с удовольствием занимался в фотостудии. А теперь он туда не ходит и фотографией не интересуется.

Каждое лето Коля с ребятами уезжал в спортивный лагерь на всё лето. А теперь его туда не возьмут.

Как вы думаете, что случилось с Колей?

- Он заболел.
- Он влюбился.
- … ?

6. ***а)*** Назовите фамилию:

1) композитора XIX в., написавшего музыку к балету "Лебединое озеро";
2) писателя XIX в., автора романа "Евгений Онегин";
3) художника, написавшего картину "Бурлаки на Волге".

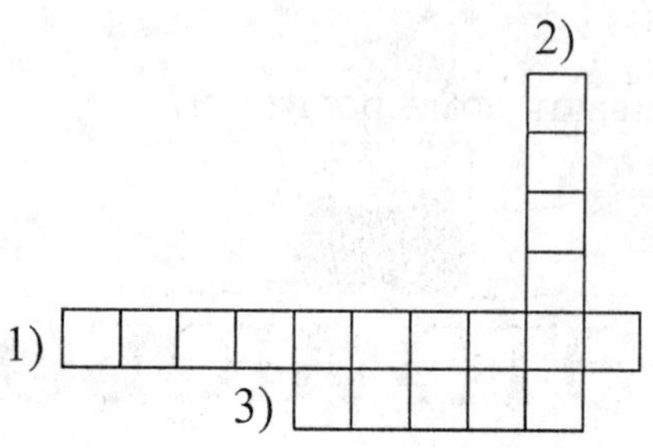

б) Заполните таблицу.

Имя	*Отчество*	*Фамилия*
Пётр	Ильич	
Александр	Сергеевич	
Илья	Ефимович	

7. Напишите сочинение на тему "Моё имя":

- назовите своё полное и краткое имя;
- кто дал (выбрал) вам имя;
- в честь кого вас назвали;
- как вас называют родители, друзья;
- какое ваше имя (распространённое, редкое).

1. Лексика по теме

ЛЮБОВЬ большая, сильная; горячая, страстная; взаимная, без взаимности; с первого взгляда.	LOVE great, strong; burning, passionate; mutual, one-sided; at first sight.
Любить *(несов.)*, полюбить *(сов.)* *(как?)* сильно, горячо, страстно;	To love strongly, ardently, passionately;
влюбляться/влюбиться *(в кого?)*;	to fall in love with;
увлекаться/увлечься *(кем?);*	to be enamoured of;
ухаживать *(за кем?)*;	to court;
ревновать *(кого? к кому?)*;	to be jealous of;
назначать/назначить свидание *(кому?)*; ходить, бегать на свидания, встречаться.	to make a date *(with whom?)*/to date *(whom?)*; to go out on a date, to go out.
Влюблённый, любимый, любимая.	Someone in love, beloved/sweetheart (for male and female).

Он не женат, холост, холостяк.	He is unmarried (of a man), single, barchelor.
Делать/сделать предложение *(кому?)*, предлагать/предложить руку и сердце,	To propose to somebody, to offer hand and heart,
просить/попросить руки девушки *(у кого?)* у родителей.	to ask parents for a girl's hand.
Она не замужем, незамужняя.	She is not married, unmarried/single.
Принимать/принять предложение, давать/дать согласие (на брак);	To accept a proposal, to give one's consent (to a marriage);
подавать/подать заявление во Дворец бракосочетания, в ЗАГС.	to apply for a marriage license at the Marriage Palace, to the Office of Registration.
БРАК: счастливый, несчастливый; удачный, неудачный; ранний, поздний; брак по любви, брак по расчёту.	MARRIAGE: happy, unhappy; good match, bad match; early, late; marriage for love, marriage of convenience.
Выходить/выйти замуж *(за кого?)*, быть замужем *(за кем?)*,	To marry (said of a woman), to be married (said of a woman),
жениться *(на ком?)*, быть женатым *(на ком?)*; замужество, женитьба;	to marry (said of a man), to be married (said of a man); marriage;
пожениться, вступать/вступить в брак *(с кем?)*,	to marry, to enter into marriage,
создавать/создать семью, заводить/завести семью;	to create a family, to begin a family;
регистрироваться/зарегистрироваться *(где?)* во Дворце бракосочетания, в ЗАГСе,	to register (a marriage) in the Marriage Palace, in the Office of Registration,
венчаться/повенчаться и обвенчаться *(с кем? где?)* в церкви.	to get married in a church.
СВАДЬБА	WEDDING
Справлять/справить свадьбу, играть/сыграть свадьбу;	To celebrate a wedding, to throw a wedding party;

свадебное платье, фата, свадебный букет, обручальное кольцо;	wedding dress, wedding veil, marriage bouquet, wedding ring;
жених и невеста.	bridegroom and bride.
Свидетель, свидетельница;	Best man, bridesmaid;
новобрачные, молодожёны, молодые; муж, жена, супруг, супруга, супруги.	newlyweds, just married, newlyweds; husband, wife, spouse (man), spouse (woman), spouses.
Медовый месяц, проводить/провести медовый месяц,	Honeymoon, to spend a honeymoon,
свадебное путешествие, отправляться/отправиться в свадебное путешествие.	honeymoon trip, to leave for a honeymoon trip.
Свадьба серебряная (25 лет), золотая (50 лет), бриллиантовая (75 лет).	Wedding silver, golden, diamond.

2. Давайте поговорим!

ЛЮБОВЬ...

а) Прочитайте письмо.

Здравствуй, Линда!

Сегодня 14 февраля – ДЕНЬ ВЛЮБЛЁННЫХ. Ты помнишь, как мы праздновали День Святого Валентина год назад? Ты подарила мне открытку и маленького игрушечного медвежонка (и ещё сказала, что я на него похож). Этот симпатичный медвежонок сейчас со мною в Петербурге. Мы оба передаём тебе привет!

Кстати, сюда, в Россию, праздник Святого Валентина пришёл совсем недавно, но, как мне кажется, русские успели полюбить этот праздник и с удовольствием отмечают его.

Скажу тебе "по секрету", что в России ухаживают за девушками немного иначе, чем у нас. Например, на свидание молодые люди часто приходят с цветами, дарят подарки (не обязательно дорогие, главное – внимание), приглашают девушек в театр, в кафе, на дискотеку.

Да, сегодня вечером мы с друзьями собираемся отметить День Святого Валентина в кафе. Надеюсь, ты не будешь скучать без меня в этот день. Или будешь?

Обнимаю тебя.

Мэтью.

б) Ответьте на вопросы:

1. Отмечают ли в вашей стране День Святого Валентина?
2. Кому обычно в этот день дарят подарки и какие? А что дарите вы?
3. А какой подарок вы хотели бы получить от любимой девушки (молодого человека)?
4. Как и где вы отмечаете этот праздник?

2 **а)** Прочитайте диалог и разыграйте его.

СЕГОДНЯ ДЕНЬ СВЯТОГО ВАЛЕНТИНА

– Привет, Джон!

– *Доброе утро, Мэтью! Как дела?*

– Спасибо. Всё нормально. Ты не забыл, что сегодня День Святого Валентина?

– *Конечно, помню, ведь этот праздник возник в Англии и только потом стал популярен везде. И у вас в Америке, не так ли?*

– Конечно. Кстати, Джон, а ты знаешь историю этого праздника?

– *Знаю. Старинная английская легенда рассказывает, что монах Валентин влюбился в дочь короля. Она тоже полюбила монаха. Валентина посадили в тюрьму, а потом казнили.*

– А где же чудо? Как я понимаю, главное в этом празднике – то, что настоящая и сильная любовь может творить чудеса!

– *Совершенно верно, Мэтью. Только любовь спасла не монаха, а его девушку. Ведь девушка была слепая. Перед смертью Валентин написал любимой письмо. И это письмо, полное настоящей любви, так её потрясло (it so astounded her), что она стала видеть!*

– Да, прекрасная легенда! Кстати, Джон, ты свободен вечером? Мы могли бы сходить в кафе с Леной и Сашей.

– *Отличная идея! Но сейчас я должен срочно позвонить домой, в Лондон!*

– Понимаю. Я уже поздравил Линду. Ну что ж, желаю тебе успеха!

– *Спасибо! Пока!*

– До вечера!

б) Вам понравилась легенда? Перескажите её.

в) Верите ли вы в то, что настоящая любовь может творить чудеса? Расскажите о такой истории, если знаете.

3 *а)* Прочитайте текст.

ВСТРЕЧИ В ДЕНЬ СВЯТОГО ВАЛЕНТИНА, ИЛИ ЧУДО ЛЮБВИ

День Святого Валентина с каждым годом становится всё популярнее в России. Мы обратили внимание на рекламу одной из петербургских гостиниц. Вот она:

ДЕНЬ СВЯТОГО ВАЛЕНТИНА
В ОТЕЛЕ "АЭРОСТАР"
ТОЛЬКО ДЛЯ ВАС В ЭТОТ ДЕНЬ
14 ФЕВРАЛЯ 2001 ГОДА:

Ресторан "Тайга"

- Специальное меню
- Подарок для каждой дамы
- Танцевальный вечер

Ресторан "Бородино"

- Специальное меню с бесплатным бокалом французского шампанского
- Роза для каждой дамы

С 18 до 23 часов

И... зашли в ресторан "Тайга". Мы взяли интервью у нескольких влюблённых пар.

И ВОТ МЫ ВСТРЕТИЛИСЬ ЧЕРЕЗ МНОГО ЛЕТ...

Нина Алексеевна и Валентин Власович (55 лет)

– *Мы поздравляем вас с праздником! Если можно, расскажите, как вы нашли друг друга?*

Нина Алексеевна: Я была оперной певицей и, как многие артисты, жила и работала в разных городах: в Ашхабаде, Душанбе, Воронеже, Баку, Москве. В Петербург приехала не так давно. Никогда не думала, что именно здесь найду своё счастье. Как-то вечером вышла на балкон, вдруг слышу, меня называет по имени какой-то пожилой мужчина. Говорит, что узнал меня, что много лет назад видел меня на сцене. Я пригласила его войти. Так началось наше знакомство.

Валентин Власович: А для меня первая встреча с Ниной состоялась в 1958 году, в оперном театре города Ашхабада: я увидел её на сцене и влюбился с первого взгляда. Но подойти боялся. Встретились же мы совсем недавно, через много лет.

– *А День Святого Валентина всегда будете отмечать?*

Валентин Власович: А как же! День всех влюблённых – это для нас. К тому же я – Валентин, так что это ещё и мои именины.

МЫ ПОЗНАКОМИЛИСЬ В БИБЛИОТЕКЕ

Наташа и Володя (30 лет)

– *Мы поздравляем вас и просим ответить на вопрос: "Чем дорог для вас День влюблённых?"*

Володя: 14 февраля – необычайный день. В этот день мы познакомились. Обычно люди знакомятся на вечерах, ну, не знаю… в кафе, на дискотеках. А мы познакомились в библиотеке!

Наташа: Володя забыл ручку и спросил, нет ли у меня лишней ручки. Потом мы долго встречались, и я всё ждала, когда же он скажет ГЛАВНОЕ. И вот однажды… он пришёл на свидание с красными розами. Красные розы – символ любви. Я поняла, что именно сегодня он признается мне в любви. Так и произошло…

Володя: Я долго готовился к этой встрече. Наташа – очень серьёзная девушка, всегда говорила о литературе, музыке, а я всё не знал, как сказать ей о любви. И, наконец, решился: или сегодня, или – никогда! Это было 14 февраля 1999 года. И вот мы женаты уже два года.

– *Счастливы?*

Наташа: Очень!

– *Ссоритесь?*

Володя: Иногда. В основном по пустякам.

НАСТОЯЩАЯ ЛЮБОВЬ ТВОРИТ ЧУДЕСА

Марина и Олег (27 лет)

– *Поздравляем вас с Днём Святого Валентина! Какой это день для вас: обычный или особенный?*

Олег: Ещё какой особенный! В этот день родилась наша дочка, мы её назвали Мариной в честь жены. Дочке 2 годика, и сейчас она с бабушкой.

Марина: Наша дочь – это чудо! Дело в том, что я – инвалид. О, не смущайтесь, пожалуйста! Когда мы с Олегом познакомились, я могла передвигаться только в инвалидной коляске и, признаться, о таком счастье и не мечтала.

Олег: Когда я впервые увидел Марину, я был *поражён (was surprised)*: вот это красавица! Я видел только её зелёные глаза и прекрасные тёмно-каштановые волосы.

И на другой день уже был у неё дома с цветами. А ещё некоторое время спустя попросил её руки…

Марина: Родители были категорически против, а Олег тогда и говорит: "Даже если вы будете против нашего брака, мы всё равно поженимся". И через месяц мы поженились… Постепенно начала ходить. Говорят: медицинское чудо. Но я-то знаю, что поставила меня на ноги любовь Олега. А потом родилась дочка. Вот это уж действительно настоящее чудо!

Олег: Хочется сказать всем влюблённым: любите друг друга! Любовь есть! И если она настоящая, то творит чудеса. Примером тому – наша семья!

б) Перескажите одну из историй.

в) Расскажите свою историю знакомства и любви.

… И БРАК

4 Рассмотрите серию рисунков. Составьте рассказ "История любви".

ИСПОЛЬЗУЙТЕ:

влюбиться *(в кого?)*;
встречаться;
ходить в театр, на дискотеку;
дарить цветы, подарки;
сделать предложение *(кому?)*;
согласиться выйти замуж *(за кого?)*;

просить руки дочери *(у кого?)*;
готовиться к свадьбе;
обсуждать главные вопросы:

- где справить свадьбу;
- кого пригласить на свадьбу;
- что подарить молодым;
- где молодожёны проведут медовый месяц.

регистрироваться во Дворце бракосочетания;

пожениться;

вступить в брак;

молодожёны;

свидетели;

обручальные кольца;

свадебное платье;

фата;

свадебный букет;

справить свадьбу;

богатый стол;

кричать “горько”;

давать советы *(кому?)*;

поздравлять *(кого? кого с чем?)*;

дарить подарки;

произносить тосты;

танцевать;

петь;

веселиться;

отправиться в свадебное путешествие *(куда?)*;

проводить медовый месяц *(где?);*

весёлые, радостные, счастливые;

понимать друг друга с полуслова (без слов);

прекрасная погода;

купаться;

загорать;

отлично провести время.

5 ***а)*** Познакомьтесь с таблицей.

Таблица 1

 *Лена (невеста)* *(bride)*	не замужем *is unmarried* принимает предложение *accepts a proposition* выходит замуж *(за кого?)* за Сашу. *gets married to Sasha*
 Саша (жених) *(bridegroom)*	не женат, холостой, холост, холостяк *is not married, single (of a man), bachelor* делает предложение *(кому?)* Лене *proposes to (whom?) Lena* просит руки Лены *(у кого?)* у родителей Лены *asks for Lena's hand (from whom?) from Lena's parents* женится *(на ком?)* на Лене *marries (whom?) Lena*
 Саша и Лена (новобрачные, молодожёны, молодые) *Sasha and Lena (newlyweds)*	поженились *got married* вступили в брак *entered into marriage* стали *(кем?)* / *became (whom?)* { супругами / *spouses*; мужем и женой / *husband and wife* } зарегистрировались *(где?)* / *registered (where?)* { во Дворце бракосочетания / *in the Marriage Palace*; в ЗАГСе / *in the registration office* }

	обвенчались *got married*	*(где?)* *(where?)*	в церкви *in a church*
	справили *celebrated* / сыграли *threw* — свадьбу *a wedding* / *a wedding party*	*(где?)* *(where?)*	дома *at home* / в ресторане *in a restaurant*
	отправились в свадебное путешествие *left for their honeymoon trip*	*(куда?)* *(to where?)*	на юг *to the south* / на море *to the sea*
	провели медовый месяц *spent their honeymoon*	*(где?)* *(where?)*	на юге *in the south* / на море *at the sea*

б) Расскажите историю женитьбы Саши и Лены. Может, вы расскажете о женитьбе своих друзей?

ИСПОЛЬЗУЙТЕ таблицу 1.

6 Бабушка и внучка рассматривают семейный альбом. Интересно, о чём они говорят? Инсценируйте диалоги.

ЗАГЛЯНЕМ В СЕМЕЙНЫЙ АЛЬБОМ!

– Ой, бабушка! Это же ты! Какая красивая!

– Да, это моя свадебная фотография. Посмотри, и дедушка здесь молодой и красивый.

– Правда... Бабушка, расскажи, как вы с дедушкой познакомились.

– Мы с дедушкой встретились случайно и полюбили друг друга с первого взгляда. Потом дедушка прислал сватов (sent matchmakers) просить моей руки.

– И ты согласилась?

– Согласие дали родители. Твой дед купил обручальные кольца и подарил мне свадебное платье.

– Ну а свадьба?

– Мы венчались в церкви. Потом поехали в дом дедушки, там мы и справили нашу свадьбу.

– А как же свадебное путешествие?

– А в свадебное путешествие нам поехать не пришлось (weren't able to), тяжёлое было время.

* * *

– Посмотри, бабушка, это папа! Какой смешной, с усами!

– Да, это твой папа до женитьбы. Они с твоей мамой учились вместе в школе, и твой папа часто приходил к нам после уроков.

– А потом?

– А потом они с мамой полюбили друг друга. Мама часто бегала на свидания, много говорила по телефону, иногда плакала...

– Почему?

– Твой папа нравился многим девушкам...

– И мама его ревновала?

– Она его любила. А потом папа сделал маме предложение, они зарегистрировались во Дворце бракосочетания и стали мужем и женой. Мы сыграли прекрасную, весёлую, шумную свадьбу.

* * *

– Знаешь, бабушка, сейчас многие выходят замуж не по любви, а по расчёту. Например, моя подруга Галя недавно вышла замуж за богатого иностранца, а ведь совсем его не любит.

– И раньше некоторые выходили замуж по расчёту, но я таких браков не понимаю. Какое же это счастье – жить с нелюбимым человеком?

– Я, бабушка, тоже так думаю, и замуж я выйду только по любви.

– Конечно, Машенька, только по любви!

– Бабушка, когда я буду выходить замуж, я буду самой красивой невестой: у меня будет длинное свадебное платье, красивая фата, огромный свадебный букет из белых роз! Мой жених будет держать меня за руку и не сводить с меня глаз! Как в кино! А свой медовый месяц мы проведём на Канарских островах!

– *Ох, внучка, какая же ты ещё глупенькая! Для семейной жизни главное – чтобы муж и жена смотрели не только друг на друга, но и в одну сторону (for family happiness it's important that husband and wife not only look at one another, but have the same or similar way of thinking).*

7 Выберите правильный ответ. Проверьте себя по тексту первого диалога задания 6.

- Что рассматривают бабушка и внучка?
  1) иллюстрированный журнал
  2) семейный альбом
- Как познакомились бабушка с дедушкой?
  1) они познакомились случайно
  2) их познакомили родственники
- Кто просил руки бабушки?
  1) дедушка сам просил руки бабушки
  2) дедушка прислал сватов просить руки бабушки
- Кто дал согласие на свадьбу?
  1) бабушка
  2) родители
- Где регистрировался брак бабушки и дедушки?
  1) они венчались в церкви
  2) они регистрировались в ЗАГСе
- Где справили свадьбу бабушка и дедушка?
  1) в доме родителей бабушки
  2) в доме дедушки

8 Матрёшки перепутались. Поставьте их в ряд и прочитайте слово.

Ответьте на вопросы:

– Кто женат на ком?

– Кто замужем за кем?

ИСПОЛЬЗУЙТЕ:

Таблица 2

Она	вышла замуж замужем	*(за кого?)* *(за кем?)*
Он	женился женат	*(на ком?)*
Они	поженились	

3. Время. События. Люди

ВЗГЛЯД СО СТОРОНЫ

РУССКИМ ЖЕНЩИНАМ ТРУДНО В ГЕРМАНИИ!

Русским женщинам многое в Германии кажется странным. Представьте себе, что вы сидите в кафе. В вашей компании только мужчины, и никто из них не платит за ваш кофе. В России это невероятно, а в Германии нормально. Когда я иду с друзьями в бар, я сама плачу́ за себя. Конечно, иногда меня угощают, а иногда я угощаю компанию – жёстких правил не существует.

Одна русская студентка спросила меня: "Если в Германии молодой человек приглашает меня в кино, он заплатит за меня?" Может быть, да, а может, и нет. И важно понять, что здесь дело не в деньгах или в недостатке воспитания. Просто это не пришло ему в голову! Ведь за своего друга он тоже не будет платить! Поэтому деньги на всякий случай нужно носить с собой.

После приятного вечера все, как правило, расходятся в разные стороны. Молодой человек может предложить проводить вас домой (так как ходить одной по вечерам становится всё опаснее). А может и не предложить! В конце концов, если вы боитесь идти одна, можно взять такси.

Немкам в России тоже трудно. Например, я выхожу из автобуса. Мой русский знакомый обязательно протягивает мне руку и помогает выйти (как будто без него я не смогу этого сделать!). Та же сцена у магазина: у меня из рук берут сумку (как будто я не могу сама нести свои покупки!). В кафе, баре, в кино или театре я не могу за себя заплатить. Почему? "Так принято", – слышу я каждый раз.

Немецкая журналистка Вера Блай

ТРАДИЦИОННАЯ РУССКАЯ СВАДЬБА

ГОТОВИМСЯ К СВАДЬБЕ

В русском доме свадьба – это целое событие. Когда счастливые родители узнают, что их дети собираются пожениться, они, как правило, соби-

раются вместе и на "семейном совете" ре-шают, где и как будут праздновать свадьб[illegible] сколько гостей приглашать, куда поедут мо-лодые в медовый месяц и (деликатны[illegible] вопрос) кто за что платит.

Если молодые вступают в брак впервые то они обычно подают заявление на реги-страцию брака в городской Дворец брако-сочетания. Другой вариант – подача заяв-ления в районный ЗАГС, где регистрация проходит по месту жительства менее тор-жественно, но с тем же результатом. Как правило, со времени подачи заявления до регистрации брака проходит один месяц.

В ДЕНЬ СВАДЬБЫ

В день свадьбы жених со свидетелем приезжают в дом невесты на машине, украшенной лентами, цветами и воздушными шарами.

Как правило, молодых людей не сразу впускают в дом: соседи, свидетельница невесты или родственники просят "выкуп" за невесту. Выкупать невесту можно за деньги, а можно предложить что нибудь смешное, например, пакет картошки.

На разных машинах жених и невеста уезжают во Дворец бракосочетания. Вместе с ними едут свидетели и родственники.

Под звуки марша Мендельсона в торжественной обстановке происходит регистрация брака: жених и невеста обмениваются кольцами, расписываются в книге регистрации (вместе со свидетелями) – и регистратор объявляет их мужем и женой.

После поздравлений молодые ездят по городу, кладут цветы к Вечному огню, к известным памятникам в городе.

Молодые могут обвенчаться в церкви. Это очень красивый обряд. К сожалению, многие молодые люди венчаются потому, что считают это модным, и не понимают истинного значения венчания.

ПРАЗДНИЧНОЕ ЗАСТОЛЬЕ

Все гости собираются в ресторане или дома. По старинному русскому обычаю, родители встречают новобрачных хлебом и солью. Затем все садятся за богатый праздничный стол, едят, пьют, шутят, вспоминают истории из жизни молодых, поют, а главное, поздравляют новобрачных, желают им любви и долгой счастливой семейной жизни.

Гости кричат: "Горько!", а молодожены должны "сладко" целоваться.

Праздничный вечер обычно длится долго.

На следующий день, как правило, отмечается второй день свадьбы в узком кругу родных, обычно дома. В этот день невеста надевает специальное праздничное платье "второго дня". Свадьба продолжается!

ТРАДИЦИОННАЯ АМЕРИКАНСКАЯ СВАДЬБА

ПО ЛЮБВИ ИЛИ ПО РАСЧЁТУ?

Как показал социологический опрос (в опросе принимали участие около 4 тысяч молодых пар), большая часть американских молодожёнов (89 %) вступает в брак по любви, и только 1 % – по расчёту.

Есть ещё две причины, по которым американцы вступают в брак: это незапланированная беременность (6 %) и боязнь остаться на всю жизнь одному (4 %).

КАК В АМЕРИКЕ ОФОРМЛЯЕТСЯ БРАК

Для заключения брака необходимо получить лицензию. Затем заполнить анкеты и произнести клятву о правдивости всего написанного. Кстати, клятву эту дают, подняв правую руку.

После этого надо немного подождать – и чиновник вручает вам уже отпечатанную лицензию. Через 24 часа, которые даются как бы на размышление, вы можете венчаться.

БРАЧНЫЙ КОНТРАКТ?

Почему-то думают, что американцы всегда заключают брачный контрак Нет и нет: среди впервые вступающих в брак людей это делают всего 3 5 процентов. Как объясняет крупный нью-йоркский адвокат по разводаı Сидней Силлер, на то есть две причины: во-первых, вступая в первый брак пара обычно ещё небогата и поэтому беспечна. А во-вторых, “неудобно как то в разгар любви и ухаживаний ставить имущественные вопросы”.

АМЕРИКАНСКИЕ НЕВЕСТЫ ХОРОШИ, КАК КАРТИНКИ!

В день свадьбы американская невеста одета всегда очень красиво Обычно платье заказывают в специальном брачном салоне. В большинстве случаев это роскошное, наряднейшее платье, хоть проживёт оно всего один день. Во второй брак вступают скромнее – достаточно нарядного костюма.

Свадьбы обычно бывают многолюдные, весёлые. И дорогие… Кстати, за свадьбу платят, как правило, пополам. И начинают с того, что дают объявление в местной газете, украшая его портретом невесты и краткой биографией жениха и невесты.

(По материалам прессы)

А ВОТ НЕОБЫЧНАЯ АМЕРИКАНСКАЯ СВАДЬБА

КОМПЬЮТЕР ПОВЕНЧАЛ. А ВОТ РОДИТ ЛИ?..

Это произошло недавно в Калифорнии. На расстоянии многих километров друг от друга сидели жених, невеста и священник, каждый со своим персональным компьютером. Единая компьютерная сеть соединяла их.

Жених, 33-летний Скат Граски, был в свадебном костюме, рядом с ним, как и полагается, его свидетель. Так же рядом с невестой, 28 летней Сандрой Уэйд, сидела её свидетельница. После вопроса священника Уильяма Вуда поочерёдно к жениху и невесте “Согласен ли?..”, “Согласна ли?..” на экране возникли два “да”. Тогда святой отец отправил следующую инормацию: "Я провозглашаю вас мужем и женой. Теперь поцелуйте друг руга, дети мои". Сандра, не теряя даром времени, абрала на экране компьютера "Smooch, smooch" "смуч-смуч" – эквивалент русского "чмок-чмок"), ених же ответил на экране пылкими "Kiss, kiss" "целую, целую"). Церемония венчания состоялась.

Скат жил в штате Невада, а Сандра – в Вирджинии. Познакомились они через компьютер, злюбились. Разговоры влюблённых на экране лились ежедневно по 4–5 часов. Обменялись фотографиями.

Будет ли компьютер ещё и рожать вместо них – пока не ясно, только родители молодых решили играть свадьбу по старому обычаю: не через компьютер.

(По материалам прессы)

И В ШУТКУ, И ВСЕРЬЁЗ

- Чтобы жених и невеста поцеловались, гости кричат им "☐☐☐☐☐☐!" (антоним к слову СЛАДКО).

- Как называется свадьба, если супруги прожили вместе

25	ЛЕТ	С☐☐☐☐☐☐☐☐Я
50		З☐☐☐☐☐Я
75		Б☐☐☐☐☐☐☐☐☐☐☐Я

4. Проверьте себя!

1. Подберите синонимы к данным словам и словосочетаниям

сделать предложение	супруги
муж и жена	справлять свадьбу
молодожёны	жениться, выходить замуж
играть свадьбу	молодые, новобрачные
вступать в брак	предложить руку и сердце

2. Вставьте пропущенные слова.

Лена и Саша … друг друга с первого взгляда. Прошло время. Саша сделал Лене … , и они решили … . Саша купил … кольца. Сашина мама будущая …, подарила Лене … платье. Свадьба была … и … .

Саша и Лена … во Дворце бракосочетания. Свой … месяц они провели в Сочи.

3. Сделайте правильный выбор.

- Саша и Лена поженились. Теперь они … а) муж и жена
  б) жених и невеста
  в) супруги
- Лена вышла замуж. Мама Саши для неё теперь … а) тётя
  б) тёща
  в) свекровь
- Кем был Саша до свадьбы? Он был … а) зятем
  б) молодым человеком
  в) холостяком

4. Какие из следующих выражений относятся к мужчине (левая колонка), какие – к женщине (правая колонка), а какие – к мужчине и женщине? Запишите их.

Делать/сделать предложение
вступать/вступить в брак
предлагать/предложить руку и сердце
принимать/принять предложение

жениться
просить/попросить руки́ девушки у её родителей
выходить/выйти замуж
пожениться

САША	ЛЕНА
САША И ЛЕНА	

5. Дополните словосочетания.

Вступить в …
регистрироваться в …
венчаться в …
обменяться …
делать …
влюбиться с …
стать мужем и …
золотая …
Дворец …
провести …
играть …

ИСПОЛЬЗУЙТЕ:

свадьба, брак, ЗАГС, церковь, кольца, предложение, первый взгляд, жена, бракосочетание, медовый месяц.

6. К ответам нет вопросов. Придумайте их.

– … ?
– Я вышла замуж недавно, месяц назад.

* * *

– … ?
– Свой медовый месяц мы провели на юге.

* * *

– … ?
– Мы регистрировались во Дворце бракосочетания.

* * *

– … ?
– А свадьбу мы справляли в ресторане.

* * *

– … ?
– Да, было очень много родственников и знакомых.

7. Напишите сочинение на тему: "Моя будущая свадьба" ("Свадьба моего друга").

5 СЕМЬЯ ЕСТЬ СЕМЬЯ

1. Лексика по теме

СЕМЬЯ счастливая, несчастливая; дружная, недружная; крепкая, некрепкая; гостеприимная; трудолюбивая; большая, небольшая, маленькая, из трёх, из четырёх человек, многодетная. Жить одной семьёй, жить вместе с родителями (мужа, жены), жить отдельно (от родителей), жить (вместе) с детьми.	FAMILY happy, unhappy; close, quarrelsome; strong, not close; hospitable; hard-working; big, medium sized, small, of three, of four people, with many children. To live under one roof, live with one's parents (of one's husband, of one's wife), to live on one's own (independently of one's parents), to live with one's children.
РОДСТВЕННИКИ, близкие, родные; родители, отец, папа, мать, мама; ребёнок, дети, сын, дочь; дедушка, бабушка, прадедушка, прабабушка; внук, внучка, правнук, правнучка; сестра, брат (родной, старший, младший,	RELATIVES, kinsfolk; parents, father, dad, mother, mom; child, children, son, daughter; grandfather, grandmother, great grandfather, great grandmother; grandson, granddaughter, great grandson, great granddaughter; sister, brother (full blood, elder, younger, cousin);

двоюродный); дядя, тётя, племянник, племянница; тесть, тёща, свёкор, свекровь;	uncle, aunt, nephew, niece; father-in-law, mother-in-law (wife's father, mother), father-in-law, mother-in-law (husband's father, mother);
зять, невестка, сноха.	son-in-law, daughter-in-law.
Первое, второе поколение семьи.	First, second generation of a family.

К СВЕДЕНИЮ!

РОДСТВЕННЫЕ ОТНОШЕНИЯ

ЗОЛОВКА	сестра	мужа
ДЕВЕРЬ	брат	
СВОЯЧЕНИЦА	сестра	жены
ШУРИН	брат	
ОТЧИМ	неродной отец, новый муж матери	
МАЧЕХА	неродная мать, новая жена отца	
ПАДЧЕРИЦА	неродная дочь, дочь мужа или жены от прежнего брака	
ПАСЫНОК	неродной сын, сын мужа или жены от прежнего брака	
СВОДНЫЙ БРАТ	сын	мачехи или отчима
СВОДНАЯ СЕСТРА	дочь	
СВАТ, СВАТЬЯ	родители одного из супругов по отношению к родителям другого супруга	

2. Давайте поговорим!

РОДСТВЕННЫЕ ОТНОШЕНИЯ: КТО ЕСТЬ КТО

1 ***а)*** Прочитайте письмо. Составьте диалог по тексту письма.

Дорогая Линда!

Помнишь наши споры о семье: нужна ли семья в современном обществе, какой она должна быть, женитьба, разводы и многое другое.

Все эти проблемы перестали для меня быть проблемами после того, как я побывал в одной русской семье. Я понимаю, что семьи и в России, и в Америке могут быть разными: крепкими и некрепкими, счастливыми и несчастливыми… Но мне повезло: я побывал в гостях у очень хорошей, очень дружной семьи. Это семья моего друга Александра.

Народу было много, в основном родственники. И у меня была отличная возможность наблюдать сразу за четырьмя поколениями.

Первое поколение – это дедушка и бабушка Саши. Они живут вместе уже более 50 лет, недавно справили золотую свадьбу.

Второе поколение – это родители Саши: Владимир Николаевич и Ольга Евгеньевна. Кстати, для жены Саши они свёкор и свекровь.

Саша и его жена Лена – третье поколение. Это очень симпатичные и весёлые люди.

И, наконец, четвёртое поколение – это их дети: Серёжа (он уже учится в школе) и пятилетняя Машенька.

Родители Саши живут вместе с его дедушкой и бабушкой, ну а Саша и Лена, естественно, вместе со своими детьми.

Да, на дне рождения ещё были тётя и дядя Саши, мать и отец его жены (у русских они называются тёща и тесть). Все они встречаются довольно часто: и по праздникам, и просто так.

Глядя на эту семью, я вспомнил своих близких и заскучал по ним.

Поэтому какие могут быть сомнения, вопросы, проблемы? Только семья! Только в семье! Только с семьёй!

А не жениться ли и мне? Как ты думаешь, Линда?

С любовью,

Мэтью.

б) Скажите, что неправильно.

- Я вчера был в гостях у моих знакомых.
- Бабушка и дедушка живут вместе уже более 55 лет, недавно они справили серебряную свадьбу.
- Родители Саши: Владимир Николаевич и Ольга Евгеньевна.
- Четвёртое поколение – их дети Серёжа и Машенька, они учатся школе.
- Саша и Лена живут вместе с родителями.
- Родственники встречаются довольно часто: и по праздникам, и просто так.

в) В конце вечера Мэтью сфотографировал семью Саши Фотография получилась удачная. Рассмотрите её. Расскажите, кто – где.

Бабушка	впереди
Дедушка	посередине
Ольга Евгеньевна	справа
Владимир Николаевич	слева
Саша	рядом
Лена	сзади
Серёжа	в центре
Машенька	

2 Вставьте в текст следующие слова и словосочетания: *муж, жена, тётя, внук, тесть, тёща, свёкор, свекровь, зять, невестка, дядя, племянница.*

ЛЕНА РАССКАЗЫВАЕТ

Мы с Сашей учились вместе в школе, потом полюбили друг друга, ›женились и теперь мы … и … . Саша, мой …, очень любит мою мать, ою …, и она тоже считает его родным сыном. Мой отец для Саши – … . н любит говорить, что его … хорошо играет в шахматы.

В семье Саши меня называют любимой … . Родители Саши, мои … и . , всегда по праздникам приглашают нас в гости. Бабушка Саши для своего . всегда печёт пироги. В гости часто приходит Сашина сестра. Иногда она рёт с собой свою дочь, … Саши. Саша никогда не забывает, что он – …, всегда приносит для девочки подарки.

ИСПОЛЬЗУЙТЕ:

Таблица 1

НОВЫЕ РОДСТВЕННИКИ

New relatives

Саши	*Лены*
тесть (отец Лены) *father-in-law (Lena's father)* тёща (мать Лены) *mother-in-law (Lena's mother)*	свёкор (отец Саши) *father-in-law (Sasha's father)* свекровь (мать Саши) *mother-in-law (Sasha's mother)*

ДЛЯ НОВЫХ РОДСТВЕННИКОВ

For the new relatives

Саша	*Лена*
зять (для матери и отца Лены) *son-in-law (for Lena's parents)*	невестка (для матери Саши) сноха (для отца Саши) *daughter-in-law (for Sasha's parents)*

3 Познакомьтесь с русской семьёй. Она довольно большая – 8 человек. Кто из них для кого *отец, дедушка, мать, сын, дочь (замужем), дочь (не замужем), сестра, брат, внук, зять, невестка, тесть, тёща, тётя, дядя, племянник, жена, свекровь, бабушка, муж, сноха?*

1	*Владимир* Николаевич Цветков	отец …, муж …, свёкор …, дедушка …, тесть …
2	Ольга Васильевна Цветкова	
3	Ирина *Владимировна* Цветкова	
4	*Сергей Владимирович* Цветков	
5	Татьяна Михайловна Цветкова	
6	Дмитрий *Сергеевич* Цветков	
7	Валерия *Владимировна* Болотова	
8	Олег Андреевич Болотов	

СЕМЬЯ: КАКАЯ ОНА?

4 ***а)*** Нарисуйте (не обязательно красиво!) вашу семью.

МОЯ СЕМЬЯ

б) А теперь расскажите о своей семье. Какая она (дружная, счастливая, большая...). Познакомьте нас со своими родными:

- как их зовут;
- сколько им лет;
- где они работают;
- кто они по специальности;
- где они живут.

в) Перед вами – итоги российского социологического опроса. Расскажите, что объединяет российскую семью в первую очередь, во вторую очередь.

ЧТО ИХ ОБЪЕДИНЯЕТ?

Семейные *трапезы (meals)*	• 36 %
Игры и занятия с детьми	• 20 %
Общие интересы	• 11 %
Совместные экскурсии	• 10 %
Просмотр телепередач	• 9 %
Задушевные разговоры	• 7 %
Помощь в выполнении уроков	• 6 %
Посещение церкви	• 1 %

А что объединяет членов вашей семьи?

5 ***а)*** Когда люди хотят кратко и выразительно определить смысл жизни, они вспоминают популярные в их стране высказывания.

В России это: "Человек должен за свою жизнь построить дом, посадить дерево и воспитать сына".

В Китае это: "Главное для человека – уважать старость, воспитывать молодость, быть простым, как сама жизнь".

А в вашей стране?

б) В чём видите смысл жизни вы:

- вырастить, воспитать детей – будущее страны;
- очень хорошо, профессионально делать свою работу;
- … ?

6 Отгадайте слова по теме:

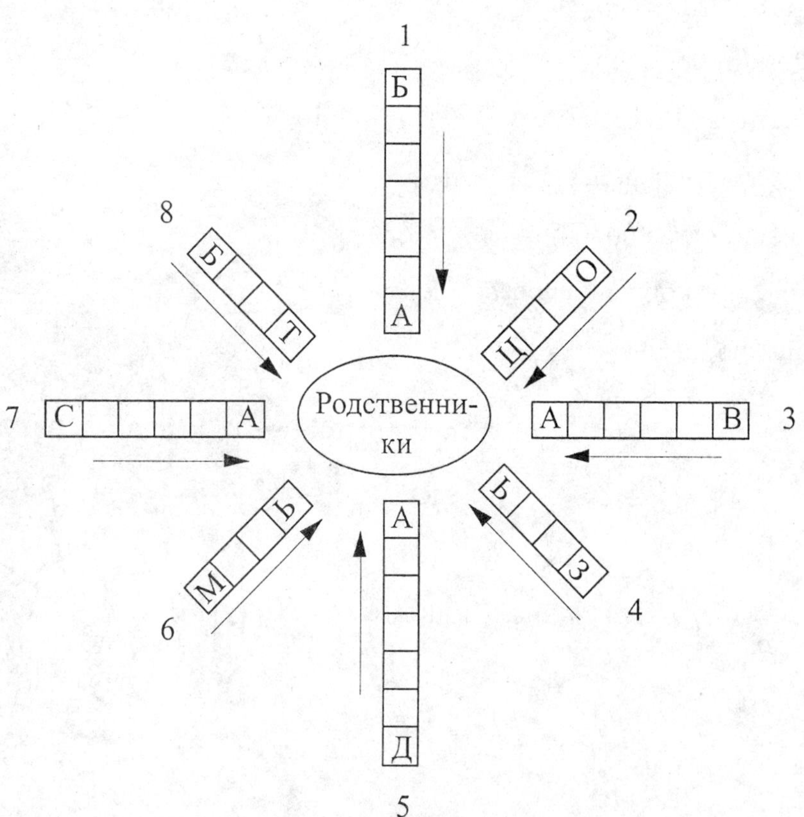

7 Познакомьтесь с русскими пословицами. Какие пословицы о семье вы ещё знаете?

ВСЯ СЕМЬЯ ВМЕСТЕ, ТАК И ДУША НА МЕСТЕ!

НА ЧТО И КЛАД, КОЛИ В СЕМЬЕ ЛАД!

НЕТ МИЛЕЕ ДРУЖКА, ЧЕМ РОДНАЯ МАТУШКА!

ИЗБА ДЕТЬМИ ВЕСЕЛА!

Прочитайте предложение.

Вечером О5 вся наша 7Я сядет за 100Л.

Проведём дискуссию на тему "Идеальная семья". Како вы себе представляете идеальную семью? Охарактеризуйте её по схеме:

- состав семьи;
- возраст;
- профессия;
- количество детей;
- где живут;
- взаимоотношения в семье.

ИСПОЛЬЗУЙТЕ:

Таблица 2

ФОРМЫ ВЫРАЖЕНИЯ	
СОГЛАСИЯ *agreement*	*НЕСОГЛАСИЯ* *disagreement*
Да, это так *Yes, it is*	Нет, это не так *No, it is not.*
Я тоже так думаю *I think so, too*	Я думаю иначе *I think otherwise*
Вы правы *You're right*	Извините, но вы не правы *I'm sorry, but you're not right*
(Совершенно) верно *(Quite) right*	Боюсь, что это неверно *I'm afraid, that's not right*
С этим можно согласиться *One can agree with that*	С этим нельзя согласиться *One can't agree with that*
Я целиком (полностью) согласен (с вами) *I wholly (completely) agree with you*	Я (совершенно) не согласен (с вами) *I (completely) disagree with you*

10 Прочитайте текст, перескажите его. Объясните значения глагола *ЖИТЬ* с приставками.

ИСТОРИЯ ОДНОЙ ЖИЗНИ

Моя бабушка Марфа *дожила* до 87 лет. И 71 год из них она *прожила* в Москве. Много событий было в её жизни. Когда мы собирались на праздник всей нашей большой семьёй, то всегда просили её: "Ну расскажи, бабушка, как ты в Москву приехала!" И бабушка начинала...

"Приехал красивый молодой парень из Москвы к нам в деревню, полюбили мы друг друга. А мама говорит: "Выходи замуж, дочь, пусть сватается твой городской". Василий и посватался. Сказал: "Буду ждать в Москве!" Купил билет.

И ещё Василий сказал, чтобы я у Курского вокзала села на 29-й трамвай и ехала до конца. И на конечной остановке он будет меня встречать. Я не то что Москвы, а поезда не видела. Дала мне мама иконку, благословила. И я... поехала. А было мне тогда 16 лет. "Смотри, Марфа, обманет тебя твой московский," – говорили мне. Прибыл поезд рано утром, нашла трамвайную остановку. Жду трамвай, 29-й, как он и сказал. Подъехал один, не сажусь. Пришёл другой – тоже не села, третий, потом ещё и ещё. Считаю: 18-й, 20-й... И вдруг! Идёт мой красавец: "Что случилось?!" "Ничего, – отвечаю, – ещё не пришёл мой трамвай". И тут уж я не выдержала, заплакала: "Ты ж сказал сесть на двадцать девятый, а прошло только двадцать четыре..."

Эта история – чистая правда. Хотите верьте, хотите нет.

А если серьёзно, то в жизни моей бабушки было много горя. *Прожили* они с дедом 60 лет, и каких... Маленькая, худенькая, провожала она своего Василия, моего деда, на войну. Осталось у неё четверо детей. Сколько ей пришлось *пережить*! Дедушка через Чехословакию, Венгрию, Польшу дошёл до Берлина старшим сержантом в пехоте. И вот в самом конце войны бабе Марфе приходит *похоронка ("Killed in battle" notice)*. Потом оказалось, что дед Василий был тяжело ранен и чудом *выжил*. Бабушка очень *переживала* и решила ехать в госпиталь в город Брест. Приехала, человека нет – одни бинты. Сердце подсказало, что это он, Василий. *Зажили* раны у деда. Потом, позднее, получили они новую квартиру, *обжили* ее. И даже дочку потом родила, мою маму. Медаль материнства у моей бабушки за пятерых детей.

Случайно поэт Пётр Градов узнал историю бабы Марфы и посвятил ей поэму "Мария".

Татьяна Савкина, экономист

ИСПОЛЬЗУЙТЕ:

Таблица 3

*ГЛАГОЛ **ЖИТЬ** С ПРИСТАВКАМИ*		
Проживать/прожить	1. Быть живым какое-то время. 2. Жить, иметь жилище где-нибудь.	Они *прожили* вместе всю жизнь. Они *прожили* в Петербурге 50 лет.
Переживать/пережить	1. Остаться в живых, преодолев трудности. 2. *несов.* Беспокоиться, волноваться.	Бабушка *пережила* войну. Бабушка *переживает*, если кто-то болеет.
Обживать/обжить	Сделать дом (квартиру) удобным, пригодным для жилья.	Они вместе *обживали* новый дом.
Выживать/выжить	Остаться в живых после болезни, несчастья.	Несмотря на все трудности, они всё-таки *выжили*.
Заживать/зажить	Стать здоровым (о больном месте).	Его рана *зажила* очень скоро.
Доживать/дожить	Жить до какого-либо срока, события.	Бабушка и дедушка *дожили* до золотой свадьбы.

11 Расскажите о своих дедушке и бабушке.

- Сколько лет они прожили вместе?
- Где они прожили большую часть жизни?

- Что они пережили?
- До скольких лет они дожили?

12 Вставьте в диалоги глагол *ЖИТЬ* с приставками.

– Что случилось, Мария?
– *Знаешь, мой сын сейчас в больнице, и я очень ... за него!*
– Что-нибудь серьёзное?
– *Да, была операция, но рана никак не ... .*
– Ничего, всё будет хорошо.
– *Я очень надеюсь на это.*

* * *

– Здравствуй, Наташа! Вы уже переехали в новый дом?
– *Да, уже переехали и сейчас понемногу ... его.*

* * *

– Привет, Никита! У моих бабушки и дедушки завтра золотая свадьба!
– *Вот это да! Сколько же лет они ... вместе?*
– 50 и собираются ... до своей бриллиантовой свадьбы!
– *Им можно только позавидовать! Поздравь их от меня.*

* * *

– Это фотография твоего дедушки?
– *Да. Я сегодня долго думала о старшем поколении. Они ... трудную жизнь: ... войну и, несмотря ни на что, ...*

13 Согласны ли вы с тем, что

- каждый человек должен рано или поздно вступить в брак;
- люди вступают в брак, потому что так делают все;
- семейная жизнь мешает карьере;
- только в семье человек может быть по-настоящему счастлив.

3. Время. События. Люди

КАЛЕЙДОСКОП МНЕНИЙ

ДЕТИ СЕГОДНЯ НЕ В МОДЕ!

Ситуация с рождаемостью во многих странах драматическая. Так, например, как утверждает британская статистика, всё больше британских женщин стремится заводить детей как можно позже – после тридцати, а то и ближе к сорока годам.

Растёт количество женщин, вообще отказывающихся от материнства.

Демографический кризис не обошёл и Россию. Статистика утверждает, что в России:

- 3/4 замужних женщин не хотят иметь более одного ребёнка.
- На каждые 100 родов приходится 208 абортов.
- По прогнозам, в начале XXI века в российских семьях будет 1,7 ребёнка.

Картина невесёлая.

ПОЧЕМУ МОЛОДЫЕ СЕМЬИ НЕ СПЕШАТ ОБЗАВОДИТЬСЯ ДЕТЬМИ?

ЛЮБОВЬ ПОЛИЩУК, артистка.

– Очень много моих молодых знакомых, которые могли бы иметь детей, ссылаются на *низкий уровень жизни*: купить квартиру не на что. На снижение рождаемости влияет и *психологический фактор*. Экологи, наркологи, прочие медики – все в один голос говорят, какими больными, какими ужасными рождаются наши дети.

ИРИНА ХАКАМАДА, политик.

– Разумеется, одна из основных причин снижения рождаемости – *низкий материальный уровень жизни* большинства семей. Сложно вырастить даже одного ребёнка, если папа с мамой по полгода не получают зарплату.

МАРК ЗАХАРОВ, режиссёр.

– Наверное, до революции смертоубийство, пусть даже еще не рождённого человека, было актом чрезвычайным. Сегодня это обычное явление. Кто в этом виноват? Главным образом, крайне *низкая социальная защищённость населения плюс десятилетия воспитания в духе коммунистического атеизма.*

А ЧТО ГОВОРЯТ БУДУЩИЕ МАМЫ?

Вопрос к будущим мамам один: "Почему вы решили завести ребёнка?"

НАТАЛИЯ, 22 года, замужем год.

– *Муж* старше меня на 8 лет и очень *хотел иметь ребёнка*, а я – нет. А сейчас уже привыкла, жду рождения сына или дочки.

ОЛЬГА, 35 лет, мужа нет.

– Я *долго лечилась от бесплодия*, очень хотела ребёнка. Думала уже – не судьба. А что отца нет, так это не беда, сама воспитаю ребёнка.

МАРИНА, 26 лет, замужем 5 лет, первому ребёнку 4 года.

– Тогда, после первого, я думала: "Всё, ни за что в жизни!" А потом, когда привыкаешь и *видишь, какое это чудо*... Не забуду, как одна женщина родила крепкого, здорового ребёнка и отказалась от него. Это просто невозможно понять.

(По материалам прессы)

ИМЕНА РОССИИ

ЖЕНЩИНА В РУССКОЙ ИСТОРИИ

Размышляет поэтесса и писательница, автор книг "Альбион и тайна времени", "Кремлёвские дети", "Кремлёвские жёны", "Жёны российской короны" Лариса ВАСИЛЬЕВА.

– Была ли у женщины какая-то особенная роль в русской истории?

– Жёны царей выходили замуж за корону, не за человека. Великой была княгиня Ольга. После гибели мужа став правительницей при сыне, она прежде всего захотела определить границы русского государства. Для этого разделила дружину на две части и сама пошла с одной из них. Хозяйка желала знать, каково её хозяйство. Очень женский поступок.

– А Екатерина Великая?

– Центральная фигура XVIII века – женщина. Екатерина эффектно выполняла государственную функцию. Безбородко говорил, что в её правление ни одна пушка в Европе не смела пальнуть без разрешения России. Императрица была "мужчиной в женском платье".

– Лариса, вы как писатель-историк какие тенденции замечаете у жён политиков XX века?

– Кремлёвские жёны XX века – другая история. Они выходили за революционеров-подпольщиков, позднее – за партийцев.

Крупская любила революцию. Впервые увидев Ленина, она обрадовалась: "Революция близка и возможна". Не глаза, руки, губы понравились, а вот что восхитило отличницу, она точно вычислила в нём революционный инструмент.

Раиса Максимовна любила Михаила Сергеевича Горбачёва, а не перестройку и активно участвовала в ней, потому что они вместе были её зачинщиками.

– *Почему вы так упорно изучаете жизнь женщин на вершинах власти?*

– Хочу понять главную ошибку нашей цивилизации. Мужчина – "голова", женщина – "шея". Но как только мужчина входит в политику или в производство, "шея" исчезает, и вот оно, наше государство. Агрессивные, тщеславные мужчины. Борьба амбиций, ведущая к войнам.

Наступает новое тысячелетие. Мужской мир ищет идей, способных вывести его из всех кризисов: экономического, экологического, этнического, духовно-этического.

Для меня мир изначально делится не на татар или русских, не на левых или правых, а на мужчин и женщин. Два существа всего-то есть в мире, слабо знакомых друг с другом. Оттого и идут все наши беды, семейные и государственные. Не пора ли познакомиться?

В России женщин больше, чем мужчин. Они рожают и менее всего хотят, чтобы их сыновья погибали. Они много и плодотворно работают. Однако на государственном уровне у них нет возможности проявить свои природные дарования. И так во всём мире.

– *Какие дарования?*

– Женщина обладает огромным этическим потенциалом, у неё экономический дар, экологический талант, этническая терпимость. И многое другое. Женщина несколько иначе видит мир, чем мужчина. Женщина всегда найдёт выход из любого противостояния, лишь бы землю не ранить и детей не убивать. Ещё пример – на Руси, управляемой мужчинами, во все времена был комплекс неполноценности перед западной цивилизацией. Этот комплекс рождал два чувства: *неприятие (rejection)*, отчего возникали железные занавесы, и *подобострастие (servility)*, чтобы тут было, как там. А женщина интуитивно ощущает меру, она возьмёт лучшее, но не откроет дверь худшему.

Я не призываю бороться с мужским миром. Это абсурд, это противоестественно. Сейчас настало такое время, что надо действовать вместе. Альтернативы нет. Или погибнуть, или выжить. Вместе.

(По материалам прессы)

4. Проверьте себя!

1. Назовите родственников мужского пола:

МОДЕЛЬ: дочь – сын

сестра –

бабушка –

прабабушка –

тётя –

племянница –

внучка –

правнучка –

тёща –

свекровь –

2. Вставьте вместо точек необходимые слова.

Она мне … , а я ей дедушка.

Она мне … . Мы поженились год назад.

Я ему … . Наши родители любят нас обоих.

Ты ей … , ведь она твоя невестка.

Она ему … , потому что она – сестра его матери.

3. Сейчас Володя – холостяк, но скоро он женится, и у него появятся новые родственники. Какие?

РОДСТВЕННИКИ ВОЛОДИ ПОСЛЕ СВАДЬБЫ

4. *а)* Отгадайте слова по теме:

РОД

- Появиться на свет –

				Я

- Мама и папа – это… .

				И

- Тётя, дядя, бабушка, дедушка – это мои… .

								И

- День, когда человек родился, называется…

Д			Ь

Р	О		Д				Я

б) Вставьте в текст необходимые слова.

Я – О СЕБЕ

Я род… зимой. День моего рож… – 25 декабря. Род… назвали меня Антоном. Тётя Тая, дядя Петя, мои род…, подарили мне много игрушек.

5. Подберите антонимы.

Семья
- большая –
- дружная –
- несчастливая –

6. Как называется семья,

- которая любит трудиться ....
- в которой много детей ....
- которая любит принимать гостей ....

7. Напишите сочинение на тему: “Моя семья” (“Семья моего друга”).

6 ПРОБЛЕМЫ СОВРЕМЕННОЙ СЕМЬИ

1. Лексика по теме

СЕМЕЙНЫЕ ПРОБЛЕМЫ	FAMILY PROBLEMS
Вести домашнее хозяйство в семье;	To conduct a family's housework;
мужская и женская домашняя работа;	man's and woman's housework;
финансирование семьи;	financial support of a family;
работающая женщина, домашняя хозяйка (домохозяйка);	working woman, housewife;
пользоваться/ воспользоваться льготами;	to enjoy privileges;
воспитание детей;	raising of children;
взаимоотношения в семье;	family relations;
глава семьи, лидер, лидерство в семье.	head of the family, leader, leadership in the family.

РАЗВОД	DIVORCE
Причины развода:	Reasons for divorce:
финансовые проблемы,	financial problems,
отсутствие жилья,	lack of housing,
нежелание воспитывать детей,	unwilling to raise the children,
разные интересы,	different interests,
нежелание выполнять домашнюю работу,	unwilling to do the housework,
вмешательство родителей в семейную жизнь детей,	interference of parents in the family life of their children,
стремление каждого из супругов быть лидером в семье,	aspiration of each of the spouses to be the leader in the family,
пьянство,	drunkeness,
измена.	unfaithfulness.
Быть инициатором развода, давать/дать развод, получать/получить развод;	To be the initiator of a divorce, to grant a divorce, to get a divorce;
расходиться/разойтись,	to separate,
разводиться/развестись,	to divorce,
расторгать/расторгнуть брак *(офиц.)*,	to annul a marriage *(official)*,
расторжение брака *(офиц.)*;	marriage annulment *(official)*;
распадаться/распасться;	to fall apart;
быть в разводе; разведены, разведён, разведена.	to be divorced; divorced (pl.), divorced (of a man), divorced (of a woman).
Выходить/выйти замуж, жениться второй раз; оставаться/остаться одиноким.	To get married for the second time; to remain alone.

2. Давайте поговорим!

МЫ ОБСУЖДАЕМ СЕМЕЙНЫЕ ПРОБЛЕМЫ

1 а) Прочитайте письмо.

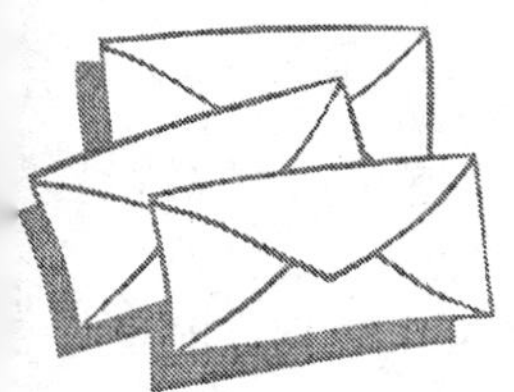

Здравствуй, Линда!

Сегодня у нас было очень интересное занятие: мы обсуждали семейные проблемы. Мы должны были назвать проблемы "универсальные", характерные для любой семьи и в России, и в Англии, и в Америке, а также проблемы, характерные только для одной страны.

Занятие было игровое. Все студенты получили роли: кто-то был политологом, кто-то домохозяйкой, деловой женщиной, бизнесменом, психологом, преподавателем университета и так далее. Преподаватель попросил меня вести дискуссию, и я выступил в роли социолога.

Студенты высказывали самые различные мнения. Оказывается, перед семьёй сегодня возникает масса проблем, о которых я и не подозревал. Меня больше всего заинтересовали следующие проблемы: кто должен выполнять домашнюю работу, кто должен зарабатывать деньги – мужчина или женщина. Мне кажется, от решения этих проблем во многом зависит семейное счастье.

Интересно, Линда, что ты думаешь об этом?

Обнимаю.

Мэтью.

б) Ответьте на вопросы:

1) Какие проблемы семейной жизни Мэтью считает самыми главными?
2) А какие проблемы считаете главными вы?

Проведём дискуссию на тему: "Семейные проблемы". Познакомьтесь с результатами социологического опроса.

А что вы думаете по этому поводу?

I. Нужна ли семья?

"ЗА"	*"ПРОТИВ"*
• в семье человек не чувствует себя одиноким; • уютный дом, благополучный быт; • дети, продолжение рода; • постоянный сексуальный партнёр; • семья – *опора в старости (support in old age)*; • так принято.	• семья мешает карьере; • бытовые проблемы отнимают много времени; • нет личной свободы; • нужно много работать, чтобы обеспечить семью; • жизнь в семье однообразная и скучная; • постоянные проблемы и конфликты.

II. Кто глава семьи?

Лидерство в семье определяется:

- общественным положением супругов;
- высоким заработком;
- сильным характером;
- традициями;
- … ?

III. Должна ли женщина работать?

"ЗА"	*"ПРОТИВ"*
• финансирование семьи; • материальная независимость; • удовольствие от работы.	• непрочность семьи; • плохое воспитание детей; • хроническое переутомление, депрессия.

IV. Льготы – женщине!

- Как можно помочь работающей женщине:
  – сократить рабочий день, неделю;
  – предоставлять дополнительный отпуск;
  – увеличить зарплату мужу;
  – улучшить условия труда;
  – … ?
- Какими льготами пользуются работающие женщины в вашей стране?

V. Домашняя работа … Мужская? Женская?

- Может ли домашняя работа быть только мужской и только женской?
- Кто ведёт домашнее хозяйство в вашей семье?
- Считаете ли вы домашнюю работу
  – лёгкой;
  – трудной;
  – приятной;
  – ответственной;
  – интересной;
  – однообразной;
  – … ?

К СВЕДЕНИЮ!

Домашняя работа в течение дня – это:

- 2 футбольных матча;
- 80 километров на велосипеде;
- 1 – 2 часа игры в теннис.

3 Прочитайте текст. В чём его юмор?

Однажды муж и жена, которые прожили вместе сорок лет и ни разу не поссорились, собрали друзей. На вопрос “Как это вы ни разу не поссорились?” жена ответила так:

– Мы разделили наши проблемы на две части. Муж решает важные проблемы, а я – небольшие. Небольшие – это дом, уборка, дети, еда, машина, отдых и так далее. А важные – это русско-китайские отношения, война в Тринидаде, тоннель под Ла-Маншем, избрание нового президента в Штатах и так далее.

(По материалам прессы)

Рассмотрите рисунки. О чём, по-вашему, говорят мужчина и женщина? Какие у вас получились диалоги?

1

2

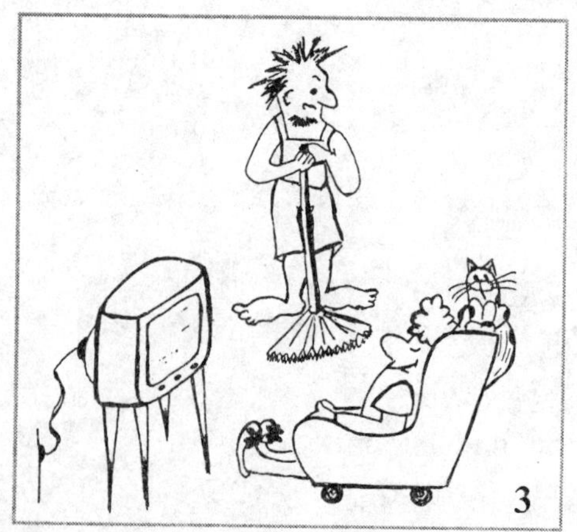

3

5 Восстановите пропущенные реплики. Кто герои диалогов? Где происходят эти диалоги? Разыграйте диалоги.

– Сергей, ты не можешь приехать ко мне в пятницу вечером? Посидим, попьём пива, посмотрим футбол по телевизору.
– …
– Понятно. А в субботу?
– …
– Ну, хорошо. А в воскресенье ты свободен?
– …
– Ты просто идеальный муж! Чтобы мы могли, наконец, встретиться, я приглашаю тебя в следующее воскресенье в гости с женой, детьми, тёщей, собакой, кошкой и аквариумными рыбками.

* * *

– …
– Дома я всё делаю сама. И, конечно, сама готовлю еду.
– …
– Не скажу, чтобы это мне нравилось. Но это моя женская работа.
– …
– А муж, по моему мнению, и не должен работать по дому, а тем более на кухне. Кухня – это женское царство.
– …
– Дети помогают, если они, конечно, не в школе и не в институте.
– …
– Да, да, и не на дискотеке.

* * *

– Алло! Мария? Привет! Как дела? Как ты готовишься к юбилею мужа?
– …
– И какое будет меню?
– …
– Это фантастика! И кто же будет готовить это новое фирменное блюдо?
– …
– Я тебе завидую. У твоего мужа просто золотые руки!

* * *

– …
– Интересный вопрос. Думаю, домашнюю работу мы будем делать вместе.
– …
– Готовить будешь ты. Стирать я, правда, тоже не люблю.
– …
– Я, пожалуй, не смогу так хорошо выбирать продукты, как ты.

6 Рассмотрите рисунки. Опишите ситуации, изображённые на рисунках. Как вы поняли значение фразеологизмов?

Жить как кошка с собакой

Жить душа в душу

РАЗВОД… КАК ЖИТЬ ДАЛЬШЕ?

7 ***а)*** Прочитайте текст.

СУПРУГИ РАЗВОДЯТСЯ

К сожалению, не всегда семейная жизнь бывает счастливой.

Иногда супруги расходятся. Причины развода в русской семье могут быть самые разные. Вот результаты социологического опроса "Что приводит к разводу?":

- финансовые проблемы;
- отсутствие жилья;
- пьянство;
- измена;
- нежелание заниматься воспитанием детей;
- вмешательство родителей в семейную жизнь детей;

- нежелание выполнять домашнюю работу;
- разные интересы;
- стремление каждого из супругов быть лидером в семье.

Самый сложный период жизни для молодой семьи – 2 года. Статистика показывает, что каждая пятая семья живёт не более двух лет, а потом распадается.

Итак, супруги развелись, или, говоря официально, расторгли брак. Теперь приходится решать новые проблемы: выходить ли замуж (жениться) ещё раз или оставаться одинокими? Как воспитывать детей в неполной семье?

По данным статистики, после развода не все разведённые вступают в брак.

б) Выберите правильный ответ. Проверьте себя по тексту.

1) Самый сложный период жизни для молодой семьи	а) год б) два года в) три года
2) После развода перед бывшими мужем и женой	а) не стоит никаких проблем б) возникают новые проблемы
3) После развода	а) не все разведённые вступают в брак повторно б) чаще выходят замуж женщины в) чаще женятся мужчины

в) Рассмотрите картинки. Какие причины могут привести к разводу в этих семьях?

(Быть) под каблуком *(у кого?)*

(каблук – *heal)*

(Быть) под башмаком *(у кого?)*

(башмак – *shoe)*

8 Какое слово или словосочетание лишнее?

- Разводиться, расходиться, стоять на остановке, вступать в брак;
- одинокий, весенний, холостой, неженатый.

9 Прочитайте несколько историй. Перескажите их. Почему эти семьи распались?

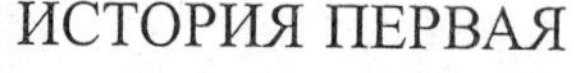

ИСТОРИЯ ПЕРВАЯ

Лариса В. полгода назад справила пышную свадьбу. А теперь пришла к психологу с тяжелейшей депрессией после развода. Оказалось, что муж – “совершенно чужой человек”. Она представляла, как они будут вместе ходить в театр, в филармонию. Он же часто один ходил на футбол. Её приглашали в гости “такие интересные люди”, ему же до них не было дела.

Им не о чем говорить. Лариса спрашивает себя: “Зачем же я выходила замуж?”

ИСТОРИЯ ВТОРАЯ

Наталья М. вышла замуж по любви, и всё, кажется, складывалось у них неплохо. Но… *молодые попали под пресс родителей.*

Можно, конечно, усмехнуться, дескать, мы – современные люди и живём иначе, чем наши родители. Но когда говорят и “учат” каждый день, начинаешь задумываться: может, действительно что-то не так?

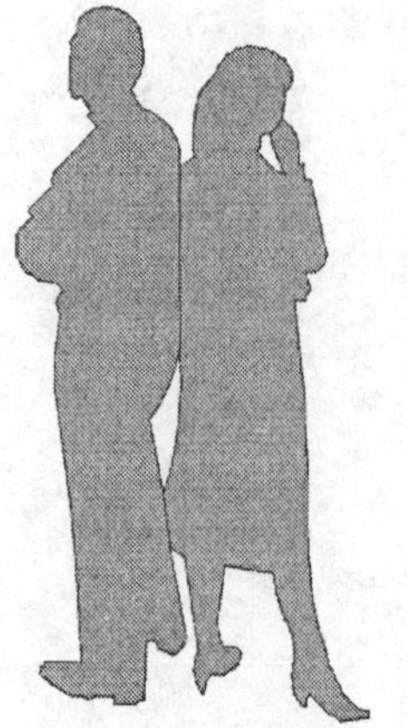

На Западе молодые люди с самого начала своей совместной жизни живут отдельно. В России это чаще всего непозволительная роскошь – во всём виноват “квартирный вопрос”. Старая и новая семьи смешиваются. Родители пытаются контролировать молодых, и те под их влиянием начинают по-другому смотреть друг на друга. И развод в этом случае не такая уж большая редкость.

ИСТОРИЯ ТРЕТЬЯ

Тридцатилетнюю Свету раздражает… муж. Ей всё в нём не нравится: фигура, рост, голос, работа.

Муж Светы, Олег, вполне приличный, обычный молодой человек. Работает в фирменном автосервисе, по вечерам делает мелкую мужскую работу по дому.

Причина всех бед, по мнению Светы, – *отсутствие жилья*. Света убеждена, что Олег не способен заработать на квартиру. Довольно часто она вспоминает свой первый, хотя и неудачный, брак. Тогдашний её муж сегодня занимает крупный пост в банковской системе, имеет все блага. А тут муж – автомеханик, да ещё и бесквартирный, да ещё и с родителями, которые отказали молодой семье в какой-либо поддержке (у семьи Олега – жилой дом в городе и квартира). Отсюда – хронический пессимизм, плохое настроение, постоянное раздражение!

ИСТОРИЯ ЧЕТВЁРТАЯ

Аня, молодая, красивая, образованная женщина, рассказывая о себе, не выдержала и разрыдалась. Обида была ещё слишком свежа. Два месяца назад от неё ушёл муж, оставив её с двумя маленькими детьми. Из-за чего? *Ему не нужна жена-домохозяйка!* Но Аня сначала растила одного ребёнка, потом родился второй. Институт закончить так и не удалось, осталась без специальности. Найти работу Аня никак не может.

Она, способная художница, готова пойти мыть посуду. Только кто её возьмёт с маленькими детьми?

На всю жизнь Аня запомнила фразу, которую кинул ей, уходя, муж: *"Ты не личность!"* Аня сквозь рыдания всё повторяла:

– Я не личность! От личностей не уходят!

10 Побеседуем:

1) Как часто распадаются семьи в вашей стране?
2) Кто обычно является инициатором развода?
3) Какие причины, на ваш взгляд, приводят к разводам в вашей стране?
4) Как в вашей стране относятся к проблеме развода? А как к этой проблеме относитесь вы?
5) Часто ли мужчины и женщины в вашей стране вступают в брак повторно? Или они предпочитают оставаться одинокими?

ИСПОЛЬЗУЙТЕ:

Таблица

РАЗВОД	Миша и Света	расходятся разводятся расторгают брак *(офиц.)*
	Миша	был инициатором развода
	Света Миша	дала развод получил развод
ПОСЛЕ РАЗВОДА	Миша Света	разведён (холост) разведена

11 Согласны ли вы с тем, что

- конфликты между супругами обязательны;
- источником ссоры чаще всего является муж;
- серьёзные проблемы должен решать только муж;
- второй брак всегда лучше первого.

3. Время. События. Люди

КАЛЕЙДОСКОП МНЕНИЙ

РОССИЙСКАЯ МОЛОДЁЖЬ О ЛЮБВИ И БРАКЕ

Современная семья в России во многом изменилась. Она иная, чем 10 лет назад. Изменилась жизнь, изменились и взгляды людей на брак.

Познакомьтесь с результатами социологического опроса.

- ***Что думает молодёжь о любви и браке?***

Молодые люди верят в любовь и считают идеалом единственный брак.

- ***Считает ли молодёжь, что брак надо обязательно оформлять?***

Для 57 % молодых людей важен именно законно оформленный брак. Совместное проживание без регистрации, то есть гражданский брак, допускают 24 %, свободные отношения – 15 % опрошенных.

- ***Уменьшилось или увеличилось количество браков в последние годы?***

Число браков с 1989 года сократилось почти на 25 %.

- ***Чем это объясняется?***

Во-первых, молодёжь стала более ответственно относиться к вступлению в брак. 82 % считают, что *создание семьи возможно только при наличии необходимых материальных условий.*

– Брак по любви, а не по расчёту – это, конечно, хорошо, – считает третьекурсница Московского государственного педагогического университета Лена Т. – Но в наши дни на одних чувствах долго не протянешь. Без хорошего материального положения не может быть нормальной семейной жизни. А что есть у мужа-студента, кроме комнаты в общежитии и нескольких сотен рублей в месяц? Ничего!

Вторая большая проблема: *отсутствие жилья.* Раньше можно было хоть снимать квартиру или комнату. Но теперь в условиях инфляции для студента это почти невозможно. Приходится жить в общежитиях; они, кстати, тоже подорожали в 4–5 раз. Иногда молодые супруги после свадьбы живут вместе с родителями, но две семьи, даже и близкие родственники, – это всё же коммунальная квартира.

Существует ещё одна причина, по которой юноши и девушки не спешат вступить в брак. Это учёба. *К учёбе нынешний студент относится серьёзно.* Прогуляешь сейчас – ничего не добьёшься потом. Словом, *вначале диплом, а потом – ЗАГС.*

- ***Часто ли молодые люди советуются со своими родителями при вступлении в брак?***

Мнение родителей интересует немногих. Только 14 % опрошенных считают обязательным согласие родителей на брак. 72 % интересуются мнением родителей, но не придают ему особого значения. 14 % – считают, что брак – их личное дело.

• ***Можно ли сегодня говорить о взаимопонимании между родителями и детьми?***

Конфликт поколений остаётся одним из вечных вопросов. 94 % молодых людей предпочли бы жить отдельно от родителей.

На вопрос, сильно ли вы отличаетесь по своим взглядам от старшего поколения, каждый второй ответил утвердительно. Тем не менее 75 % молодых людей ответили, что семья почти всегда помогает им в тяжёлой ситуации.

• ***Хотят ли молодые семьи иметь детей?***

Большинство (63 %) мечтает о семье с двумя детьми, одного ребёнка предполагают иметь 28 % опрошенных, о многодетной семье думают только 6 %.

• ***Ну а что можно сказать о молодых студенческих семьях, где есть дети?***

Рассказывает Оля М.

– У нас на курсе женилось четверо парней. И через год я их спросила, как им живётся. Вот что они ответили.

Муж первый. Как настоящий мужчина, я решил зарабатывать деньги и содержать на них семью. Устроился ночным сторожем в больницу. А ещё сторожем на автостоянке – две ночи в неделю. Денег на хлеб и на квартиру хватало, а вот сил на личную жизнь не осталось. Мы разбежались через полгода.

Муж второй. Жена – студентка, у нас отдельная квартира, которую купили её родители. Через год после свадьбы родилась дочка. Я учусь и работаю на трёх работах. Очень люблю дочку и жену.

Муж третий. Нашей семье помогают родители жены. Поэтому у нас нет проблем.

Муж четвёртый. Работаю и учусь упорно, но получаю копейки. Сначала жил с женой у моих родителей, потом – у её. Теперь она – у себя дома, я – у себя. Встречаемся на “уик-эндах”. Надеемся на лучшее будущее после получения дипломов и работы.

А ЧТО ВЫ ДУМАЕТЕ О СТУДЕНЧЕСКИХ БРАКАХ?

4. Проверьте себя!

1. Составьте словосочетания с предлогом или без предлога:

причина (развод)
выступать (инициатор развода)
заниматься (домашнее хозяйство)
обсуждать (семейная проблема)
пользоваться (льготы)

2. Соедините части предложений:

Почему супруги … ?	кончается разводом
Что является причиной … ?	лидером в семье
Мама часто становится… .	детей
Как воспитывать …?	развода
Плохая семейная жизнь иногда … .	расходятся

3. Закончите предложения.

МОЁ МНЕНИЕ

Я считаю, что
- лидером в семье является … , потому что… ;
- женщина … работать, потому что… ;
- домашнее хозяйство … вести … , потому что… .

4. Раскройте скобки и поставьте слова в нужной форме.

Каковы причины (разводы)? Семьи (распадаться) из-за (пьянство), (измена). Иногда супруги (расходиться) из-за (мама), если она становится (лидер) в семье и постоянно (вмешиваться) в семейную жизнь своих детей.

5. Закончите фразеологизмы

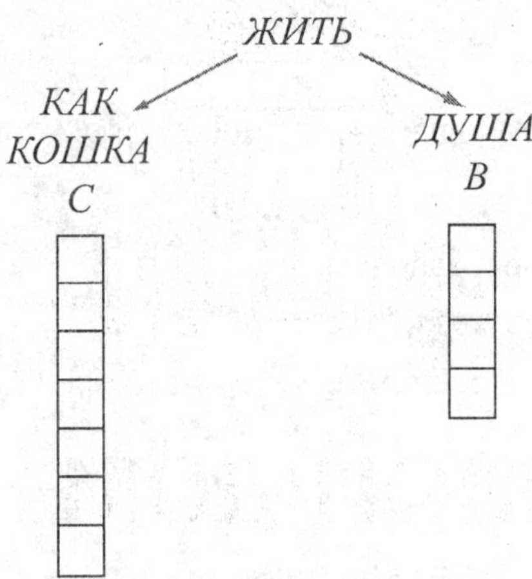

6. Вставьте необходимые фразеологизмы.

ЛЕНА И САША ЖИВУТ ДРУЖНО

У Лены и Саши – разные характеры. Саша – мягкий, деликатный человек. У Лены твёрдый характер, она лидер в семье.

Саша очень любит Лену и старается всё делать так, как она хочет. Мама смеётся, что Саша у Лены … . Но главное, что они живут дружно, … , и это очень радует их родителей.

7. Напишите сочинение на тему: "Моя (будущая) семейная жизнь".

1. Лексика по теме

ДОМ: одноэтажный, девятиэтажный; кирпичный, каменный, деревянный, блочный; старый, новый; дом с террасой, с мансардой; с гаражом; с лифтом, без лифта.	HOUSE: single-storey, nine-storey; brick, stone, wooden, cinder/breeze/concrete block (adj.); old, new; house with a terrace, with a mansard roof; with garage; with elevator, without elevator.
Особняк, загородный дом, дача.	Mansion, country house, dacha/summer cottage.
Беседка; баня; бассейн.	Gazebo/pavilion; bath-house/sauna; swimming pool.
Газон, клумба; разбивать/разбить газон, клумбу.	Lawn, flowerbed; to lay a lawn, a flowerbed.
КВАРТИРА: большая, небольшая, маленькая, просторная, тесная, с высокими потолками, с низкими потолками; трёхкомнатная, состоит из трёх комнат;	APARTMENT: big, not big, small, spacious, cramped, with high ceilings, with low ceilings; three-room, consists of three rooms;

сорок квадратных метров (40 $м^2$); около сорока квадратных метров;	forty square metres (40 m^2); about forty square metres;
прекрасная, отличная, комфортабельная, со всеми удобствами, удобная, уютная; неважная, плохая;	wonderful, excellent, comfortable, with all modern convemences, comfy, cosy; not-so-great, bad;
с балконом, без балкона; с лоджией, без лоджии;	with a balcony, without a balcony; with an enclosed balcony, without an enclosed balcony;
в центре, далеко (недалеко) от центра; далеко (недалеко) от метро, около метро; рядом с парком, с озером; в новом районе, за городом.	downtown, far from (not far from) downtown; far from (not far from) the subway, near the subway; near a park, a lake; in a new district, outside of town.
Переезжать/переехать на новую квартиру, в новый район, в новый дом. Новоселье, новосёлы.	To move to a new apartment, to a new neighborhood, to a new house. House-warming, new residents.
Снимать/снять квартиру (комнату, дачу).	To rent an apartment (a room, a summer cottage).
КОМНАТЫ: смежные, отдельные; светлые, тёмные; квадратные; толстые, тонкие стены;	ROOMS: connected, separate; light, dark; square; thick, thin walls;
гостиная, кабинет, детская, спальня, кухня, ванная, туалет, прихожая.	sitting room, study, children's room, bedroom, kitchen, bathroom, toilet (WC), foyer.
ПЛАНИРОВКА КВАРТИРЫ: удачная, удобная, хорошая; неудачная, неудобная; встроенные шкафы, антресоли;	APARTMENT-DESIGNED FLOOR PLAN/LAYOUT: well planned, convenient, good; unsuccessful/poor, inconvenient; built-in closets, overhead storage space;
окна квартиры выходят на запад, на северо-запад; на улицу, во двор, в парк.	apartment's windows face west, face north-west; face the street, face the courtyard, face the park.
СТРОИТЬ/ПОСТРОИТЬ *(что?)*,	TO BUILD,
перестраивать/ перестроить *(что?)*,	to rebuild,
пристраивать/ пристроить *(что? что к чему?)*,	to build on,
надстраивать/ надстроить *(что? что чем?)*,	to build up,

достраивать/ достроить *(что?)*, застраивать/ застроить *(что? что чем?)*.	to finish building, to fill the area with buildings.

К СВЕДЕНИЮ!

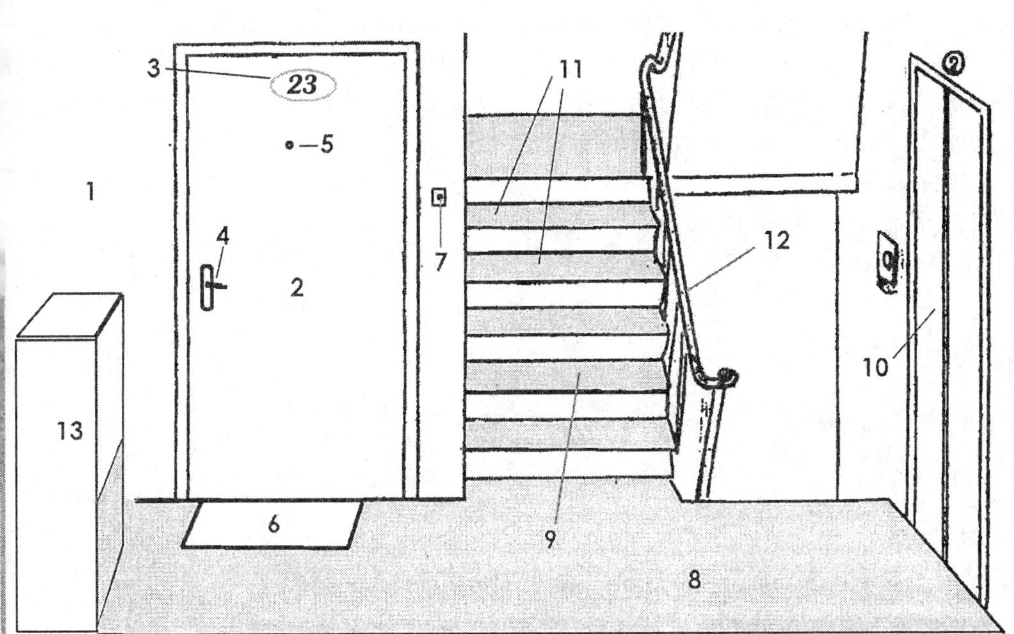

1. Стена. 2. Дверь. 3. Номер квартиры. 4. Ручка. 5. Глазок. 6. Коврик. 7. Звонок. 8. Лестничная площадка. 9. Ступень. 10. Лифт. 11. Лестница. 12. Перила. 13. Мусоропровод (Garbage shute/refuse chute).

2. Давайте поговорим!

1 *а)* Прочитайте письмо.

Здравствуй, Том!

Ты интересовался, какие дома и квартиры у русских. Для меня русские – это прежде всего мои знакомые Саша и Лена.

Они живут в трёхкомнатной квартире. По нашим понятиям, это не очень большая квартира: три комнаты (гостиная, спальня, детская), кухня, ванная, туалет, прихожая. Одна комната (детская) – отдельная, а две другие (гостиная и спальня) – смежные. В квартире есть лоджия. Жилая площадь – 42 квадратных метра (42 м²).

Вот план их квартиры.

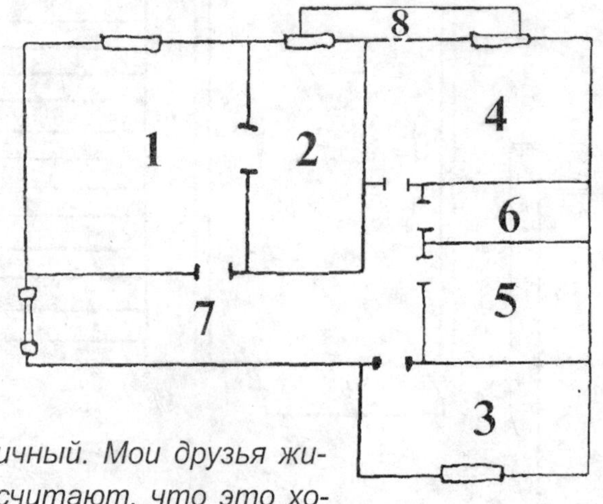

1. *Гостиная*
2. *Спальня*
3. *Детская*
4. *Кухня*
5. *Ванная*
6. *Туалет*
7. *Прихожая*
8. *Лоджия*

Дом девятиэтажный, кирпичный. Мои друзья живут на восьмом этаже, и они считают, что это хорошо: чище воздух, меньше шума.

В крупных российских городах люди живут в основном в многоэтажных домах. Частные (собственные) дома есть только в небольших городах и деревнях. Правда, сейчас "новые русские", люди богатые, всё чаще строят себе особняки в городе и загородные дома.

Саша и Лена живут в новом районе. Это Купчино. Им нравится их район: тихий, спокойный. Рядом метро.

Родители Саши живут в центре города. Там совсем другие дома: трёх-, четырёхэтажные, толстые стены, высокие потолки, большие кухни и прихожие, много встроенных шкафов. Но есть и свои минусы: дворы-колодцы, квартиры не всегда светлые, мало зелени.

Посылаю тебе рисунок старого петербургского двора. Это и есть двор-колодец (courtyard completely enclosed by tall buildings).

Но кто привык жить в центре, не хочет переезжать в новые районы. Как говорят русские, это “дело привычки”.

Квартира – это, конечно, хорошо. Удобная квартира – прекрасно. Квартира в центре – просто замечательно. Но мне нравится жить в собственном доме. Думаю, ты со мною согласишься.

Пиши! До свидания.

Мэтью.

б) Что правильно? Что неправильно?

- Саша и Лена живут в центре города.
- У них трёхкомнатная квартира.
- В крупных российских городах люди живут в основном в многоэтажных домах.
- Саше и Лене не нравится их район.
- В центре города много зелени.
- Мэтью нравится жить в собственном доме.

в) Составьте вопросы по тексту и задайте их друг другу.

г) Расскажите о вашей квартире (о квартире ваших друзей).

2 **а)** Прочитайте диалоги по ролям.

ПРИЕЗЖАЙ НА НОВОСЕЛЬЕ!

– Оля! Привет! Где ты пропадаешь? Я тебя две недели не видел. Как жизнь?

– Здравствуй, Володя! Ты знаешь, забот полон рот. Мы ведь переехали.

– Да что ты говоришь! Куда?

– На озеро Долгое. Новый район, новый дом, хорошая квартира, с балконом, шестой этаж. Свежий воздух, лес рядом…

– Ну, я вас поздравляю!

– Приезжай к нам в субботу на новоселье. Запиши адрес: улица Яхтенная, дом 7, корпус 2, квартира 263.

– Спасибо, обязательно приеду.

ПОЗДРАВЛЯЮ С НОВОСЕЛЬЕМ!

– Здравствуй, Оля!

– Привет, Володя! Проходи, пожалуйста!

– Поздравляю с новосельем!

– Спасибо. Мы с Колей так довольны!

– Конечно, квартира отличная! Только как же вы решились уехать из центра? Всё-таки центр есть центр, и работа рядом…

– А ты знаешь, мы и хотели в новый район. Дом на Литейном проспекте, где мы жили, старый, двор-колодец, шум от транспорта, мало зелени… А здесь чистый воздух, спортплощадка во дворе, можно бегать по утрам, играть в футбол, волейбол.

– Ну, ты, я вижу, очень рада, как говорят, на седьмом небе… А я всё-таки предпочитаю центр. Всю жизнь прожил на улице Чайковского и никуда оттуда не уеду. А теперь покажи мне свою квартиру.

– С удовольствием! Квартира у нас трёхкомнатная. Смотри, это детская, это гостиная, а рядом спальня.

– Мне нравится, что эти комнаты квадратные и раздельные. Вид из окон просто изумительный!

– Мне тоже нравится. Но главное в нашей квартире – это кухня. Она большая – почти 14 метров. И хорошо, что из кухни выход на балкон.

– Да, такая кухня – мечта любой хозяйки. А где туалет и ванная?

– Это здесь. Туалет и ванная раздельные.

– Это удобно. Мне нравится ваш коридор: широкий и длинный.

– Посмотри, здесь два встроенных шкафа и антресоли.

– Да, квартира хорошая, и планировка удачная. Поздравляю!

б) Переделайте диалоги в рассказы

1) от лица Оли;

2) от лица Володи.

Начните свой рассказ так:

а) "Вчера я встретила своего старого знакомого…";

б) "Вчера я был на новоселье у друзей…".

3 Вы пригласили на новоселье своего коллегу. Он пришёл к вам в гости и привёл… всю свою семью. Рассмотрите картинку и опишите всех гостей.

МОДЕЛЬ:

Это Иван Григорьевич. Он несёт большую коробку. Это подарок.

ИСПОЛЬЗУЙТЕ:

вести за руку	*– to lead by the hand*
идти под руку	*– to walk arm in arm*
нести на руках	*– to carry in one's arms*
нести в руках	*– to carry in one's hands*
везти перед собой	*– to push in front of oneself*
везти за собой	*– to draw, pull behind*

4 Возьмите интервью у жителей города. Ваши собеседники:

1) *Коренной житель (native inhabitant)* Санкт-Петербурга. Всю жизнь живёт в самом центре города, в доме, построенном в конце XIX века. Двор-колодец. Рядом шумная улица. Очень доволен и никуда не хочет переезжать.

2) Новосёл. В прошлом месяце переехал из центра города в новый район. Не может привыкнуть к новому месту. Далеко ездить на работу, в театры, в филармонию.

3) Новосёл, живущий в новом районе третий месяц. Очень доволен. Тишина, чистый воздух, во дворе детский сад, школа, спортивная площадка, недалеко универсам, кинотеатр, словом, всё, что нужно для жизни.

5 Вы хотите снять квартиру в Санкт-Петербурге или его пригороде. Какую из квартир вы выберете? Почему?

- Двухкомнатная квартира в самом центре города, на четвёртом этаже без лифта.
- Небольшая однокомнатная квартира, с лоджией, на седьмом этаже, недалеко от метро. Район совсем новый, мало зелени.
- Небольшой деревянный дом в курортном городке на берегу Финского залива. Недалеко от Санкт-Петербурга. Нет горячей воды.
- Большая квартира, светлые комнаты, просторная кухня, прихожая, высокие потолки, зелёный район, недалеко от центра. Во дворе гараж.
- Дача на берегу озера. Далеко от Санкт-Петербурга. Рядом магазины, рынок.

6 *а)* Прочитайте письмо и перескажите его.

Здравствуй, Том!

Сегодня понедельник. А вчера я отдыхал, знаешь, где? На даче у Лены и Саши.

Лена и Саша – совсем не богатые люди. Но у них, как и у многих русских людей, живущих в городах (особенно если это крупный промышленный город), есть ещё один "дом" – дача.

Что такое ДАЧА? Обычно это участок земли и дом где-то за городом, иногда это дом в деревне. Надо сказать, что в субботу и воскресенье город пустеет: все на дачах. Да и отпуск многие проводят там же.

Петербуржцы очень любят бывать на даче. Для чего нужны дачи? Для многих людей дача – это дополнительный труд. Но это и дополнительный доход: они выращивают картофель, помидоры, огурцы, кабачки, зелень, чтобы сделать запасы на зиму.

Но главное назначение дачи (principal designation of a summer cottage) – это, конечно, отдых. Всё больше и больше русских рассматривают сад и огород как своеобразное хобби, не требующее большого физического труда. Сейчас модно разбивать газоны, сажать декоративные деревья, строить беседки, бани, бассейны. В общем, люди стараются сделать "дачную" жизнь комфортной, на городской лад.

В Ленинградской области такие дачи чаще всего встречаются в курортной зоне, на берегу Финского залива, например, в Сестрорецке, Белоострове и других местах. Они особенно ценятся и стоят довольно дорого.

У Саши и Лены дача не очень далеко от их дома, так что добираться туда легко: 22 минуты на электричке. Это очень удобно, тем более что у них нет своей машины. Дом они построили своими руками и очень гордятся этим. Есть сад и небольшой огород. Везде растут цветы – этим занимается Лена. На этой даче отдыхает не только их семья, но и родители, а также и другие родственники (это принято в большинстве русских семей). Поэтому летом в хорошую погоду на даче народу много. Но, как говорят русские, "в тесноте, да не в обиде".

Я прекрасно провёл там воскресенье и отдохнул замечательно! Скоро пришлю тебе фотографии, чтобы ты убедился в этом.

Пока!

Мэтью.

б) Как вы думаете, какой разговор состоялся в понедельник между Мэтью и Джоном?

Прочитайте диалог.

ДАЧА – ЭТО ЗАМЕЧАТЕЛЬНО!

– … ?

– На даче у своих друзей.

– … ?

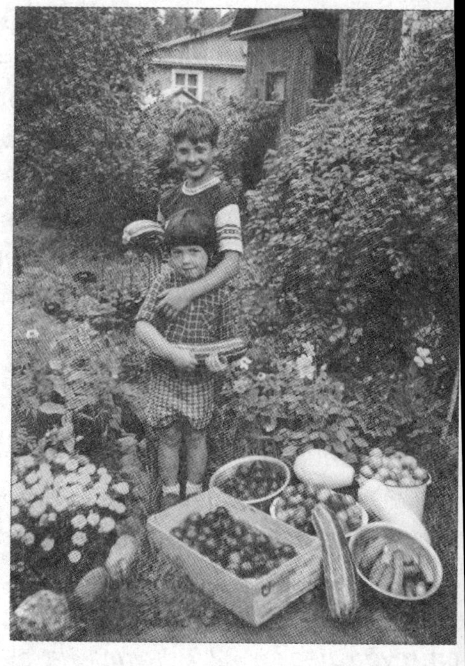

– Нет, не так далеко. Мы ехали на электричке минут 20.

– … ?

– Дом не очень большой, деревянный. Он довольно простой, но очень уютный.

– … ?

– Я целый день был занят. Вначале я поливал огурцы.

– … ?

– А потом мы пили чай в беседке, как говорит Лена, “чаёвничали”.

– … ?

– Конечно, гуляли. Недалеко от дачи – река Ижора. Было солнечно, но вода была довольно холодная.

– … ?

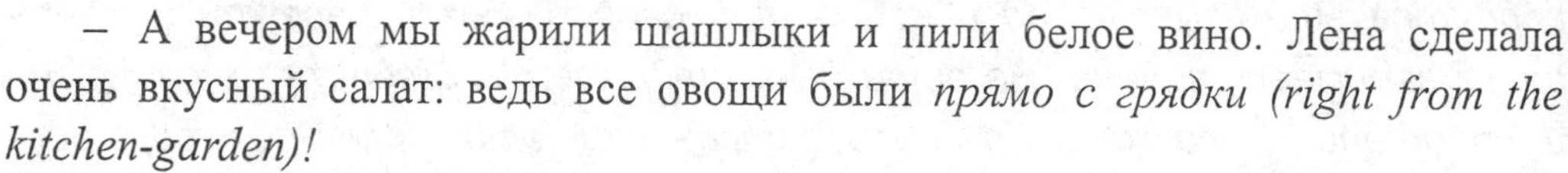

– А вечером мы жарили шашлыки и пили белое вино. Лена сделала очень вкусный салат: ведь все овощи были *прямо с грядки (right from the kitchen-garden)!*

– … ?

– Ещё бы! Я сам себе завидую! Дача – это замечательно!

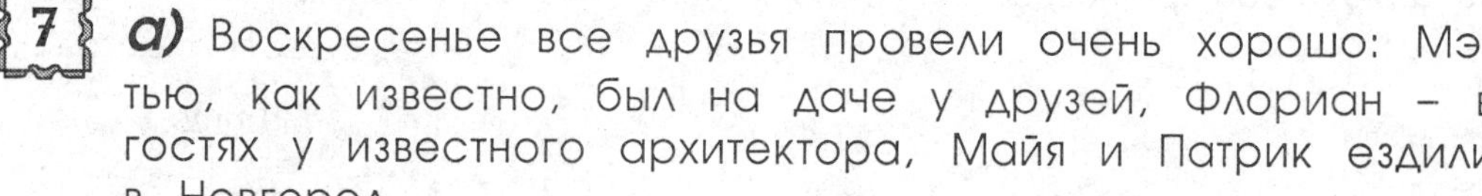

7 **а)** Воскресенье все друзья провели очень хорошо: Мэтью, как известно, был на даче у друзей, Флориан – в гостях у известного архитектора, Майя и Патрик ездили в Новгород.
Интересно, что они рассказали на занятии по русскому языку в понедельник?
Прочитайте их рассказы и составьте полилог.

Флориан

Я на дачах не бывал, но зато я был в гостях у очень богатой семьи за городом. Я бы не сказал, что это была обычная дача. Как мне объяснили, это *загородный дом,* с оригинальной архитектурой, со всеми городскими удобствами: электричеством, водопроводом, канализацией, центральным отоплением, телефоном.

Когда я зашёл в этот дом, то удивился, какой он громадный! Там три спальни, холл, большая столовая, просторная кухня, есть даже бильярдная

, конечно, очень большой гараж для двух машин. Этот дом чем-то напомнил мне наши частные дома. Кстати, у них нет комнаты для гостей, а вместо того стоит "гостевой домик". Так что гости, в том числе и я, жили автономно, что для всех удобно. В общем, как я понял, это тот же особняк, но уже за городом, и, конечно же, там есть сад, разбиты клумбы, газон.

Майя

Я всегда мечтала побывать и даже пожить в *русском деревянном доме*, но, к сожалению, мне это никак не удавалось. И вот мы с Патриком решили поехать в Новгород, чтобы посмотреть русскую деревянную архитектуру.

Под Новгородом есть музей деревянного зодчества – Витославлицы. Так называлась деревня, которая была здесь в XII–XVIII вв. Сейчас в этом заповеднике около 20 построек из разных районов Новгородской области. Это дома, *амбары (storehouses)*, *мельницы (windmills)*, небольшая церковь. Здесь очень интересно.

Патрик

Да, в Новгороде мне очень понравилось, и в музее Витославлицы тоже. Очень хорошо, что можно войти в деревенский русский дом, походить по нему, всё потрогать руками. Главное в русской избе – это, конечно, печь: она и обогревала дом, и варила, и сушила, и мыться в ней тоже можно было, и спать на ней тепло.

Сюцинь

А вот мне в прошлом году удалось побывать в типичной русской деревне: я целых три дня жила в простой русской избе, которую построил сам хозяин. Он – хороший плотник и свою избу построил с любовью. Дом у него светлый, красивый, украшен резьбой.

А больше всего мне понравились окна. Кстати, окна в любом русском доме всегда считались его "лицом", о них особенно заботился хозяин. Окна украшались *наличниками (jambs and lintel of a door or window)*, и по ним в старину узнавали дома, как по номеру. Например, спрашивали: "Где тут Василий Петров живёт?" И слышали в ответ: "Да вон в том доме с петухами!"

б) Какой из домов вам понравился больше всего и почему?

8 *а)* Познакомьтесь с таблицей.

Таблица

ГЛАГОЛ СТРОИТЬ/ПОСТРОИТЬ *TO BUILD*		
ПЕРЕ страивать / строить *to rebuild*	*что?*	дом
ПРИ страивать / строить *to build on*	*что?* *что к чему?*	веранду веранду к дому
НАД страивать / строить *to build up*	*что?* *что чем?*	ещё один этаж дом ещё одним этажом
ДО страивать / строить *to finish building*	*что?*	дом
ЗА страивать / строить *to fill the area with buildings*	*что?* *что чем?*	площадь площадь домами

б) Вместо точек вставьте глагол *СТРОИТЬ* с приставками.

СТРОИЛИ ЭТО ЗДАНИЕ ДОЛГО

Недалеко от нашего дома есть место, которое я особенно люблю. Это зелёный сквер. В центре стоит красивое здание, окружённое деревьями.

Строили это здание долго. Раньше территория была … деревянными домишками. Потом их снесли и начали … большое кирпичное здание. Началась война, и его не успели … .

После войны его дважды …: сначала … ещё двумя этажами, потом с двух сторон … террасы.

8) Прочитайте текст и вставьте необходимые глаголы.

МОЙ ДРУГ СТРОИТ ДАЧУ

В воскресенье я обычно езжу к другу на дачу. Место, где находится дача, очень красивое: рядом лес и река. Территорию вокруг дачи ещё не успели … другими домами.

Я помогаю другу в строительстве: он ещё не … дачу до конца. Но думаю, что этим летом он её … .

У моего друга большая семья, поэтому он решил … ещё один этаж и … к дому террасу. Жена друга в будущем хочет вообще … весь дом.

9 С помощью рисунков расскажите, как строилось и перестраивалось это здание.

Сначала

Потом

Недавно

10 Расскажите о том, как вы строили и перестраивали свой дом.
Рассказ можете начать так:

- Свой дом я построил 10 лет назад. Вначале дом был совсем небольшой: мы только что поженились, и наша семья была маленькая. Но потом…
- Наш дом одиноко стоит на берегу озера, кругом лес, как в сказке. И мне захотелось превратить наш дом в “сказочный дворец”. На это потребовалось много денег и времени. Но я был настойчив.

  Сначала…

  Затем…

  Потом…

3. Время. События. Люди

СИМВОЛЫ РОССИИ

■ Символ России? Конечно, *МАТРЁШКА*.

Матрёшка – это сувенир, который почти каждый турист везёт домой из России. Это, по-моему, особенный сувенир, ведь это не только красивая вещь, которая украшает ваш дом, но и игрушка, с которой могут играть дети. Я, во всяком случае, любила играть с матрёшками в детстве.

Я считаю, что матрёшка должна быть традиционной, какой она всегда и была. Мне не нравятся матрёшки-фигурки разных президентов или других людей.

К сожалению, я не знаю историю матрёшек: когда они появились и как изменялись с течением времени. Я также не знаю, почему в Финляндии матрёшек зовут так: матушки.

■ Символ России? По-моему (и я уверен, что это мнение многих итальянцев), это *РУССКАЯ НАРОДНАЯ ПЕСНЯ*, потому что именно в русской народной песне отражается душа русского народа. И ещё: песня сопровождает русского человека всю жизнь. Для меня лично это не просто народная песня, это та единственная песня, которую я люблю больше всех, – "Катюша".

Я хочу рассказать одну историю, которую слышал от друзей. Русские туристы приехали к нам в Италию, в Рим. А вы знаете, что у нас есть и опасные районы. И вот две женщины заблудились и попали именно в такой опасный район. Их окружили люди совсем не мирного вида. Женщинам стало страшно: ведь их предупреждали об опасности. Что делать? Как быть? Как найти общий язык с этими людьми?

И тут одна из женщин не растерялась. И что, вы думаете, она сделала? Запела русскую "Катюшу"! И случилось неожиданное: итальянцы подхватили песню. Что было дальше? Дальше всё было прекрасно. Они проводили женщин до отеля и расстались друзьями.

Вот такая она, "Катюша"! Это ли не символ России?

■ Символ России? Скорее – символы, ведь их так много. Я думаю, что есть и положительные, и отрицательные. Россия – она очень разная. В России много хорошего и, следовательно, много хороших символов. Но есть такие моменты, которые меня очень раздражают. Я даже скажу так: мне не нравятся в России *"ЗАКРЫТЫЕ ДВЕРИ"*. Что такое "закрытые двери"? Образно говоря, это отрицательные явления в русской жизни, которых не должно быть и которые, по моему мнению, довольно легко устранить.

Что меня особенно раздражает, так это лестницы неработающего эскалатора и толпа людей у единственного работающего эскалатора. "Почему?" – спрашиваю себя я, когда стою в этой толпе. И для меня это как "закрытая дверь".

"Закрытая дверь" – это предъявление паспорта во многих официальных учреждениях, это плохие дороги, это неуважение водителей автомобилей к пешеходу. И я всегда задаю один и тот же вопрос: почему надо делать так, чтобы русским людям было неудобно жить? Почему нельзя распахнуть двери для людей, которые готовы распахнуть свои души?

■ Символ России? Для меня это – *РУССКАЯ ВОДКА*.

Алкогольные напитки. Это хорошо? Плохо? Не знаю. Но мне кажется, что без этого не обойтись. Недаром с Францией ассоциируется шампанское, с Англией – джин, а вот с Россией – водка. Причём именно водка, рецепт приготовления которой – русский и хранится в секрете.

Можно осуждать людей, которые пьют много. Но, несомненно, русская водка очень хороша к праздничному столу. Особенно в холод, мороз, с солёным огурчиком, селёдкой (об этом всегда говорят русские) и особенно в гостях у русских друзей. Я пить не люблю, но, если приходится, всем винам и коньякам предпочитаю водку. Русскую!

■ Символ России? Для меня это – *МЕХ, ШУБЫ*. Почему именно так? Ну, тут много причин. Во-первых, как я слышала, русский мех всегда славился, и это понятно: ведь в России есть Сибирь, тайга, а там много пушного зверя. Русские меха всегда экспортировались в Европу. И в литературе об этом говорится.

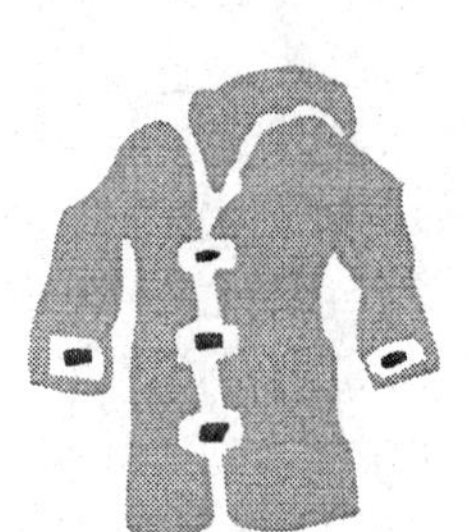

Ну а во-вторых, в России холодно. Как русские говорят: "Голод не тётка", а я перефразирую: "Холод не тётка!"

"А как же движение зелёных? – скажете вы. – Ведь зверей жалко". Да, в нашей стране многие принципиально не носят вещи из натурального меха. Наверное, и в России есть такое движение, я даже уверена в этом, но... в шубе так тепло, так приятно. А в Петербурге ведь не только мороз, здесь всегда ветрено, сыро, поэтому шуба ой как пригодится!

И ещё, мне кажется, русские женщины надевают шубы для красоты. Хорошие шубы, шапки... Конечно, это красиво. А русским модницам очень хочется выглядеть элегантно.

Вот так и получается: как подумаю о России, так и вижу русских красавиц в меховых шубах.

■ Русские символы? Очень интересно! Мне кажется, что символы дл человека всегда связаны с тем, что он любит. Например, я люблю пить чай Догадываетесь, что для меня является символом России? Ну конечно же, *САМОВАР*.

В России я часто бывала на даче у моих знакомых, и там мы пили чай не из чайника, а из самовара. Это был замечательный чай!

Само-вар – значит, "варит сам". Я заинтересовалась сколько же лет самовару? Оказывается, не так уж и много – их стали делать в России в XVIII веке. Самовары покупали на всю жизнь, их берегли. И стоили они довольно дорого.

Старинный русский город Тулу называют "самоварной столицей": к концу XIX века там было 74 самоварных фабрики, причём в Туле выпускали самовары 150 фасонов! Представляете, самовар в виде шара, рюмки или яйца! Самовары делали маленькие и огромные, скромные и богатые.

Для русских самовар – это не только посуда, в которой кипятят чай, это ещё и символ уюта, домашнего тепла. И мне это нравится.

■ При слове "Россия" я слышу *КОЛОКОЛЬНЫЙ ЗВОН*. Сначала это тихие звуки, как бы издалека, потом всё громче, громче и, наконец, громкий весёлый звон.

А всё потому, что в Санкт-Петербурге я жила рядом с Казанским собором и любила слушать колокольный звон. Я заинтересовалась колоколами, и вот что я о них узнала. Колокола "живут" на колокольнях и своим звоном призывают верующих на молитвы. Были и особые колокола – такие, как *вечевой колокол ("Veche" bell for summoning ancient Russian town council)* в древнем Новгороде. Он собирал новгородцев на вече (собрание).

Исполнение музыки на колоколах – большое искусство, поэтому звонарей всегда уважали.

И, конечно же, при слове "Россия" я вспоминаю русский романс "Вечерний звон". Как это хорошо:

Вечерний звон, вечерний звон,
Как много дум наводит он.

4. Проверьте себя!

1. Составьте словосочетания с предлогом или без предлога:

жить (восьмой этаж)
переехать (новый район)
квартира (центр)
отдыхать (дача)
жить (загородный дом)

2. Составьте рассказ, используя вместо выделенных прилагательных антонимы.

Я живу в *шумном* районе города. Моя квартира *неудобная, тесная* и *тёмная*. Она состоит из двух *смежных* комнат. Потолки в моей квартире *низкие*, стены *тонкие*, а кухня *маленькая*. Мои соседи очень *шумные*.

3. Как называется комната в квартире, где

принимают гостей	....
живут дети	....
работают	....
готовят еду	....
умываются	....
спят	....

4. Какие могли быть реплики?

– … ?
– Да, мы действительно переехали в новый район.
– … ?
– Очень нравится, здесь тихо и спокойно.
– … ?
– Метро рядом.

* * *

– … ?

– В ней три комнаты.

– … ?

– Кухня 9 метров.

– … ?

– Да, есть. Здесь у меня много цветов, загорать тоже можно.

* * *

– Витя, я слышал, ты строишь дачу…

– … .

– И какой у тебя дом?

– … .

– А что растёт на участке?

– … .

5. Вместо точек вставьте глагол *СТРОИТЬ* с приставками.

Пять лет назад Игорь купил новый дом. Сейчас этот дом кажется ему маленьким, поэтому Игорь решил его …: свой одноэтажный дом он хочет … ещё одним этажом, к кухне … веранду, а за домом наконец-то … новый кирпичный гараж.

6. Отгадайте слова.

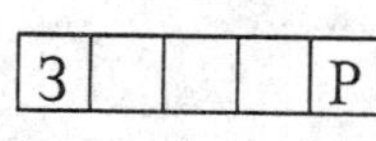

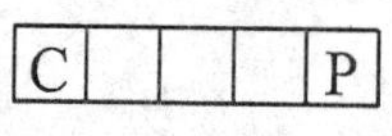

7. Напишите сочинение на тему: "Мне нравится (не нравится) моя квартира (мой дом)".

8 КАКУЮ МЕБЕЛЬ – В КАКУЮ КОМНАТУ?

1. Лексика по теме

ИНТЕРЬЕР КВАРТИРЫ Изменять/изменить интерьер.	INTERIOR OF THE APARTMENT To change the interior.
ГОСТИНАЯ Стенка, диван, кресло, журнальный столик, телевизор, магнитофон, книги, картина, цветы.	LIVING ROOM Set of wall cabinets, sofa, armchair, coffee/tea-table, television, tape recorder, books, picture, flowers.
КАБИНЕТ Книжный шкаф, письменный стол, рабочее кресло, компьютер, настольная лампа, телефон.	OFFICE/STUDY Bookcase, desk, chair, computer, table lamp, telephone.
СПАЛЬНЯ Платяной шкаф, кровать, прикроватные тумбочки, зеркало, ковёр.	BEDROOM Wardrobe, bed, night stands, mirror, carpet.
КУХНЯ Газовая (электрическая) плита,	KITCHEN Gas (electric) stove,

мойка, холодильник, настенный шкаф, шкаф для посуды, обеденный стол, стулья, настенные часы.	kitchen sink, refrigerator, cupboard, cupboard for dishes, dinner table, chairs, wall clock.
ВАННАЯ Ванна, душ, раковина, кран, зеркало, полка, унитаз.	BATHROOM Bathtub, shower, sink, faucet/tap, mirror, shelf, toilet.
ПРИХОЖАЯ Вешалка, трюмо, бра, полка для обуви, коврик.	FOYER Coat hanger, pier glass (mirror), wall lamp, shoe shelf, mat/rug.
СТОЯТЬ *(несов.)*, лежать *(несов.)*, висеть *(несов.)*; ставить/поставить, класть/положить, вешать/повесить; стелить/постелить; расставлять/расставить; переставлять/переставить, передвигать/передвинуть, перевешивать/перевесить; менять/поменять местами.	TO STAND, to lie, to hang; to put/to place in a standing position, to put/to place in a laying position, to hang, to make (a bed); to arrange; to rearrange, to move (something from one place to another), to hang in another place; to change the place/to exchange places.

2. Давайте поговорим!

1 *а)* Прочитайте письмо.

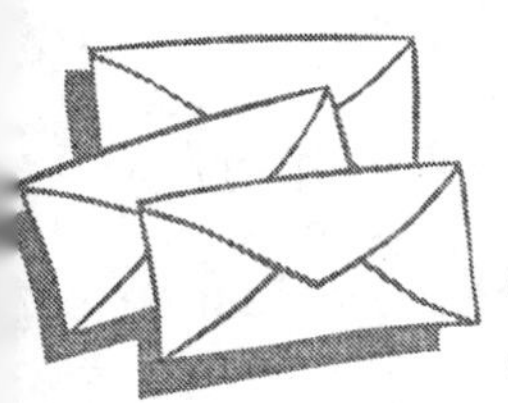

Здравствуй, Том!

Я тебе уже писал о квартире моих русских знакомых. Но главное в доме – это уют, к которому стремится любая семья: и американская, и русская.

Недавно Саша и Лена, мои друзья, купили мебельный гарнитур в гостиную. Он состоит из стенки, дивана, журнального столика и двух мягких кресел.

Стенка – очень удобная вещь. Здесь на верхние полки можно поставить книги, на нижние – сувениры и мелкие безделушки. В платяном шкафу обычно висит одежда, лежит бельё.

Лена и Саша расставили мебель так.

Стенку они поставили вдоль стены, диван – напротив, журнальный столик – в угол, а около него – два кресла. На журнальный столик Лена поставила вазу с цветами.

Лена считает, что они купили удачный гарнитур и сейчас гостиная стала очень уютной и красивой. Теперь она планирует купить мебель на кухню.

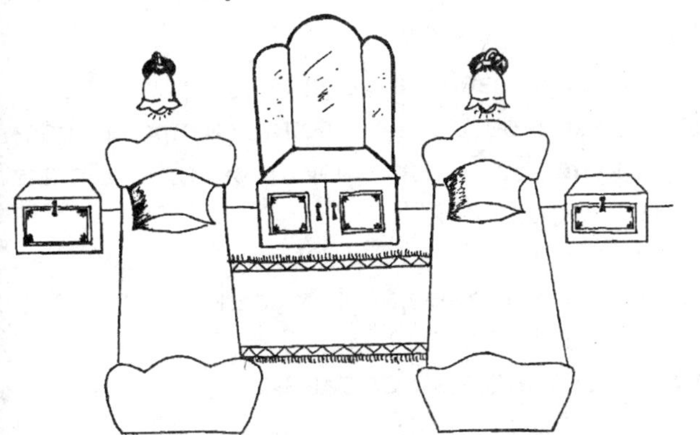

В спальне (смотри рисунок) мебель осталась прежней, потому что спальный гарнитур они купили не так давно и он вполне современный: две кровати, прикроватные тумбочки, трюмо. Над кроватями висят бра.

В детской они тоже пока ничего не будут менять: дети быстро растут, и года через два придётся покупать уже "взрослую" мебель.

Знаешь, интерьер русской квартиры очень отличается от нашего интерьера, но мне у моих друзей нравится.

Всего тебе доброго!

До свидания!

Мэтью.

б) Побеседуем:

1) Какую мебель купили Лена и Саша? Где и как они расставили её?
2) В каких комнатах они не меняли мебель и почему?
3) Каков американский (итальянский, шведский, финский и пр.) вариант интерьера
   - гостиной;
   - спальни?

2 **а)** На вопрос преподавателя "Нравится ли вам интерьер русской квартиры?" многие студенты ответили положительно, а вот Джон и Майя стали возражать. По просьбе преподавателя они предложили свои варианты интерьера.

■ *ПРЕДЛАГАЕТ ДЖОН.*

Какая мебель **в гостиной**? Стенки? Диваны? Нет-нет! Мне кажется, что в гостиной должны быть идеально ровные большие поверхности, например, вдоль стены – длинный стол. Он многофункционален – на нём стоит телевизор, над ним висит зеркало, под ним – бар-холодильник. Таким образом, он служит и трюмо, и рабочим столом, и обеденным при необходимости. Интерьер дополняют компьютер, факс, ксерокс.

■ *ПРЕДЛАГАЕТ МАЙЯ.*

В спальне ничего лишнего: максимум свободного пространства. Всюду зеркала, которые зрительно увеличивают объём помещения. Широкая ровная кровать и, конечно же, шкафы-купе. Всё очень просто, светлые тёплые тона. Никакого металла и "золотых украшений"!

б) Представьте себе, что вы – дизайнер. Согласны ли вы с вариантами интерьера Джона и Майи?
Предложите свой вариант гостиной и спальни.

3 **а)** На вопрос "Что бы вы сделали, чтобы ваша квартира стала уютней?" петербуржцы ответили по-разному. Познакомьтесь с результатами социологического опроса.

МИХАИЛ ЗАХАРОВ, 34 года, дизайнер:

– Если бы я мог, я сделал бы больше окна – хочется много света. А так… Мечтаю выбросить старые вещи, всё расставить и разложить хотя бы на время; надолго не удастся – жизнь, дети, кошка.

МАРИНА МАЛЫШЕВА, 26 лет, экономист:

– Купить ковры и поменять батареи. Очень тепло люблю.

ЕКАТЕРИНА БЕЛЯЕВА, 20 лет, художница:

– Хочу нарисовать на стенах свои картины-фантазии – и буду на них глядеть. Не в телевизор же.

ЮРИЙ СТЕПАНОВ, 45 лет, инженер:

– Неохота ничего менять, всё и так устраивает. Старый, наверное, стал.

СЕРГЕЙ ПЕТРОВ, 47 лет, программист:

– Чтобы было уютно, надо всё сделать своими руками, но это программа-максимум. А минимум: поставить телевизор поближе к компьютеру, чтобы можно было одним глазом за футболом следить, когда работаю.

ОЛЬГА ЧИСТЯКОВА, 36 лет, продавец:

– Поменять квартиру на большую. Наконец, научить дочку следить за порядком в доме.

ВАЛЕНТИНА ИВАНОВНА СЕРГЕЕВА, 65 лет, пенсионерка:

– Чтобы в доме было уютно, нужен мир и покой в семье, тогда в любой обстановке хорошо.

б) А как ответите на этот вопрос вы?

4 Вставьте в диалог необходимые слова.

КОЛЯ И ИРА РАССТАВЛЯЮТ МЕБЕЛЬ В КАБИНЕТЕ

– Коля, что ты хочешь поставить в кабинет?

– *Во-первых, чтобы сидеть и писать, мне нужен хороший ... и удобное ... .*

Во-вторых, для работы мне нужен мой "мозговой центр" – ... и ещё ... , чтобы звонить.

– А где будут твои книги?

– *Они будут стоять в книжном ... .*

– Мне кажется, что в этой комнате темно.

– *Ничего, на стол поставим ... ... , и проблем с освещением не будет*

– А как ты украсишь кабинет? По-моему, у него слишком "официальный" вид.

– *Хорошо. На стену я повешу любимую ... .*

5 **а)** Вставьте в текст необходимые слова. О какой комнате рассказывает Ольга Семёновна?

Вы спрашиваете, какую комнату в моей квартире я люблю больше всего? Ну, конечно, же … .

И не потому, что здесь приходится много трудиться, а потому, что это комната, в которой собирается вся моя семья.

Правда, утром все торопятся поскорее разбежаться по своим делам: кто на работу, кто в институт, кто в школу. А я – за покупками в универсам.

Зато вечером здесь уж точно собирается вся семья.

Как правило, в семь часов вечера все уже сидят за столом, и, если кто-то опаздывает, я строго смотрю на опоздавших и на свои любимые … , которые всегда висят над … .

На столе уже всё готово: посуда, которая обычно стоит … , красиво расставлена на столе. После ужина мы ещё долго не расходимся. Мы сидим за большим … и обсуждаем свои дела.

б) А теперь перечислите предметы интерьера этой комнаты.

в) Составьте диалог по тексту.

6 **а)** Рассмотрите рисунок и опишите интерьер комнаты. Что это за комната?

Что здесь
стоит ...
лежит ...
висит ...

Это П _ _ _ _ _ _ Я

б) Вставьте в диалог необходимые слова (вам помогут цифры на рисунке). Прочитайте диалог.

– Проходите, пожалуйста. Повесьте своё пальто на (1).
– *Большое спасибо.*
– Если вам нужно причесаться, вот (2). Сейчас я включу (3), чтобы было светлее.
– *Не беспокойтесь, пожалуйста. Как у вас уютно! (4) у входа сами сделали?*
– Да, это моя работа. А вот эту (5) сделал своими руками мой муж.

7 А как называется эта комната? Впишите в клетки самые важные предметы интерьера этой комнаты.

1 В _ _ _ _
2 Д _ _
3 Р _ _ _ _ _ _ _
4 У _ _ _ _ _
5 П _ _ _ _
6 К _ _ _

Это В _ _ _ _ _ Я

К СВЕДЕНИЮ!

На полочке в ванной	стоит лежит	шампунь мыло зубная паста зубная щётка
На стене в ванной	висит	полотенце

8 Какая мебель – в какой комнате?

МОДЕЛЬ: В гостиной около стены стоит диван.

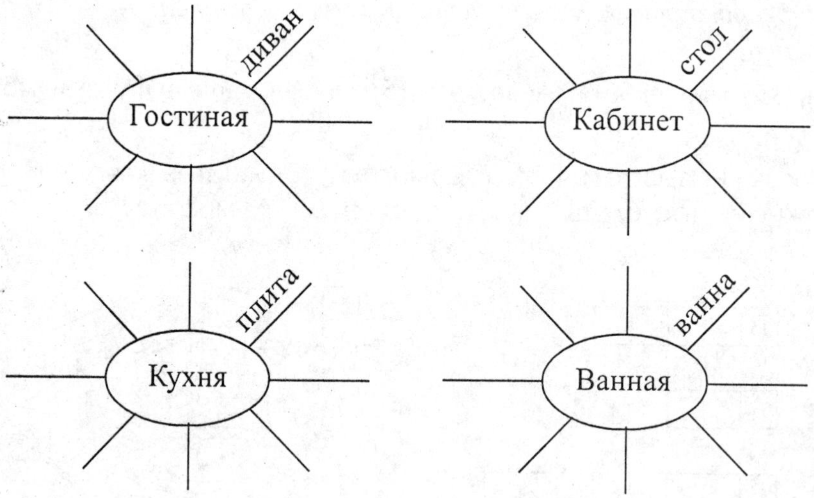

Гостиная — диван

Кабинет — стол

Кухня — плита

Ванная — ванна

ИСПОЛЬЗУЙТЕ таблицу 1.

Таблица 1

ГДЕ? *WHERE?*			
	на в(о)	*(чём?)*	
СТОЯТЬ *TO STAND*	над под за перед	*(чем?)*	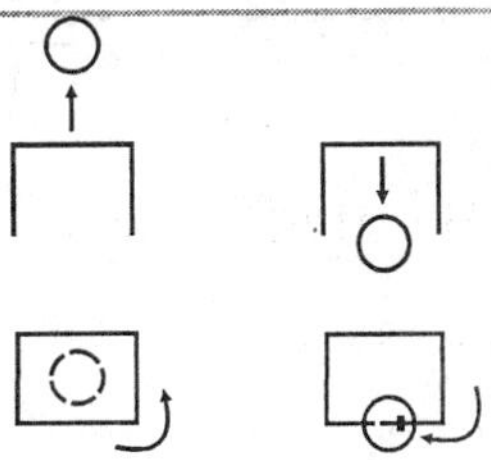
	между	*(чем и чем?)*	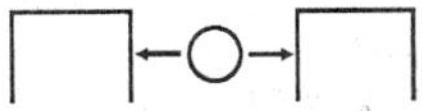
	рядом *next* рядом с *next to*	*(с чем?)*	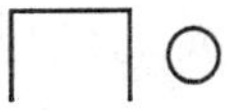
ЛЕЖАТЬ *TO LIE*	около *near, by* возле *near, by* около возле у	*(чего?)*	
	напротив *opposite* напротив *opposite*	*(чего?)*	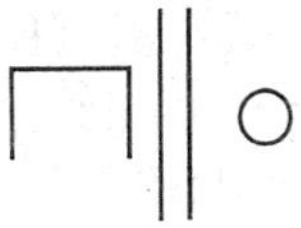
ВИСЕТЬ *TO HANG*	справа *to the right* слева *to the left* справа от *to the right of* слева от *to the left of*	*(от чего?)*	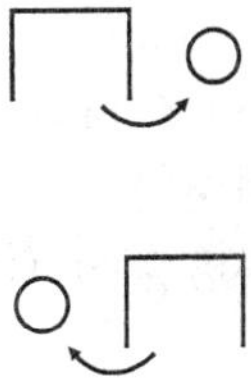
	здесь *here* там *there*		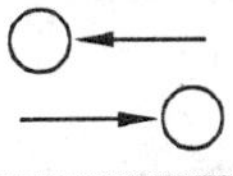

9 Вы переехали в новую квартиру. Теперь у вас есть кабинет. Что и куда вы поставите, положите, повесите в
своём кабинете?

МОДЕЛЬ: Письменный стол я поставлю возле окна.

Обозначьте цифрами предметы на рисунке.

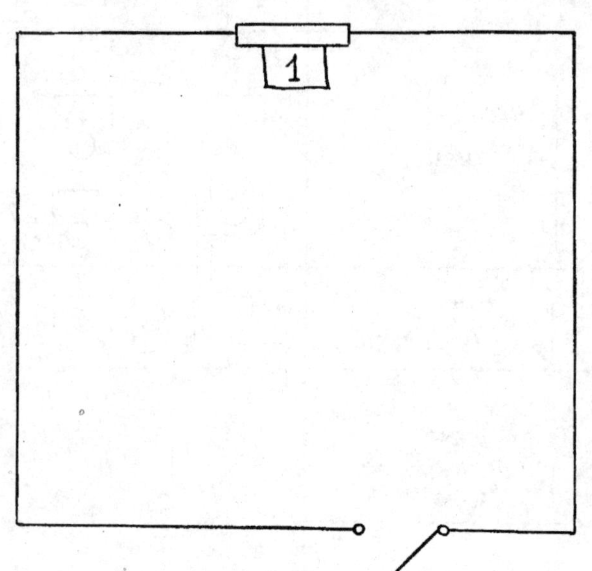

1. Письменный стол
2. Рабочее кресло
3. Книжный шкаф
4. Книжные полки
5. Компьютер
6. Настольная лампа
7. Телефон
8. Картина
9. Магнитофон
10. Часы
11. Зеркало
12. Ковёр

ИСПОЛЬЗУЙТЕ:

Таблица 2

КУДА? *WHERE?*			
ПОСТАВИТЬ to put/to place in a standing position	на в(о)	*(что?)*	
ПОЛОЖИТЬ to put/to place in a laying position	над под за перед	*(чем?)*	
ПОВЕСИТЬ to hang	между	*(чем и чем?)*	

ПОСТАВИТЬ to put/to place in a standing position	**рядом** *next* рядом с } *(с чем?)* *next to* **около** *near, by* **возле** *near, by* около возле } *(чего?)* у	
ПОЛОЖИТЬ to put/to place in a laying position	**напротив** *opposite* напротив } *(чего?)*	
	справа *to the right* **слева** *to the left* справа от слева от } *(от чего?)*	
ПОВЕСИТЬ to hang	сюда *here* туда *there*	

310 ***а)*** Вы приходите домой и не узнаёте комнату. Всё ясно: к вашему младшему брату приходили его гости (дети). Расскажите, что где *лежит, стоит, висит.*

ИСПОЛЬЗУЙТЕ таблицу 1.

б) Что вы скажете своему брату в такой ситуации? И что о сделает?

ИСПОЛЬЗУЙТЕ таблицы 2 и 3.

Таблица 3

Поставить	Поставь(те)
Положить	Положи(те)
Повесить	Повесь(те)

11 *а)* Вы изменили интерьер своей комнаты. Что и куда вы *переставили, передвинули, перевесили,* что *поменяли ме стами*? Рассказать об этом вам поможет рисунок.

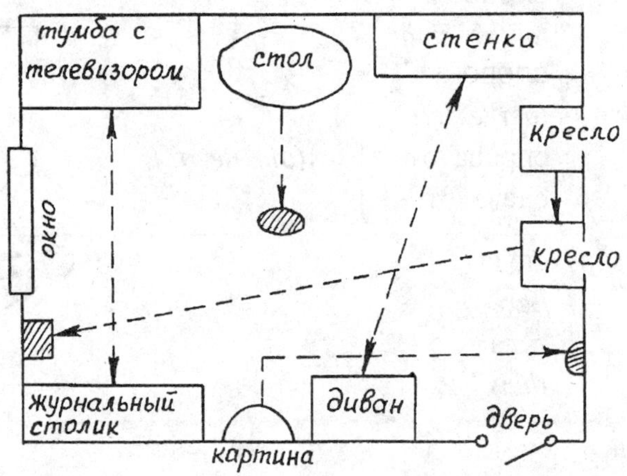

ИСПОЛЬЗУЙТЕ:

Таблица 4

	КУДА?	
ПЕРЕСТАВИТЬ ПЕРЕВЕСИТЬ ПЕРЕДВИНУТЬ	туда сюда с … на … на в к	 *середину комнаты* *угол* *окну*
ПЕРЕДВИНУТЬ	вправо влево	*to the right* *to the left*
	ЧТО И ЧТО?	
ПОМЕНЯТЬ МЕСТАМИ		*стенку и диван*

б) Прочитайте диалог и разыграйте его.

ЛЕНА ПЕРЕСТАВИЛА МЕБЕЛЬ

– Лена, у тебя изменилась гостиная.

– Да, я тут многое *переставила*. Вот посмотри, кресло я *передвинула* *сюда*, к окну, а диван – *туда*, в угол.

– А где они раньше *стояли*?

– Ты всё забыла. Вспомни: диван *стоял здесь*, около двери, а кресло – *там*, в углу.

– А картина где раньше висела?

– Над диваном, а сейчас я её *перевесила* на противоположную сторону.

– Да, ты отлично всё устроила, теперь гостиная стала более уютной.

12 а) Выпишите из списка то, что, по-вашему мнению, должно быть в квартире

• научного работника	....
• художника	....
• артиста	....
• коллекционера	....
• студента	....
• портнихи	....
• преподавателя	....

ИСПОЛЬЗУЙТЕ:

гитара, большая домашняя библиотека, старинная мебель, компьютер, стол, заваленный бумагами, чистота и порядок, ковёр на полу, строгий интерьер, торшер, магнитофон, настольная лампа, современный дизайн, много картин, иконы, безделушки, мягкая мебель, пудель, учебники и словари, цветы, швейная машина, зеркало, люстра, афиши, на стенах много фотографий, трюмо, много альбомов с марками, разнообразные комнатные растения, рояль (пианино).

б) Расскажите о какой-нибудь квартире так, чтобы можно было узнать интересы, привычки, характер её владельца.

3. Время. События. Люди

КАЛЕЙДОСКОП МНЕНИЙ

ЧТО ТАКОЕ СЧАСТЬЕ?

Счастье… Что такое счастье? Это знают все и… не знает никто.

Говорят, для счастья надо совсем немного. А что именно? И сколько? Уверяю: на руках пальцев не хватит. Поэтому берите калькулятор и считайте с нами.

Итак, счастье – это…

- очень хорошая новая стрижка, и ты выглядишь прекрасно;
- утренний завтрак "по полной программе";
- когда на улице сильный дождь и холодно, а ты лежишь на диване и в сотый раз смотришь свой любимый фильм;
- покупка вещи, которую ты хотела купить ну о-о-очень давно;
- чашка прекрасного крепкого кофе;
- очень интересная книга;
- разговор с мамой;
- фотография, на которой ты получилась лучше, чем в жизни;
- приятный сон;
- прослушивание нового компакт-диска. И во второй раз, и в третий!

Вам понравились наши рецепты счастья? Дополните список "маленьких радостей".

МАРИ БУШАРДИ, Франция.

Счастье – это *ощущение внутреннего равновесия (sense of internal balance)*. На это влияют многие дела, обычно очень мелкие, например, цветы, птичье пение, солнце, тишина.

Очень сильно влияет на меня классическая музыка: я очень счастлива, когда хожу на концерт, оперу, балет.

Я счастлива, когда здорова и когда вокруг меня люди, которых я люблю: друзья, родители, родственники.

ХЕЛИ КАЛЛИОМАА, Финляндия.

Для меня счастье – мой любимый, семья и близкие друзья. Когда у меня хорошие отношения с ними, я чувствую себя счастливой. Счастье состоит из маленьких дел, для него не нужен выигрыш в лото. Но я думаю, что еловек никогда не может быть счастлив на сто процентов: он всегда хочет больше, чем у него есть.

МААРИТ ХОЛМАЛА, Финляндия.

Что значит "быть счастливым"? Для некоторых людей это деньги, на которые можно купить то, что хочешь, то есть для них самое важное в жизни – материальные блага. А по-моему, не счастлив тот, кто очень богат. Деньги, конечно, нужны, но это не самое главное для счастья.

По-моему, самое важное в жизни – любовь, семья (дети, муж, родители, брат) и работа. И, конечно, здоровье. Без этого у тебя ничего нет.

МАРК ГАЛЬПЕРИН, Америка.

Ну, во-первых, на вопрос "Что такое счастье?", конечно, существует столько ответов, сколько людей. И ещё мне кажется, что у каждого человека много вариантов счастья.

Например, я счастлив, когда сижу в лодке на реке и ловлю рыбу, я счастлив, когда сижу с женой за столом в нашем доме и ем вкусный обед, который она приготовила, и пью с ней хорошее вино, я счастлив, когда ищу грибы в лесу с помощью моей собаки Даши, хотя она ищет зайцев, а не грибы. И, конечно, я счастлив, когда могу писать стихи, даже если они и не совсем удачные.

Но самое большое счастье для меня – это делать переводы.

Во-первых, у переводчика – счастье человека, который делает доброе дело: ведь он даёт возможность автору дойти до читателя. Хороший подарок, по-моему. И *самоотверженный (dedicated/selfless)*.

Во-вторых, перевод – я говорю только о художественных переводах – это серьёзная загадка. Это не механическая работа! Это творчество, это искусство.

ЯН СЮЦИНЬ, Китай.

Идеал счастья у каждого из нас различный. Я считаю, что на свете нельзя быть абсолютно счастливым человеком. Богатый жалуется на нездоровье, а у здорового нет богатства. Если бы он был богатым и здоровым, то у него всё-таки было бы на что жаловаться: или жена плохая, или сын непослушный. Если бы они были идеальными, он всё время боялся бы их лишиться.

Один писатель очень хорошо написал о счастье. По его мнению, счастливый человек должен иметь три основных условия:

- во-первых, человек должен быть жизнерадостным, и у него должен быть хороший характер;
- во-вторых, он должен быть здоровым;

- в-третьих, у него должно быть достаточно богатства.

Что касается меня, то я считаю, что счастье – это каждый день видеть, как растёт моя дочка, набирается сил и становится жизнерадостной и умной.

В жизни дочери я играю очень большую роль. Ребёнок – как чистая бумага, а содержание зависит от нас. Поэтому я считаю счастье дочери и моим счастьем. Это не значит, что я люблю моего мужа меньше, чем дочку, но ведь дочка – маленькая и поэтому требует особой заботы.

ЛОРАНС ЛЕ ЛУАРЬЕ, Франция.

Многие люди думают, что если бы у них было больше денег, то они были бы счастливыми.

Богатый человек более свободен, может путешествовать по всему миру. У него есть возможность всё купить, он может реализовать свои мечты, жить в роскоши.

В то же время богатые, имея много денег и большие возможности, утрачивают всякие желания. Деньги мешают им самим: нет ничего, что их удивляет, о чём они мечтают. Люди лишаются самого важного: дружбы, любви. Им трудно общаться с другими, потому что они считают, что все люди вокруг – это *корыстные люди (mercenary people)*.

Если бы я была богата, я бы не доверяла людям, я всегда бы думала, что только корыстные люди могут меня любить.

Во Франции говорят так: “Деньги – не счастье, они помогают людям достичь счастья”. И это правда.

По-моему, в жизни самое главное – не богатство, не социальное положение, а такие чувства, как любовь и дружба. Это и есть настоящее богатство человека.

А КАК ВЫ ДУМАЕТЕ, ЧТО ТАКОЕ СЧАСТЬЕ?

4. Проверьте себя!

Составьте словосочетания с предлогом или без предлога:

интерьер (квартира)
мебельный гарнитур состоит (стенка, диван, два кресла)
повесить картину (спальня)
передвинуть стол (середина комнаты)
положить книгу (ящик стола)

2. Соедините одинаковые по смыслу слова и словосочетания:

• сделать ремонт	расставить мебель
• разместить шкаф, стол, стулья в квартире определённым образом	перевесить
• снять картину в одной комнате и повесить её в другой	отремонтировать

3. Дополните ряды слов. Что можно:

ставить/ поставить	стол, ...
вешать/ повесить	шторы, ...
класть/ положить	вещи, ...
стелить/ постелить	ковёр, ...
расставлять/ расставить	тарелки, ...

4. Вставьте в диалог слова по смыслу.

В ГОСТЯХ У ЛЕНЫ

– Здравствуй, Светлана! Как я рада тебя видеть!
– *Привет, Леночка, вот, наконец, я и собралась к вам в гости. Покажи мне свою квартиру!*
– С удовольствием! Повесь плащ на ... и проходи в ... .
– *Отличная ... , какая большая! Мне нравится этот мебельный ....*
– Да, очень удобный: здесь и платяной ... , и полки, кроме того, в гарнитур входят ... , ... , журнальный ... и два ... .
– *А где ты готовишь? Для меня ... – главное место в доме.*

– Вот наша … .
– *У тебя отличная газовая … ! У меня на кухне тоже висят … : люблю знать точное время. У тебя здесь и телевизор?*
– Да, я люблю смотреть телевизор, когда готовлю.

5. Восстановите реплики диалогов. Вставьте, где необходимо глаголы *ПОЛОЖИТЬ, ПОВЕСИТЬ, ПОСТАВИТЬ, ПЕРЕСТАВИТЬ, ПЕРЕВЕСИТЬ, ПЕРЕДВИНУТЬ.*

МЫ ЖДЁМ ГОСТЕЙ

– … !
– Гости? Здорово! Я так люблю гостей! Что мне надо сделать?
– … .
– Хорошо. Стол поставим, как обычно?
– … .
– А это кресло? Оно такое большое и всегда мешает!
– … .
– А вот эти стулья здесь совсем лишние!
– … .
– А это куда? Хорошо, хорошо, больше вопросов не будет!

Я ХОЧУ ИЗМЕНИТЬ ИНТЕРЬЕР КВАРТИРЫ

– Я хочу изменить интерьер квартиры. Что ты посоветуешь?
– … .
– Новую мебель купить, конечно, всегда неплохо, но у меня сейчас нет денег. Может быть, переставить мебель?
– … .
– Хорошая идея. А куда письменный стол?
– … .
– А что делать с этим ковром?
– … .
– Ну что ж, твои советы совсем неплохи. Надо подумать.

6. Какая мебель находится в вашей комнате?

7. Предложите свой вариант интерьера (на выбор):

- гостиной;
- кабинета;
- спальни;
- столовой.

9 ЛЮБИШЬ ЛИ ТЫ ДОМАШНЮЮ РАБОТУ?

1. Лексика по теме

ДОМАШНИЕ ДЕЛА	HOUSEWORK
Наводить/навести порядок, убирать/убрать квартиру, пылесосить/пропылесосить квартиру, мыть/вымыть посуду, пол, натирать/натереть паркет, вытирать/вытереть (пыль), стирать/выстирать (бельё), гладить/выгладить бельё, чистить/почистить ковёр.	To put in order, to clean up/to tidy up, to vacuum, to wash the dishes, floor, to wax the (parquet) floor, to wipe (dust), to wash (clothes, linen), to iron clothes, to clean the carpet.
Пылесос, полотёр, стиральная машина, утюг.	Vacuum cleaner, floor-polisher, washing machine, iron.
РЕМОНТ	REPAIR
Ремонтировать/отремонтировать;	To repair;
красить/покрасить | *что?* *что чем?*	to paint;
оклеивать/оклеить | *что чем?*	to glue.

2. Давайте поговорим!

1 ***а)*** Прочитайте письмо.

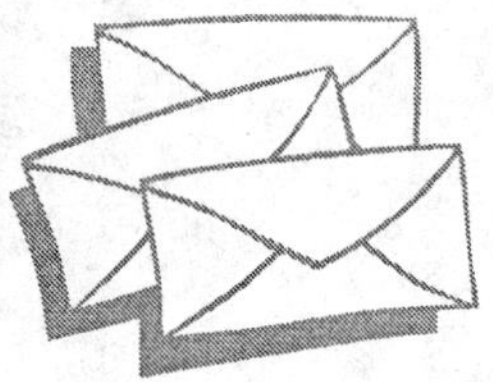

Здравствуй, Линда!

Ты спрашиваешь, какой у меня сейчас распорядс дня. Конечно, мой рабочий день в Петербурге очен отличается от рабочего дня в Эванстоне. Правда здесь я, как и в Америке, учусь с 9.30 до 14.40. Во второ половине дня я тоже занимаюсь 2–3 часа. В пятницу у меня экскурси онный день. Ещё я часто хожу в театр, в музеи, по вечерам гуляю, та что на домашние дела у меня остаётся мало времени. И что я делаю Иногда убираю свою комнату (особенно если ожидаю гостей), иногда са готовлю (впрочем, предпочитаю кафе), иногда стираю (если не успева сходить в прачечную). Да, ты знаешь мою привычку разбрасывать вещи Теперь у меня прогресс: я стараюсь класть вещи на свои места.

Где я этому научился? Беру пример с моих русских друзей. Лена, жена Саши,— прекрасная хозяйка, и дома у них всегда порядок.

Саша тоже молодец: он всегда помогает жене, например, пылесо сит квартиру, натирает паркет. И ещё: представляешь, он сам, соб ственными руками, отремонтировал квартиру: побелил потолок, оклеил стены обоями, покрасил окна, двери. Лена говорит, что у её мужа "золотые руки". Я с нею согласен.

Вот так. Пиши, не забывай!

Мэтью.

б) Задайте Мэтью вопросы по тексту. Как бы он ответил на них?

2 ***а)*** Сегодня пятница. Мэтью учится до 14.40. Потом он пойдёт на экскурсию. Вечером он будет заниматься домашними делами: в субботу к нему приходят в гости Саша и Лена. Заполните "расписание" Мэтью на пятницу.

Время	Что делает Мэтью
7.30 – 8.00	
8.00 – 8.30	
8.30 – 9.30	
9.30 – 14.40	
14.40 – 18.00	
18.00 – 18.30	
18.30 – 19.30	
19.30 – 22.00	
22.00 – 22.30	
22.30 – 23.00	

ИСПОЛЬЗУЙТЕ:

КОГДА?	
В *(вин. пад.)*	Занятия у Мэтью начинаются *в 9.30.*
С *(род. пад.)* ... **до** *(род. пад.)*	*С 9.30 до 14.40* у него занятия в университете.

б) А что делали в пятницу вы? Задайте друг другу вопросы и ответьте на них.

в) Расскажите о своём распорядке дня в субботу и воскресенье.

3 ***а)*** Рассмотрите рисунок и расскажите, что делают Лен и Саша. Какими бытовыми приборами они пользуются, чт бы навести порядок в квартире?

ИСПОЛЬЗУЙТЕ:

пропылесосить квартиру, натереть паркет, вытереть пыль с мебел почистить пылесосом ковёр и мягкую мебель, убрать в шкаф *(что?* постелить скатерть, ковёр, поставить *(что? куда?)*, положить *(что куда?)*, повесить *(что? куда?)*, постирать, повесить сушитьс выгладить бельё.

б) Какой разговор состоялся между Леной и Сашей во врем работы? Составьте диалог.

ИСПОЛЬЗУЙТЕ следующие реплики:

ЛЕНА	*САША*
Давай …	С удовольствием!
Не мог бы ты …	Сейчас!
Помоги мне …	Подожди минутку!
Подай, пожалуйста …	Пожалуйста!
Принеси, пожалуйста …	На!
	Я не могу отойти от …
	Ты не хочешь отдохнуть?

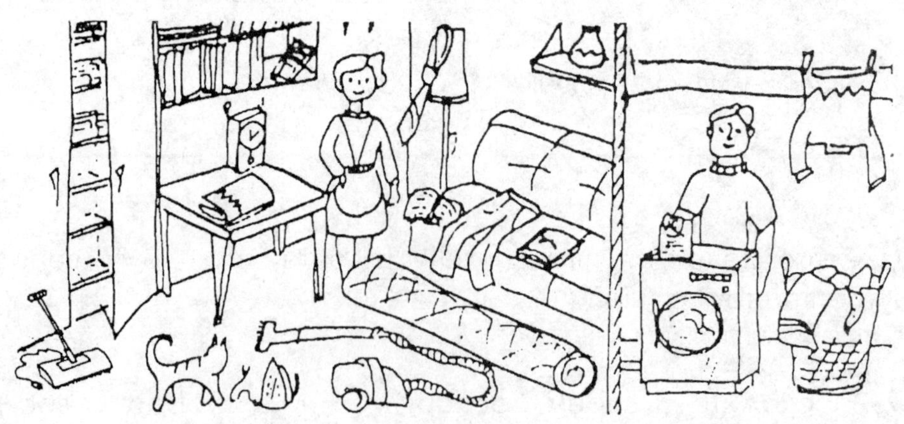

1 Перед вами рисунки Х. Бидструпа "Весёлого праздника!" Составьте рассказ по этим рисункам.

ИСПОЛЬЗУЙТЕ:

скоро праздник, готовить праздничный обед, стирать, мыть, гладить, убирать квартиру, делать игрушки, покупать подарки, упаковывать подарки, наряжать ёлку, устать, быть без сил, упасть в кресло, заснуть.

5 *а)* Прочитайте диалог. Разыграйте его.

У НАС СЕЙЧАС РЕМОНТ

– Здравствуй, Лена! Как дела? Давно тебя не видела.

– Привет, Наташа! У нас сейчас ремонт. Мы с Сашей работаем с утр до вечера. Работы очень много!

– Как говорится, *забот полон рот.*

– Это правда. Но мы хотим закончить ремонт в воскресенье, поэтом приходится работать *засучив рукава.*

– Ничего, сейчас побольше сделаете, потом отдохнёте.

– Это так. Правду говорят: *"Кончил дело – гуляй смело!"*

– Желаю вам удачи!

– Спасибо, Наташа. До свидания!

б) Закончите предложения.

МИША РАССКАЗЫВАЕТ…

Сегодня к нам в гости приезжает бабушка. Она у нас строгая, люби чистоту и порядок, поэтому вся наша семья *работает засучив* ... . Папа пылесосит квартиру, сестра вытирает пыль, мама делает салат, а я мою по суду. *У всех забот* ... .

Папа закончил мыть посуду и сказал: "Я сделал свою работу. Всё! *Кончил дело* – ... ! Где моя газета?"

в) Расскажите о ремонте квартиры (дома).

ИСПОЛЬЗУЙТЕ:

ремонтировать/отремонтировать	*что?*	дом, квартиру
красить/покрасить	*что?*	двери
	что чем?	двери белой краской
оклеивать/оклеить	*что чем?*	стены обоями

3. Время. События. Люди

КАЛЕЙДОСКОП МНЕНИЙ

О СВОЁМ ДОМЕ – ЗВЁЗДЫ РОССИЙСКОЙ ЭСТРАДЫ

Ведь правда, что, даже работая с утра до вечера, мы, в конце концов, возвращаемся домой, в семью. Мужчины и женщины – полжизни носимся между кухней, ванной и детской, воюем с вещами, ссоримся, любим друг друга. И от этого почему-то очень счастливы.

НАТАЛЬЯ АНДРЕЙЧЕНКО

Умею печь душистый хлеб

Я очень люблю все свои дома: и квартиру в Москве, и дом в США, и ферму в Австрии. Я украшаю их старинными вещами, книгами, картинами. В каждом доме создан маленький уголок, где собраны и повешены самые дорогие для меня фотографии. Во всех домах стоит рояль.

В московской квартире самое любимое место, конечно же, кухня. Это и посиделки с друзьями, и вообще дух старой Москвы. А вот в Австрии я больше всего люблю вид, открывающийся из окна: поля, луга… Там у нас ферма. А ещё здесь мы с моей маленькой дочкой Настенькой научились печь настоящий домашний хлеб.

Очень часто всю работу по дому я делаю сама. И я умею получать от этого удовольствие. Мой совет вам: если очень не хочется что-то делать по хозяйству, настройте себя, что уборка – это кайф!

ЛОЛИТА МИЛЯВСКАЯ

Обожаю чистить унитаз

Под нашим домом пустили метро, и теперь на потолках и стенах моей квартиры – трещины. Чтобы их отремонтировать, как мне сказали, нужно истратить столько денег, что я решила: лучше буду вкладывать их в дачу.

Всё здесь сделано своими руками: каждый гвоздь, который я сама забивала, и стены, которые я красила… На даче я люблю всё мыть. Обожаю чистить унитаз. А переделав все дела по дому, приступаю к своему любимому занятию: залезаю в разные ящички, коробочки, которые стоят у нас возле камина. Смотрю, что в них есть. И уж это настоящий кайф.

ЮРИЙ НИКОЛАЕВ

Я умею поливать цветы

Любимое место в моей квартире – кабинет. Я люблю сидеть в кресл и смотреть в окно, откуда открывается вид в Нескучный сад, на набереж ную Москва-реки. Весь интерьер квартиры решаю я. Я обожаю простран ство. Я с большим интересом просматриваю проспекты с интерьерами домо и выбираю что-нибудь для своей квартиры.

Делами по дому практически не занимаюсь. Нет времени. Но есл появляется возможность, поливаю цветы или готовлю чашечку кофе.

ТАТЬЯНА ДОГИЛЕВА

Я вообще хозяйка поневоле

Все дела, связанные с домашним хозяйством, меня раздражают. И де лаю я всё не очень хорошо. Просто не люблю. Но лучше всего среди все нелюбимых дел я готовлю супы. Самые разные.

Вот уже полгода, как я переехала в новую квартиру. Она ещё не обжита и потому любимых комнат или вещей у меня пока не появилось. Но всё в целом очень нравится.

АЛЕКСАНДР ШИРВИНДТ

Чистить трубки – это кайф!

По дому могу делать всё. Но очень плохо. В экстремальной ситуации могу даже гвоздь забить. Но есть одно, что греет меня при мысли о доме. Это мои трубки. И самое любимое занятие – их чистить. Когда я чищу трубки, я отдыхаю душой.

4. Проверьте себя!

. Составьте словосочетания с предлогом или без предлога:

убирать (квартира)
вытереть пыль (с мебель)
почистить ковёр (пылесос)
заниматься (домашние дела)
купить (новая стиральная машина)
навести порядок (квартира)

2. Вставьте в предложения данные глаголы в нужной форме: *ремонтировать/отремонтировать, красить/покрасить, белить/побелить, оклеивать/оклеить*.

Саша и Лена недавно сделали ремонт. Саша сам … квартиру. Это было совсем непросто. Лена решила помочь мужу: она … два окна и дверь на кухне. Они вместе … стены обоями. Но самое трудное было – … потолок. Саша … потолок два дня, а Лена мыла полы. Когда потолок, стены, двери и окна были готовы, Саша … пол. После ремонта Саша и Лена пригласили к себе гостей.

3. Соедините слова из двух колонок.

Гладить	(в) стиральная машина	. . . .
Стирать	полотёр	. . . .
Натирать	пылесос	. . . .
Пылесосить	утюг	гладить утюгом . . . . . .

4. Закончите следующие фразеологизмы.

Лена и Саша сегодня ждут гостей: им надо убрать квартиру, приготовить вкусный ужин, словом, *забот* … . Они *работают засучив* … . Саша многое умеет делать своими руками, недаром говорят, что у него … *руки*.

5. Выберите правильный ответ.

1) Бельё лучше стирать
   а) руками
   б) в стиральной машине

2) Убирая квартиру, вначале нужно
   а) вытереть пыль
   б) пропылесосить квартиру

3) Чтобы хорошие вещи дольше служили,
   а) за ними надо правильно ухаживать
   б) их надо часто стирать

6. Посоветуйте, что нужно сделать Мэтью, если завтра у него будут гости?

Ему	надо… нужно… придётся…

7. Напишите сочинение на тему: "Мои домашние дела".

10 У КАЖДОГО ГОРОДА – СВОЁ ЛИЦО

1. Лексика по теме

НАЗВАНИЕ ГОРОДА	NAME OF A CITY
Называться *(несов.)*, носить *(несов.)* имя; получать/получить имя, название; назван в честь *(кого?)*.	To name, to bear a name; to receive a name; named in honor of.
МЕСТОПОЛОЖЕНИЕ ГОРОДА	LOCATION OF A CITY
Располагаться/расположиться, расположен, находиться *(несов.)*, стоять *(несов.)*; на севере, юге, западе, востоке, юго-востоке, северо-западе; в центре, в центральной части страны;	To be situated/to be placed, placed, to be located, to stand; in the north, the south, the west, the east, the south-east, the north-west; in the center/centre, in the central part of the country;
на берегу моря, на берегу залива, на берегу реки,на берегу озера; в горах, на равнине, на холмах; среди гор, среди холмов, среди озёр.	on the seashore, on the shore of a bay, on the bank of a river, on the shore of a lake; in the mountains, in the valley, in the hills; among the mountains, among the hills, among the lakes.

ВОЗРАСТ ГОРОДА	AGE OF A CITY
Основан, построен в … году, в … веке.	Founded, built in ..., in the ... century.
Древний, один из древнейших городов, старинный, современный, старый, молодой.	Ancient, one of the most ancient cities, old (historical interest), modern, old, young.
ЧИСЛЕННОСТЬ НАСЕЛЕНИЯ	NUMBERS OF POPULATION
Малонаселённый; в городе живёт около (почти, более, свыше) … тысяч (миллионов) человек (жителей); население города составляет … тысяч (миллионов) жителей; город насчитывает … тысяч (миллионов) жителей.	Sparsely populated; there are about (nearly, more than, over) ... thousand (million) people (inhabitants) in the city; the population of the city is made up of ... thousand (million) inhabitants; the city numbers ... thousand (million) inhabitants.
МАСШТАБНОСТЬ, ВЕЛИЧИНА ГОРОДА	MAGNITUDE, SIZE OF A CITY
Огромный, крупный, большой, небольшой, маленький.	Enormous, large, big, medium sized, small.
ОБЩЕСТВЕННАЯ, ЭКОНОМИЧЕСКАЯ, КУЛЬТУРНАЯ ЖИЗНЬ ГОРОДА	SOCIAL, ECONOMIC, CULTURAL LIFE OF A CITY
Столичный, провинциальный, курортный, портовый, промышленный; столица, провинция, город-курорт, город-порт;	Capital, provincial, resort, port, industrial; capital, the provinces, resort city, port city;
культурный центр; один из крупнейших культурных (торговых, промышленных, спортивных) центров страны.	cultural center; one of the country's largest cultural (trade, industrial, sports) centers.
ОБЛИК ГОРОДА	FACE OF A CITY
Красивый, один из красивейших городов страны, прекрасный, чудесный, замечательный, великолепный; зелёный, чистый.	Beautiful, one of the most beautiful cities in the country, very beautiful, wonderful, remarkable, extraordinary; green, clean.

ДОСТОПРИМЕЧАТЕЛЬНОСТИ	SIGHTS
Старинные памятники архитектуры, дворец, замок, театр, музей, церковь, собор, храм, спортивные сооружения.	Old (historical interest) architectural monuments, castle, palace, theater/theatre, museum, church, cathedral, temple, sports facilities.
Славиться *(несов.) (чем?)*, известен, знаменит *(чем?)*.	To be famous for, known for, renowned for.
ЗДАНИЕ	BUILDING
Огромное, большое, маленькое; высокое, низкое; старинное, современное; великолепное, красивое, некрасивое; каменное, деревянное, из стекла и бетона, из стекла и металла.	Enormous, large, small; high, low; old (historical interest), modern; extraordinary, beautiful, unsightly; stone, wooden, of glass and concrete, of glass and metal.
Строить/построить в … году, в … стиле, по проекту архитектора … .	To build in the year of .../in ... , in ... style, to the plans of the architect ... .
Находиться *(несов.)*, стоять *(несов.)*; украшать/украсить *(что?)*.	To be located, to stand; to enhance/to decorate.
ПЛОЩАДЬ	SQUARE
Огромная, большая; круглая, квадратная; красивая, одна из самых красивых в … .	Enormous, large; round, square; beautiful, one of the most beautiful in ... .
Находиться *(несов.)*, располагаться/расположиться, расположена.	To be located, to be situated, placed.
ПАМЯТНИК	STATUE/MONUMENT
Известный, красивый, необычный; гранитный, бронзовый.	Well-known, beautiful, unusual; granite, bronze.
Изображать/изобразить *(кого? что?)*; стоять *(несов.)*, находиться *(несов.)*, возвышаться *(несов.)*; символизировать *(несов. и сов.) (что?)*.	To depict; to stand, to be located, to tower; to symbolize.

2. Давайте поговорим!

О СВОЁМ ГОРОДЕ – ПО-РУССКИ

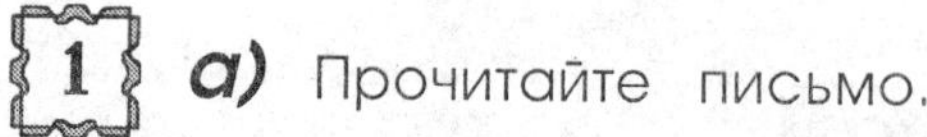

1 *а)* Прочитайте письмо.

Здравствуй, Том!

Сегодня я целый день думаю о Чикаго. И это не случайно. Дело в том, что моё домашнее задание по русскому языку – составить рассказ о своём родном городе. Ну и я, конечно, написал о Чикаго. Вот мой рассказ.

"Посмотрите на карту Америки. Видите Чикаго? Это мой родной город. Он находится в штате Иллинойс. Чикаго расположен на юго-западном побережье озера Мичиган, и это замечательно: озеро очень большое, красивое, оно и украшает город, и очищает воздух от смога.

Сегодня в Чикаго (вместе с пригородами) живёт 8 миллионов человек. Но не всегда Чикаго был таким крупным городом. До 30-х годов XIX века это был небольшой торговый городок. Однако он имел очень выгодное географическое положение: в центре страны, очень близко от её водных путей. Вскоре были построены железные дороги, и в Чикаго начали быстро расти промышленность и торговля, а вместе с тем и

ам город. Город стремительно развивался. В 1880 году в Чикаго было же полмиллиона жителей.

В 1871 году город был разрушен большим пожаром. После пожара икаго был построен заново, на уровне современных достижений архи-ектуры. В центре, на берегу озера, выросли первые в мире небоскрё-ы. В Чикаго находится самый старый небоскрёб мира – Monadnock uilding, построенный в 1891 году, а также самое высокое здание в мире – 42-метровый небоскрёб Sears Tower. О, это совершенно замечательное дание! Когда поднимаешься вверх на лифте, то кажется, что летишь а самолёте, даже уши закладывает (the ears get clogged up).

На последнем этаже этого небоскрёба есть ресторан (довольно до-огой!), и из него прекрасный вид на весь город. Ресторан представля-эт собой как бы смотровую площадку, которая медленно движется по кругу, а вместе с нею и ты. Да, есть за что лю-бить Чикаго!

Может быть, некото-ым и не нравятся небо-скрёбы, я же от них в во-сторге. Кстати, квартиры в высотных домах на бере-гу озера Мичиган – самые дорогие.

Силуэт города (а он, конечно же, создаётся самыми высокими зда-ниями) стройно возвышается над берегом озера Мичиган и, надо ска-зать, красив. Очень.

Чикаго является крупнейшим промышленным и торговым центром Америки. Главная улица Чикаго – Мичиган-авеню, она тянется парал-лельно берегу озера Мичиган. Здесь расположены крупные торговые центры и большие роскошные отели.

В Чикаго растут пригороды, куда постепенно перебралось жить более половины населения города. Кстати, я тоже сейчас учусь и живу в Эванстоне, это очень близко от Чикаго, и я езжу в Чикаго на метро.

По-моему, я уже достаточно много рассказал о своём городе. Может быть, мой рассказ и субъективен, но ведь я всю жизнь живу в этом го-роде, здесь живут самые близкие мне люди – моя семья и мои друзья. А следовательно, для меня это самый лучший город в мире!"

Вот такой получился рассказ. Он тебе понравился?

До свидания! Передавай привет Линде.

Мэтью.

б) Составьте вопросы к тексту и ответьте на них.

ИСПОЛЬЗУЙТЕ:

Таблица

О чём вы расскажете	Вопросы	Ответы
1. Название города	• Как называется город? • Почему он так назван?	Город называется… . Носит имя *(кого?)*… . Получил своё имя (название) в честь *(кого?)* … . Назван так в честь… . / именем… .
2. Местоположение города	• Где расположен (располагается, находится, стоит) город?	В центре страны, на севере (на юге, на западе, на востоке, на юго-востоке, на северо-западе) страны, в центральной (северной, южной, западной, восточной) части страны; на побережье ... моря, залива; на берегу реки, озера.
3. Возраст города	• Когда был основан (построен) город? • Сколько лет городу? • Это современный (старинный) город?	Основан в XVIII веке. Построен в 1731 году. Городу 300 лет. Древний, один из древнейших городов, старинный, современный, старый, молодой.
4. Численность населения города	• Сколько жителей (человек) в этом городе? • Это крупнонаселённый (густонаселённый, малонаселённый) город?	В городе живёт около (почти, более, свыше…) … тысяч (миллионов) жителей. Население города составляет … тысяч (миллионов) жителей. Город насчитывает … тысяч жителей.

		Это малонаселённый город.
5. Масштабность, величина города	• Это большой (крупный, маленький) город?	Огромный, большой, небольшой, маленький город (городок).
6. Общественная, экономическая, культурная жизнь города	• Какова роль города в общественной, экономической, культурной жизни страны?	Столичный (столица), провинциальный (провинция), курортный (город-курорт), портовый (город-порт); (крупный) промышленный город; культурный центр, один из крупнейших культурных (торговых, промышленных, спортивных) центров страны.
7. Местность, где расположен город	• На какой местности расположен город? • Что окружает город? • Что находится недалеко от города?	На равнине, на холмах; среди гор, среди холмов, среди озёр. Город окружают леса (горы, холмы, озёра). Недалеко от города находится лес (лесопарк, озеро, заповедник, заповедная зона).
8. Достопримечательности города	• Чем известен (знаменит, славится) город? • Что украшает город?	Город славится памятниками, музеями, архитектурой, спортивными сооружениями, парками. В городе много музеев, церквей, соборов, старинных памятников архитектуры. Город украшают парки, фонтаны, зелёные скверы, сады, набережная.

9. Облик города	• Красив ли этот город?	Красивый (красив), один из красивейших городов страны (Европы, мира); прекрасный, чудесный, замечательный, великолепный; зелёный, чистый.

2 Составьте диалоги по ситуациям.

1) Вы хотите поехать в Чикаго. Расспросите своих чикагских друзей что можно увидеть в этом городе.

2) Вы историк. У вас состоялся интересный разговор с Мэтью об истории Чикаго. Мэтью знакомит вас с некоторыми историческими фактами:
   - Чикаго был основан в 1673 году на берегу реки Чикаго, впадающей в озеро Мичиган. Выгодное географическое положение в центре страны и рядом с водными путями.
   - 1848 год. Важный порт страны.
   - 1871 год. Разрушительный пожар. Новое строительство. Первые в мире небоскрёбы.
   - Конец XIX – начало XX в. – колоссальное городское строительство. Центр развития архитектуры.
   - XX век – развитие промышленности. Крупный индустриальный город.

3) Вы приехали в Чикаго. Здесь вы будете всего неделю. Так как вы увлекаетесь музыкой и живописью, то вам хочется познакомиться с культурной жизнью города, побывать в музеях, на выставках, на концертах. Линда сообщает вам, что Чикаго – один из крупных культурных центров страны, центр джаза.

   В Чикаго есть:
   - Симфонический оркестр;
   - Музей изобразительных искусств “Art Institute of Chicago” – один из лучших музеев мира; каждый четверг вход в Art Institute бесплатный;
   - частные художественные галереи;
   - аквариум: 6.000 видов рыб, *морских львов и выдр (sea lions and otters).*

3 *а)* Студенты из группы, в которой учится Мэтью, рассказывают о своих городах.

Прочитайте диалоги и инсценируйте их.

Я ЖИВУ В ЧАРЛЬСТОНЕ

– *Майкл, а где вы живёте?*

– Я живу в небольшом южном городке Чарльстоне.

– *И где это?*

– В штате Южная Каролина, прямо на берегу залива.

– *Интересно, когда был основан ваш город?*

– Чарльстон был основан английскими переселенцами в 1670 году, так что городу уже более 300 лет.

– *А почему город так назван – Чарльстон?*

– Вы, наверное, думаете, что его назвали в честь танца чарльстон? Совсем нет. Город получил своё название в честь тогдашнего короля Англии – Charles Town. Кстати, чарльстон изобрели именно здесь. Его придумали музыканты, выходцы из местного детского дома, показали в Нью-Йорке, в Гарлеме, и он произвёл настоящий фурор.

– *Наверное, Чарльстон – это типичный американский город, с современной архитектурой, где всё прагматично, функционально?*

– Нет, Чарльстон совсем не похож на типичные американские города. Чарльстон – город особенный. Здесь не очень заметен технический прогресс, город вообще как бы не торопится жить.

– *Как это – "не торопится жить"?*

– Ну, например, здесь можно увидеть на улицах *конные повозки (horse drawn carts)*, здесь старая, колониальная архитектура. Кстати, люди здесь держатся очень прямо, говорят медленно, не торопясь, с достоинством, старомодно-вежливо, с непременным обращением: "сэр", "мэдам". Всё по-доброму, по-домашнему.

– *Чем интересен ваш город?*

– Чарльстон славится старыми особняками, церквами, музеями.

– *И какие же здесь музеи?*

– О, здесь много удивительных музеев. Город украшает самый старый в США Музей Чарльстона, Музей "лучшего друга" ("лучший друг" – это первый американский пассажирский поезд). В Gibbes Museum of Art собрана великолепная коллекция искусства Юга.

– *Вы так много интересного, прямо-таки сказочного рассказали о своём городе. Наверное, вы его очень любите?*

– Да, впрочем, как и все чарльстонцы. Кстати, именно в нашем городе снимался замечательный фильм *"Унесённые ветром" ("Gone with the Wind")*, завоевавший десять "Оскаров". И даже не надо было строить специальных декораций: город и так как из прошлого века.

– *Да, совсем необычный для Америки город. Неплохо бы там побывать!*

– Ещё бы! Конечно, в Чарльстоне нет шума большого города. Здесь – яхты, гольф, теннис, барбекю, прогулки… Можно покататься на катере по заливу. Потом паб или ресторанчик, где непременно звучит блюз.

НЬЮ-ЙОРК – ЭТО УЖЕ ДРУГАЯ АМЕРИКА

– *А теперь вы, Мэган. Откуда вы приехали?*

– Я тоже из Америки, но это уже совсем другая Америка.

– *Очень интересно. Так что же это за город? Наверное, Бостон или Вашингтон, или, может быть, Нью-Йорк?*

– Вот-вот, угадали: Нью-Йорк. Впрочем, о Нью-Йорке вы и так всё знаете.

– *Нет-нет, расскажите, пожалуйста. Одно дело – что-то читать, знать, другое – услышать рассказ жителя Нью-Йорка.*

– Ну что ж, с удовольствием. Во-первых, это самый большой город в Америке: двенадцать с половиной миллионов человек. В состав Нью-Йорка входят десятки окружающих его городов.

– *Интересно познакомиться с его историей, ведь не всегда же это был такой огромный город.*

– Конечно, не всегда, но, надо сказать, рос он довольно быстро. Основали его голландцы в начале XVII века, а уже в конце XVIII века он становится самым большим городом страны.

– *Чем особенно интересен Нью-Йорк?*

– О, тут много интересного. Прежде всего, это улица Уолл-стрит. Здесь размещаются крупнейшие банки Америки, так что эта коротенькая и узкая улица известна во всём мире: это символ финансового могущества Америки.

– *Наверное, Нью-Йорк является и промышленным центром страны?*

– Совершенно верно. В Нью-Йорке находится почти треть крупнейших промышленных фирм страны. В этот город везут товар со всей Америки, и цены на них определяются именно здесь. Да что говорить! Редакции самых известных в США газет, радиовещания и телевидения – в Нью-Йорке. Самые лучшие театры, музеи, издательства – в Нью-Йорке. Например, оперный театр “Метрополитен”, художественные музеи “Метрополитен”, известные во всём мире, находятся, конечно, здесь.

– А каков центр Нью-Йорка?

– Центр Нью-Йорка находится на острове Манхэттен. Через весь Манхэттен проходит самая длинная и широкая улица Нью-Йорка – Бродвей (“широкая дорога”). Кроме Бродвея, вдоль Манхэттена идут еще 11 прямых проспектов (авеню): 1-я, 2-я авеню и так далее. Эти проспекты пересекают около ста улиц. Представляете, какой он – Манхэттен?

– Чикаго, как мы узнали, известен небоскрёбами. А Нью-Йорк?

– Весь Манхэттен состоит из небоскрёбов! И это не случайно: земля здесь очень дорогая. Самое высокое здание в Нью-Йорке – Эмпайер-Стейт-Билдинг (Empire State Building). Высота его вместе с антенной – 443,18 метра, в нем 102 этажа, 73 лифта, – представляете?

– С какими достопримечательностями Нью-Йорка вы нас познакомите?

– Ну, во-первых, это Бруклинский мост, любимое место поэтов и туристов, Центральный парк, где любят гулять влюбленные и дети, и многое другое.

– Всему миру известна статуя Свободы...

– Да, “Леди Либерти” для нас символ свободы. Этот памятник подарила Америке Франция. Проект статуи разработали скульптор Фредерик Август Бартольди и инженер А.Г. Эйфель (создатель знаменитой башни в Париже). И открыт был этот памятник в 1886 году. Да, в Нью-Йорке много интересного. Знаете один американский писатель сказал так: “Если тебе удаётся скучать в Нью-Йорке, с тобой явно что-то не в порядке”. И это правда. Приезжайте к нам в Нью-Йорк – не пожалеете.

– Спасибо, Мэган, за такой эмоциональный рассказ. И за приглашение – тоже.

В ПАРИЖ! ТОЛЬКО В ПАРИЖ!

– *Ну а что нам расскажет Жанна? Жанна, вы, наверное, из Парижа*

– Да, я парижанка. Вы угадали.

– *Вот и расскажите нам о Париже. Ведь вы, наверное, всё о нём знаете.*

– Ну что ж, задавайте вопросы!

– *Итак, где расположен Париж?*

– Ну, конечно же, во Франции *(смеётся)*. Если точнее, на реке Сене У города очень выгодное географическое положение – в центре Северофранцузской низменности. Поэтому он сыграл большую роль в объединении страны. Уже в VI веке Париж становится столицей Франкского королевства, а с XII века – уже столицей Франции.

– *Самая интересная часть Парижа – это, наверное, его центр?*

– Да, конечно, как и в большинстве столичных городов. Вся старинная часть города – остров

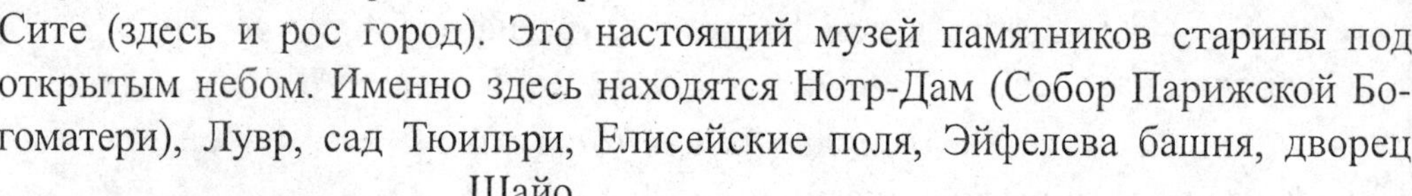

Сите (здесь и рос город). Это настоящий музей памятников старины под открытым небом. Именно здесь находятся Нотр-Дам (Собор Парижской Богоматери), Лувр, сад Тюильри, Елисейские поля, Эйфелева башня, дворец

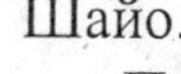

Шайо.

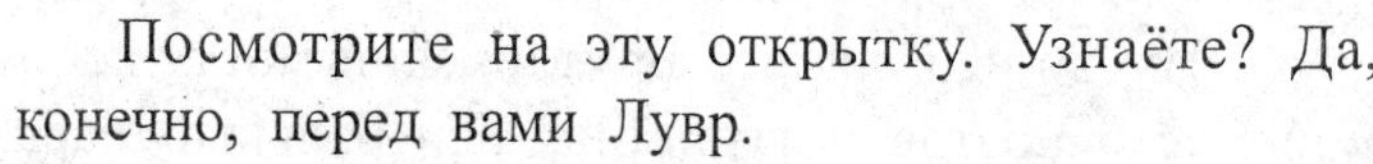

Посмотрите на эту открытку. Узнаёте? Да, конечно, перед вами Лувр.

– *Какое прекрасное здание! Счастливая Вы, Жанна. Наверное, не раз бывали в Лувре и видели всю эту красоту.*

– Да, это действительно так: я часто любуюсь Венерой Милосской.

– *Вы очень интересно рассказали о старой части Парижа. Но, наверное, есть там и другой Париж – современный. Так ли это?*

– Да, вы правы. В Париже гармонично сочетаются старое и новое. Там умеют и любят возводить ультрасовременные постройки. Например, посреди

двора в Лувре возвышается стеклянная пирамида. Кстати, она окружена серыми зданиями, помнящими разных Людовиков.

А вот и знаменитая Эйфелева башня!

– И где она находится?

– В западной части Парижа.

– Какое колоссальное сооружение!

– Да, её высота 300 метров. А весит она 9000 тонн.

– Когда же и с какой целью она была построена?

– Эйфелева башня была сооружена по проекту французского инженера А.Г. Эйфеля для Всемирной выставки 1889 года как символ достижений техники XIX века.

– А как она используется сейчас?

– Сейчас это главная антенна Парижского радио и телевидения.

Можно долго рассказывать о достопримечательностях Парижа... Но самое главное – передать слушателям свою любовь. Давайте проверим, удалось ли мне это? Скажите, куда бы вы хотели поехать, и немедленно?

– В Париж! Только в Париж!

б) А теперь расскажите о Чарльстоне, Нью-Йорке и Париже. С этой целью трансформируйте диалоги в рассказы.

в) Расскажите о своём городе. Используйте таблицу 1.

4 ***а)*** Прочитайте письмо.

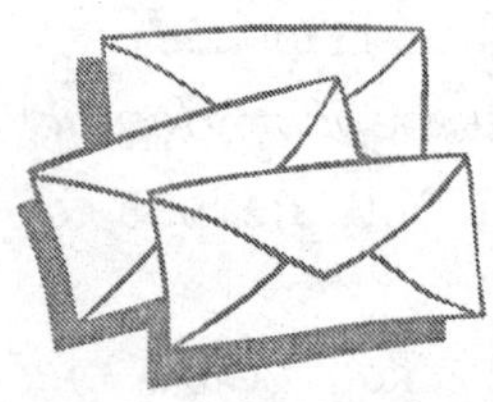

Здравствуй, Линда!

Сегодня на занятии мы “путешествовали” по Европе, правда, без чемоданов. Интересно было не только рассказать и узнать о разных достопримечательностях в различных странах и городах, но и сравнить их. “Путешествовали” мы по намеченному плану.

*Сначала рассказывали о дворцах, соборах и храмах. В Париже – это Собор Парижской Богоматери, в Хельсинки – Лютеранский кафедральный собор. Это было наше **первое путешествие**.*

***“Путешествуя” второй раз**, мы побывали на самых интересных и нарядных площадях Европы: площади Пьяцца дель Дуомо в Милане, площади Испании в Риме, на Трафальгарской площади в Лондоне.*

***Третье “путешествие”** – это знакомство с наиболее известными или необычными памятниками и монументами. Зачастую эти памятники являются символами городов, где они находятся: Эйфелева башня в Париже, памятник композитору Сибелиусу в Хельсинки.*

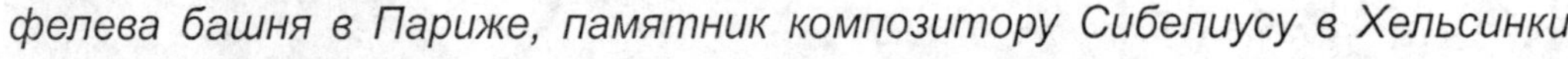

Конечно, мы рассказывали только о тех городах, где жили, побывали или живём сейчас, но всё равно картина получилась интересная.

Вот так. Пока!

Мэтью.

б) Побеседуем:

1) Где и когда путешествовали вы?
2) Бывали ли вы в Париже, Хельсинки, Милане, Риме, Лондоне?
3) Чему вы там удивлялись? Чем восхищались? Куда бы вы хотели приехать ещё раз?

5 **а)** Прочитайте диалоги. Разыграйте их.

СОБОР ПАРИЖСКОЙ БОГОМАТЕРИ

– *О, какое красивое здание! Кажется, я узнаю́ его, это Собор Парижской Богоматери.*

– Совершенно верно, это действительно воспетый Виктором Гюго Собор Парижской Богоматери. Этот собор является украшением острова Сите – исторического центра Парижа.

– *Он построен в готическом стиле?*

– Это шедевр готики. Его строили довольно долго: с 1163 года по 1320 год.

– *Это действующий собор?*

– Да, это главная католическая церковь Парижа.

– *Очень красив фасад этого собора...*

– Да, фасад собора украшен множеством скульптур.

– *Спасибо, Жанна! Вы очень хорошо рассказали о соборе.*

ЛЮТЕРАНСКИЙ КАФЕДРАЛЬНЫЙ СОБОР В ХЕЛЬСИНКИ

– *Майя, на вашей открытке я вижу собор. Что это за собор?*

– Да, действительно, перед нами Лютеранский кафедральный собор. Он стоит в центре Хельсинки на Сенатской площади.

– *Наверное, это один из самых больших соборов в городе?*

– Можно сказать и так. В Хельсинки есть ещё один крупный собор – Успенский, самый крупный православный собор на Западе.

– *Мне очень нравится здание Лютеранского собора.*

– Мне тоже. Это огромное, вели чественное здание возвышается на, городом. Собор украшен колоннами скульптурой. Собор всегда красив: и зимой, и летом.

б) На основании диалогов со ставьте рассказы о Соборе Па рижской Богоматери в Париже и о Лютеранском кафедральном соборе в Хельсинки.

ИСПОЛЬЗУЙТЕ:

ЗДАНИЕ (дворец, собор, храм, театр)	*(какое?)* большое, маленькое; высокое, низкое; старинное, современное;красивое, некрасивое; каменное, деревянное, из стекла и бетона, из стекла и металла		
	построили построено сооружено	в … веке, в … году по проекту архитектора … в готическом стиле в стиле барокко	
	находится стоит возвышается	*(где?)*	на площади… на набережной…
	украшает площадь …		
	является украшением	*(чего?)*	площади города набережной
	украшено	*(чем?)*	колоннами скульптурой

6 *а)* Прочитайте диалоги. Инсценируйте их.

ПЛОЩАДЬ ПЬЯЦЦА ДЕЛЬ ДУОМО. СЮДА ПРИХОДЯТ ВСЕ!

– Посмотрите, пожалуйста, на эту великолепную площадь. Это Пьяцца дель Дуомо – одно из самых популярных мест в Милане: все туристы, рано или поздно, приезжают сюда обязательно.

– *И чем она так знаменита?*

– Как я уже сказала, это одна из самых красивых площадей в Милане. Ну и, конечно, именно здесь находится знаменитый миланский Домский собор. Посмотрите: такое грациозное на вид сооружение является третьим по величине собором в мире! Представьте себе: его длина – 157 метров, ширина – 92 метра, высота – 103,5 метра.

– *Скажите, пожалуйста, какой памятник возвышается в центре площади?*

– Это монумент Виктору Эммануилу II.

– *А эти красивые здания...*

– Да-да, площадь окружают красивые дворцы. Справа от собора – грандиозная галерея, названная в честь Виктора Эммануила II. Здесь можно познакомиться с модными товарами.

А под стеклянной крышей галереи – многочисленные рестораны и кафе. Отсюда можно выйти к “Ла Скала” или же к древнему замку Сфорцеско.

ПЛОЩАДЬ ИСПАНИИ

– Ну, раз уж речь идёт о площадях Италии, то тут я тоже могу кое-чт рассказать и показать.

– *Прекрасно, Анна! Мы с удовольствием послушаем. Итак…*

– Я бы хотела рассказать о площади Испании в Риме. Вот она.

– *Какая чудесная площадь!*

– Площадь Испании украшена зданиями XVIII века. Привлекает взо знаменитая лестница Тринита дей Монти, которая ведёт наверх, к собор Святой Троицы на горах.

– *И чем знаменита эта площадь?*

– Это популярное место встречи туристов, а также римской молодёжи В хорошую погоду лестницы почти не видно, так как на её ступенях обычно отдыхают туристы.

Когда будете прощаться с Римом, поднимитесь по лестнице на самую верхнюю площадку и полюбуйтесь золотыми куполами Рима.

– *А как украшает площадь этот фонтан!*

– Этот оригинальный фонтан создан скульптором Бернини. Он изображает лодочку и поэтому так и называется – “Баркачча” (“Лодчонка”).

Кстати, фонтаны украшают не только просторные площади Рима, они находятся и во многих римских дворах. Это один из красивейших символов Вечного города.

ТРАФАЛЬГАРСКАЯ ПЛОЩАДЬ

– *Джон, я вижу у вас в руках какую-то открытку. Что вы хотите ам показать?*

– Я живу в Лондоне. Мне хотелось бы рассказать о моей любимой лощади – Трафальгарской. Уверен, что эту площадь знают все.

– *На площади я вижу много людей и много птиц.*

– Эта площадь очень популярна, здесь всегда многолюдно. И голуби десь – в любое время года.

– *Что за статуя возвышается на площади?*

– Это памятник адмиралу Нельсону, победителю Трафальгарской бит-зы 1805 года. Памятник представляет собой колонну (442 метра), на вер-шине которой установлена фигура адмирала Нельсона. У подножия памят-ника – четыре льва (работа Эдвина Лендсера).

– *А что ещё находится на площади?*

– На северной стороне Трафальгарской площади расположена Нацио-нальная галерея, на южной – Уайтхолл. Кстати, на площади есть фонтаны, которые её очень украшают. Они очень нравятся и гостям, и жителям го-рода.

– *Я слышал, что Трафальгарская площадь – традиционное место митингов, демонстраций, гуляний.*

– Да, верно. Перед Новым годом здесь проходят весёлые народны гулянья. Каждый год сюда из Норвегии присылают большую новогоднюю ёлку, вокруг которой собираются люди. А летом здесь катаются на роли ковых коньках.

б) Расскажите о площадях Италии и Трафальгарской площади в Лондоне.

ИСПОЛЬЗУЙТЕ:

ПЛОЩАДЬ	*(какая?)* большая, огромная, небольшая, маленькая; круглая, квадратная; красивая, одна из самых красивых в …		
	находится располагается расположена	*(где?)*	в центре города
	называется		
	украшена знаменита известна славится	*(чем?)*	своими фонтанами
	украшают	*(что?)*	фонтаны
НА ПЛОЩАДИ	стоит находится построен (-а,-о,-ы) воздвигнут (-а,-о,-ы)	памятник церковь ратуша	
	разбит	сквер	
	есть	фонтан	
	много	фонтанов цветов	

7 ***а)*** Прочитайте диалоги. Разыграйте их.

ПАМЯТНИК КОМПОЗИТОРУ ЯНУ СИБЕЛИУСУ

– Посмотрите на мою открытку. Я хочу показать вам один оригинальный памятник.

– *И что это за памятник, Майя?*

– Это необычный памятник композитору Яну Сибелиусу. Он находится в парке Сибелиуса на улице Мекелиненкату в Хельсинки.

– *Интересно, что изображает этот памятник?*

– Мы видим только голову композитора. Над головой Сибелиуса – орган. А вообще памятник символизирует господство музыки над человеком.

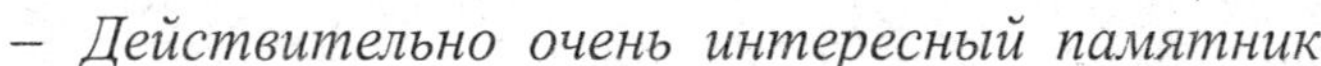

– *Действительно очень интересный памятник.*

КОЛОННА НА ВАНДОМСКОЙ ПЛОЩАДИ

– Я хочу вам показать открытку с видом Вандомской площади.

– *Очень красивая открытка. А что за колонна возвышается в центре площади?*

– Колонна на площади воздвигнута в 1806–1810 годах в честь Наполеона I. Она сооружена по образцу колонны Траяна в Риме.

– *Какая высокая колонна!*

– Да, её высота 43,5 метра. Обратите внимание: ствол колонны украшен бронзовыми барельефами. Эти барельефы были отлиты из бронзы 1200 пушек, захваченных в битве под Аустерлицем.

– *Не очень хорошо видна на открытке фигура, которая венчает ко-лонну. Это статуя императора?*

– Да, это статуя Наполеона I. Одно время она была заменена фигурой Генриха IV. Сейчас статуя Наполеона I восстановлена.

б) Расскажите о памятнике финскому композитору Сибелиусу, колонне на Вандомской площади в Париже.

ИСПОЛЬЗУЙТЕ:

ПАМЯТНИК, МОНУМЕНТ	*(какой?)* известный, красивый, необычный; гранитный, бронзовый		
		(кому?)	Сибелиусу
	изображает	*(кого?)* *(что?)*	Сибелиуса события … года
	символизирует	*(что?)*	победу…
	находится стоит возвышается	*(где?)*	на площади в парке на главной улице
	украшает	*(что?)*	площадь
	создан сооружён воздвигнут	*(когда?)* *(кем?)*	в … году, в XX веке скульптором …
	украшен	*(чем?)*	барельефами

8 **а)** Напишите письмо своему другу. Вы приглашаете его приехать погостить в ваш город и описываете те интересные места, достопримечательности, которые он увидит. Вы уверены, что эта поездка ему понравится.

б) Итак, какие достопримечательности есть в вашем городе? Что бы вы показали своему другу, приехавшему в ваш город, вначале, потом?

в) А теперь проведите экскурсию в своём городе.

ИСПОЛЬЗУЙТЕ реплики экскурсовода (гида) и экскурсантов.

Таблица 2

ГОВОРИТ ЭКСКУРСОВОД			*СПРАШИВАЮТ ЭКСКУРСАНТЫ*		
ДАВАЙТЕ	познакомимся с… *we'll meet*		ПРОСТИТЕ (ИЗВИНИТЕ)	я хотел бы узнать *I would like to know*	где… *where…*
	побываем в… *we'll stop briefly in*			не могли бы вы сказать *could you please tell me*	что… *what…*
	подойдём к… *let's come up to*			я не понял *I didn't understand*	когда… *when…*
	пройдём *we'll go*	по… *(along)* через… *(through)* мимо… *(by)*		я не расслышал *I didn't hear*	как *how…*
	обойдём вокруг… *we'll go around*			не могли бы вы повторить *could you please repeat*	какой… *what kind of…*
	зайдём (ненадолго) в… *we'll look in (briefly)*		Повторите, пожалуйста *Repeat please*		сколько... *how many/ /much…*
	остановимся у (около) *we'll stop next to (near)*				
	вернёмся назад… *we'll return*				
	посмотрим, как… *we'll see how*				
Обратите внимание *Pay attention*	на… *(to…)*				
	на то	что… *(that)* как... *(to how)* где… *(where)*			
Посмотрите *Look*	направо	*to the right*			
	налево	*to the left*			
	вверх	*up*			
	вниз	*down*			

9 ***а)*** Прочитайте письмо.

Здравствуй, Линда!

Я только что вернулся из путешествия. И знаеш где я был? В Новгороде.

Почему именно в Новгороде? Ну, прежде всего, о находится совсем недалеко от Петербурга. Но это, пожалуй, не само главное. Главное – это то, что Новгород – один из древнейших русски городов.

В Древней Руси он назывался Великим Новгородом. Он был очен выгодно расположен – на древнем торговом пути и поэтому был крупным торговым и ремесленным центром (trade and crafts center) Древне Руси. В XII–XV веках это был центр огромной земли: от Ледовитог океана до Волги и Урала.

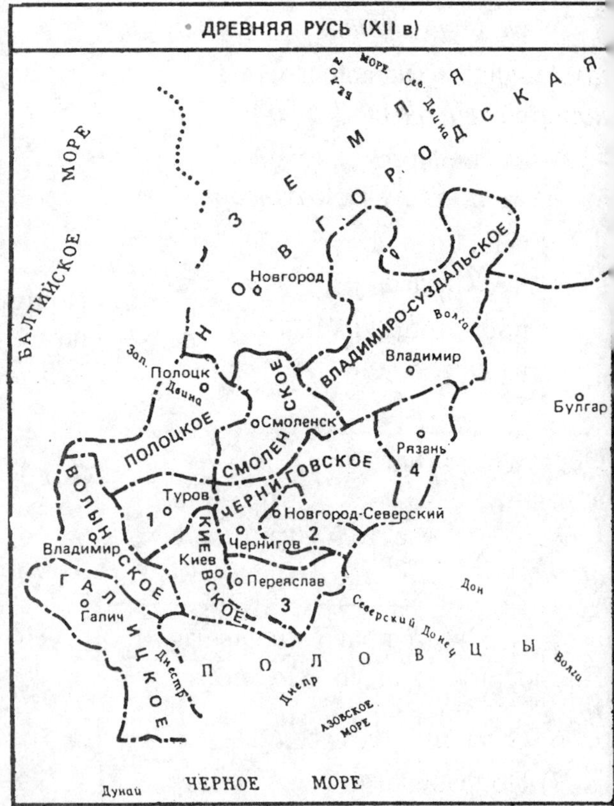

В XIV веке Новгород становится одним из крупнейших культурных центров Европы. В то время он насчитывал 60 тысяч жителей (для сравнения: население Лондона составляло 50 тысяч).

В Новгороде я увидел ценнейшие памятники культуры. Особенно много их в НОВГОРОДСКОМ КРЕМЛЕ. В Кремле на меня большое впечатление произвёл православный СОФИЙСКИЙ СОБОР. Новгородская София (так называют этот собор) – древнейшее сооружение в России. Представляешь, на её стенах фресковая живопись XII и даже XI веков.

София – символ Великого Новгорода. Экскурсовод нам сказал, что в старину (in olden days) так и говорили: “Где святая (saint) София, тут и Новгород”.

Рядом с Софией – ГРАНОВИТАЯ ПАЛАТА XV века. Когда-то здесь проходили главные торжества и собрания. А сейчас в палате хранятся сокровища древнерусского прикладного искусства (treasures of old Russian applied arts).

Были мы и в ИСТОРИЧЕСКОМ МУЗЕЕ, он тоже находится в Кремле. В музее я долго рассматривал берестяные грамоты (birch bark scrolls). Их обнаружили в новгородской земле. Следовательно, жители Великого Новгорода ладели грамотой (were literate).

Да, интересно заглянуть в прошлое…

На кремлёвской площади, прямо против входа в музей, возвышается рандиозный памятник “ТЫСЯЧЕЛЕТИЕ РОССИИ” ("Russia’s Millennium"). Эн сооружён в 1862 году по проекту скульптора М.О. Микешина. Этот амятник отражает основные этапы (stages) русской истории. Очень нтересный памятник! Жаль только, что я пока ещё плохо знаю рускую историю.

На улицах города также много храмов XII–XVI веков с уникальными осписями (unique wall paintings). К сожалению, надо было уже уезжать, поэтому мы недолго их осматривали.

Высылаю тебе открытку с изображением Новгородского Кремля.

Пока всё. Привет Тому.

Мэтью.

б) Ответьте на вопросы:

1) Куда ездил Мэтью?
2) Почему он поехал именно в этот город?
3) Почему древний Новгород был городом-купцом?
4) Что увидел Мэтью в Новгороде?
5) Что он рассказал в письме о Новгородской Софии?
6) С какими памятниками культуры Мэтью познакомился в Кремле?
7) Понравился ли ему Новгород?

в) Расскажите о Новгороде.

 *а)* Прочитайте диалог и разыграйте его.

ГДЕ БЫЛИ МЭТЬЮ И ДЖОН В ВЫХОДНЫЕ ДНИ

– *Здравствуй, Мэтью! Как дела? Давно тебя не видел!*

– Привет, Джон! Всё отлично! В выходные ездил на экскурсию в Но город. Прекрасный город!

– *И что тебе там больше всего понравилось?*

– В Новгороде много замечательных мест, но больше всего мне понр вился Кремль. Я был в Софийском соборе, самом главном и старом собор Кремля. Там изумительные фрески и иконы XII века. Видел Грановиту палату – дворец-зал для торжеств и собраний! Понравился мне также па мятник, *воздвигнутый (erected)* в честь 1000-летия России. Он так и назы вается: "Тысячелетие России".

– *Интересно... Знаешь, в прошлое воскресенье я тоже был в Кремл*

– В Новгороде?

– *Нет, в Пскове. Ты же знаешь, что "кремль" — это крепость, ко торая защищала город от врагов. Такие крепости есть во многих русски городах.*

– Кремль обычно строили на высоком месте. А как в Пскове?

– *В Пскове Кремль стоит на высоких берегах рек Псковы и Великой*

– А когда возник город?

– Это очень древний русский город. Впервые он упоминается в летописи (chronicle) 903 года.

– Ого! Да он старше Москвы почти на 250 лет! И что можно посмотреть в Пскове?

– Достопримечательности Пскова связаны с его историей. Этот небольшой и красивый город – настоящий воин (warrior). Древние жители много воевали, поэтому здесь много крепостей и башен (fortresses and towers).

И ещё в Пскове очень красивые церкви. Они здесь стоят рядом с современными домами, и это производит большое впечатление.

б) Расскажите от лица Мэтью и Джона, где они были в выходные дни.

11 Проверьте себя! Какими могут быть *ГОРОД, ПЛОЩАДЬ, ЗДАНИЕ, ПАМЯТНИК*? Используйте лексику заданий **1**б), **5**б), **6**б), **7**б).

Итак, продолжите определения:

Город – *древний*, ...

Площадь – *большая*, ...

Здание – *невысокое*, ...

Памятник – *интересный*, ...

12 Представьте себе, что вас приглашают учиться в разные города России. Прочитайте тексты. Какой из городов вы выберете и почему? Расскажите о городе, который вы выбрали.

СМОЛЕНСК

Небольшой зелёный город в южной части России. Стоит на берегу Днепра. Один из древнейших городов России. Известен *величественным (magnificent)* Успенским собором. Много современных зданий, кинотеатро вузов, крупных промышленных предприятий.

НОРИЛЬСК

Город находится на севере, *за Полярным кругом (above the Arctic circle* Большой современный город. Около миллиона жителей. Самый холодны город на планете. Здесь 45 суток полярная ночь. Поэтому жители это города должны быть физически выносливыми.

ОМСК

Второй по величине город Сибири. Расположен на правом берегу Ир тыша. Крупный центр *машиностроения (mechanical engineering), нефтехи мии (oil refinery)*. Большой современный город. Омск очень красив. Его на зывают городом-садом: здесь очень много скверов, парков, вокруг города прекрасные *сосновые боры (pine forests)*. В Омске сохранилось много ста ринных зданий, связанных с жизнью великого русского писателя Ф.М. До стоевского, а также художника М.А. Врубеля.

ЯРОСЛАВЛЬ

Располагается северо-восточнее Москвы. Основан в 1010 году княземЯрославом Мудрым.

Легенда говорит, что однажды князь Ярослав искал ме сто для нового города на берегу реки. Вдруг из леса вышел *медведь (bear)*. У князя не было оружия, но он не испугался и убил медведя *ударом кулака (with a punch of his fist)*. На этом месте Ярослав основал город Ярославль (1010 год) – первый город на берегу Волги. Герб Ярославля – медведь – напоминает о смелости князя.

Стоит на берегах рек Волги и Которосли. Население города – около 800 тысяч человек. Крупный промышленный центр: в городе около ста заводов и фабрик. Город-порт. Центр Северной железной дороги. Есть аэропорт. 11 вузов, 3 театра, цирк, филармония.

В городе много церквей, Спасский *монастырь (monastery)*. Недалеко от Ярославля находится Карабиха – мемориальный музей-усадьба великого русского поэта Н.А. Некрасова.

СОЧИ

Тянется (stretches) вдоль берега Чёрного моря на 140 километров ("Большой Сочи"). Крупнейший в России курорт. Здесь свыше 150 *санаториев*

:ealth resorts) и *домов отдыха (resorts)*. Экзотическая природа убтропиков. Вдоль улиц растут кипарисы, пальмы, магнолии, латаны и другие субтропические растения. В Сочи находится рекрасный Национальный парк.

Очень тёплый влажный климат. Хорошие пляжи. Самое линное в России лето. Много фруктов, овощей. Курортный езон длится большую часть года.

13 Вставьте пропущенные реплики диалогов. Закончите диалоги.

– Мэтью, я слышал, ты собираешься поехать на учёбу в Россию.
– … .
– А почему именно в Омск? Почему ты не хочешь поехать в столичные города: в Москву или в Петербург?
– ... .

* * *

– … .
– Можно, конечно, и поехать, только я ничего не знаю о Смоленске.
– … .
– Ну что ж. Давай поедем. Думаю, что это будет интересное путешествие.

* * *

– Мэтью, я слышала, что ты ездил по туристическому маршруту "Города *Золотого кольца (Golden Ring)*"? Это действительно красивые русские города с "золотыми" достопримечательностями?
– … .
– И какой город тебе понравился больше всего?
– … .

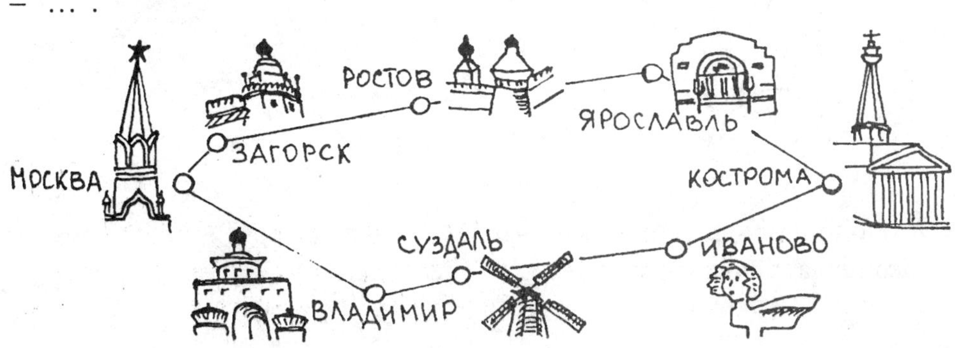

а) Слова "перепутались". Распределите их между двум колонками:

современный, многолюдный, зелёный, красивый, холодный, большо финский, чистый, очень тёплый, шумный, солнечный, морско старинный, южный, столичный, крупный, грязный, американски курортный, промышленный, молодой, маленький, северный, российски

Город, в котором я *хочу* жить	Город, в котором я жить *не хоч*

б) Аргументируйте своё мнение.

Помогите выбрать город, в котором лучше жить:

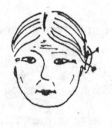

- молодой девушке (только что окончила университет);
- пенсионерке (любит работать в саду);

• бизнесмену (занимается торговлей);

• молодому человеку (развёлся со своей женой и хочет уехать из родного города).

Свой ответ аргументируйте.

ИСПОЛЬЗУЙТЕ:

Таблица 3

ПРИЧИННЫЕ КОНСТРУКЦИИ	*ПРИМЕРЫ*
Сложноподчинённое предложение с союзами *(complex compound sentence with conjunctions):* **…, *потому что*** *(because)* **…, *так как*** *(as, because)* ***так как…, то…*** *(as..., then)* **…, *поскольку*** *(since)* ***поскольку…,*** *(since)* **… *из-за того, что…*** *(due to the fact that)*	Мы часто ходим на концерты в филармонию, *потому что* любим симфоническую музыку. Занятий не будет *из-за того, что* заболел преподаватель.
Бессоюзное предложение *(conjunctionless sentence)*	Пора спать: уже 12 часов.
Из-за + родительный падеж существительного *(из-за +genitive case of the noun)*	Он не сдал экзамен *из-за болезни.*
От + родительный падеж существительного *(от+genitive case of the noun)*	*От шума* у меня разболелась голова.

Перед вами реклама одного из российских городов. Н… ксерокопия оказалась очень плохой. Пожалуйста, вставьт… в текст название этого города.

ПРИЕЗЖАЙТЕ В …!

… – большой город. В нём живёт около 5 миллионов человек. Эт… крупный промышленный и культурный центр. … славится также своим… музеями, театрами, библиотеками, университетами.

… – один из красивейших городов мира. Об этом говорят все, кто здес… побывал. До … можно добраться на поезде, самолёте и даже на корабле… потому что … – крупный морской порт.

У этого города своё лицо. … интересен своей историей. В нём много… исторических памятников, уникальных архитектурных ансамблей.

… красив летом. Его украшают парки, фонтаны, скульптуры. Очень кра-сивы и пригороды … . В одном из них жил и учился великий русский поэт… В наши дни пригород назван именем этого русского поэта.

17 Согласны ли вы с тем, что

- если человек не любит старые дома, улицы, значит, у него нет любви к своему городу (известный русский историк, академик Д.С. Лихачёв);
- небоскрёбы для жилья мало приспособлены: людей мучает *страх высоты (fear of height)*, *оторванность от земли (separation from the ground)*;

- только в большом городе можно чувствовать себя по-настоящему счастливым;
- в большом городе человек чувствует себя одиноким, живёт, как в такси: всё мимо;
- жизнь в большом городе – это постоянный стресс;
- в маленьком городке жить очень скучно;
- в будущем все люди будут жить в городах;
- большой бизнес делается в маленьких городах;
- Чикаго – самый красивый город в Америке;
- в Чарльстоне жить лучше, чем в Нью-Йорке.

18 Как называется

- главный город страны: 
- город на берегу моря. В нём всегда много моряков: П _ _ Т .
-  город, в котором мало людей зимой и много летом. Сюда приезжают отдыхать и лечиться. Это город – К _ _ _ _ Т .

19 Отгадайте кроссворд.

По горизонтали:

1. Сферическая крыша церкви, собора.
2. Соединяет берега реки.

По вертикали:

3. Имеет два берега, течёт через город.
4. Сооружают в честь известного человека или значительного события.
5. Культовое сооружение.
6. Место в городе круглой или квадратной формы, обычно окружено зданиями.

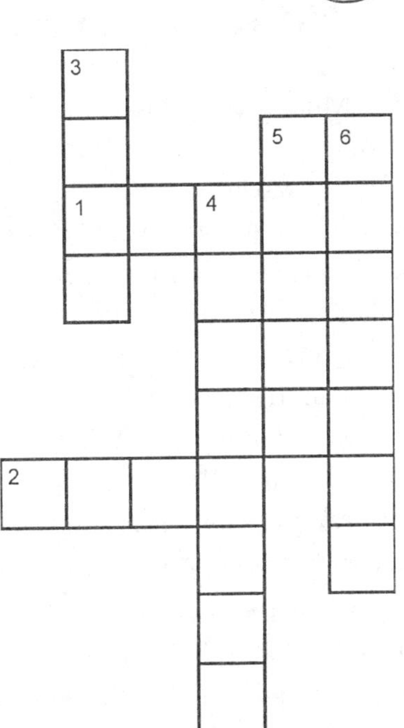

3. Время. События. Люди

РУССКИЕ ТРАДИЦИИ И ОБЫЧАИ

СУЕВЕРИЯ В ЖИЗНИ РУССКИХ ЛЮДЕЙ

У каждого народа есть свои *суеверия (superstions)* – особенные *неписаные законы (unwritten laws)*: как и что нужно делать в разных случаях.

Так, у русских считается плохой приметой разбитое зеркало, чёрная кошка, которая переходит вам дорогу, женщина, идущая навстречу с пустыми вёдрами (а с полными вёдрами – это хорошо, к удаче).

Русские считают, что нельзя здороваться через порог.

Если приснится плохой сон, нельзя его рассказывать, иначе он сбудется. Но зато хорошо его рассказать при звуках льющейся воды: вместе с уходящей водой (например, из крана) уйдёт и страшный сон.

Большое значение имеют также собственные чувства и ощущения человека. Вы часто можете услышать, что если в правом ухе звенит – к хорошим вестям, в левом – к плохим; левый глаз чешется – к слезам, правый – увидишь любимого и т.д.

Много есть "правил", которые должен выполнять человек, если он хочет, чтобы у него всё было хорошо, чтобы не было неприятностей.

Вы можете увидеть, что русские обязательно "плюют" три раза через левое плечо, чтобы не сглазить (при этом чаще всего говорят: "Тьфу, тьфу, не сглазить"), стараются не садиться за столом на угол, чтобы "без угла", то есть без дома, не остаться, обязательно посмотрят на себя в зеркало, если забудут какую-нибудь вещь и вернутся за ней (а ещё лучше – не возвращаться, если даже вы что-то забыли).

Многие суеверия связаны с месяцем маем, что отражено в русских пословицах: "В мае добрые люди не женятся" (и действительно, люди стараются не жениться в мае, хотя сейчас уже и не верят в эти приметы), "Рад бы жениться, да май не велит", "Кто в мае женится, тот будет век маяться".

Суеверия – это важная часть материальной культуры народа, способа думать и вести себя. Посмотрите внимательно вокруг себя, послушайте, о чём говорят ваши русские друзья и что они делают. Вы обязательно увидите очень много интересного и необычного…

КАК ДАРЯТ ПОДАРКИ В РОССИИ

Русские, как и люди во всём мире, довольно часто дарят подарки и олучают их. *Вы спросите, когда их дарят?*

Обязательно дарят подарки в день рождения, в день именин, на свадьу, на юбилей, на праздники (обязательно – на Новый год, особенно детям, а Международный женский день 8 Марта – женщинам, в День Победы 9 Лая – ветеранам).

Что дарят русские?

Это зависит от разных обстоятельств: что любит, чем увлекается челоек, которому преподносят подарок; насколько знакомы люди между собой насколько знают вкусы друг друга; наконец, каковы финансовые возможюсти того, кто дарит. И, наверное, ещё от многих причин.

Считается, что дарить дорогие подарки не следует, так как человек, олучивший ценный подарок, может почувствовать себя обязанным отблагодарить. Вероятно, здесь можно поступать по-разному, всё зависит от тношений между людьми и события, по случаю которого дарят. Молодожёны, например, не откажутся от дорогого подарка, такого, как билеты для поездки за границу, от вещей, которые так необходимы в доме.

Если русские идут в гости, они тоже несут с собой подарки: хозяйке дома обычно дарят конфеты и цветы, детям – сладости, игрушки, книги, ну а мужчинам чаще всего бутылочку спиртного. Надо сказать, что своих друзей и близких русские на вокзале и в аэропорту также встречают с цветами.

Когда молодой человек ухаживает за девушкой, он часто на свидания приносит ей цветы, может дарить и какие-либо *забавные мелочи (fun little things).* Это считается признаком хорошего тона.

По русским обычаям, нельзя дарить ножи (к ссоре!), носовые платки (к слезам!). Если вы получили такой подарок, вы должны “заплатить” за него: дать хотя бы копейку. Нельзя дарить чётное количество цветов. Любимой девушке нельзя дарить жёлтые цветы (это символ разлуки, измены).

Итак, подарок вы уже купили. *А вот как вы его преподнесёте (and how will you present it)?* Вот вам советы: не забудьте снять с подарка *ярлык с ценой (price tag)*, при этом не имеет значения, дорогой это подарок или не очень. Все подарки, за исключением цветов, преподносятся в упаковке. Денежный подарок должен быть непременно в конверте. К конверту обычно прилагают маленький знак внимания: коробку конфет или цветы.

Принимая подарок, вы дожны сразу же его распаковать в присутствии подарившего и поблагодарить. Полученные в подарок фрукты, конфеты, сигареты не откладывают в сторону: ими угощают всех присутствующих.

Это всё – о русских обычаях. У других народов могут быть такие же, а могут быть и другие обычаи. Одно – несомненно: вряд ли найдётся человек, который не любит получать подарки! Но не менее приятно радовать ими своих друзей и близких. И ценность подарка, конечно же, определяется не его стоимостью; подарок – это, прежде всего, знак внимания, как говорится, *"мне не дорог твой подарок, дорога твоя любовь"*.

"ПОДАРКИ, КОТОРЫЕ Я ЛЮБЛЮ ПОЛУЧАТЬ И ДАРИТЬ"

А вот что думает о подарках итальянская студентка Моника Ди Доменико.

Я не очень часто получаю подарки, поэтому я всегда рада, когда кто-то мне что-нибудь дарит.

Больше всего мне нравятся полезные подарки, такие, как книги, одежда, компакт-диски, бумажники, сумки и т.д.; тем не менее люблю я также получать и драгоценности, шкатулки, разные красивые предметы или просто цветы.

Я вообще думаю, что самое важное – не сам подарок, а факт, что кто-то вспомнил о тебе.

Когда я собираюсь сделать кому-нибудь подарок, то прежде всего думаю о том, что́ бы могло понравиться этому человеку, и, в конце концов, всегда выбираю подарок по своему вкусу. Обычно я дарю что-нибудь полезное или необычное. Например, здесь, в России, я буду покупать для моих итальянских друзей и родных изделия русских художественных промыслов, которые мне очень нравятся.

* * *

Интересно, а что вы думаете обо всём этом? Вам нравятся русские традиции? Отличаются ли они от традиций в вашей стране, от ваших собственных привычек?

А теперь ответьте, пожалуйста, на вопросы и аргументируйте свои ответы.

- *Вкладываете* ли вы в подарок *особый смысл (Do you ascribe a special meaning...)*?
- Долго ли вы раздумываете перед тем, как выбрать подарок?
- Предпочитаете ли вы дарить подарки по предварительной договорённости?
- Считаете ли вы, что подарок прежде всего должен быть практичным?
- Считаете ли вы, что лучше преподнести один *солидный (impressive)* подарок, чем несколько маленьких?
- Заботитесь ли вы о том, чтобы подарок обязательно напоминал о вас?

- Считаете ли вы, что цена подарка – решающий момент при его выборе?
- Бывает ли так, что вы выбираете подарок с таким расчётом, чтобы он пригодился и вам?
- Согласны ли вы с мнением, что небольшие подарки поддерживают дружбу, а крупные *обязывают (oblige)*?
- Какой подарок вы хотели бы получить
  - от родителей;
  - от своего любимого (своей любимой);
  - от однокурсников;
  - от своего русского друга?
- А какой подарок и кому вы хотели бы преподнести 14 февраля – в День влюблённых?

* * *

А может быть, вы напишете маленький рассказ на эту тему? Можете его озаглавить так же: “Подарки, которые я люблю получать и дарить”. А можно и так: “О таком подарке я мечтала всю жизнь (в детстве…)”. Или: “Вот это подарок!”

Вот здесь и напишите свой замечательный рассказ:

4. Проверьте себя!

1. Составьте словосочетания с предлогом или без предлога

любоваться (памятник)
познакомиться (история)
являться (промышленный центр)
много (музеи, театры)
один (красивейший город страны)
открытки (виды города)

2. Допишите предложения.

Мэтью считает Чикаго самым лучшим городом в мире, потому что … .
Многие туристы едут в Нью-Йорк, чтобы … .
Мой город известен … .
Самый известный памятник в моём городе установлен … .

3. Подберите определения к словам *ГОРОД, ЗДАНИЕ, ПЛОЩАДЬ, ПАМЯТНИК.*

Город *(какой?)* большой, ...
Здание *(какое?)* старинное,..
Площадь *(какая?)* красивая, ...
Памятник *(какой?)* известный, ...

4. Опишите памятник, который вам очень нравится или не нравится.

ИСПОЛЬЗУЙТЕ:

стоит, изображает, символизирует, создан, нравится (не нравится), потому что …

5. Какие вопросы о городе Вы зададите своему другу, если приедете к нему в гости впервые.

6. В какой город России вы хотели бы поехать и почему.

7. Напишите сочинение на тему: "Мой любимый город".

11

ГДЕ ЭТА УЛИЦА, ГДЕ ЭТОТ ДОМ?

1. Лексика по теме

НАХОДИТЬСЯ *(несов.)*	TO BE LOCATED
располагаться/расположиться	to be situated
размещаться/разместиться	to be placed
расположен (-а,-о,-ы)	situated/placed
стоять *(несов.)*	to stand
возвышаться *(несов.)*	to tower
ВОКРУГ	AROUND
справа	to the right
справа от *(от чего?)*	to the right of
слева	to the left
слева от *(от чего?)*	to the left of
перед *(чем?)*	in front of
за *(чем?)*	behind

напротив	opposite
напротив *(чего?)*	opposite
посреди	in the middle
посреди *(чего?)*	in the middle of.
ДАЛЕКО очень далеко довольно далеко недалеко } (от…, отсюда)	FAR very far quite far not far } (from..., from here)
БЛИЗКО совсем близко } (от…, отсюда)	NEAR from..., from here very close to ..., to here
около *(чего?)*	near
возле *(чего?)*	by
рядом	beside
рядом с *(с чем?)*	next to
в двух шагах рукой подать } (от…, отсюда)	short distance "in two steps away" short distance "in an arm's length away"/"near at hand" } (from..., from here)

1. Давайте поговорим!

ЧТО ГДЕ НАХОДИТСЯ

а) Прочитайте письмо.

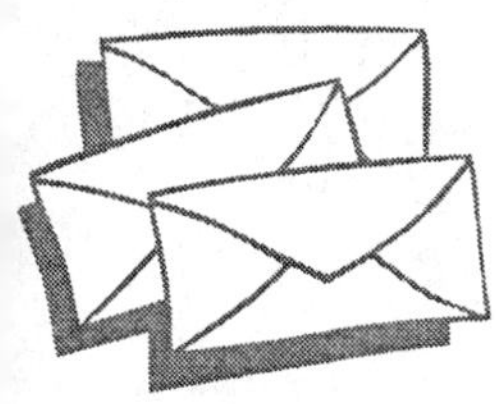

Здравствуй, Том!

Ты спрашиваешь, как далеко от центра находится гостиница, в которой я живу. Моя гостиница расположена в самом центре города, на улице Казанской, дом 6. Рядом Невский проспект. Это очень удобно!

На Невском располагаются универмаги и продуктовые магазины, рестораны и кафе, почта и телеграф. Ближайшая станция метро – "Невский проспект" – тоже находится на Невском, совсем рядом с гостиницей.

По вечерам я гуляю по Невскому, иногда сижу около Казанского собора. Перед Казанским собором расположен небольшой скверик. Здесь стоят скамейки (benches). В центре сквера находится красивый фонтан. Справа и слева от сквера стоят два памятника героям войны 1812 года: М.И.Кутузову и М.Б.Барклаю-де-Толли.

Ещё я люблю бродить по набережной Невы и по Дворцовой площади. Посреди Дворцовой площади возвышается Александровская колонна. Это удивительный памятник! Приезжай в Петербург, и ты всё увидишь сам. Уверен: не пожалеешь! А пока я рисую для тебя схему центра города.

До свидания.

Мэтью.

б) Найдите в тексте письма глаголы местоположения. Объясните их значение.

ИСПОЛЬЗУЙТЕ:

Таблица 1

ЗНАЧЕНИЕ ГЛАГОЛОВ МЕСТОПОЛОЖЕНИЯ	ПРИМЕРЫ
1. О местоположении предмета вообще *(about an object's position in general)*: • ***находиться*** *(несов. в.)* • ***располагаться/расположиться*** • ***расположен*** *(-а, -о, -ы)* • ***размещаться/разместиться***	Библиотека *находится (располагается, размещается, расположена)* в главном здании.
2. О географическом положении *(about the geographical position)*: • ***находиться*** *(несов. в.)* • ***располагаться/расположиться*** • ***расположен*** *(-а, -о, -ы)* • ***стоять*** *(несов. в.)*	Петродворец *находится (располагается, расположен, стоит)* на южном берегу Финского залива.
3. Находиться в вертикальном положении *(to be in a vertical position)*: • ***стоять*** *(несов. в.)*	В сквере перед Казанским собором *стоят* два памятника героям войны 1812 года: М.И. Кутузову и М.Б. Барклаю-де-Толли.
4. О чём-нибудь высоком *(about something high)*: • ***возвышаться*** *(несов. в.)*	Посреди Дворцовой площади *возвышается* Александровская колонна.

в) Составьте диалог по тексту письма.

2 **а)** Мэтью живёт недалеко от Казанского собора. И Казанский собор для него – главный ориентир в городе. Сначала Мэтью глазами "находит" Казанский собор, а потом всё остальное – бар, кафе, магазин...
Давайте рассмотрим схему. Скажите, что находится *ВОКРУГ* Казанского собора:

- справа от собора;
- слева от собора;
- перед собором;
- за собором;
- напротив собора;
- около собора;
- недалеко от собора.

б) Когда Мэтью спрашивают, где находится ближайшая почта, он отвечает: "За Казанским собором". Помогите ему ответить, где находится:

- сбербанк,
- кафе,
- станция метро,
- … ?

3 К вам в гости приехал ваш друг из Санкт-Петербурга. О интересуется достопримечательностями города и спраши вает, *КАК ДАЛЕКО* находится от вашего дома:

- главная улица города;
- городской театр;
- стадион;
- городская библиотека;
- парк.

Как вы ему ответите? Составьте диалог.

ИСПОЛЬЗУЙТЕ:

Таблица 2

ДАЛЕКО очень далеко довольно далеко недалеко } (от…, отсюда)	БЛИЗКО совсем близко } (от…, отсюда) около *(чего?)* возле *(чего?)* рядом рядом с в двух шагах рукой подать } (от … , отсюда).

4 ***а)*** Разыграйте диалоги. Составьте аналогичные.

– Наташа! Давай сегодня вечером погуляем в парке!

– *С удовольствием.*

– Где мы встретимся?

– *Я живу в двух шагах от Казанского собора, поэтому можно встретиться около памятника М. И. Кутузову.*

– А может быть, встретимся около метро, чтобы сразу же и поехать в парк?
– *Можно и так. Я буду тебя ждать у выхода из метро "Невский проспект". Это на канале Грибоедова как раз напротив "Дома книги".*
– Договорились. Итак, вечером в 7 часов около метро "Невский проспект".

* * *

– Ольга Алексеевна! Говорят, вы переехали на новую квартиру. Поздравляю!

– *Большое спасибо, Игорь Михайлович! Мы действительно переехали. Теперь я живу в двух шагах от работы. Помните, на углу магазин "Молоко", а справа от него книжный магазин?*
– Да, помню. Это как раз рядом с остановкой автобуса!
– *Так вот за книжным магазином и находится мой дом.*
– Да, ваш дом действительно расположен очень удобно: рядом магазины, остановка автобуса и до работы рукой подать!

б) Составьте диалоги по ситуациям.

1) Вы приглашаете свою подругу поехать в воскресенье в Ораниенбаум посмотреть Китайский дворец. Ваша подруга считает, что это очень дальняя поездка. Решите, куда вы поедете и где встретитесь.

2) Вы объясняете своему другу, где можно купить русско-английский словарь.

3) Вы познакомились с симпатичной русской семьёй. Муж и жена приглашают вас в гости и объясняют, где находится их дом.

4) В группу приехал новый студент, он плохо знает город. Объясните ему, где находится ближайшая почта, а также пункт обмена валюты.

5 ***а)*** Познакомьтесь с таблицей.

Таблица

КАК РУССКИЕ ОБРАЩАЮТСЯ К НЕЗНАКОМЫМ ЛЮДЯМ				
КАК НАЗВАТЬ НЕЗНАКОМОГО ЧЕЛОВЕКА	*а) ЧТОБЫ УЗНАТЬ О ЧЁМ-ЛИБО*			
	Будьте	добры любезны	скажите, пожалуйста,	*где... ?* *как... ?* *когда...?*
Девушка! Молодой человек!	Извините Простите	пожалуйста	(вы не скажете) (вы не знаете) (можно вас спросить)	
Молодые люди! Девочка! Мальчик! Ребята! Господин ... ! Госпожа ... ! Господа!	Скажите, пожалуйста, Вы не скажете Не скажете ли Вы Вы не знаете Не знаете ли Вы			
	Можно Разрешите	спросить Вас		
	б) ЧТОБЫ ПОПРОСИТЬ О ЧЁМ-ЛИБО			
	Будьте	добры любезны	передайте, пожалуйста, деньги за билет	

б) Вопросы есть. Какие могут быть ответы? Разыграйте диалоги.

- ... , извините, пожалуйста, где здесь автобусная остановка?
- ... , Вы не скажете, есть ли поблизости кафе?
- ... , можно Вас спросить, где здесь находится “Оптика”?
- ... , ты не знаешь, далеко ли отсюда бассейн?
- ... , скажите, пожалуйста, далеко ли отсюда Эрмитаж?
- ... , простите, пожалуйста, вы не знаете, есть ли здесь рядом почта?

ИСПОЛЬЗУЙТЕ таблицы 2 и 3.

в) Составьте аналогичные диалоги.

6 Соедините реплики диалогов, вторую реплику дополните. Какие диалоги у вас получатся?

ПЕРВАЯ РЕПЛИКА		ВТОРАЯ РЕПЛИКА
Будьте добры, …	…который час?	Около … .
Скажите, пожалуйста, …	…где здесь поблизости междугородный телефон?	Это довольно далеко. Надо проехать две остановки на девятом троллейбусе.
Простите, пожалуйста, …	…где ближайшая стоянка такси?	Между … и … .
Вы не скажете, …	…где находится универмаг “Пассаж”?	На площади Искусств.
Вы не знаете, ...	…где здесь “Литературное кафе”?	Рядом с... .
Можно спросить Вас,	…где находится Русский музей?	В двух шагах отсюда, на углу … и … .
Будьте любезны, …	…когда закрывается этот универсам?	Пройдите вперёд один квартал, и справа будет … .
	…передайте деньги за билет.	Двадцать минут третьего.
Извините, пожалуйста, …	…где находится Российский государственный педагогический университет имени А.И. Герцена?	Напротив универмага “Гостиный двор”.
		Совсем рядом, около кинотеатра.
	…далеко ли отсюда Российская национальная библиотека?	В девять часов.
		Пожалуйста.

7 Игра "Справочное бюро". Работники справочного бюр (2 человека) отвечают на вопросы и телефонные звонки У них можно узнать, где находятся театры, кинотеатрь музеи, магазины, спортивный комплекс. Обратитесь к ни с вопросами.

ИСПОЛЬЗУЙТЕ формы обращения к незнакомым людям (таб лица 3).

8 Рассмотрите рисунок. Задайте вопросы и ответьте на них Сколько диалогов у вас получилось?

 Согласны ли вы с тем, что

- нужно здороваться с незнакомыми людьми;
- обращаться к незнакомым людям без улыбки невежливо;
- надо обязательно поблагодарить незнакомого человека, даже если он не смог ответить на ваш вопрос.

3. Время. События. Люди

КАЛЕЙДОСКОП МНЕНИЙ

МОЛОДЁЖЬ В РОССИИ СЕГОДНЯ
(по результатам социологического опроса)

1. Что думают молодые люди

о будущем

Почти половина опрошенных думает о будущем с надеждой и оптимизмом; каждый пятый – с тревогой и неуверенностью; каждый десятый – со страхом и *отчаянием (despair)*.

о русском характере

На вопрос “Какие ассоциации возникают у тебя, в первую очередь, при словах “русский характер”? – юноши и девушки дали следующие ответы: *сильный, смелый, добрый, пьяный, ленивый, простой, выносливый (tough/hardy), волевой (strong willed), упрямый (stubborn), терпеливый (patient)*. На 12-м месте – патриот, на 14-м – весёлый…

о любви

Настоящая любовь – это *взаимопонимание, доверие, верность, искренность*. Секс – на 9-м месте, романтизм – на 15-м.

о службе в армии

15 % готовы служить в российской армии *на общих основаниях* (как и прежде); 60 % – только *на контрактной основе*; каждый четвёртый предпочитает *альтернативную гражданскую службу*, даже если бы он работал на год больше, чем длится воинская служба.

об образовании

44 % считают, что образование должно быть *полностью бесплатным*. Всего 4 % опрошенных согласились, что образование в России должно быть *полностью платным*. Остальные согласны *на частичную оплату* образования.

о родителях

Свои отношения с родителями 70 % опрошенных оценили как хорошие, 30 % – как плохие.

2. Чего боятся

Прежде всего – *смерти*, затем – *войны*, *потери родных и близких, ста-рости, болезни, бедности, неизвестности, будущего*… Проблема смерти дл российской молодёжи оказалась актуальной, ибо у 45 % опрошенных уж возникала мысль о самоубийстве.

3. Как относятся к религии

Более 40 % верят в Бога, но в церковь ходят редко. Каждый трети верит в Бога и иногда посещает храм. Лишь каждый пятый опрошенны твёрдо заявил: "В Бога не верю".

4. Что ценят в людях

Искренность, доброту, доверие, верность, понимание.

5. О чём мечтают

35 % хотят счастливую семью и детей, 20 % мечтают иметь интереснук и любимую работу, 19 % хотят быть хорошими специалистами, 15 % иметь постоянную работу, гарантированное будущее. И, наконец, только 10 % – быть богатыми.

А ЧТО ВЫ МОЖЕТЕ СКАЗАТЬ О СЕБЕ?

ВЗГЛЯД СО СТОРОНЫ

ИНОСТРАННЫЕ СТУДЕНТЫ О РУССКОЙ МОЛОДЁЖИ

У нас много общего. Люди есть люди. Русская молодёжь так же, как и наша молодёжь, любит веселиться, танцевать, слушать музыку и, конечно, ходить в ночные клубы. И теперь русские слушают ту же музыку, смотрят те же фильмы, и они знают наших кинозвёзд. У нас одни и те же средства массовой информации. Поэтому нетрудно подружиться немцам и русским.

Флориан Шнайдер,
Германия

4. Проверьте себя!

1. Составьте словосочетания с предлогом или без предлога:

справа (Русский музей)
перед (высокое здание)
рядом (университет)
недалеко (станция метро)
напротив (Летний сад)
в двух шагах (набережная)

2. Слова из данного списка распределите между двумя колонками таблицы: ОЧЕНЬ ДАЛЕКО, НЕДАЛЕКО (отсюда), СОВСЕМ БЛИЗКО, РЯДОМ, РУКОЙ ПОДАТЬ, ДОВОЛЬНО ДАЛЕКО, В ДВУХ ШАГАХ (от..., отсюда).
Прочитайте обе колонки.

ТЕАТР НАХОДИТСЯ	
БЛИЗКО	*ДАЛЕКО*

3. Составьте предложения:

находиться, располагаться	университет, новые дома
стоять, возвышаться	памятник Петру I
расположен (-ы)	Казанский собор
	Александровская колонна

4. Задайте вопросы:

Скажите, пожалуйста, ...	как ...	библиотека?
Вы не знаете, ...	где ...	станция метро?
Будьте любезны, ...	когда ...	универмаг "Пассаж"?

5. Какие могли быть реплики?

– … ?

– Русский музей находится недалеко отсюда. Пройдите прямо по Нев скому проспекту два квартала и поверните налево.

* * *

– … ?

– Нет, я живу довольно близко от университета. На работу я хож пешком.

* * *

– Скажите, пожалуйста, далеко ли отсюда до Летнего сада?

– … .

* * *

– Девушка, где находится остановка автобуса номер 22?

– … .

6. Выберите правильный ответ.

- На улице к незнакомой девушке можно обратиться так:
  1) мадам;
  2) девушка;
  3) девочка.
- На улице к незнакомой пожилой женщине можно обратиться так:
  1) женщина;
  2) бабушка;
  3) "Извините, вы не скажете, …" .

7. Напишите сочинение на тему: "Я гуляю по городу. Где же гостиница?"

12 КАК ПРОЙТИ? КАК ПРОЕХАТЬ?

1. Лексика по теме

ТРАНСПОРТ: городской, общественный, личный; пользоваться/воспользоваться транспортом; трамвай, троллейбус, автобус, метро, такси, маршрутное такси.	TRANSPORT: city, public, personal; to take transport; tram, trolleybus, bus, metro/underground/subway, taxi, routed taxi.
ТРАМВАЙ, ТРОЛЛЕЙБУС, АВТОБУС Ехать *(несов.)*, ездить *(несов.)* на автобусе (автобусом), на троллейбусе (троллейбусом), на трамвае (трамваем). Остановка трамвая (трамвайная остановка), автобуса (автобусная остановка), троллейбуса (троллейбусная остановка). Билет, проездные документы: единый проездной билет (единый, проездной, карточка), студенческий	TRAM, TROLLEYBUS, BUS To go by bus, by trolleybus, by tram. Stop of the tram (tram stop), bus (bus stop), trolleybus (trolleybus stop). Ticket, travelling documents: universal travelling ticket (“all transport”, travelling ticket, card), student pass; to buy a

проездной билет; покупать/купить билет; проверять/проверить билеты; предъявлять/предъявить проездные документы.	ticket; to check tickets; to present travelling documents.
Пассажир, водитель, шофёр, кондуктор-контролёр.	Passenger, driver, chauffeur, conductor and ticket-collector.
Садиться/сесть на автобус, на троллейбус, на трамвай; на остановке.	To take a bus, a trolleybus, a tram; at the stop.
Входить/войти в трамвай, в автобус, в троллейбус.	To get on a tram, a bus, a trolleybus.
Выходить/выйти из трамвая, из автобуса, из троллейбуса.	To get off a tram, a bus, a trolleybus.
Платить/заплатить за проезд (в транспорте); платить/заплатить штраф.	To pay for a passage (by transport); to pay a fine.
Оплачивать/оплатить проезд.	To pay for a passage.
ТАКСИ	TAXI
Таксист; ехать *(несов.)*, ездить *(несов.)* на такси;	Taxi driver; to go by taxi;
заказывать/заказать такси по телефону, вызывать/вызвать такси; ловить/поймать машину на улице; стоянка такси;	to order a taxi by telephone, to call for a taxi; to catch a car on the street; taxi stand;
класть/положить вещи в багажник;	to place belongings in the luggage rack/car trunk;
платить/заплатить по счётчику.	to pay a fare according to the meter.
ДОРОГА, шоссе; проезжая часть; тротуар; перекрёсток. Переход наземный, “зебра”, переход подземный; переходить/перейти (через) улицу (по переходу); спускаться/спуститься в (подземный) переход.	ROAD, highway; carriageway; sidewalk; crossroads. Crosswalk, “zebra” (from the lines painted on the pavement), underground crosswalk; to cross (over) a street (at the crosswalk); to go down to (an underground) crosswalk.
Пешеход.	Pedestrian.
МЕТРО	METRO, underground/subway

Ехать *(несов.)*, ездить *(несов.)* на метро;	To go on the metro;
Станция метро. Садиться/сесть на станции; магнитная карта; жетон.	Metro station. To get on a train at the station; card with magnetic stripe; token.
Бросать/бросить, опускать/опустить жетон в турникет; предъявлять/предъявить, показывать/показать проездной (карточку) контролёру; вставлять/вставить магнитную карту в турникет; проходить/пройти через турникет.	To drop a token in the turnstile; to present/to show one's travel card (card) to the ticket-collector; to insert a card with magnetic stripe in the turnstile; to pass/get through the turnstile.
Подниматься/подняться, спускаться/спуститься по эскалатору; ждать *(несов.)* на платформе; садиться/сесть в вагон, входить/ войти в вагон, выходить/выйти из вагона.	To go up, to go down on the escalator; to wait on the platform; to take a subway car; to get on the a subway car, to get off the subway car.
Делать/сделать пересадку,	To transfer,
пересаживаться/пересесть на станции,	to change stations,
переходить/перейти на другую линию.	to transfer to another line.
Встречаться/встретиться в метро, при выходе с эскалатора.	To meet in the metro, at the top of the escalator.
ПОЕЗД скорый, пассажирский; ночной, дневной; купейный, плацкартный вагон; купе; нижнее, верхнее, боковое место;	TRAIN fast, passenger; night, day; compartment, reserved carriage; sleeping compartment; lower, upper; side berth;
ехать *(несов.)*, ездить *(несов.)* на поезде (поездом), на электричке; отправляться/отправиться, уходить/уйти; прибывать/прибыть, приходить/прийти; отправление, прибытие поезда;	to go by train, by local electric train; to depart, to leave; to arrive, to come; departure, arrival of train;
железнодорожная станция;	railway station;
железнодорожный билет.	train ticket.

ТЕПЛОХОД Плыть *(несов.)*, плавать *(несов.)* на теплоходе; пристань, речной вокзал.	SHIP To sail/to go by ship; pier, river statio
САМОЛЁТ Приземляться/приземлиться; аэропорт; проходить/пройти паспортный контроль, таможенный досмотр; получать/получить багаж.	AIRPLANE To land; airport; to pass through passport control customs inspection; to get one's luggage.

К СВЕДЕНИЮ!

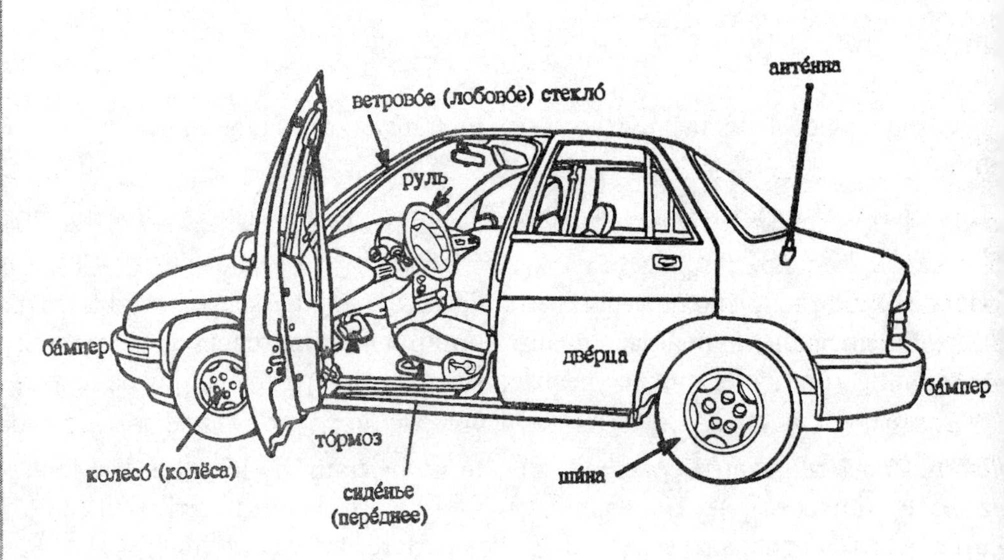

2. Давайте поговорим!

1 *а)* Прочитайте письмо. Перескажите его.

Привет, Том!

В Петербурге я около недели, но часто вспоминаю тебя, Линду и ещё ... свою машину. Да-да, не улыбайся! Здесь я просто пешеход, мне приходится ездить и на трамвае, и на троллейбусе, и на метро.

Проезд в России оплачивается иначе, чем у нас. Многие русские ɔкупают "карточку", то есть единый проездной билет, по которому ɔжно ездить на любом виде транспорта в течение месяца. Он стоит ɔимерно 20 долларов США. Такой проездной купил себе и я, потому что ɑсто пользуюсь транспортом.

Для поездки на метро обычно покупают жетоны и магнитные карɪы (их продают в кассах метро).

Водитель автобуса, троллейбуса и трамвая не продаёт и не проеряет билеты у пассажиров. Это, как правило, делает кондукторонтролёр.

В транспорте часто бывает много народу, особенно в часы "пик", огда люди едут на работу (8–9 часов утра) или возвращаются домой 5–6 часов вечера). В это время в транспорте бывает очень тесно, как оворят русские, "яблоку негде упасть". Поэтому в часы "пик" я стараɔсь ходить пешком или ездить на маршрутном такси (это дороже, но ɪдобнее).

Вот так я живу и езжу в Петербурге. Но, честно говоря, мне больше ɪравится собственная машина.

Пока.

Мэтью.

б) Ответьте на вопросы:

1) На каком транспорте вы чаще всего ездите в России? Почему?
2) Как вы понимаете выражения *часы "пик"* и *яблоку негде упасть*? Можно ли использовать такие выражения, говоря о транспорте вашей страны?

2 *а)* Прослушайте текст. Как вы думаете, чем законч лась эта история? Продолжите рассказ.

б) Что правильно и что неправильно:

Пассажир не купил билет, потому что

1) у него не было денег;
2) троллейбус был переполнен.

Пассажир решил защитить девушку, потому что

1) она стояла рядом;
2) она ему понравилась.

Девушка попросила пассажира показать билет, потому что она

1) была кондуктором;
2) была строгая.

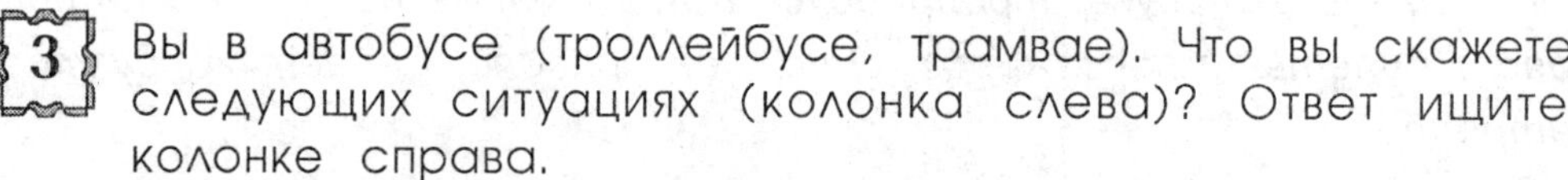

3 Вы в автобусе (троллейбусе, трамвае). Что вы скажете следующих ситуациях (колонка слева)? Ответ ищите колонке справа.

• Водитель объявил следующую остановку, но вы не услышали её название. Вы хотите узнать об этом у пассажира.	• Разрешите пройти.
• Вам нужно купить билет у кондуктора.	• Извините, я не расслышал: ка кая следующая остановка?
• Вам нужно выйти на следующей остановке. Перед вами около входа стоит молодой человек.	• Мне один билет, пожалуйста.
• Вам скоро выходить. Вы хотите пройти к выходу. Перед вами много пассажиров.	• Простите, вы выходите на сле дующей (остановке)?

4 "Соберите" диалоги к этим рисункам. Разыграйте диалоги.

1

У меня карточка *(показывает)*.

Пассажиры! Кто вошёл, предъявите проездные документы! У вас есть билет, молодой человек?

Хорошо. Спасибо.

2

– Не за что.
– Большое спасибо!
– Через две остановки.
– Мне нужен Русский музей, скажите, пожалуйста, где мне выходить?

3

– Проходите, пожалуйста.
– Разрешите мне пройти.
– Девушка, вы выходите на следующей?
– Нет.

4

– Пожалуйста.
– Простите, в автобусе есть кондуктор?
– Передайте деньги за билет, пожалуйста.
– Да.

5 Объясните своему другу правила проезда в метро.

МОДЕЛЬ: 1) Тебе нужно (надо) купить … .
2) Купи … .

ИСПОЛЬЗУЙТЕ:

купить в кассе магнитную карту или жетоны, бросить (опустить) жет в турникет, вставить магнитную карту в турникет, предъявить (показат контролёру проездной (карточку), пройти через турникет,
спуститься на эскалаторе (по эскалатору) вниз, ждать поезда на пла форме,
сесть в вагон,
сделать пересадку, пересесть на станции … , ехать без пересадок,
подняться на эскалаторе (по эскалатору) вверх, оказаться в вестибю станции метро.

6 *а)* Прочитайте диалог. Разыграйте его.

АЛЕКСАНДР И МЭТЬЮ ВСТРЕЧАЮТСЯ
НА СТАНЦИИ МЕТРО "ГОСТИНЫЙ ДВОР"

– *Здравствуй, Мэтью! Как дела?*

– Привет! Всё в порядке. Я очень боялся, что мы не встретимся. В метр так много людей!

– *Это правда, но русские часто встречаются в метро, обычно пр выходе с эскалатора.*

– Саша, мы собирались в Павловск. Как мы поедем?

– *Нам нужно доехать до станции "Технологический институт", пе рейти на "Пушкинскую", там выход на Витебский вокзал.*

– Это далеко?

– *Нет, минут десять езды. В метро, как говорят русские, "быстро удобно, чисто и безопасно". Мне нравится ездить на метро.*

– А мне в метро ещё и интересно: здесь много музыкантов, есть про фессионалы, есть любители. И потом, в метро я всегда покупаю свежие газеты и журналы.

– *"Технологический институт". Выходим, Мэтью. Обрати внима ние: здесь на стенах станции вся история русской науки, от первых е гов до полётов в космос. Поэтому она и называется “Технологический институт”.*

– А станцию “Пушкинская”, наверное, назвали в честь Александра Сергеевича Пушкина?

– *Правильно. Сейчас мы её увидим!*

) Ответьте на вопросы:

1) Нравится ли вам петербургское метро? Почему?
2) Встречались ли вы с друзьями в метро?

) Трансформируйте диалог в рассказ.

7 ***а)*** Вы находитесь на станции “Площадь Александра Невского”. Расскажите, как добраться до станции метро:

- “Невский проспект”,
- “Пушкинская”,
- “Площадь Ленина”,
- “Петроградская”.

ИСПОЛЬЗУЙТЕ схему метро.

б) А теперь предложите свой маршрут поездки на метро.

 *а)* Прочитайте письмо.

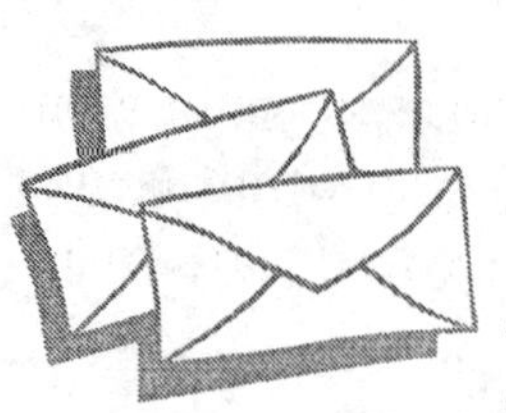

Здравствуй, Линда!

Вчера я опаздывал в театр и решил заказат такси. Но, как мне объяснили, такси по вызову прих дит не сразу, поэтому я "ловил" машину на улице. И тересно, что в Петербурге вообще любой частный автомобиль – эт "такси".

Я не знал, нужно ли давать водителю "чаевые" и сколько. Как объя нил Саша, русские дают "чаевые" водителю просто по настроению, могут и совсем не давать. Конечно, на такси ехать более комфортн но это намного дороже, чем на общественном транспорте.

В конце концов, в театр я приехал вовремя, и спектакль мне очен понравился.

Всего доброго!

Мэтью.

б) Часто ли вы пользуетесь такси в России? Почему? Предпо читаете ли вы такси другим видам транспорта? Назовите отрицательные и положительные стороны этого вида транс порта.

ТАКСИ

ЧТО МНЕ НРАВИТСЯ	ЧТО МНЕ НЕ НРАВИТСЯ

а) Вы опаздываете на поезд и поэтому решили ехать на вокзал на такси. Расскажите, как вы это сделаете. Глаголы употребите в будущем времени.

А теперь опаздывает на поезд ваш друг...

ИСПОЛЬЗУЙТЕ:

ловить/поймать такси, заказать такси по телефону, положить вещи в багажник, сесть в такси, приехать вовремя (за 10 минут до отправления поезда), заплатить по счётчику, расплатиться с водителем, дать "чаевые".

ИНФИНИТИВ	**БУДУЩЕЕ ВРЕМЯ**	
	я	он, она
оймать	поймаю	поймает
аказать з//ж	закажу	закажет
оложить	положу	положит
асплатиться	расплачусь	расплатится

В МОСКВУ МЫ ЕЗДИЛИ НА ПОЕЗДЕ

0 Прочитайте диалоги и разыграйте их.

ГДЕ КУПИТЬ БИЛЕТ НА ПОЕЗД?

– Здравствуй, Саша!

– *Это ты, Мэтью? Добрый вечер! Как твои дела?*

– Спасибо, всё в порядке! Мы с друзьями в выходные дни хотим поать в Москву. Скажи, пожалуйста, где нам купить билеты?

– *Это несложно. Если вы хотите купить билеты заранее, за 2–3 дня, о нужно идти в кассы предварительной продажи билетов. Это недалеко і вас, на канале Грибоедова.*

– Да, я видел эти кассы недалеко от Казанского собора. Но Джон ещё решил, поедет он с нами или нет.

– Тогда он может купить билет в день отправления поезда прямо вокзале.

– Спасибо тебе большое.

– Не за что. Мэтью, не забудь взять с собой паспорт: без паспорт билет не продадут.

Я И МОИ ДРУЗЬЯ = МЫ С ДРУЗЬЯМИ

Я И МОЙ БРАТ = МЫ С БРАТОМ

У ЖЕЛЕЗНОДОРОЖНОЙ КАССЫ

– Девушка, мне, пожалуйста, один билет до Москвы на 28 февраля, н вечерний поезд.

– Есть билеты на скорый поезд № 3. Будете брать?

– Простите, когда поезд отправляется из Петербурга и когда прибывае в Москву?

– Отправление в 23.59, а прибытие в 8.30.

– Хорошо, это меня устраивает. Купейный вагон, пожалуйста.

– Место верхнее, нижнее?

– Лучше нижнее.

– Ваш паспорт.

– Пожалуйста.

– С вас ... рублей.

– Возьмите.

– Ваш билет.

– Спасибо.

ПОСЛЕ ПОЕЗДКИ В МОСКВУ

– Джон, ты ездил в Москву?

– Да, я вернулся вчера вечером.

– И на каком поезде ты приехал обратно?

– Я взял билеты на дневной поезд. Это немного неудобно – ехать сидя 6 часов, но я не очень люблю ночные поезда.

– А когда этот поезд уходит из Москвы?

– Поезд отправляется в 17.20, а приходит в Петербург в 23.09. Мне понравилось: чисто, удобно, нас кормили ужином.

– Да, это неплохая мысль – ехать из Москвы дневным поездом!

11 Рассмотрите картинки, составьте рассказ "Как Майя ездила в Москву".

ИСПОЛЬЗУЙТЕ:

пойти на вокзал, изучить расписание поездов, выбрать нужный поезд, подойти к кассе, попросить билет на поезд №..., купейный (плацкартный) вагон, нижнее (верхнее) место, назвать день отправления, предъявить паспорт, заплатить за билет, найти свой вагон, предъявить проводнику билет, занять своё место в купе.

НА САМОЛЁТЕ – В САНКТ-ПЕТЕРБУРГ

12 ***а)*** Прочитайте письмо.

Дорогой Том!

Я хочу рассказать тебе о предстоящем перелёте из Нью-Йорка в Петербург. Советую тебе взять билет на рейс FINNAIR 006. Самолёт летит до Хельсинки, там ты сделаешь пересадку.

Лететь тебе придётся, конечно, долго, но это не так утомительно, как ты думаешь. Мне полёт очень понравился; скажу по секрету, что в детстве я очень хотел быть лётчиком.

Лучше, конечно, лететь в салоне для некурящих. Садись около и люминатора: так интересно разглядывать облака! Время в пути про дёт незаметно: тебе предложат вкусный обед, посмотришь филь можешь немного поспать.

Правила прибытия в России такие же, как и в Америке.

Твой самолёт приземлится в петербургском аэропорту Пулково-2 пять часов вечера. Вместе с другими ты выйдешь из самолёта, на а тобусе доедешь до здания аэропорта, здесь пройдёшь паспортный ко троль. Потом заполнишь таможенную декларацию и получишь свой б гаж. Останется совсем немного – пройти таможенный досмотр. Посл этого ты войдёшь в зал прибытия, где я и буду тебя ждать.

Ну что ж, до встречи.

Мэтью.

б) Самолёт приземлился. Опишите все действия Тома. Какие диалоги могли состояться у него по пути следования Составьте их.

3 Соедините правильно.

приземлиться	таможенный досмотр
пройти	таможенную декларацию
предъявить	паспортный контроль
заполнить	группу студентов, своих друзей
получить	паспорт
встретить	багаж
	в аэропорту

Прочитайте шутку и перескажите её.

ТОЛЬКО БЕЗ ГЛУПОСТЕЙ!
No more nonsense!

Один человек путешествовал с попугаем. На таможенном досмотре аможенник спросил его:

– Это ваш попугай?

– Да.

– За него надо платить высокую пошлину.

– Почему?

– Таковы правила. *Пошлина не взимается (duty sn't charged)* только за *чучело (taxidermy).*

Путешественник на минуту задумался. В это время попугай закричал ему из клетки:

– Только без глупостей! Плати пошлину!

ОТКУДА – КУДА

Вставьте пропущенные слова: *СТАНЦИЯ, СТОЯНКА, ОСТАНОВКА, ПРИСТАНЬ, ВОКЗАЛ, АЭРОПОРТ.* Разыграйте диалоги.

– Простите, не скажете ли вы, откуда отправляются теплоходы в Петродворец?

– *От ... на набережной Невы, там недалеко от Зимнего дворца находится речной ... .*

* * *

– Скажите, пожалуйста, где … автобуса 10

– *Он сейчас здесь не ходит, вам лучі ехать на метро, … метро за углом.*

* * *

– Скажите, пожалуйста, как добраться Гатчины?

– *До Гатчины можно добраться на элек ричке с Варшавского или Балтийского …*

* * *

– Простите, где ближайшая … такси?

– *Здесь нет … , поезжайте на трамвае, … трамвая рядом.*

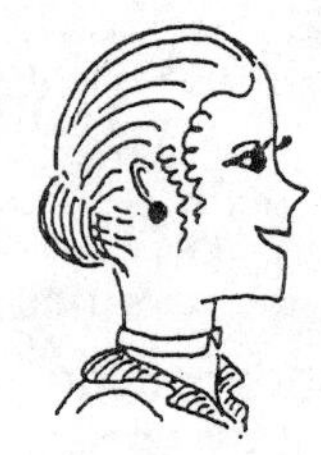

* * *

– Не знаю, что делать! Билетов на поезд нет, а мне завтра надо обя зательно быть в Москве.

– *А может быть, самолётом? Поезжайте сейчас в Пулково!*

– Это идея! А как мне лучше добраться до … ?

– *Лучше всего на автобусе № 39 или на маршрутном такси от станции метро "Московская"!*

* * *

– Вы не скажете, как мне добраться до Пушкина?

– *О, это очень просто. Поезжайте до … метро "Пушкинская" и там, на Витебском … , садитесь на электричку.*

– Большое спасибо.

– *Пожалуйста.*

6 ***а)*** Составьте рассказ по рисункам.

ТОМ В САНКТ-ПЕТЕРБУРГЕ

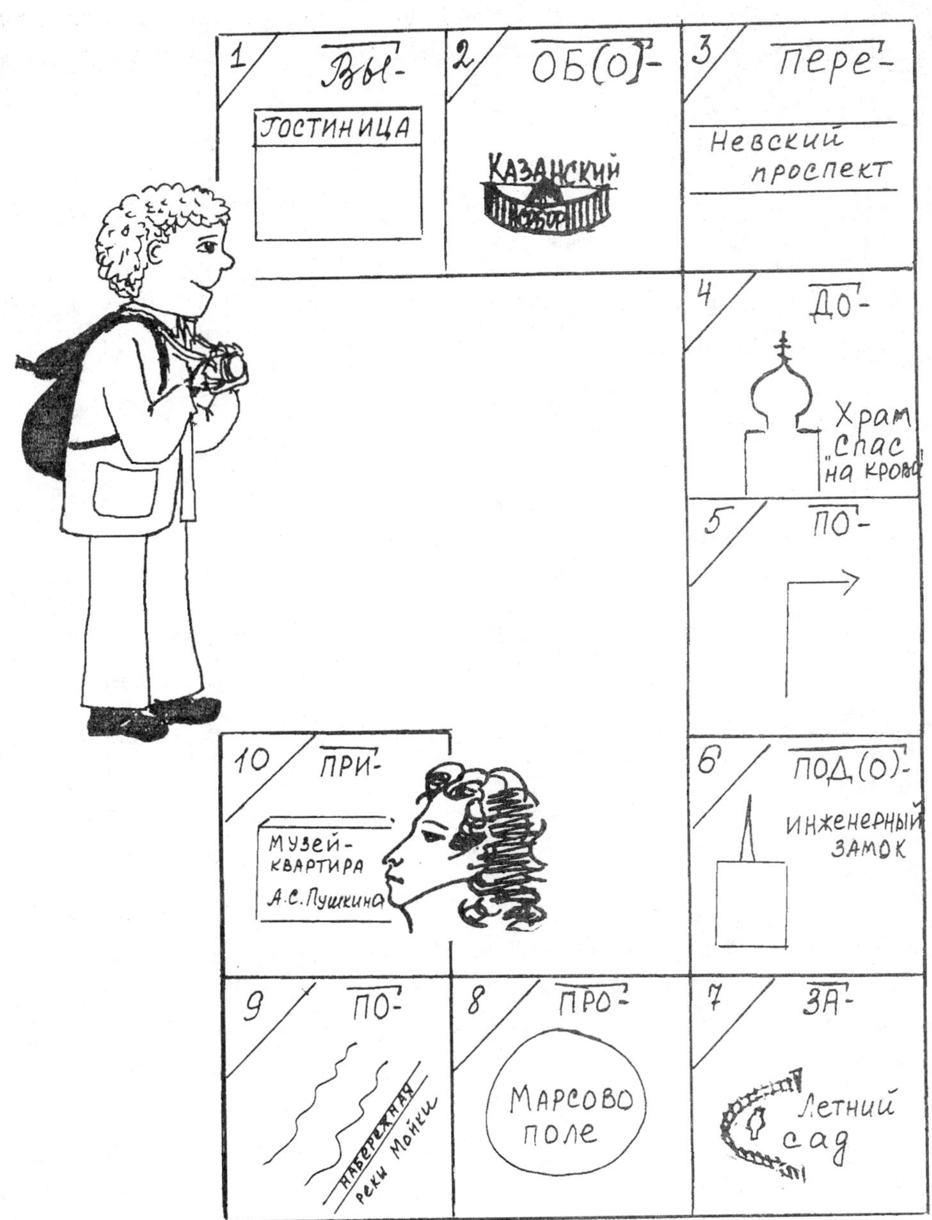

б) Какие достопримечательности увидел Том? Что он сфотографировал?

а) Мэтью пригласили в гости его русские друзья. Мэть никогда не бывал на Васильевском острове, но он не бе покоился: он записал адрес своих знакомых (улица Нали ная, дом 5, квартира 10), взял с собой карту Петербур и схему метро. Мэтью любил точность и... опоздал на цель час. Как это случилось? Когда он приехал, то долго ра сказывал о своих приключениях. Закончите диалоги.

– *Мэтью, почему ты опоздал? Мы так давно тебя ждём!*
– Я ошибся и поехал не в ту сторону, пришлось выйти из троллейбус а потом я долго искал нужную остановку в обратном направлени
– *Ох, Мэтью! Ты же знаешь, что дорогу не ищут, а спрашиваю Как говорят русские,* ***язык до Киева доведёт!***
– Это, конечно, верно, но … .
– … .
– … .

* * *

– *Мэтью! Что-нибудь случилось? Мы ждём тебя уже больше часа*
– Нет, сейчас уже всё в порядке! Просто я перепутал станции метр и вместо “Приморской” вышел на “Василеостровской”.
– *Короче говоря, ты* ***заблудился в трёх соснах****. И что же было даль ше?*
– А дальше … .

* * *

– *О, Мэтью, наконец-то! Проходи! Да ты не один, а с девушкой! Какой сюрприз! А говорил, что у тебя здесь нет знакомых! Но почему тебя так долго не было?*
– Как вы мне и советовали, я доехал до станции “Приморская”, вышел из метро, перешёл дорогу, дошёл до остановки 10 троллейбуса, сел на троллейбус и проехал пять остановок. Я приехал слишком рано, поэтому решил обойти Гавань и посмотреть на залив. И вдруг услышал английскую речь. Я очень обрадовался. Правильно говорят: **“Мир тесен”**. А потом … .

б) Переделайте диалоги в рассказы.

18 *а)* Рассмотрите рисунки. Составьте по ним короткие рассказы.

1

. . . .

2

. . . .

3

. . . .

ИСПОЛЬЗУЙТЕ:

1	2	3
• потеряться в незнакомом городе; • останавливать прохожих; • найти свою гостиницу	• выйти на улицу; • оглядеться по сторонам; • забыть адрес гостиницы; • находиться в двух шагах от гостиницы	• гулять по незнакомому городу; • повстречаться с соседом; • радостная встреча

б) Подберите к рисункам фразеологизмы из задания 17 и запишите их под рисунками.

а) Предложите Мэтью в субботу поехать в один из пригородов Петербурга: Павловск или Пушкин. Что он ответит? Составьте диалог.

ИСПОЛЬЗУЙТЕ:

ГЛАГОЛЫ, ПОБУЖДАЮЩИЕ К СОВМЕСТНОМУ ДЕЙСТВИЮ	
Глагол I л., мн.ч., наст. или буд. врем.	Идём! Пойдём!
Давай(те) + глагол I л., мн.ч., буд. врем.	Давай пойдём!

б) До отъезда Мэтью в Америку осталось 3 дня, а он ещё не был в филармонии и в Мариинском театре оперы и балета. Обсудите с Мэтью, куда вы поедете завтра: на балет или на концерт?

20 Составьте диалоги по следующим ситуациям:

1) Вы договариваетесь с девушкой о свидании. Она объясняет вам, где вы встретитесь и на каком транспорте туда ехать.

2) Вам звонит с вокзала ваш друг. Вы объясняете ему, как к вам проехать.

3) Вы едете с вокзала на такси и объясняете водителю, как лучше добраться до вашего дома.

Согласны ли вы с тем, что

- общественный транспорт лучше личного автомобиля;
- самый комфортабельный вид транспорта – трамвай;
- чтобы лучше узнать любой город, нужно много ходить пешком;
- из вашего родного города в Санкт-Петербург лучше всего ехать на поезде?

3. Время. События. Люди

ЮНЫЕ БАЛЕРИНЫ МАРИИНСКОГО ТЕАТРА

ЮЛИЯ МАХАЛИНА: "ПРЕВРАЩАЮСЬ В ТОЧКУ, А ВОКРУГ – ПУСТОТА"

Юлия Махалина:

- *звезда Мариинского театра;*
- *лауреат международного конкурса в Париже;*
- *заслуженная артистка России.*

– *Быть балериной – ваша мечта с детства?*

– Ни в коем случае! Я не мечтала о балете! Отец хотел, чтобы я стала пианисткой, и способности были. Меня судьба привела в училище. Я вообще всегда отличалась от сверстниц, думала только об учёбе, не отвлекалась ни на что. Когда другие девочки шли гулять, читала, тренировалась. Меня считали *белой вороной (it means "an extraordinary person", the same as "black sheep", – id.).* У меня были проблемы с ногами, и врачи посоветовали мне заниматься балетом для укрепления мышц. Это помогло, а уже в девять лет меня приняли в знаменитое петербургское балетное училище. В восемнадцать я танцевала свой первый спектакль.

– *Юля, и всё-таки, как вы стали звездой?*

– Это судьба и труд. Но должна сказать и о родителях: у меня фанатично преданные родители. Они помогли понять многое в жизни, в искусстве. Родители не имеют отношения к балету, но оба очень музыкальны: мама в своё время хорошо пела, отец играл на рояле. До сих пор вместе живём, даже не представляю, как можно *врозь (apart).* Это большая опора для меня.

– *Как строится ваш день?*

– С утра урок, потом репетиция одна, вторая, потом массаж, затем несколько встреч с корреспондентами, фотографами.

Я встаю в восемь утра. Съедаю свой завтрак: творог и кофе. Еду в театр на такси. Ложусь спать в полночь. И так каждый день. Чтобы быть лидером, нужно всё время себя совершенствовать.

– Что труднее всего преодолевать: интриги, собственный характер, лень?

– Слово “лень” забыто с восьми лет. О характере могу сказать, что я его имею. Интриги... Человеку, который слаб по жизни, нечего делать в театре. Не каждый может стать звездой, лидером. Если человек рождён бороться и победить, он победит. Надо смело идти вперёд.

– Как вы отдыхаете?

– Очень люблю классическую музыку, мой кумир – Мария Каллас. У меня много её записей, книг, фотографий. Из наших предпочитаю эстрадных исполнителей, несравненной остаётся Алла Пугачёва. С детства знакомые артисты – Мордюкова, Тихонов, Янковский – для меня, как доноры: глядя картины с их участием, набираюсь энергии.

Если есть возможность, бываю на природе, но редко: нам, балетным, нельзя много ходить, бережём ноги, лучше положить их повыше и расслабиться.

Когда-то я очень любила танцевать в гостях, на дискотеках, но если утром – на урок, то это мешает. Я поняла, что это соединить невозможно. Как ни хочется быть современной, поддерживать отношения с друзьями, при моей профессии это абсолютно невозможно. Настоящий друг ведь требует душевного общения, и вот, когда наступает момент, что нужна твоя помощь, а ты не можешь – репетиция, спектакль – получается чудовищно.

Жизнь сужается до такого минимума, что иногда становится страшно. Превращаюсь в точку, а вокруг – пустота. Только родители рядом.

– У вас так много поклонников!

– Да, чувствую это по залу. Приезжают даже из Москвы. Мне особенно приятно получать цветы и записки от столичных балетоманов, потому что между Большим и Мариинским театрами всегда была конкуренция.

Есть артисты, которые занимаются созданием имиджа, стремятся, чтобы о них писали, устраивают творческие вечера. Я же считаю, что возможность танцевать в Мариинском театре – в этом и есть моя сила, служение. Я балерина Мариинского, и моя миссия – танцевать в этом театре.

– Вы так его любите?

– Обожаю эту сцену. Здесь столько душ родилось, такие звёздные имена! Когда мне тяжело бывает, всегда думаю о том, какое великое счастье танцевать здесь.

(По материалам прессы)

4. Проверьте себя!

1. Составьте словосочетания с предлогом или без предлога:

ехать (трамвай)
ждать (остановка)
водить (машина)
проехать (станция)
прилететь (аэропорт)

2. Соедините правильно:

остановка	метро
станция	такси
стоянка	автобус

3. Подберите антонимичные выражения:

подниматься по эскалатору	
войти в троллейбус	
ехать с пересадками	
поезд отправляется	

4. Закончите предложения фразеологизмами по теме.

В городском транспорте иногда бывает много народу. Это происходит, когда люди едут на работу или возвращаются домой. Это время называется … . В это время в транспорте бывает очень тесно, как говорят русские, яблоку … .

5. Вставьте необходимые глаголы движения.

Сейчас Мэтью … в библиотеку, вчера он тоже … туда. Завтра Мэтью … в Русский музей, а в воскресенье … в Павловск.

6. ***а)*** Соедините правую и левую колонки, продолжите предложения.

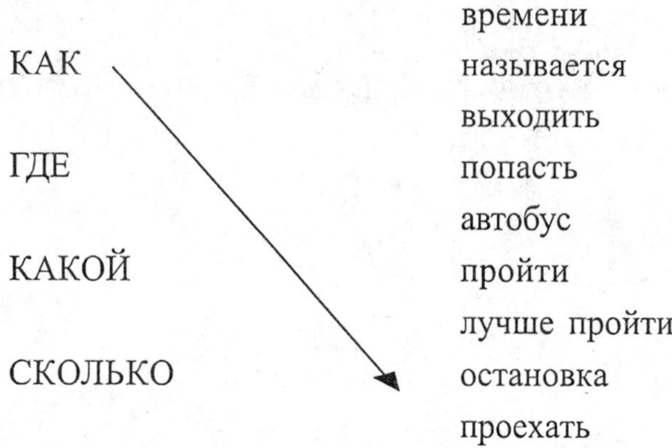

	времени
КАК	называется
	выходить
ГДЕ	попасть
	автобус
КАКОЙ	пройти
	лучше пройти
СКОЛЬКО	остановка
	проехать

б) Используя задание “а”, составьте 5 минидиалогов по теме.

МОДЕЛЬ:

– Скажите, пожалуйста, как проехать к вокзалу?

– Поезжайте на метро до станции “Площадь Восстания”.

7. Опишите письменно маршрут какой-нибудь своей поездки в России (в Санкт-Петербурге).

13 ТЫ ДЕЛАЕШЬ ПОКУПКИ

1. Лексика по теме

МАГАЗИН, бутик, киоск, ларёк, лоток, универмаг, универсам, супермаркет, специализированный магазин. Магазин государственный, частный; самообслуживания, с продавцом; отделы магазина.	SHOP/STORE, boutique, small shop/kiosk, booth, stall, department store, grocery store, supermarket, specialized shop. State owned store, private store; self service, with a shop assistant/salesperson; departments in a shop.
ПРОМТОВАРНЫЙ МАГАЗИН: “Галантерея”, “Книги”, “Парфюмерия”, “Ювелирный”, “Антикварный”, “Художественные промыслы”, “Канцелярские товары”, “Хозяйственные товары”, “Мебельный”, “Магазин бытовой техники”. ПРОДОВОЛЬСТВЕННЫЙ (ПРОДУКТОВЫЙ) МАГАЗИН: “Продукты”, "Хлеб", “Мясо”, “Рыба”, “Овощи”, “Фрукты”, “Кондитерский”, “Бакалея”.	MANUFACTURED GOODS SHOP/DRY GOODS STORE: “Haberdashery”/“Fancy goods store”, “Bookshop”/“Bookstore”, “Perfumer’s”, “Jeweller’s”, “Antique”/“Curiosity shop”, “Arts and crafts”, “Stationery and office supplies”, “Household shop”/“Hardware store”, “Furniture”, “Small appliances store”. GROCERY/FOOD STORE: “Foodstuffs”, “Bread”, “Meat”, “Fish”, “Vegetables”, “Fruit”, “Confectionery”, “Grocery”.

РЫНОК: вещевой, продуктовый, книжный рынок.	MARKET: clothes market, food market, books market.
РАБОТАТЬ с ... *(род.п.)* до ... *(род.п.),* с перерывом на обед, без перерыва на обед; круглосуточно; открываться/открыться, закрываться/закрыться, магазин открыт, закрыт.	TO WORK from ... to ... , with a break for lunch, without a break for lunch ; round-the-clock; to open, to close, the store is open, closed.
ТОВАРЫ, продукты, вещи; с гарантией, без гарантии; дешёвые, дорогие; качественные; большой выбор (товаров).	GOODS/MERCHANDISE, foodstuffs, things; with a guarantee, without a guarantee; cheap, expensive; of high quality; large choice (of goods).
УПАКОВКА, коробка, коробок, пакет, пачка, бутылка, банка жестяная, стеклянная, тюбик.	PACKAGING, box, small box (for matches), plastic bag, package, bottle, can/tin, jar, tube.
ЦЕНЫ высокие, низкие, средние, умеренные.	PRICES high, low, average, reasonable.
ПРОДАВЕЦ, покупатель, кассир.	SALESMAN, customer, cashier.
ПРОДАВАТЬ/ПРОДАТЬ; распродажа.	TO SELL; sale.
ПОКУПАТЬ/КУПИТЬ, делать/сделать покупки; ходить за покупками; выбирать/выбрать; сравнивать/сравнить; получать/получить сдачу; взвешивать/взвесить.	TO BUY, to do shopping/to purchase; to go shopping; to choose; to compare; to get change; to weigh.
ПЛАТИТЬ/ЗАПЛАТИТЬ *(за что? сколько?)*, оплачивать/оплатить *(что?)*, расплачиваться/расплатиться *(с кем? за что?)*, недоплачивать/недоплатить *(за что? сколько?)*, доплачивать/доплатить *(за что? сколько?)*, переплачивать/переплатить *(за что? сколько?)*.	TO PAY FOR SOMETHING to pay, to pay, to underpay accidentally/to pay less than required accidentally, to pay the remaining balance, to overpay.

2. Давайте поговорим!

1 *а)* Прочитайте письмо. Перескажите его.

Здравствуй, Линда!

Приехав в Петербург, я обнаружил (discovered), что некоторые нужные вещи забыл дома. Пришлось идти в магазин.

В Петербурге много крупных универмагов ("Гостиный двор", "Пассаж" и другие). Но много и небольших частных магазинов, есть и бутики, где всё стоит довольно дорого. Ты знаешь, вещами я не увлекаюсь, но стало холодно, и мне пришлось купить шапку, шарф и перчатки. Я сделал очень просто: пошёл в "Гостиный двор" и купил всё сразу.

А вот есть надо каждый день, и бегать по три раза в столовую совсем не хочется, поэтому мне часто приходится ходить в продуктовый магазин. Продукты я обычно покупаю в ближайшем магазине. В магазинах самообслуживания и универсамах ничего спрашивать не надо, продукты берёшь сам и платишь за них при выходе. А вот в магазине, куда я хожу, покупателей обслуживает продавец, и поэтому здесь всё сложнее для меня. Я шучу, что такие магазины "придумали" специально для иностранцев, изучающих русский язык: сначала нужно выбрать продукты в отделе, затем заплатить деньги в кассу, получить сдачу у кассира, а потом уже взять в отделе продукты. Пока я иду в кассу, забываю, что сколько стоит. В кассе нужно быстро отвечать на вопросы: "Что?", "Сколько?", "Какой отдел?" и так далее. Но это хорошая практика, и я уже выучил много русских выражений: "У вас есть...?", "Сколько это стоит?", "Сколько с меня?", "Хлеб свежий?", "Две бутылки пива и пачку сигарет, пожалуйста!" и тому подобное.

Я много слышал о петербургских рынках, поэтому один раз я сходил на рынок. Я понял, что здесь можно купить не только продукты, но и различные вещи. Товары здесь дешевле, чем в магазине, но, как правило, без гарантии. Такие вещевые и продуктовые рынки можно увидеть практически возле любого метро. Но некоторые из них особенно популярны, например, "Апраксин двор" на Садовой улице или рынок около метро "Звёздная".

Вот и всё, что я знаю о магазинах в Санкт-Петербурге.

Всего тебе хорошего!

Мэтью.

б) Расскажите, как вы покупаете продукты в магазине с продавцом, в магазине самообслуживания, на рынке. Что вы делаете сначала, затем, после этого...

2 Побеседуем:

А КАК В ВАШЕЙ СТРАНЕ?

1) В какие магазины вы чаще всего ходите у себя дома?
2) Далеко ли эти магазины от вашего дома?
3) Где вы покупаете мясо, рыбу, овощи: в магазине или на рынке?
4) Как часто вы ходите на рынок и почему?
5) Когда вы чаще всего ходите в магазины: в будние дни или в выходные; утром, днём, вечером?
6) Как работают магазины в вашей стране?
7) Какие магазины работают в вашей стране в выходные и праздничные дни?

В ПРОДОВОЛЬСТВЕННОМ МАГАЗИНЕ

3 Прочитайте диалоги. Дополните диалоги одной–двумя репликами. Кто участники этих диалогов? Составьте аналогичные.

– Взвесьте, пожалуйста, килограмма полтора мяса.
– *Ничего, если на 200 граммов больше?*
– ... .

* * *

– Пожалуйста, 20 рублей 56 копеек.
– *Какой отдел?*
– ... .

* * *

– Как ты думаешь, какой шоколад лучше купить?
– *Мне нравится этот, с орехами, но Люда любит молочный.*
– ... .

* * *

– Скажите, пожалуйста, булочки свежие?

– *Да, всё привезли сегодня утром.*
– … .

* * *

– Взвесьте, пожалуйста, килограмм трески и две-три штуки селёдки.
– *Селёдка только в банках.*
– … .

4 Прочитайте и запомните названия упаковок товаров. Обратите внимание на то, что одни и те же товары могут быть в разных упаковках.

КОРОБКА	конфет, печенья.
КОРОБОК	спичек.
ПАКЕТ	конфет, печенья, сахарного песка, молока, кефира.
ПАЧКА	печенья, чая, масла, соли, фарша, творога, сигарет.
БУТЫЛКА	молока, кефира, пива, вина, воды, сока, лимонада.
БАНКА	варенья, тушёнки, майонеза, консервов, пива, сока.

5 Что вы хотите купить и сколько? Расскажите об этом, соединив слова из трёх колонок:

		сигареты
		сметана
	банка	спички
один	пачка	конфеты
четыре	бутылка	молоко
пять	коробка	сахар
десять	пакет	водка
	коробок	майонез
		соль
		коньяк

6 ***а)*** Перепутались реплики покупателя, продавца и кассира. Помогите разобраться. Для этого выпишите в первую колонку реплики покупателя, во вторую – продавца, в третью – кассира.

РЕПЛИКИ		
ПОКУПАТЕЛЯ	*ПРОДАВЦА*	*КАССИРА*

ИСПОЛЬЗУЙТЕ:

Касса направо.
Сколько стоит коробка конфет "Эрмитаж"?
Сколько с меня?
С вас 63 рубля.
Да, есть.
Извините, где касса?
Извините, какая касса?
Хлеб свежий?
Касса № 2.
Мясной.
Кондитерский.
Пожалуйста, платите в кассу.
Спасибо.
Какой отдел?
Да, свежий.
Получите, пожалуйста, с меня 25 рублей.
Ваш чек, девушка!
Пять рублей.
Скажите, пожалуйста, у вас есть торт "Полёт"?
Возьмите чек.
Возьмите сдачу 2 рубля и чек.
Взвесьте, пожалуйста, килограмм колбасы.
300 граммов конфет "Белочка".
Дайте, пожалуйста, торт (коробку конфет "Эрмитаж").
72 рубля 55 копеек.

б) Используя данные реплики, составьте диалоги:

- покупателя и продавца;
- покупателя и кассира.

7 Вставьте вместо точек названия отделов магазина и названия упаковок товара.

КО МНЕ ПРИДУТ ГОСТИ

В субботу ко мне придут гости. Я решил заранее купить продукты. В … отделе я купил два килограмма мяса и две … фарша, в … отделе – три килограмма картофеля, а также морковь и свёклу, в … отделе – две … конфет и … печенья, в … отделе – … пива, … шампанского и четыре … сигарет. Вернувшись домой, я обнаружил, что забыл купить … соли, … растительного масла и … чая. Придётся идти в магазин ещё раз.

8 Завтра воскресенье. Вы собираетесь на пикник. Всё готово, осталось только купить продукты. Составьте диалоги по следующим ситуациям.

СОБИРАЕМСЯ НА ПИКНИК!

1. *Мэтью надо купить мясо для шашлыка (shashlik, i.e. pieces of mutton roasted on a spit).* Он идёт в специализированный магазин “Мясо”, просит продавца взвесить два килограмма *баранины без костей (mutton without bones)*.

2. *Майя покупает сыр и масло для бутербродов.* Она идёт в молочный отдел гастронома, выбирает сыр (ей нужно 700 граммов), платит в кассу за сыр и масло (оно в пачках), а потом получает их у продавца.

3. *Патрику нужно купить овощи и фрукты.* Он идёт на рынок недалеко от дома: фрукты и овощи там дешевле. Патрик покупает два килограмма огурцов, килограмм помидоров, две головки чеснока и пучок зелени.

4. *Мария должна купить хлеб, чай и что-нибудь к чаю.* Она идёт в булочную, покупает две буханки чёрного хлеба, сушки (ей нужно полкило) и 10 сладких булочек. Оказывается, в булочной можно купить и чай. Здесь же Мария покупает пачку чая.

5. *Джон решил купить несколько бутылок пива и бутылку вина.* Он идёт в винный магазин. Кроме вина и пива, он покупает там коробок спичек и несколько пачек сигарет.

9 *а)* Прочитайте диалоги и разыграйте их. Придумайте аналогичные.

ДЖОН В "ДОМЕ КНИГИ"

– Скажите, пожалуйста, у вас есть карта Петербурга и путеводитель по городу?
– *На каком языке?*
– Можно на русском.
– *Вот карта и два путеводителя: большой и маленький, карманный. Вам какой?*
– Лучше карманный, удобнее носить с собой.
– *Пожалуйста, платите 80 рублей.*

ЯН СЮЦИНЬ ПОКУПАЕТ МАТРЁШКУ

– Что бы вы хотели купить?
– *Мне нужен сувенир. Что вы посоветуете?*
– Иностранцы обычно покупают у нас матрёшки. Хотите посмотреть?
– *Мне нравится вот эта.*
– А эта? Посмотрите, какая красивая!
– *И сколько матрёшек в этой большой матрёшке?*
– Сейчас посмотрим! О! Целых семь.
– *Отлично. Я её покупаю.*

У СЕСТРЫ ФЛОРИАНА СКОРО ДЕНЬ РОЖДЕНИЯ

– Девушка, я хочу купить оригинальный подарок для своей сестры.
– *Что-нибудь русское?*
– Конечно. Покажите мне, пожалуйста, вот эту чёрную коробку с ярким рисунком. Что это?
– *Это палехская шкатулка.*
– Очень красивая. Интересно, как же её делают?
– *Вначале мастер расписывает поверхность шкатулки, а затем покрывает её лаком. А Палех – это село недалеко от Суздаля, где с давних пор занимаются лаковой живописью.*
– Палехские шкатулки популярны в России?

– *Да, и в России, и за рубежом. Это ручная работа, и поэтому таки шкатулки стоят дорого. Но я советую вам её купить.*

– Шкатулка очень красивая, и к тому же это память о России. Я уверен что моя сестра будет очень довольна.

б) Почти все друзья Мэтью купили подарки своим друзьям и знакомым. А вот и сам Мэтью собирается в магазин. Как вы думаете, что он купит

- своему отцу (45 лет, коллекционирует марки);
- матери (42 года, преподаёт английский язык и самостоятельно изучает русский язык);
- сестре (17 лет, очень любит *украшения (jewelry)*);
- брату (22 года, увлекается теннисом);
- Линде (20 лет, обожает классическую музыку)?

Аргументируйте своё мнение. Какой разговор у него состоится с продавцами?

ИСПОЛЬЗУЙТЕ:

жостовский поднос, бусы, альбом для марок, словарь русского языка, компакт-диск, теннисная ракетка, марки, самовар, матрёшка, серьги, кольцо, зеркало, вышитое полотенце, шкатулка, теннисный мяч, бинокль, домашние тапочки, русский платок, спортивный костюм, книги, варежки.

в) А вы? Вы ведь тоже привезёте из России подарки и сувениры! Итак, вы идёте в магазины: "Сувениры", "Обувь", "Книги"... Что вы там купите? Составьте диалоги.

Прочитайте анекдот. Как вы его поняли?

Покупатель:

– Вы знаете, я хотел бы найти дешёвую, но красивую и прочную обувь.

Продавец:

– Я тоже.

1 Составьте диалоги:

- покупатель – продавец;
- покупатель – покупатель.

ИСПОЛЬЗУЙТЕ реплики, закончив их:

ПОКУПАТЕЛИ	ПРОДАВЕЦ
Я хотела бы купить … . Ты давно хотела иметь такую ... . Спасибо, я возьму. Я тебе советую купить. Меня интересует … . Ты же знаешь, я не люблю … . Нет, мне не нравится. Какой отдел? Покажите, пожалуйста, … . Я давно хотела иметь такую … . Да, это действительно красивая вещь. Это для меня дорого. Скажите, у вас есть … ? Благодарю вас. Я хочу сделать подарок. Сколько стоит … ? Помоги(те) мне, пожалуйста, выбрать … . Посоветуй(те), что купить … . Давай купим … . Я думаю, тебе это (не) подойдёт. Будьте добры, покажите … . Хорошо бы купить … . Это как раз то, что мне (тебе) нужно. Я беру. А что вы мне посоветуете?	Посмотрите вот этот (эту, это, эти) … . Примерьте, пожалуйста. Советую взять … . Могу предложить … . Сто двадцать рублей. Какой у вас размер? 90 рублей. Мужчине? Что бы вы хотели? Женщине? Что вас интересует? Пожалуйста. Посмотрите, какая красивая… . Что вы выбрали? Платите в кассу, пожалуйста. Вот посмотрите … . Выбрали что-нибудь? А это вам нравится? Может быть, этот (это, эту, эти) … ? Что вам больше нравится … ? Это Гжель. Возьмите подешевле. Эта шкатулка очень красивая. Какой словарь вы хотите купить?

12 *а)* Составьте диалоги по следующим ситуациям.

СИТУАЦИЯ 1

В ОТПУСК НА ЧЁРНОЕ МОРЕ

Семья Соловьёвых собралась в отпуск на Чёрное море. Они так долго мечтали об этом! Теперь надо купить всё необходимое для поездки: Ивану Петровичу – тёмные очки и плавки, его жене, Ольге Николаевне, – симпатичный халатик, а их дочке Светлане – лёгкую летнюю обувь.

Но вот они вошли в магази
И … Ивану Петровичу очень понра
вилась светло-серая шляпа. Оль
Николаевна не может отойти от кра
сивых, модных сапог, которые он
давно хотела купить.

А Светочка сразу побежала к куклам.

Какой разговор состоялся у них с продавцами? О чём они говорили между собой? И, самое главное, что же они, в конце концов, купили?

СИТУАЦИЯ 2

СЕГОДНЯ У ЗОИ ДЕНЬ РОЖДЕНИЯ

В день рождения Зои папа с дочерью пошли в магазин, чтобы купить Зое подарок.

Посмотрите на картинку и скажите, что предлагает папа купить своей дочери. И что она выбрала?

Какой разговор состоялся между папой и продавцом?

б) А теперь сочините рассказы по данным ситуациям.

13 **а)** Расскажите, какие покупки и в каких магазинах вы уже сделали в Петербурге.

б) Произнесите скороговорку быстро, ещё быстрее:

– *Расскажите про покупки.*
– Про какие про покупки?
– *Про покупки, про покупки,*
Про покупочки свои.

14 **а)** Прочитайте текст.

ТОРГОВЫЙ БИЗНЕС В РОССИИ

Что нового можно отметить в развитии торгового бизнеса в России?

Всё больше магазинов – как крупных, так и небольших – работает на самообслуживании. Сейчас в Петербурге более 300 крупных магазинов самообслуживания.

Многие крупные продовольственные магазины создают отделы с непродовольственными товарами, где вы можете купить посуду, стиральный порошок, игрушки, бытовые приборы.

Магазины предлагают своим покупателям самые разнообразные услуг Во многих супермаркетах за последние год–два появились аптечные кис ки, секции по продаже цветов, семян, мастерские по ремонту часов, обув открыты отделы для фотолюбителей, кафетерии, книжные и газетные ло ки. Но пока ассортимент услуг ещё отстаёт от зарубежных магазинов, пр которых действуют и турагенства, и почта, и автоматы по продаже почт вых марок.

Изменился в последнее время и режим работы супермаркетов. Много открыты 12–16 часов в сутки, но уже есть и такие, которые работают кру лосуточно.

К слову, на Западе по системе самообслуживания работают даже очен маленькие магазины. Это выгодно: *товарооборот (commodity turnover)* вы растает в несколько раз. Правда, в магазинах самообслуживания больше краж но зато товар не лежит и *не портится (doesn't spoil)*.

Существенное отличие от западной торговли – в ценах. На Западе супермаркетах цены в среднем на 5–10 % ниже, чем в мелких магазинах

Это достигается за счёт *высокого оборота (high turnover)* и эффектив ной организации труда. Там меньше продавцов и технического персонала в частности, компьютерные системы следят за товарами, фасовка автома тическая. Так, например, во Франции в магазинах сети "Карфур" можно увидеть сотрудников на роликовых коньках. Кроме того, западные супер маркеты делают *крупнооптовые закупки (large volume wholesale purchases* и за счёт этого могут делать *скидки на товары (discounts on goods)*.

В России ситуация совершенно иная: в супермаркетах цены на 10–15 % выше, чем в мелких магазинах. Это объясняется высокой арендной платой низкой организацией труда, а также отсутствием крупных оптовых цент ров, которые пока только формируются.

(По материалам прессы)

б) Ответьте на вопросы:

1) Каких магазинов больше в вашей стране: с продавцом или магазинов самообслуживания?

2) Какие из них вам больше нравятся? Почему?

3) Какие различия в торговле российских и ваших магазинов вы увидели:

- в режиме работы;
- в ассортименте товаров;
- в обслуживании покупателей;
- в услугах, которые предлагает магазин;
- в цене товаров,
- … ?

4) Что бы вы изменили в работе российских магазинов?

15 ***а)*** Познакомьтесь с таблицей.

Таблица 1

ГЛАГОЛ “ПЛАТИТЬ” С ПРИСТАВКАМИ			
ПЛАТИТЬ/ ЗАПЛАТИТЬ	*(за что?)*	за	работу проезд телефонный разговор квартиру билет покупку костюм
	(что?)		штраф налог
	(сколько?)		15 рублей
ОПЛАЧИВАТЬ/ ОПЛАТИТЬ	*(что?)*		работу проезд телефонный разговор экскурсию доставку (товаров) ремонт номер в гостинице счёт (в ресторане)
РАСПЛАЧИВАТЬСЯ/ РАСПЛАТИТЬСЯ	*(с кем?)*	с	продавцом водителем такси
	(за что?)	за	покупку, костюм, туфли

НЕДОПЛАЧИВАТЬ/ НЕДОПЛАТИТЬ *ДОПЛАЧИВАТЬ/ ДОПЛАТИТЬ* *ПЕРЕПЛАЧИВАТЬ/ ПЕРЕПЛАТИТЬ*	*(за что?)* *(сколько?)*	за костюм 5 рублей

б) Вставьте вместо точек глагол "*ПЛАТИТЬ*" с разными приставками.

1. Простите, могу ли я поменять платок вот на этот? Он дороже Ничего я ... .
2. Эта книга стоит дешевле. Вы ... 2 рубля. Верните чек в кассу, и ва отдадут деньги.
3. Этот альбом стоит дороже. Вы ... 2 рубля 50 копеек. ... , пожалуйста в кассу 2 рубля 50 копеек.
4. Мэтью … телефонный разговор с Чикаго.
5. Джон… с таксистом и побежал к зданию театра.

16 **а)** Познакомьтесь с таблицей.

Таблица

Сочетание количественных числительных в им. и вин. пад. с существительными *Collocation of cardinal numbers in the nominative and accusative cases with nouns*		Примеры	
два три четыре пятьдесят четыре	+ сущ. в род. пад., ед. ч. *noun in the genitive singular*	Я заплатил	4 рубля 54 копейки
пять, шесть пятьдесят шесть	+ сущ. в род. пад., мн. ч. *noun in the genitive plural*		6 рублей 56 копеек

Сосчитайте, сколько стоит ваша покупка. Правильно употребляйте числительные со словами *РУБЛЬ, КОПЕЙКА*.

1. В продуктовом магазине я купил (2, килограмм) мяса по (75, рубль), килограмм сыра за (72, рубль). За колбасу я заплатил (40, рубль, 87, копейка). Сметана стоила (34, рубль, 15, копейка). Всего я потратил (… рубль … копейка).
2. В галантерейном магазине я купил (3, тюбик) пасты по (9, рубль, 50, копейка), (2, кусок) мыла по (8, рубль). За дезодорант я заплатил (58, рубль). Сколько стоили все мои покупки? (… рубль).
3. В магазине "Сувениры" я заплатил за матрёшку (63, рубль), за шкатулку (98, рубль). Платок стоил (180, рубль). Сколько я заплатил за свои покупки? (… рубль).

17 *а)* Прочитайте диалоги. Как вы поняли значение выделенных фразеологизмов?

– Ты не знаешь, почему о богатом человеке говорят: "*У него денег куры не клюют?*" Причём здесь куры?
– Это чисто русское выражение. Куры *не клюют зерно (don't peck grain)* тогда, когда его очень много и они сыты. А раньше у кого было много зерна, тот и был богат.

* * *

– Ты свободна завтра?
– Нет, я должна идти с мужем за покупками.
– А разве он не может сходить сам?
– Нет, он всегда *тратит (spends) много денег*, прямо *сорит деньгами*. Обязательно купит что-нибудь лишнее, поэтому я предпочитаю делать покупки вместе.

* * *

– Какой прекрасный костюм! Посмотри! Я давно ищу такой!
– Действительно чудесный! И сшит хорошо, и цвет приятный!
– Подожди, надо посмотреть, сколько он стоит. О-о, это *слишком дорого* для меня, *это мне* сейчас *не по карману*.

* * *

– Для кого ты покупаешь подарок?

– Для своей девушки: у неё скоро день рождения.

– А ты знаешь, что ей нравится?

– Я знаю, что она увлекается музыкой, но, честно говоря, я боюсь ошибиться и *попасть впросак*.

– Чтобы не *попасть в неловкое положение*, я советую тебе купить то, что всегда нравится всем девушкам: коробку конфет и букет роз.

б) Запишите в таблицу толкования фразеологизмов.

ФРАЗЕОЛОГИЗМЫ	ЗНАЧЕНИЯ ФРАЗЕОЛОГИЗМОВ
(У него) денег куры не клюют	
Сорить деньгами	
(Это мне) не по карману	
Попасть впросак	

в) В каких ситуациях можно использовать эти фразеологизмы? Составьте короткие рассказы и употребите в них данные фразеологизмы.

18 Согласны ли вы с тем, что

- мужчины не любят ходить по магазинам;
- вы покупаете то, за что платите;
- за деньги можно купить всё?

3. Время. События. Люди

ПРИМЕТЫ ВРЕМЕНИ

ТОРГОВЛЯ В РОССИИ: ВЧЕРА И СЕГОДНЯ

В начале 90-х годов в России появилась небольшая прослойка богатых юдей ("новые русские"). Они покупали за границей *недвижимость (real state)*, за один вечер оставляли в дорогих ресторанах по несколько тысяч олларов, оптом скупали в модных магазинах дорогие наряды. Основная се масса населения имела небольшие доходы и покупала советские товары.

Именно поэтому в страну стали завозить либо дорогие товары для новых русских", либо дешёвые, не очень качественные товары.

Появилась целая армия *"челноков" (shuttle merchants)*, которые ездили а товаром в Польшу, Турцию, Китай, Грецию, где оптовые цены наиболее изкие. Возвратившись домой, "челноки" чаще всего арендовали место на аком-нибудь вещевом рынке и там торговали.

В результате почти вся страна стала носить одинаковые кофты из ангоры, дешёвый трикотаж, кожаные куртки плохого качества. Другого ведь всё равно не было.

Более того, кроме "челноков"-одиночек, снабжавших вещевые рынки-"толкучки", в стране появились крупные торговые фирмы, поставлявшие свой товар на те же толкучки и в магазины. В результате в магазинах продавалось примерно то же самое, что и на вещевых рынках, но только подороже.

Торговый бизнес в это время приносил неплохие доходы: в первом случае – за счёт высоких цен, во втором – *за счёт оборота (by virtue of the turnover)*.

Года 1,5–2 назад на российском рынке возникли проблемы: люди не так активно стали покупать как очень дешёвые, так и очень дорогие товары.

Чем это можно объяснить?

Во-первых, "новые русские" (по оценкам социологов, они по-прежнему составляют 1–1,5% населения) во многом *удовлетворили свои потребности (had satisfied their needs)*.

Во-вторых, появился новый покупатель.

1996 год условно можно считать годом рождения в России среднего класса. Именно в этом году коммерсанты заговорили о появлении людей, требующих не очень дорогих, но вместе с тем качественных товаров.

В США и Западной Европе рациональный подход к трате денег счит ется нормой. Там люди нередко ждут сезонных распродаж. В Западно Европе сезонные скидки на одежду доходят до 50–70 %, и именно тогд люди покупают вещи.

В Америке поиск места, где подешевле, – своего рода национальны спорт.

Купить дорогую вещь по низкой цене – целое искусство, и на эту тем выпускаются учебные пособия.

Русские покупатели начинают перенимать эту психологию: прежде че купить ту или иную вещь, они ищут магазин, где она подешевле. Нередк они ждут *сезонных скидок (seasonal discounts)* и, если не получают их одном магазине, идут в другой.

Однако в России распродажи устраивают не так часто. К тому же скидки, по европейским меркам, небольшие (на 5–10 %), да и то не на вс товары.

В Америке, например, существуют не только сезонные, но даже ежедневные распродажи. В России же торговля намного консервативнее. И если положим, зубная паста "Колгейт" стоит 40 рублей, то так она ещё будет стоить очень долго… К сожалению…

(По материалам прессы)

ЭЛЕКТРИЧКА, ИЛИ … БАЗАР НА КОЛЁСАХ

"В пригородных электричках можно купить всё!" – говорит моя коллега, которая каждый день ездит на работу на электричке.

На каждой станции в вагон вбегают продавцы со всяким товаром: книгами, газетами, тетрадями, ручками, карандашами, косметикой…

Таких продавцов *штучных товаров (*single piece goods*)* на Руси издавна называли *коробейниками (pedlars)*. Как правило, современные коробейники должны иметь письменное разрешение на продажу, но часто такого документа у них нет.

Специалисты говорят, что большинство товаров, которые продают коробейники в поездах, низкого качества. "Суперклей" клеит только бумагу, сверхдешёвые перчатки "живут" день–два.

Да, в вагоне можно купить, например, мужскую сумку всего за 105 рублей – в два раза дешевле, чем в магазине. Возможно, сумка будет качественной. Но можно купить и бракованный товар.

Словом, если хотите рисковать – покупайте в электричках!

(По материалам прессы)

4. Проверьте себя!

1. Составьте словосочетания с предлогом или без предлога:

заплатить деньги (касса)
работать (продавец)
покупать (рынок)
магазин (самообслуживание)
перерыв (обед)
рассказать (покупка)

2. Подберите антонимы к следующим словам и словосочетаниям:

открываться –
богатый выбор (товаров) –
высокие цены –
недоплатить –
частный магазин –

3. Вставьте названия упаковок товаров.

Купить … печенья, … молока, … пива, … сахарного песка, … спичек, … чая, … сока, … сигарет.

4. Вставьте глагол *ПЛАТИТЬ* с приставками.

Я часто хожу за покупками в центральный универмаг. Сегодня я купил костюм. Я … за него 1 600 рублей. Когда я … с кассиром за покупку, я дал больше денег, чем надо было, то есть я … . Конечно, я вернул чек в кассу, и мне отдали деньги. При этом кассир сказала: "Нужно быть внимательнее! Одни покупатели … , другие … , а за всё отвечаю я!"

Домой я поехал на трамвае. В трамвае я … свой проезд. Я всегда шучу: "Лучше … за билет 4 рубля, чем … штраф 50 рублей".

Дома я увидел две квитанции: мне надо было … телефонный разговор с Москвой и … за квартиру.

5. Закончите фразеологизмы.

Надежда Петровна предпочитает ходить по магазинам вместе с мужем, потому что он часто тратит много денег зря, *просто сорит* … .

Маша хочет выйти замуж только за богатого молодого человека, за такого, *у которого куры* … .

Ирина увидела сегодня в магазине очень красивое платье, но она не купила его. "Жаль, конечно, но мне *оно не по* ...", – подумала Ирина.

Серёжа впервые собрался на свидание. Он решил посоветоваться со старшим братом, что подарить девушке, чтобы не попасть в неловкое положение, то есть не *попасть* … .

6. Какие могли быть реплики?

– … ?

– Я хочу подарить отцу шарф.

* * *

– … ?

– Хорошие сувениры можно купить в универмаге "Гостиный двор".

* * *

– … ?

– К сожалению, у меня нет мелочи.

* * *

– … ?

– Меня интересуют аудиокассеты с записью песен Владимира Высоцкого.

7. Напишите сочинение на тему: "Я люблю (не люблю) ходить по магазинам".

14 А ВОТ И ПОЧТА!

1. Лексика по теме

ПОЧТА, почтовое отделение связи; главпочтамт; отделения (окна) на почте. Почтовые отправления, письмо, открытка, телеграмма; бандероль, посылка; денежный перевод. Почтальон.	MAIL, local post office; main post office; departments (windows) at the post office. Postal dispatches, letter, postcard, telegram; printed matter/book-post, parcel; money transfer. Postman/Mailman.
ПИСЬМО: официальное, дружеское. Писать/написать письмо *(кому?)*; писать часто, редко; адресат; переписываться *(несов.) (с кем?)*.	LETTER: official, friendly. To write a letter *(to whom?)*; to write often, rarely; addressee; to correspond *(with whom?)*.

Конверт. Адрес, индекс. Надписывать/надписать конверт, вкладывать/вложить письмо в конверт, запечатывать/запечатать, заклеивать/заклеить. Посылать/послать, отправлять/отправить; опускать/опустить, бросать/бросить в почтовый ящик. Получать/получить, приносить/принести. Распечатывать/распечатать.	Envelope. Address, postal code/zip code. To address, to put/insert a letter into an envelope, to close up, to seal. To send, to dispatch; to put/to drop into the letter-box/mailbox. To receive, to bring. To open/to break the seal.
ТЕЛЕГРАММА: простая, поздравительная. Посылать/послать, отправлять/отправить телеграмму; заполнять/заполнить бланк.	TELEGRAM: simple, congratulatory. To send/to dispatch a telegram; to fill in the form.
ФАКС; отправлять/отправить факс.	FAX; to send a fax.
ЭЛЕКТРОННАЯ ПОЧТА; отправлять/отправить письмо по электронной почте.	ELECTRONIC MAIL; to send an E-mail.
ДЕНЕЖНЫЙ ПЕРЕВОД; приём и выдача денежных переводов; посылать/послать деньги по почте или телеграфом.	MONEY TRANSFER; reception/receipt and issue/issuance of money transfers; to send a money by mail or by telegraph.

2. Давайте поговорим!

КАК РУССКИЕ ПИШУТ ПИСЬМА

1 *а)* Прочитайте письмо.

Дорогая Линда!

Ты давно просила меня написать подробно о том, как русские пишут письма, а я всё откладывал, так как многого не знал. Поэтому я попросил нашу преподавательницу рассказать нам об этом, и вот что она рассказала:

"В русском письме, как и в любом другом, в начале письма обычно идёт ОБРАЩЕНИЕ: "Здравствуй, Петя!", "Здравствуйте, мама и папа!" Если вы пишете письмо вашему хорошему знакомому или родственнику, человеку одного с вами возраста, вы можете начать письмо так: "Дорогой Петя!" или "Мои милые мама и папа!" Кстати, слово "дорогой" употребляется чаще всего.

Если это письмо официальное, то обычно используются обращения типа: "Многоуважаемая Анна Петровна!", "Уважаемый товарищ Петров!", "Многоуважаемый господин Маршалл!", "Уважаемый господин директор!"

ФРАЗЫ ПИСЬМА ПОСЛЕ ОБРАЩЕНИЯ могут быть такие: "Я получил твоё письмо, спешу ответить", "Я был очень рад получить твоё письмо" (если вы сразу отвечаете на письмо) или "Извини меня за молчание", "Прости, пожалуйста, что долго не писал" (если вы не сразу ответили на письмо).

Информация, которую вы хотите передать, может начинаться словами: "Теперь о новостях", "Хочу поделиться с тобой хорошими новостями", "Сообщаю тебе последние новости".

ФРАЗЫ, ЗАКАНЧИВАЮЩИЕ ПИСЬМО, также традиционны: "Ну, вот и всё", "Никаких новостей больше нет", "Не забывай писать", "Пиши чаще", "С нетерпением жду от тебя письма", "Желаю тебе всего хорошего!"

Затем обычно просят передать привет: "Передай привет маме, брату и всем знакомым". Часто к адресату обращаются со словами: "Напиши о себе", "Как ты живёшь?", "Что у тебя нового?"

В самом конце письма обычно пишут: "Целую. Обнимаю", "Пока", "До свидания", "До встречи!"

И, наконец, ПОДПИСЬ В ПИСЬМЕ: " С любовью, Маша", "Твой Пётр".

Дата письма обычно ставится с правой стороны в начале или в конце письма".

Ну, вот и всё. Пока. Обнимаю.

Твой Мэтью.

б) Выпишите из текста фразы, которые обычно пишут в дружеских письмах. Сравните фразы дружеского и официального письма.

ЧАСТИ ПИСЬМА	ДРУЖЕСКОЕ ПИСЬМО	ОФИЦИАЛЬНОЕ ПИСЬМО
1. ОБРАЩЕНИЕ		• Уважаемая редакция! • Уважаемый товарищ редактор! • (Много)уважаемый господин Маршалл!
2. ФРАЗЫ ПИСЬМА ПОСЛЕ ОБРАЩЕНИЯ		• В ответ на ваше письмо мы сообщаем … . • Разрешите напомнить вам о … . • Мы хотели бы довести до вашего сведения … .
3. ФРАЗЫ, ЗАКАНЧИВАЮЩИЕ ПИСЬМО		• Просим сообщить ваше мнение. • Ожидаем вашего ответа (решения). • Надеемся на ваш благоприятный ответ. • Желаем успехов в работе.
4. ПОДПИСЬ В ПИСЬМЕ		• С глубоким (искренним) уважением … . • Искренне Ваш Петров.

2 ***а)*** Познакомьтесь с разными видами писем.

ПИСЬМО-ИНФОРМАЦИЯ (СООБЩЕНИЕ)

Здравствуйте, мои дорогие!

Спешу сообщить, что у меня всё нормально, вчера я сдала последний экзамен. Мама, не волнуйся, я чувствую себя отлично.

Как у вас дела? Как Андрей? Как его нога? Надеюсь, что он уже вышел из больницы.

Я постараюсь приехать недели через две. Как только куплю билет, сразу позвоню вам.

Передавайте привет всем знакомым. Целую вас.

Наташа.
28 июля 2000 г.

ПИСЬМО-ИЗВИНЕНИЕ

Дорогая Светочка!

Прости, что долго не отвечала: сдавала экзамены. Письмо твоё с поздравлением и фотографиями получила. Большое спасибо. Снимки чудесные! О твоей просьбе (купить фотоальбом) я помню, но ещё не было времени побегать по магазинам.

Целую тебя. Скоро напишу большое письмо.

Твоя Лена.
04.08.2000.

ПИСЬМО-ПОЗДРАВЛЕНИЕ

Дорогая Танюша!

Сердечно поздравляем тебя с наступающим Новым Годом! Желаем тебе счастья и радости, отличного здоровья и удачного нового года. Пусть *сбудутся (will come true)* все твои мечты!

Целуем тебя, обнимаем.
Мама и папа.
25.12.2000.

ПИСЬМО-БЛАГОДАРНОСТЬ

Многоуважаемый Пётр Александрович!

Глубоко признателен Вам за ваше письмо, поздравлени и внимание. Был очень тронут. Благодарю Вас, а также все коллег за тёплые пожелания.

Искренне Ваш,
Т. Г. Полянский
24 апреля 2000 г.

ПИСЬМО-ПРОСЬБА

Привет, Миша!

Как у тебя дела? Что нового? Я давно от тебя ничего не получал. У меня всё по-старому: адрес прежний, работаю в университете, собираюсь в аспирантуру, не женился.

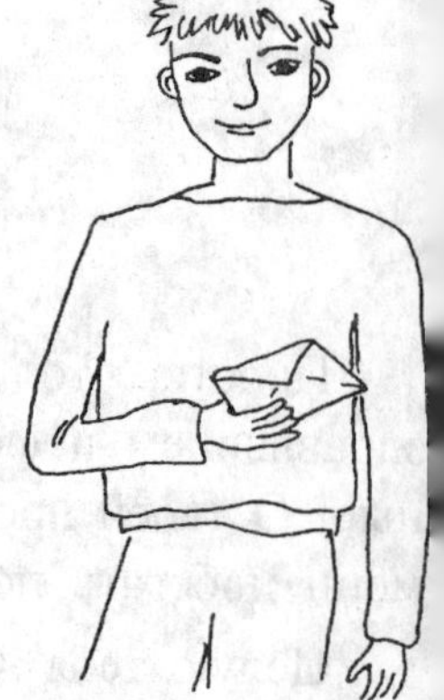

Миша! У меня к тебе огромная просьба, как говорится, *не в службу, а в дружбу (as a favour)*: не мог бы ты в "Доме книги" купить для меня последнее издание "Русско-английского словаря". Я слышал, что его уже продают. Был бы тебе очень благодарен.

Пиши, старик, не забывай!

Андрей.

P.S. Да, тебе передаёт привет Наташа Пелёвина.
Она теперь детский врач, представляешь?

б) Напишите письмо своему другу, если вы хотите:

- рассказать ему о вашей учёбе в Петербурге;
- поздравить его с днём рождения;
- попросить его поставить вашу машину в гараж;
- извиниться, что уехали, не попрощавшись;
- попросить его прислать нужные вам для работы книги;
- поблагодарить его за поздравление с Рождеством.

3 Прочитайте диалоги. Вместо точек вставьте нужные глаголы.

– Мэтью, куда ты идёшь?
– *На почту. Мне нужно ... письмо в Америку.*
– Отлично! Возьми и моё письмо. Ты можешь ... его в почтовый ящик?
– *Конечно. О, посмотри, ты неправильно ... конверт и не ... индекс.*

* * *

– Скоро Рождество. Ты уже ... поздравительные открытки?
– *Да, но ещё не ... . Как и большинство ленивых людей, я люблю ... поздравления, но не люблю... .*

* * *

– Ты ... с Томом?
– *Да, вот только что ... от него письмо.*
– Ты уже ... на него?
– *Нет ещё, хочу ... завтра. Как ты думаешь, когда письмо ... в Бостон?*

ИСПОЛЬЗУЙТЕ:

отправлять/отправить, бросать/бросить, надписывать/надписать, указывать/указать, покупать/купить, посылать/послать, получать/получить, писать/написать, отвечать/ответить, приходить/прийти, переписываться.

4 Вы получили письмо от друга и хотите ответить ему. Расскажите, что вы будете делать.

ИСПОЛЬЗУЙТЕ глаголы в будущем времени:

покупать/купить, писать/написать, надписывать/надписать, указывать/указать, вкладывать/вложить, заклеивать/заклеить, опускать/опустить.

КАК РАБОТАЕТ ПОЧТА В РОССИИ

5 **а)** Прочитайте письмо Мэтью.

Здравствуй, Том!

В последнем письме ты спрашивал меня о том, как работает русская почта. В России на почте есть разные отделения (окна). Этим русская почта, в первую очередь, и отличается от американской, где все почтовые операции можно производить в любом "окне".

В окне "ПРИЁМ ТЕЛЕГРАММ", конечно, отправляют телеграммы. Чтобы послать телеграмму, нужно заполнить бланк. Каждое слово в телеграмме, включая адрес, стоит около ... рублей, поэтому в телеграмме обычно не ставят точек, запятых, знаков восклицания, а также предлогов. Например, вместо "поздравляю с праздником" в телеграмме пишут "поздравляю праздником".

Однако в России, как во всём мире, телеграммы стали посылать реже, чаще звонят или отправляют факс и, конечно же, пользуются и электронной почтой (это значительно дешевле, чем факс или телефонный звонок).

В окне "ПРИЁМ И ВЫДАЧА ДЕНЕЖНЫХ ПЕРЕВОДОВ" можно послать деньги по почте или телеграфом. Телеграфом, конечно, быстрее. В этом окошке, как правило, пенсионеры получают пенсию, и в день выплаты пенсий здесь бывает очередь.

В окне "ПОЛУЧЕНИЕ И ОТПРАВЛЕНИЕ ЦЕННЫХ ПИСЕМ И БАНДЕРОЛЕЙ" можно отправить бандероль. Это небольшая посылка весом до 1 килограмма. Если посылка весит больше, чем 1 килограмм, её отправляют в другом окне – "ПРИЁМ И ВЫДАЧА ПОСЫЛОК".

Да, на почте можно купить марки и конверты, а также различные открытки.

Вот и всё.

Счастливо! Пиши.

Мэтью.

P.S. Так что же тебе послать: письмо? А может, бандероль? Я купил тебе очень интересный сувенир (не скажу, какой!). Итак, жди бандероль!

б) Назовите все окна почтового отделения в России. Какие операции производятся в каждом из них?

6 ***а)*** Мэтью на почте. Прочтите реплики. К каким "окнам" подходил Мэтью?

- Мне нужно отправить книгу.
- Дайте, пожалуйста, конверт и поздравительную открытку!
- У вас можно подписаться на журнал "Огонёк"?
- Я хотел бы отправить поздравительную телеграмму.

б) Составьте диалоги. Используйте реплики задания "*а*".

МЭТЬЮ	РАБОТНИК ПОЧТЫ
• … .	• Да, пожалуйста, заполните бланк.
• … .	• С вас … рублей.
• … .	• К сожалению, подписка на газеты и журналы закончена!
• … .	• Эту книгу можно отправить бандеролью: она весит 500 граммов.

7 Вам нужно отправить бандероль. Расскажите, как вы это сделаете.

ИСПОЛЬЗУЙТЕ:

послать, отправить книги бандеролью, окошко, где принимают бандероли, мелкие вещи (кассеты, компакт-диски, книги, духи), взвесить, вес не больше 1 кг (до килограмма), заполнить бланк, написать список вещей (опись), написать адрес на бандероли, выписать квитанцию.

8 Мэтью в Петербурге. Ему нужно:

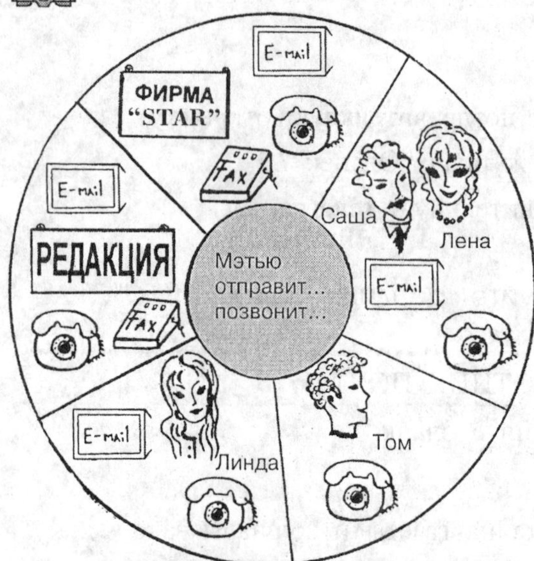

- поздравить русских друзей праздником (Лена и Саша живу в Петербурге);
- сообщить Тому о своём предсто ящем приезде в Бостон;
- рассказать Линде о поездке Москву;
- отправить в фирму "Star" свой сертификат об обучении в РГПУ им. А.И. Герцена;
- послать статью о Петербурге один из американских журналов

Рассмотрите картинку. Как вы думаете, кому что Мэтью отправит? Или позвонит? Почему?

9 Познакомьтесь с мнением писателя Владимира Войновича о том, как будут общаться люди в XXI веке. Согласны ли вы с В.Войновичем?

Я считаю, что будущее за Интернетом. Через некоторое время всё человечество будет общаться, писать письма, разговаривать, покупать, продавать, жениться, разводиться и судиться через Интернет.

Разумеется, всякие переговоры администраторов и глав правительств будут по Интернету.

Более того, расстояния перестанут разделять родственников и друзей. Они будут встречаться и общаться между собой почти физически когда угодно.

Не будет почтальонов, курьеров, и это разгрузит транспорт в пределах города, страны и планеты.

3. Время. События. Люди

КАЛЕЙДОСКОП МНЕНИЙ

РУССКАЯ ДЕЛОВАЯ ЖЕНЩИНА

1. Женщина в бизнесе

(Интервью с генеральным директором Петербургского института международного менеджмента Сергеем Мордовиным)

– Не менее 30 процентов слушателей нашего института – представительницы прекрасного пола. А среди работающих у нас более половины – женщины. Недавно мы готовили группу российских менеджеров для обучения за рубежом. Нас попросили, чтобы в ней было побольше женщин: и психологический климат лучше, и работать интереснее. Наши зарубежные коллеги удивились, что для нас выполнить такое условие очень легко.

– Как вы считаете, деловая женщина – это хорошо для дела или... не очень?

– Часто намного лучше, чем деловой мужчина, гораздо опаснее для конкурентов. Женская интуиция – очень сильное оружие в бизнесе. Женщина принимает самые нетрадиционные решения и побеждает конкурентов там, где мужчина мыслит традиционно. Я, например, очень боюсь их.

У женщин много и других прекрасных качеств. Они значительно общительнее и критичнее мужчин, оптимистичны, радикальны, не боятся трудностей, *стремятся к новшествам (strive after innovations).* И аналитические способности у них довольно высоки. В российском бизнесе сегодня особенно ценится умение рисковать, а женщины смело идут на риск.

– А как насчёт обедов и других хозяйственных забот? Остаётся ли им место в жизни деловой женщины? Не мешают ли ей муж и дети? Интересуется ли она искусством, ходит ли в театры, на выставки?

– Во-первых, деловая женщина хорошо зарабатывает. Она может и пообедать в ресторане, и такси взять, и купить для своего дома современную бытовую технику, которая поможет быстро сделать все домашние дела. Тогда останется время и на театры.

Другое дело, что деловой женщине необходимо понимание в семье. Лучше всего, если её муж тоже бизнесмен. Тогда он простит и пустой холодильник, и неприготовленный обед, и позднее возвращение домой.

2. Журналист Константин Боровой о "новых русских" женщинах

Есть чисто женские качества, которые помогают добиться успеха. Например, обаяние. Есть определённые сферы, в которых женщина может быть весьма успешна. Например, *на телевидении, в шоу-бизнесе, в моде* – в тех областях, где важно, как одет человек, как он себя ведёт, как общается с собеседником.

Менее успешна русская женщина в *банковском деле*. Женщин-руководителей там очень мало. Причина – жёсткая конкуренция, в ней способны выжить лишь мужчины. Что мешает женщине в бизнесе? Фантазёрство, чрезмерная эмоциональность.

Бизнес – штука тяжёлая, он физически изматывает, не каждая женщина способна это выдержать. Иногда ей приходится полностью меняться психологически. Я встречал таких бизнесменш, в основном западных: внешне холёные, красивые, а на самом деле – мужики…

Что же касается *политики*, то женщин там у нас нет вообще. В политике нужны неженские качества – способности к анализу, экспертизе. Те женские фигуры, которые мелькают иногда "в сферах", политиками не являются.

Как правило, "новые русские" женщины разведены, живут вне брака и делают это совершенно осознанно. Есть более-менее постоянный друг, но "новой русской" хочется чувствовать себя максимально независимой. С другой стороны, ей гораздо труднее, чем женщине обычной, найти партнёра. Иные требования к мужчине – интеллектуальные, эмоциональные… "Средний" мужчина её раздражает.

В будущем число "новых русских" женщин должно увеличиться. У молодых холодный ум, хорошее образование и нет ещё разочарований в жизни. И главное – женщинам стали давать дорогу. Раньше их роль была чисто декоративной, при коммунистах всерьёз их не воспринимали. Сейчас – дело иное.

(По материалам прессы)

4. Проверьте себя!

1. Составьте словосочетания с предлогом или без предлога:

посылать (телеграмма)
письмо (Россия)
опустить письмо (почтовый ящик)
получить письмо (друг)
писать (родители)
переписываться (фирма)

2. Соедините синонимы из двух колонок:

посылать	адресат
вести переписку	запечатывать
получатель	переписываться
заклеивать	отправлять

3. Вставьте в текст пропущенные слова.

Я часто … письма и сам … много писем. Друзья, с которыми я учился, разъехались по всему свету. Я … со многими из них. Почти каждый день почтальон … мне вместе с газетами несколько писем.

Письма я обычно … вечером, а на другой день … их в … недалеко от нашего дома.

4. Составьте как можно больше словосочетаний со словом *ПИСЬМО*:

- *какое?* ....
- *куда?* ....
- *откуда?* ....
- *кому?* ....
- *от кого?* ....

5. Напишите письмо-сообщение.

Вы сдали экзамены и сообщаете об этом своей подруге. Вы также пишете ей о своих планах на летние каникулы.

6. Вставьте нужные глаголы.

– Мэтью, кому ты ... телеграмму?
– Линде. У неё завтра день рождения.

* * *

– Ты любишь ... письма своим друзьям?
– Не очень. Зато люблю ... их.

* * *

– Кому ты ... письмо?
– Своему другу в Петербург, но не знаю, как правильно ... конверт.
– Я тебе помогу.

* * *

– ... , пожалуйста, бандероль.
– Вы ... бланк на бандероль?
– Да. Вот он.

7. Напишите сочинение на тему: "Почему я люблю (не люблю) писать письма".

15 АЛЛО! Я ВАС СЛУШАЮ

1. Лексика по теме

ТЕЛЕФОН, телефонный аппарат, телефонная трубка; телефон: домашний, служебный, рабочий; телефон с АОН (автоматическим определителем номера), телефон с автоответчиком; радиотелефон, мобильный, сотовый. Телефон-автомат; таксофон.	TELEPHONE/PHONE, telephone set, telephone receiver; telephone: home, official, work; telephone with caller ID, telephone with answering machine; radiotelephone, mobile, cellular telephone. Public telephone; payphone.
ГОВОРИТЬ ПО ТЕЛЕФОНУ; пользоваться/воспользоваться телефоном. Брать/взять, снимать/снять, поднимать/поднять трубку (телефона). набирать/набрать номер, код страны, города;	TO SPEAK ON THE TELEPHONE; to use the telephone. To pick up, to remove, to raise the receiver (of the telephone); to dial a number, country code, city code;

гудок: короткий, длинный; оставлять/оставить информацию секретарю, на автоответчике; перепутывать/перепутать номер телефона; ошибаться/ошибиться номером; вешать/повесить, класть/положить трубку (телефона).	beep: short, long; to leave information for a secretary, on the answering machine; to mix up a phone number; to dial a wrong number; to hang up, to put down the receiver (of the telephone).
ЗВОНИТЬ/ПОЗВОНИТЬ, зазвонить *(сов.)*, перезванивать/перезвонить, дозваниваться/дозвониться, созваниваться/созвониться.	TO CALL(UP)/TO PHONE, to begin to ring, to call back, to get through on the phone, to get in touch over the phone.
ДАВАТЬ/ДАТЬ ТЕЛЕФОН (номер телефона), брать/взять телефон (номер телефона); записывать/записать номер телефона (телефон), запоминать/запомнить номер телефона, забывать/забыть номер телефона; терять/потерять номер телефона.	TO GIVE A TELEPHONE (phone number), to take a telephone (phone number); to write down a phone number, to remember a phone number, to forget a phone number; to lose a phone number.
УСТАНАВЛИВАТЬ/УСТАНОВИТЬ ТЕЛЕФОН, платить/заплатить за телефон, оплачивать/оплатить разговор.	TO INSTALL A TELEPHONE, to pay for the telephone, to pay for a phone call.

2. Давайте поговорим!

1 ***а)*** Прочитайте письмо.

Здравствуй, Том!

Когда я уезжал в Петербург, ты дал мне два номера телефона и попросил меня позвонить твоим знакомым. Просьбу твою я постарался выполнить.

Я купил магнитную телефонную карту и позвонил по первому телефону. Этот телефон (156-12-87) был домашний, но никто не снимал трубку. К счастью, работал автоответчик, и я оставил информацию на автоответчике.

Второй телефон был служебный, и с ним мне совсем не повезло: он был постоянно занят. Я звонил несколько раз и каждый раз слышал только короткие гудки. Я набирал номер снова и снова и уже подумал, что ты дал мне неправильный номер. И вдруг услышал весёлый голос девушки: “Здравствуйте! Фирма “Петербургский дом” слушает!” (Как я понял, это была секретарь). Я попросил позвать к телефону Михайлова Сергея Петровича. К сожалению, его не было на месте. Тогда я попросил секретаря передать Сергею Петровичу мои координаты: адрес и номер телефона гостиницы.

После истории с фирмой “Петербургский дом” я подумал, что в России важнее не глагол “звонить”, а глагол “дозвониться”. Впрочем, русские сами о себе в шутку говорят, что любят болтать по телефону: “висеть” на телефоне.

Кстати, я видел, что в Петербурге многие пользуются мобильными телефонами и на улице, и в машине. Такова примета времени.

Пока всё!

Мэтью.

P.S. Посмотри, это Маша (дочка Лены и Саши) нарисовала, как её мама “висит” на телефоне.

б) Побеседуем:

1) Каким телефоном вы предпочитаете пользоваться дома:
   - обычным;
   - телефоном с автоответчиком;
   - мобильным телефоном;
   - телефоном с автоматическим определителем номера (АОН);
   - каким-нибудь ещё?
2) Любят ли люди в вашей стране “болтать” по телефону?
3) Сколько минут длится у вас “обычный” разговор по телефону?
4) Принято ли в вашей стране звонить родственникам или знакомым
   - рано утром;
   - после 10 часов вечера;
   - в выходные дни?

> *К СВЕДЕНИЮ!*
>
> Русские обычно называют номер телефона так:
>
> 156-12-87 –
>
> сто пятьдесят шесть – двенадцать – восемьдесят семь.
>
> 

2 *а)* Познакомьтесь с таблицей.

Таблица 1

ЗВОНИТЬ/ПОЗВОНИТЬ *To call (up)*		
Глагол ЗВОНИТЬ с приставками	Значение	Примеры
1. *ЗАЗВОНИТЬ (сов.)* *to begin to ring*	начать звонить	Телефон громко *зазвонил.*

- Наташа дома?
- Попросите, пожалуйста, Наташу.
- Будьте любезны Наталию Николаевну.
- Простите за беспокойство, нельзя ли пригласить к телефону Наташу?
- Вы не могли бы позвать (попросить) к телефону Наташу?

- Соедините меня с директором, пожалуйста.
- Можно мне поговорить с директором?
- Я хотел бы поговорить с директором.
- Мне нужно поговорить с господином Петровым.

IV. КАК ОТВЕТИТЬ НА ЭТУ ПРОСЬБУ

(абонент на месте)

- Подождите минуточку. Он (она) сейчас подойдёт.
- Подождите, пожалуйста. Сейчас позову.
- Одну минуту. Он (она) сейчас освободится.
- Подождите немного, пожалуйста. Директор говорит по другому телефону.

(абонента нет на месте)

- Его (её) сейчас нет на мест Что ему (ей) передать?
- Он (она) уехала.
- Он (она) на работе (в отъезде, в командировке).
- Позвоните по телефону 115-46-28.
- Его (её) сейчас нет на месте Вы не могли бы перезвони

V. КАК ПРИГЛАСИТЬ К ТЕЛЕФОНУ

- Наташа! Это тебя!
- Наташа! Тебя к телефону!

- Господин Петров! Вас п сят к телефону!
- Сергей Иванович, во пожалуйста, трубку!

VI. КАК ОБРАТИТЬСЯ С ПРОСЬБОЙ ПЕРЕДАТЬ КОМУ-ЛИБО ИНФОРМАЦИЮ

- Передайте, пожалуйста, ...
- Я попрошу ва

VII. КАК ОТВЕТИТЬ НА ЭТУ ПРО

- Хорошо. Я передам.
- Не волнуйтесь! Я обязательно

• Мо

10 Зак. 33

2. *ПЕРЕЗВАНИВАТЬ/ ПЕРЕЗВОНИТЬ* (*кому?– дат.*) *to call back*	позвонить ещё раз	*Перезвони* (мне) вечером! Тебя плохо слышно, *перезвони* мне, пожалуйста!
3. *ДОЗВАНИВАТЬСЯ/ ДОЗВОНИТЬСЯ* (*до кого? – род.*) *to get through (to someone) on the phone*	добиться, чтобы кто-то ответил на звонок	*Дозвонись* (до меня) обязательно!
4. *СОЗВАНИВАТЬСЯ/ СОЗВОНИТЬСЯ* (*с кем? – твор.*) *to get in touch over the phone.*	связаться с кем-либо по телефону, позвонив по телефону, договориться о чём-либо	*Давайте созвонимся* на следующей неделе.

ИМПЕРАТИВ	
ед.ч.	мн.ч.
ПОЗВОНИ! *Call!* *ПЕРЕЗВОНИ!* *Call back!* *ДОЗВОНИСЬ!* *Call until you get through!* *ДАВАЙ СОЗВОНИМСЯ!* *Let's get in touch over the phone!*	*ПОЗВОНИТЕ!* *Call!* *ПЕРЕЗВОНИТЕ!* *Call back!* *ДОЗВОНИТЕСЬ!* *Call until you get through!* *ДАВАЙТЕ СОЗВОНИМСЯ!* *Let's get in touch over the phone!*
О третьем лице:	
ПУСТЬ ПОЗВОНИТ! *Let him/her call!*	*ПУСТЬ ПОЗВОНЯТ!* *Let them call!*

б) Прочитайте диалоги. Вставьте в диалоги глагол *ЗВОНИТЬ* с приставками.

ИСПОЛЬЗУЙТЕ таблицу 1.

– Ты сегодня рано встала?
– *Да, ... телефон и разбудил меня.*

* * *

– Сергей, ты сможешь поехать в воскресенье в Павловск?
– *Вероятно, смогу, но на всякий случай ... мне в субботу вечером.*

* * *

– Будьте добры Павла.
– *Он ещё не пришёл. Что-нибудь передать?*
– Да, передайте ему, что ... Мэтью. Пусть он ... мне п телефону 314-56-65.
– *Хорошо, передам.*

* * *

– Илья, давай ... на следующей неделе и решим этот вопрос оконча тельно!
– *Хорошо, ... мне, пожалуйста, в среду.*

* * *

– Позовите, пожалуйста, Елену Петровну!
– *Её нет дома, ... , пожалуйста, вечером.*

* * *

– Наташа, я вчера ... тебе весь вечер!
– *Да, вчера до нас трудно было ... .*

3 Прочитайте диалог. Разыграйте его.

МЭТЬЮ ЗВОНИТ В ФИРМУ "ПЕТЕРБУРГСКИЙ ДОМ"

– Алло! Фирма "Петербургский дом" слушает!
– *Позовите, пожалуйста, Михайлова Сергея Петровича!*
– Сергей Петрович вышел. Перезвоните минут через сорок, пожалуйста!
– *К сожалению, я не смогу перезвонить.*
– Что-нибудь передать?

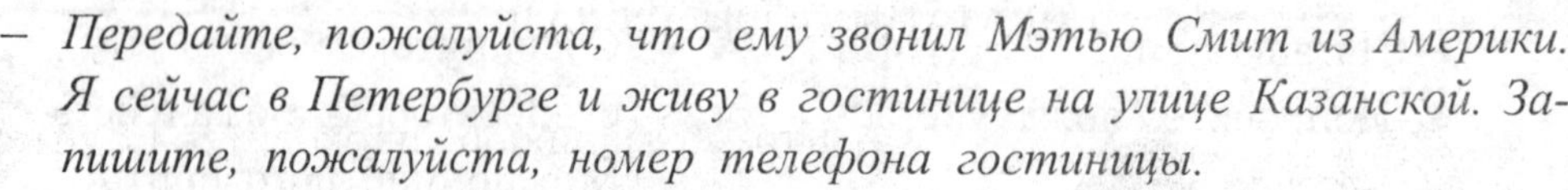

– *Передайте, пожалуйста, что ему звонил Мэтью Смит из Америки. Я сейчас в Петербурге и живу в гостинице на улице Казанской. Запишите, пожалуйста, номер телефона гостиницы.*
– Минуточку. Я возьму ручку. Слушаю.
– *314-78-64.*
– Записала.
– *Передайте, пожалуйста, Сергею Петровичу, пусть он мне позвонит сегодня вечером.*
– Обязательно передам.
– *Спасибо.*
– До свидания!

К СВЕДЕНИЮ!

ГОВОРИТЕ ТАК!

I. КАК НАЧАТЬ РАЗГОВОР ПО ТЕЛЕФОНУ
(вы приветствуете и представляетесь)

• Здравствуйте! • Добрый день! • Это звонит Наташа. • Это я, Наташа. • Это Наташа.	• Здравствуйте! С вами говорит... . • Моя фамилия ... . • Меня зовут ... . • Петров, корреспондент газеты "Час пик".

II. КАК ОТВЕТИТЬ НА ЗВОНОК

• Алло! (Я вас слушаю!) • Да! • Слушаю (вас)!	• Алло! Вас слушают! • Секретарь фирмы "Элис" слушает. • Кафедра русского языка как иностранного. Здравствуйте! • Деканат факультета русского языка как иностранного. • Слушаю вас! • Петров слушает!

III. КАК ПОЗВАТЬ К ТЕЛЕФОНУ

...жно Наташу?	• Мне нужен директор.

VIII. КАК ПРЕРВАТЬ СОБЕСЕДНИКА

- Извините, но у меня сейчас, к сожалению, нет времени. Позвоните, пожалуйста, попозже (завтра, в 10 утра).
- Я сейчас, к сожалению, очень занят (занята). Вы не могли бы позвонить мне через час (завтра, вечером)?

IX. ЕСЛИ ВАС ПЛОХО СЛЫШНО

- Вас не слышно. Перезвоните, пожалуйста!
- Вас плохо слышно! Перезвоните, пожалуйста!
- Говорите, пожалуйста, громче!
- Вас очень плохо слышно!
- Простите, я не расслышала … .

X. ЕСЛИ ВЫ ОШИБЛИСЬ НОМЕРОМ

(что говорите вы)

- Извините, я, кажется, не туда попал!
- Простите, разве это не фирма “Петербургский дом”?

(что говорят вам)

- Извините, вы ошиблись номером!
- Извините, это совсем другая фирма!

XI. КАК ПОБЛАГОДАРИТЬ ЗА ЗВОНОК

- Спасибо!
- Большое спасибо!
- Спасибо, что позвонил(и)!
- Очень вам (тебе) благодарен (благодарна)!

XII. КАК ЗАКОНЧИТЬ РАЗГОВОР

- До свидания!
- Всего доброго!
- Всего хорошего!
- Передавай(те) привет Володе (жене, детям)!
- Звони(те)!
- Ну, пока!

4 Составьте диалоги по ситуациям. Используйте таблицу

1) Александр звонит Мэтью и приглашает его в гости.
2) Вы звоните своему другу. Его нет дома. Вы разговариваете с е братом и просите, чтобы ваш друг перезвонил вам.
3) Джон звонит Мэтью из Новгорода, но связь очень плохая.
4) Однажды вы ошиблись номером и познакомились с самой лучш девушкой на свете.
5) Вам звонит подруга, но у вас гости, и вы не можете говорить телефону.

5 ***а)*** Познакомьтесь с номерами спецслужб в Петербург

01 – Пожарная охрана

02 – Милиция

03 – Скорая медицинская помощь

060 – Точное время

09 – Справочная телефонная служб

Возможно, вам понадобятся и такие телефоны:

• Автовокзал	166 - 57 - 77
• Справочное ж/д	168 - 01 - 11
• Аэропорт «Пулково-1»	104 - 38 - 22
• Аэропорт «Пулково-2»	104 - 34 - 44
• Городская информация	063
• Вызов такси	294 - 15 - 52

б) А каковы номера спецслужб в вашей стране?

6 Об одном и том же по-разному:

Как я рад, что вы позвонили!	Вы не туда попали.
Попросите Сашу позвонить мне.	Вы меня хорошо слышите?
Перезвоните минут через 10.	Простите, можно Аню?
Вы неправильно набрали номер.	У вас никто не брал трубку.
Хорошо слышно?	Позвоните ещё раз попозже.
Можно мне поговорить с Аней?	Пусть Саша мне позвонит!
У вас долго никто не отвечал!	Как я рад вас слышать!

7 Восстановите реплики в телефонном разговоре. Прочитайте диалоги и составьте аналогичные.

– Здравствуйте! Можно к телефону Льва Сергеевича?
– … .
– Простите, это 114-24-12?
– … .
– Извините, я ошибся.

* * *

– … !
– Добрый вечер, позовите, пожалуйста, Сашу!
– … .

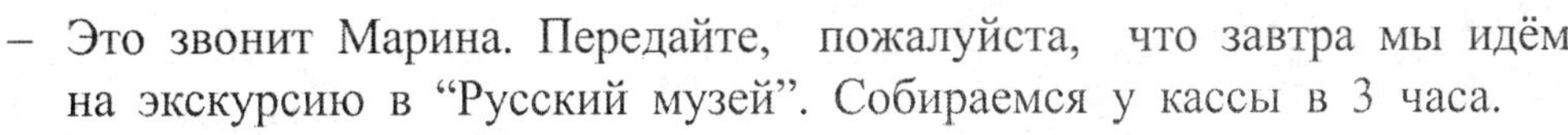

– Это звонит Марина. Передайте, пожалуйста, что завтра мы идём на экскурсию в “Русский музей”. Собираемся у кассы в 3 часа.
– … .
– Спасибо!

* * *

– … .
– Всё в порядке!
– … .
– Нет, у меня сегодня много дел!
– … .
– Да, меня зовут Ирина Петровна. А вам, наверное, нужна моя племянница Ирочка?
– … .

8 *а)* Прочитайте текст и перескажите его.

Я – ЧЕЛОВЕК ОБЩИТЕЛЬНЫЙ!

Некоторые люди называют меня *болтуньей (chatterbox)*. Но это непра да. Я вовсе не люблю болтать – я… я… я просто очень общительная. Ос бенно я люблю общаться по телефону.

Вечером я обычно звоню Людке. Странная она какая-то, не ест ниче что ли? Трубку снимает и сразу: "Я устала…". "Подожди, – говорю ей, – т такое было!" И начинаю рассказывать, ведь интересно узнать всю истори Людка перебивает: "Знаешь, я устала, давай лучше ты мне завтра позв нишь. Тогда я лучше всё пойму…". "Ну, ладно, спи", – говорю.

А завтра – та же песня: устала, болею, умираю. Так что теперь я говорю: "Нет уж, Люд, я всего-то пять минут прошу". А она *противнь (unpleasant)* таким голосом говорит мне: "Хорошо, я буду смотреть на часы" и ровно через пять минут: "пока" и трубку вешает. Ну я, конечно, перезв ниваю: "Ты что, меня не уважаешь?" А она: "Нет". Ну это специальн чтобы я разозлилась и трубку повесила. Ага, как же! Всё равно не пов шу!

Теперь она АОН поставила и трубку не берёт. Подруга называетс Ничего, *сама соскучится (will be missing me)*.

б) Посоветуйте, что делать Линде: ей часто звонит одна е знакомая, которая любит поболтать по телефону. Линде очен жалко времени, но она не знает, как поскорее закончит разговор.

9 Согласны ли вы с тем, что

- современный человек не может жить без телефо на;
- телефон вреден для здоровья;
- телефон имеет большое преимущество в сравнени с письмом и телеграммой;
- лучший способ знакомства – знакомство по теле фону;
- по служебным вопросам нельзя звонить по домаш нему телефону;
- в будущем люди не будут писать письма, а буду только звонить.

3. Время. События. Люди

УДИВИТЕЛЬНЫЕ ИСТОРИИ

ТЕЛЕФОННЫЙ РОМАНС

Однажды мы прочитали: “Бесплатно пою по телефону с 21 до 23 часов. Тел. 236-08-71. Андрей”, очень удивились и решили узнать, кто этот странный человек.

Хотя было уже 12 часов ночи, мы звоним по указанному номеру. Трубку снимает женщина.

– Здесь люди поют?

– Здесь, но певец уже спит.

– А сколько лет вашему мальчику?

– Тридцать три.

– Извините.

И всё-таки мы с ним познакомились. Это симпатичный молодой человек, житель столицы, выпускник театрального института Андрей Смирнов. Поёт он действительно бесплатно для всех желающих.

– А с чего такой альтруизм?

– Ни с чего. С детства петь люблю. Родители всегда брали меня на свои вечеринки. Все выпьют, закусят, подобреют, и мама скажет: “Спой нам, Андрюша”. А я этого приглашения весь вечер жду. Меня ставили на табуретку, и я пел. С тех пор привычка переросла в настоящую любовь. Теперь, если день без песни, голова болит.

– И когда вы начали петь по телефону?

– Лет пять назад. Сначала пел только друзьям. Сочиню песню и звоню товарищу. Товарищам вскоре надоел, и тогда я понял, что нужно искать людей, которые захотели бы слушать мои песни. Дал такое объявление.

– Первый звонок, конечно, будете помнить всю жизнь?

– Первого звонка вообще не помню. Помню второй. В трубку было слышно, как одна девица шептала другой: “Ну что ты веришь! Это магнитофон”. Я песню допел и говорю: “Я не магнитофон, я настоящий”. Девицы от неожиданности бросили трубку.

Бесплатному певцу звонили всё чаще и чаще.

– Всякие люди звонят. Инвалиды, просто любопытные, одинокие. Те, кому плохо, больные, слепые. Когда-то я с каждым мог по два часа беседовать и песни петь. Но сегодня уже физически не выдерживаю. В день бывает по … 1000 звонков. Пришлось установить тариф: один звонок – од песня.

– Вы, наверное, уже по голосу человека определяете?

– Да нет, только чувствую, как сильно человек нуждается в общени Но это легко. На днях слепой звонил… Рассказал, что утром вышел улицу и упал в яму. Вечером ещё ямы не было, а утром вырыли. Силы разбился. Рассердился на весь мир. Долго пришлось успокаивать песням

– А интимными тайнами с вами делятся?

– Очень часто. Девушка тут как-то жаловалась, что у неё проблемы любимым человеком. Когда рассказывала, рыдала. Я спел ей три песни, чу ствую, что она улыбается, легче ей стало. Мне потом вместо *"служб доверия" ("crisis center")* звонить начали.

– Кто же вам чаще всего звонит?

– Все подряд. За эти годы появились даже постоянные слушатели. О нажды раздаётся звонок. Поднимаю трубку, молчат. Я говорю: "Не стесня тесь. Что вам спеть?" Опять молчат. Тогда пою свою любимую песн Спрашиваю: "Откуда вы взяли мой телефон?" А мне говорят: "Я ночна дежурная на Мытищинском машиностроительном заводе. Ваш телефон нас большими буквами выведен на стене". С тех пор каждую смену, раз четыре дня, она просит спеть ей что-нибудь.

В свою очередь, я тоже прошу спеть Смирнова что-нибудь для мен Голос у него негромкий, несильный и очень спокойный. Поёт он, вкладь вая душу, и очень просто: "Эх, дороги, пыль да туман, холода, тревоги д *степной бурьян (steppe tall weeds)"*.

– Ясно. Петь для вас значит жить. А всё-таки, на что вы живёте

– Актёрская карьера моя не удалась. Служу курьером в реклам ном агентстве.

(По материалам прессы)

4. Проверьте себя!

1. Составьте словосочетания:

звонить (знакомый)
дозвониться (фирма)
пользоваться (радиотелефон)
снять (трубка)
оставить (информация) на…
созвониться (друг)
ошибиться (номер)
позвать (телефон)

2. Вставьте нужные слова.

МЭТЬЮ ЗВОНИТ В АМЕРИКУ

По вечерам Мэтью часто … в Америку. Он снимает ... и набирает … . Сначала он слышит длинный … , и, наконец, трубка отвечает: “Алло! Я вас … !”

3. Восстановите реплики.

– Здравствуйте! Можно Колю?
– … .
– Давно?
– … .
– Спасибо! Передайте ему, что звонил Саша!
– … .

* * *

– … .
– К сожалению, она в командировке!
– … .
– Наталья Викторовна будет через две недели. Что-нибудь передать?
– … .

– Не волнуйтесь! Я обязательно передам!

– … .

– Не за что.

4. Составьте диалоги по ситуациям: по телефону спрашиваю Петра Ивановича

- а он ушёл в магазин;
- и просят, чтобы он перезвонил на работу;
- а у него другой номер телефона.

5. Соедините левую и правую колонки:

– Я звоню тебе целый вечер и никак не могу … .	ПОЗВОНИТ
– Я проснулся, потому что громко … телефон.	СОЗВОНИМСЯ
– Я, вероятно, смогу пойти с тобой в театр, давай … вечером.	ЗАЗВОНИЛ
– Передайте, пожалуйста, Саше, что звонил Мэтью, пусть он обязательно мне… .	ДОЗВОНИТЬСЯ

6. Вставьте слова, антонимичные выделенным:

Вы снимаете трубку. Если телефон ЗАНЯТ, вы слышите в трубке КОРОТКИЕ гудки, а если телефон … , то … .

7. Напишите сочинение на тему: "С кем я люблю (не люблю) говорить по телефону. И почему".

16 Я ЖИВУ В ГОСТИНИЦЕ

1. Лексика по теме

ГОСТИНИЦА:	HOTEL:
современная, старинная;	modern, old established;
четырёх-, пятизвёздочная, фешенебельная; третьеразрядная, обычная, простая;	four-, five-star, high-class/fashionable; third rate, regular/ordinary, simple;
удобная; шумная, тихая; чистая, грязная;	comfortable; noisy, quiet; clean, dirty;
дорогая, дешёвая.	expensive, cheap.
Отель, мотель, кемпинг; общежитие.	Hotel, motel, campground; hostel/dormitory.
НОМЕР:	ROOM:
люкс, обычный, простой; свободный;	deluxe/first class, standard, ordinary; vacant;
на одного человека (одноместный), на двух человек (двухместный);	single, double;

в блоке;	in a suite;
с телефоном, без телефона; с видом на … ; окно (номера) выходит на … .	with a telephone, without a telephone with a view on … ; window (of the room) looks out on … .
Бронировать/забронировать, заказывать/заказать номер;	To book, to reserve the room;
номер забронирован, заказан.	the room is booked, reserved.
Клиент, гость,	Client,
проживающий (в гостинице);	(hotel) guest;
посетитель.	visitor.
Поселяться/ поселиться, останавливаться/ остановиться } *(где?)* *(на какой срок?)*	To settle, to stay/ to put up } *(where?)* *(for what period of time?)*
устраиваться/ устроиться } *(где?)* *(как?)*	to settle in } *(where?)* *(how?)*
ОБСЛУЖИВАНИЕ	SERVICE
Администратор;	Manager;
горничная;	chambermaid/cleaning woman;
дежурная по этажу;	woman on duty on the floor;
бармен.	barman.

2. Давайте поговорим!

1 *а)* Прочитайте письмо. Перескажите его.

Здравствуй, Линда!

Хочу написать тебе, как я устроился на новом месте. Я остановился в гостинице педагогического университета имени Герцена. Здесь живут студенты-иностранцы, изучающие русский язык. Гостиница расположена очень удачно: в самом центре города, в двух шагах от Невского проспекта.

Гостиница небольшая, но удобная. На первом этаже есть продуктовый магазинчик (он работает до 11 вечера), столовая, парикмахерская, прачечная и душ; на втором этаже – бар и комната для бильярда.

Мой номер находится на третьем этаже гостиницы. Я живу в одноместном номере в блоке, одну комнату занимаю я, а в другой живёт английский студент Джон; прихожая общая (здесь у нас стоит холодильник), санузел (туалет и ванная) тоже общий.

У нас нет телефона и телевизора, так как это обычные номера, а не люкс. Но мне мой номер нравится, потому что из окна виден золотой купол Казанского собора, это очень красиво.

Тебя, наверное, интересует, сколько стоит "этот вид из окна"? За сутки я плачу 280 рублей.

Можно, конечно, поселиться и в более комфортабельной гостинице. Но… сутки проживания, например, в четырехзвёздочной гостинице "Астория" стоят более 200 долларов.

Мне нравится, что учимся мы в этом же здании, на втором этаже.

Да, мой сосед по квартире любит спорт и считает, что подниматься на третий этаж нужно только по лестнице. Но я, лентяй, предпочитаю лифт.

Приезжай! Думаю, ты тоже можешь поселиться в нашей гостинице. Жить здесь совсем неплохо.

Пока!

Мэтью.

б) Есть ответы. А какие будут вопросы?

- – ...?
  – Мэтью остановился в гостинице университета.
- – ...?
  – На первом этаже находятся магазин, столовая, парикмахерская, прачечная, душ.
- – ...?
  – Мэтью поселился в одноместном номере в блоке.
- – ...?
  – Из окна виден купол Казанского собора.
- – ...?
  – Учебные аудитории находятся на втором этаже.
- – ...?
  – Да, у Мэтью есть сосед.
- – ...?
  – Нет, Мэтью предпочитает лифт.

в) Трансформируйте текст письма в диалог.

Разыграйте диалоги.

МНЕ НУЖНА ГОСТИНИЦА

– Здравствуйте! Скажите, пожалуйста, в гостинице есть свободные номера?

– *Да, есть. Какой номер вам нужен: на одного человека или на двоих?*

– Мне нужен одноместный номер, обязательно с телефоном.

– *Да-да, телефон в номере есть. Ваш номер будет на втором этаже, комната № 201.*

Я ЗАКАЗАЛ НОМЕР ПО ТЕЛЕФОНУ

– Здравствуйте! Моя фамилия Козлов. Я заказал номер по телефону.

– *Да, на ваше имя забронирован двухместный номер.*

– Скажите, пожалуйста, на каком этаже мой номер?
– *На третьем.*
– А куда выходят окна?
– *Во двор. Это тихий и спокойный номер.*
– Нас с женой это вполне устраивает.

3 Восстановите реплики диалогов.

У ВАС ЕСТЬ СВОБОДНЫЕ НОМЕРА?

– Простите, у вас есть свободные номера?
– …?
– Мне нужен номер на одного на трое суток.
– … .
– Очень жаль. А какой номер вы мне можете предложить?
– … .

НА МОЁ ИМЯ ЗАБРОНИРОВАН НОМЕР…

– Здравствуйте! "Интурист" забронировал номер на моё имя.
– … ?
– Чернов Виктор Петрович.
– … ?
– Я остановлюсь на 10 дней.
– … .
– Простите, в номере есть телевизор?
– … .
– На каком этаже этот номер?
– … .

МНЕ НРАВИТСЯ МОЙ НОМЕР

– … ?
– Мне нравится мой номер: светлый, уютный, спокойный.
– … ?
– Нет, телефона, к сожалению, у меня нет.
– … ?
– Холодильник есть.

– … ?
– Окна выходят во двор гостиницы.

У МЕНЯ К ВАМ ВОПРОС…

– Скажите, пожалуйста, где находится дежурная?
– … .
– А где я могу оставить ключ от комнаты?
– … .

* * *

– … ?
– Пиво вы можете купить в магазине на первом этаже, сигареты и спички тоже.
– … ?
– В Америку вы можете позвонить по телефону гостиницы, это рядом с администратором. Деньги за переговоры заплатите телефонистке.

4 Игра по цепочке "Что где находится?" (парикмахерская, бар, ресторан, душ, прачечная).

МОДЕЛЬ: Мой номер находится на *пятом этаже.* А где находится *бар*?

ИСПОЛЬЗУЙТЕ:

на первом (на втором…) этаже; в конце коридора; справа, слева, прямо по коридору; здесь, тут, там, напротив.

5 Составьте диалоги по следующим ситуациям:

- вы хотите устроиться в гостиницу и беседуете с администратором;
- вы звоните по телефону в гостиницу и заказываете номера для группы туристов;
- вы – администратор и отвечаете на вопросы приезжих: какие номера есть в гостинице;
- вы звоните домой и рассказываете, как вы устроились в Петербурге;

- вы отвечаете на вопросы соседа: на каком этаже находятся бар, столовая, парикмахерская;
- вы рассказываете другу (подруге) о своём номере в гостинице;
- вы хотите поменять номер. Попросите администратора помочь вам. Объясните ему, почему вы хотите это сделать.

6 **а)** Как вы думаете, где остановятся в незнакомом городе

- студенты;
- профессор университета с женой;
- автолюбитель (проездом);
- молодая пара после свадьбы?

А где остановитесь вы сами? Почему?

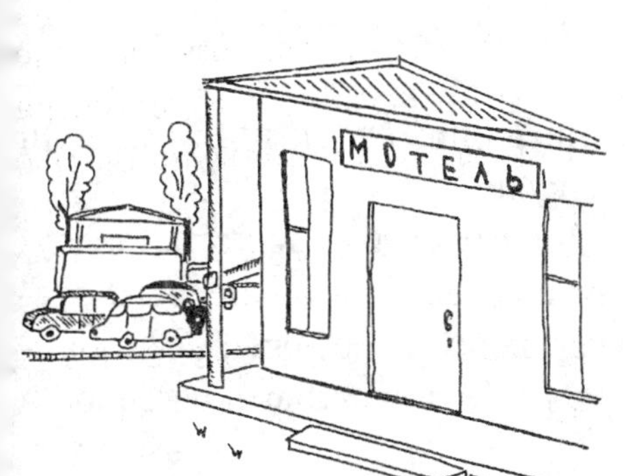

б) Как они устроились? Что им там нравится (не нравится)? Составьте диалоги.

ИСПОЛЬЗУЙТЕ:

останавливаться/остановиться устраиваться/устроиться	*где?* *у кого?*	в гостинице у своих друзей
устраиваться/устроиться	*как?*	отлично неважно (нет телефона)

7 ***а)*** Прочитайте текст-рекламу и перескажите его.

ГОСТИНИЦА “АСТОРИЯ”

Гостиница “Астория” расположена в самом центре Санкт-Петербурга на Исаакиевской площади. Она построена в 1912 году в стиле модерн.

“Астория” – фешенебельный старинный отель. Здесь зеркальные полы из чёрного мрамора, хрустальные люстры, огромные окна и мощные колонны.

“Асторию” можно назвать настоящим музеем. Гости отеля имеют возможность любоваться работами известных художников и скульпторов XIX и XX веков.

К услугам клиентов имеются: бизнес-центр, конгресс-зал на двести мест, оздоровительный клуб (сауна, бассейн, массаж), магазины, почта.

В отеле 435 номеров. Номера оснащены сейфами, мини-барами, кондиционерами, телефонами с международной связью, спутниковым и кабельным телевидением. Обстановка номеров в “Астории” одинаково подходит как для отдыха, так и для работы.

В отеле – 4 ресторана. Самый популярный из них – “Зимний сад”. Он специализируется на традиционной русской кухне.

Если вы захотите встретиться с друзьями или просто отдохнуть, послушать классическую музыку, посетите элегантный вестибюль первого этажа – “Фонарь”. Ну а если вы хотите выпить чашку кофе или бокал шампанского, к вашим услугам очаровательное кафе “Ротонда”, выполненное в стиле английского клуба.

Гостиница “Астория” с радостью встретит всех, кто любит самое лучшее.

б) А теперь сами составьте рекламу для гостиницы “Астория”. Текст рекламы начните так: “Астория” – это...”

4. Время. События. Люди

РУССКИЕ ГЛАЗАМИ ИНОСТРАНЦЕВ

Принято подчёркивать немецкую пунктуальность (punctuality), японскую скрупулёзность (scrupulousness), французскую общительность (sociability), финскую молчаливость (taciturnity) и так далее. А что характерно для русских?

МОЯ РУССКАЯ ЖЕНА

■ *ФРАНСУА ТЬЕЛЛЕ,* президент музыкального канала MCM Internationale, подданный Франции.

Встретил свою будущую жену Наталию Тюрину в Париже, куда она приехала поработать на телевидении. Выйдя за него замуж, Наталия забрала с собой из Москвы свою маму и дочь Кристину. Когда они встретились, Франсуа было 35 лет, Наталии – 25.

Я женился не на русской женщине – я женился на Наташе, и мне, в принципе, всё равно, в какой стране она родилась.

Я не утверждаю, что её русское происхождение для меня ничего не значит, это было бы, по меньшей мере, глупо. Это произошло 10 лет назад, когда мы только начали общаться с Советским Союзом, и то, что она приехала из такой таинственной страны, делало её неординарной. У неё был другой способ мышления, другой взгляд на мир…

Как и все остальные, я немножко читал русскую литературу и представлял себе славянскую душу как нечто весьма загадочное. Теперь, мне кажется, я имею достаточно полное представление о русской душе, потому что я вижу других представителей вашей страны у себя в гостях как минимум раз в неделю. Это, кстати, очень хорошо – *русское гостеприимство.*

Главное преимущество русских женщин перед француженками в том, что они *гораздо более открыты.* Они говорят то, что хотят сказать, и не прячут своих чувств. Они умеют обсуждать проблемы и хотят иметь настоящие отношения, а не их видимость. Мы во Франции это потеряли. У меня огромное количество знакомых во всём мире, но очень немного друзей, с которыми я могу поговорить о личных проблемах. *Русские* – особенно женщины – прекрасно чувствуют, если у тебя проблемы, *всегда готовы помочь – и помогают.*

А негативная сторона русского характера – не знаю, всем ли она кажется негативной, но меня очень раздражает – это *любовь к драмам.* Жизнь должна быть драмой! Конечно, время от времени настоящие причины для драмы возникают, но, если их нет, она их придумывает.

Наташа – талантливый журналист, в Париже у неё были все возможности. Она приходит, делает прекрасную передачу, все восхищаются… А через две недели она оттуда уходит, хлопнув дверью после большого скандала. У неё на французском ТВ репутация талантливого человека, с которым невозможно работать.

Русская женщина, живущая не в России, всегда ощущает себя иностранкой. У Наташи французский паспорт, она последние десять лет живёт в Париже, её дочь лучше говорит по-французски, чем по-русски, но не думаю, что она чувствует себя француженкой. К тому же французы – очень закрытые люди, это закрытое общество. Но она и стопроцентной русской себя больше не считает.

■ *ДЖО ДАРДЕН-СМИТ,* журналист, писатель, подданный Великобритании.

В начале перестройки приехал в Россию снимать документальный фильм для английского ТВ. Его переводчик Елена Загревская впоследствии вышла за него замуж. Джо тогда было 48 лет, Елене – 40. Сейчас у них растёт очень симпатичная дочь Катя.

Для Запада русская жена – это мечта. *В русских женщинах почти нет феминизма*, они уважают мужчину – на Западе этого больше нет.

На Западе есть стереотип: европейская и американская женщины слишком прямолинейны, независимы и грубы, а восточная (в том числе и русская) – сама образованность, сама обходительность (порядок в доме, вкусный обед и ухоженные дети), почти как мамочка.

Елена мне как-то сказала: "Ты не на мне хочешь жениться, а на России". И в этом есть доля правды. Я люблю Россию, и мне нравится, что я в ней ничего не понимаю.

Менталитет Елены абсолютно не такой, как у меня. Она самый *беспокойный* человек из всех, кого я знаю, – *её эмоции меняются, как лондонская погода*. Вообще, если в комнате есть *эмоции*, то они *принадлежат русскому*. Русская женщина часто сама не знает, чего хочет. А каждое желание должно удовлетворяться немедленно.

Елена столькому научила меня… Я теперь умею выплёскивать свои эмоции, бурно ссориться и тут же мириться. Это вместо того, чтобы прятать все свои переживания внутри и подавлять себя.

Я теперь знаю, что такое *дружба* – понятие, на Западе практически отсутствующее. Там приятельствуют, а не дружат.

Я знаю, что такое *верность (faithfulness/fidelity), преданность (devotion/dedication)*.

Она – *постоянный сюрприз.* Я давно осознал, что никогда не пойму свою жену, – и что? И отлично.

■ *ЙАН ДЕ ВИТТ,* профессор, известный юрист, отец троих взрослых детей, подданный Королевства Нидерланды.

Однажды пришёл на свадьбу к другу и увидел там русскую девушку, пианистку, отдыхавшую в Амстердаме на каникулах. Он подошёл к ней и сказал: "Мы поженимся". И уже потом выяснил, что её зовут Оксана. Недавно у них родился второй ребёнок. Когда они поженились, Оксане было 22, Йану – 46.

Мне кажется, у русских женщин есть одна главная проблема: *в них слишком сильно прошлое.* Прошлые проблемы: советские времена, когда в магазинах ничего не было, надо было ходить только в сером и тёмном, невозможность путешествовать – всё это отложило на них слишком *сильный отпечаток (strong imprint/mark).* Даже если они молодые! Русской женщине очень много сил надо приложить, чтобы стать действительно свободной. И в этом, конечно, её существенное отличие от европейки.

И ещё – *русская женщина* (и моя жена в том числе) *совсем не эмансипирована.* Она хочет, чтобы муж покупал ей шубу, чтобы муж расплачивался в ресторане или в баре…

Оксана – *загадочная женщина. Русская женщина, когда она доверяет мужчине, может пустить его в самые сокровенные тайники своей души.* Для меня, голландца, большинство её душевных порывов – тайна.

Оксана уделяет огромное количество времени косметике – может, это потому, что она не уверена в своей неотразимости? Но Оксана очень красивая женщина. Вообще на русскую женщину приходится тратить очень много денег. С другой стороны, она умеет вести себя так, что ты чувствуешь себя сказочным принцем, приехавшим спасти Спящую Красавицу. И это чувство побуждает зарабатывать!

■ *ЭНДРЮ МАКМИЛЛЕН,* менеджер английской фармацевтической компании, подданный Великобритании.

От всех предыдущих мужей отличается тем, что живёт в Москве. Они познакомились на выставке. Его будущая жена Жанна работала в соседней компании в качестве переводчика. Они поженились через полтора года, когда Жанне было 24, а Эндрю – 26. У них двое сыновей: Дмитрий и Даниэл.

Я пытался поступить в Кэмбридж, и первый вопрос, который мне задали три почтенных профессора, был: "Опишите русскую душу". Мне тогда было 18, и я никогда не был в России. Я, конечно, изучал русский язык и читал много русской литературы. Читал Чехова, Достоевского и Тургенева.

По этим авторам непросто составить портрет русской души. Интересно, как бы эти профессора сами её описали…

Но я приехал в Россию не на поиски таинственной русской (тем более женской) души. Я приехал учиться и попал "по студенческому обмену" в Воронеж.

У нас слишком много стереотипов в отношении России. Я не сказал бы, что русские женщины чем-то принципиально не похожи на англичанок. В каждой стране есть масса очень разных людей, красивых и уродливых, приятных и отвратительных. Правда, я помню, как был потрясён, когда на третий день после прибытия в Воронеж увидел группу ремонтников дороги: это всё были 60-летние бабушки с лопатами. Конечно, у русской женщины жизнь всегда была значительно сложнее, чем на Западе, и это видно даже сейчас. Когда я отвожу детей в детский сад, я очень редко встречаю там мужчин. Они, видимо, считают это занятие недостойным.

Жанна – очень привлекательная женщина, и это было первое, на что я обратил внимание. Потом я понял, что она ещё и очень умная, ей от природы всё даётся легко. Кстати, Жанна *всё время себя критикует*. Ей вечно кажется, что она могла бы сделать лучше. Это *самоедство* – русская черта характера или нет?

Первые три года после рождения ребёнка она сидела дома. А потом ей это надоело, и *она решила делать карьеру*. Я был этому только рад. Я никогда не смог бы жениться на женщине, которая убирала бы, варила бы мне суп, подавала тапочки, преданно смотрела бы в глаза – и это составляло бы весь смысл её жизни. Наверное, *Жанна не очень русская жена – мне кажется, "настоящая русская жена" ведёт себя со своим мужем, как мама с маленьким мальчиком.* Я всё это терпеть не могу.

Жанна очень *переменчива*. У неё *сильный характер*, с ней иногда бывает нелегко. Но она может за пять минут превратиться из бизнес-леди в маленькую девочку.

Я работаю с русскими женщинами и общаюсь одновременно с тридцатью или сорока. И есть у них одна общая черта: они *обожают жаловаться (adore complaining)*. Русская женщина никогда не скажет: "У меня немножко побаливает голова". Она скажет: "У меня раскалывается голова!" *Русские женщины любят сделать конец света из маленькой проблемы.*

Я говорю по-русски и давно живу в этой стране, поэтому я не муж-иностранец для родственников моей жены, а нормальный член семьи. Я пью с ними водку и вовлечён во все дискуссии и проблемы. Впрочем, и я в этой стране не чувствую себя таким уж иностранцем, здесь мой дом так же, как и в Великобритании.

(По материалам иностранной прессы)

4. Проверьте себя!

1. Составьте словосочетания с предлогом или без предлога:

останавливаться (гостиница)
номер (четвёртый этаж)
подниматься (лифт)
беседовать (администратор)
номер (телефон)
устроиться (двухместный номер)

2. Замените выделенные слова антонимами.

Мэтью любит останавливаться в *современных третьеразрядных* отелях, которые находятся *в центре* города на какой-нибудь *шумной* улице. Обычно Мэтью живет в *дешёвом, тёмном, неуютном* номере.

3. Соедините синонимы:

забронировать	на одного человека
устроиться	мне это подходит
одноместный	проживающий
меня это устраивает	поселиться
гость	заказать

4. Восстановите реплики диалога.

ДЛЯ НАС ЗАКАЗАН НОМЕР В ВАШЕЙ ГОСТИНИЦЕ

– Здравствуйте! Мы приехали на конференцию в ваш университет. Для нас должны были заказать номер.
– ... *?*
– Петров и Фоменко.
– ... .
– Да, это нам подходит.
– ... *?*
– Мы уедем через три дня, в субботу.
– ... .

5. Таня и Галя отдыхают на море. Они звонят родителям. Вставьте нужные глаголы в диалог.

– Мамочка! Это я, Таня!

– Здравствуй! Как у тебя дела? Где вы ... ?

– Мы ... у своих старых знакомых.

– Вы же хотели снять комнату?

– Нет, в этом году комнаты очень дорогие.

– Может быть, вам лучше было бы ... в гостинице?

– Не волнуйся, мы отлично ... ! Море рядом! И погода чудесная!

6. Решите кроссворд.

ПО ГОРИЗОНТАЛИ:

1. Человек, отвечающий за расселение и устройство клиентов.

ПО ВЕРТИКАЛИ:

2. Человек, обслуживающий клиентов в баре.
3. Лагерь для автотуристов.
4. Человек, убирающий номер в гостинице.
5. Название гостиницы в Европе.
6. Гостиница для автотуристов.

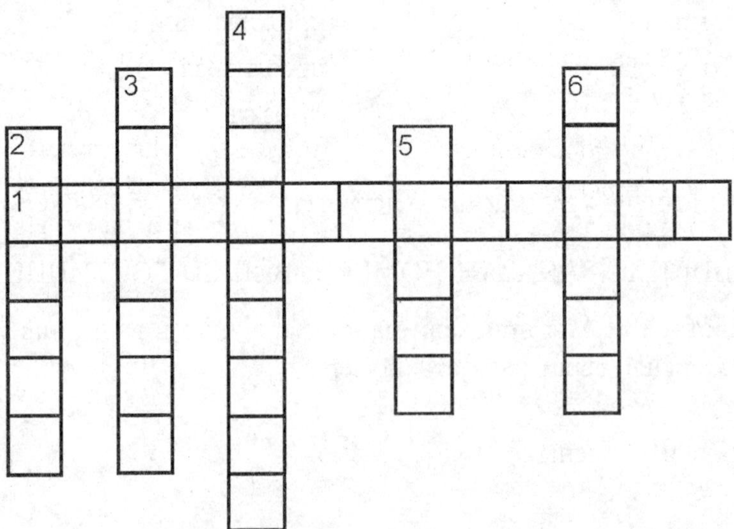

7. Напишите сочинение на тему: "В каких гостиницах я люблю (не люблю) останавливаться и почему".

17 ИДЁМ В ПАРИКМАХЕРСКУЮ!

1. Лексика по теме

ПАРИКМАХЕРСКАЯ, салон причёсок. Парикмахер, мастер; клиент.	HAIRDRESSER'S/BARBER'S SHOP, hair salon. Barber, stylist/expert; customer.
В ЖЕНСКОМ ЗАЛЕ	AT A HAIRDRESSER'S
Носить | длинные волосы, стрижку, причёску.	To have | long hair, a haircut, a hairstyle/a hairdo.
Стрижка, причёска | тебе | идёт к лицу	Haircut, hairstyle | suits you.
Стрижка *(какая?)* | короткая, простая, модельная, модная.	Haircut | short, simple, stylish, fashionable.
Делать/сделать стрижку.	To get a haircut.
Подстригать/подстричь волосы, подстригаться/подстричься, стричь/остричь, стричься/остричься, подравнивать/подровнять волосы.	To cut, to get a haircut, to cut, to trim.

Причёсываться/причесаться | в парикмахерской, у хорошего мастера	To get a hairdo | at a hairdresser, at a good stylist.
Делать/сделать | причёску, химическую завивку (химию).	To get | a hairstyle, permanent wave (perm).
Укладывать/уложить волосы (феном).	To put up one's hair (with a hair-drier).
Мыть/вымыть Сушить/высушить | волосы. Расчёсывать/расчесать	To wash To dry | one's hair. To comb
Завивать/завить волосы электро-щипцами.	To roll hair with curling-irons.
Накручивать/накрутить волосы на бигуди.	To roll hair in curles.
Наносить/нанести на волосы | гель, пенку для волос.	To apply to the hair | gel, mousse.
Брызгать *(несов.)*, побрызгать *(сов.)* волосы лаком.	To spray hair with hairspray.
Красить/покрасить волосы, краска для волос.	To dye one's hair, hair dye.
Шампунь, бальзам-ополаскиватель.	Shampoo, conditioner-rinse.
В МУЖСКОМ ЗАЛЕ	AT A BARBER'S
Брить/побрить, бриться/побриться;	To shave, to shave oneself;
подравнивать/подровнять | усы, бороду, бакенбарды.	to trim one's | moustache, beard, whiskers.
В КОСМЕТИЧЕСКОМ КАБИНЕТЕ	AT A BEAUTY SALON
Чистить *(несов.)*, почистить *(сов.)* лицо.	To clean one's face.
Делать/сделать | питательную маску, массаж | лица, шеи, макияж.	To get | a facial/mud mask, face massage, neck massage, make-up.
Макияж *(какой?)* | яркий, лёгкий, скромный.	Make-up | heavy, light, modest.

Красситься/накраситься;	To put on make-up/to apply make-up.
Красить/ накрасить | брови, ресницы, губы.	To put make-up to one's | eyebrows, eyelashes, lips.
Пудрить/напудрить | лицо, нос, щёки.	To powder one's | face, nose, cheeks.
Тушь для ресниц; карандаш для бровей; губная помада; пудра, пудреница; зеркало.	Mascara for lashes; eyebrow pencil; lipstick; powder, powder-case; mirror.
В МАНИКЮРНОМ ЗАЛЕ Маникюр; делать/сделать маникюр; покрывать/покрыть ногти лаком; лак для ногтей; жидкость для снятия лака; маникюрный набор.	AT A MANICURE ROOM Manicure; to get a manicure; to polish one's nails; nail polish; nail polish remover; a manicure kit.

2. Давайте поговорим!

1 ***а)*** Прочитайте текст.

ЛЕНА ИДЁТ В ГОСТИ

Сегодня вечером Лена идёт в гости. Она хотела быть особенно красивой и поэтому решила: "Схожу-ка я в парикмахерскую. Стрижку делать не буду, а только подровняю волосы". Да, причесаться в салоне у хорошего мастера – всегдашняя мечта Лены. Но, как обычно, времени не хватило, и Лене пришлось всё делать самой.

Она вымыла голову шампунем, высушила волосы феном, завила их электрощипцами. Затем она легко расчесала волосы расчёской и немного побрызгала на волосы лаком. Так, голова в порядке.

Но это ещё не всё! Лена накрасила ресницы чёрной тушью. Получилось неплохо! Затем она напудрила нос и щёки розовой пудрой и накрасила губы неяркой губной помадой.

Лена посмотрела на себя в зеркало и сказала: "Вот я и готова! Что ни говорите, *красота – страшная сила (beauty is a terrible force)!*"

б) Ответьте на вопросы:

1) Почему Лена решила пойти в парикмахерскую и почему она туда не попала?
2) А вы часто ходите в парикмахерскую?
3) Сколько времени вы проводите в парикмахерской в своей стране, в России, в других странах?
4) Есть ли у вас собственный мастер?
5) А может быть, вы предпочитаете делать причёску сами? Почему?

2 Назовите предметы, которыми пользовалась Лена.

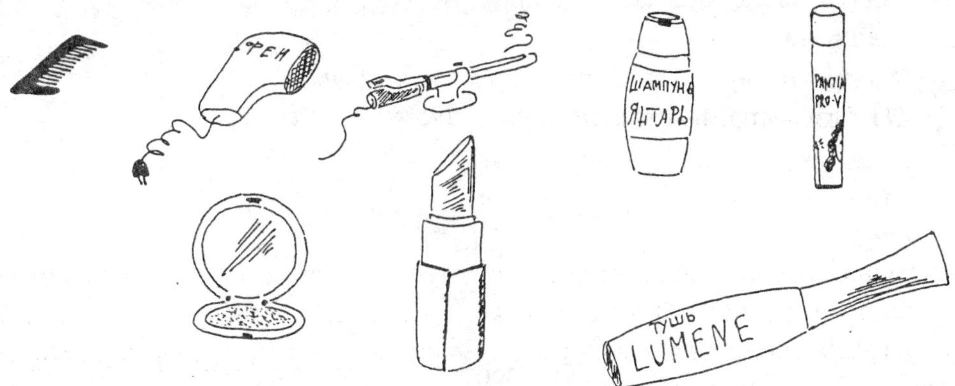

3 Прочитайте диалоги. Инсценируйте их.

– Привет, Наташа! Какая ты сегодня красивая! Ты была в парикмахерской?

– *Нет, не была. Но недавно я сделала "химию" и теперь укладываю волосы сама.*

– Мне очень нравится твоя причёска.

– *Мне тоже. "Химия" – это очень удобно.*

* * *

– Оля! У тебя прекрасная модная стрижка!

– *Спасибо, Леночка! Я так боялась, что короткая стрижка мне не пойдёт, но мастер меня уговорил.*

– Ты всегда носила длинные волосы, но эта стрижка тебе тоже очень идёт: у тебя появился новый стиль.

– *Да, теперь я не жалею, что подстриглась.*

* * *

– Елена Викторовна, добрый день! Хочу сказать вам, что вы очень хорошо покрасили волосы! У вас чудесный цвет волос!

– *Да, мне тоже этот цвет нравится.*

– Если не секрет, какая это краска?

– *Это "Лондаколор". А покрасил меня муж, представляете?*

– И очень удачно!

* * *

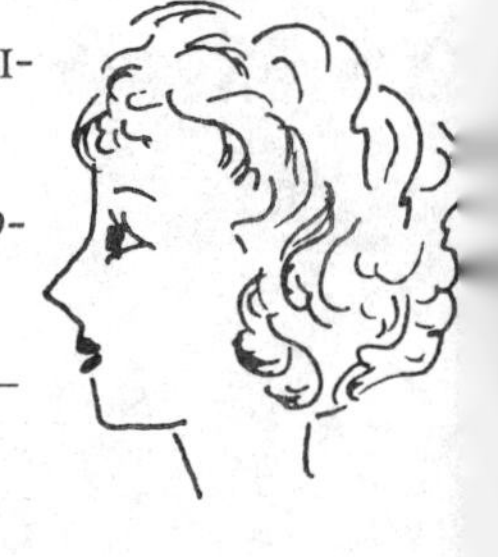

– Таня, я давно хотела тебя спросить: “Как ты укладываешь волосы?”

– *Я мою голову, сушу феном – всё, как обычно, а потом завиваю волосы электрощипцами. А ты?*

– Я накручиваю волосы на бигуди. А электрощипцы – это удобно?

– *Очень.*

* * *

– Ира, у тебя всегда отлично лежат волосы. Что ты делаешь с ними?

– *Всё очень просто. Я мою голову, вытираю волосы полотенцем, на влажные волосы наношу немного геля, а потом сушу феном. Пять минут – и причёска готова!*

– А я всегда пользуюсь лаком для волос.

– *Гель для волос тоже хорошо держит форму. Попробуй!*

4 ***а)*** Лена идёт в парикмахерскую и объясняет мастеру, что ей нужно сделать. Какой диалог у них состоится, если Лена собирается

- на день рождения подруги;
- на официальный приём;
- в театр;

- в гости к свекрови;
- на экзамен, который принимает очень строгий профессор.

ИСПОЛЬЗУЙТЕ:

Я } хочу / хотела бы Мне } нужно / надо	вымыть голову, накрутить волосы на бигуди, высушить волосы, сделать стрижку, сделать причёску, покрасить волосы, сделать химическую завивку ("химию"), подстричь волосы, подровнять волосы, уложить волосы феном, накрасить брови и ресницы, сделать (яркий, лёгкий) макияж.

б) А что сделает молодой человек, если он собирается в гости к (будущей) тёще?

5 Прочитайте диалоги. Инсценируйте их.

В ЖЕНСКОМ ЗАЛЕ

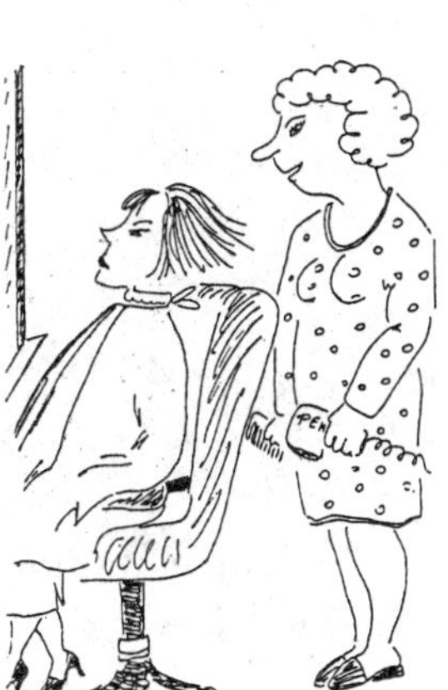

– Что будем делать?

– *Подстригите меня, пожалуйста, и уложите волосы феном.*

– А какую вам стрижку? Модельную или простую?

– *Конечно, модельную. Сегодня я обязательно должна быть красивой. У меня важная встреча.*

– Отлично! Желание клиента – для нас закон.

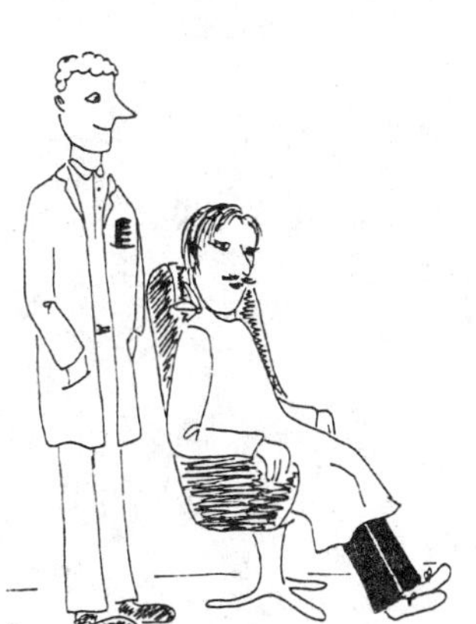

В МУЖСКОМ ЗАЛЕ

– Пожалуйста, садитесь в кресло. Вас подстричь?

– *Да, пожалуйста. Наверху оставьте длинные волосы, а сзади покороче.*

– Бриться будете?

– *Нет, спасибо.*

В МАНИКЮРНОМ ЗАЛЕ

– Кто на маникюр, проходите! Садитесь, пожалуйста!

– *Сделайте мне ногти покороче. Я сломала ноготь на указательном пальце.*

– Это бывает. Лаком будете покрывать?

– *Да, розовым и сверху перламутровым.*

К СВЕДЕНИЮ!

КАК НАЗЫВАЮТСЯ ПАЛЬЧИКИ...

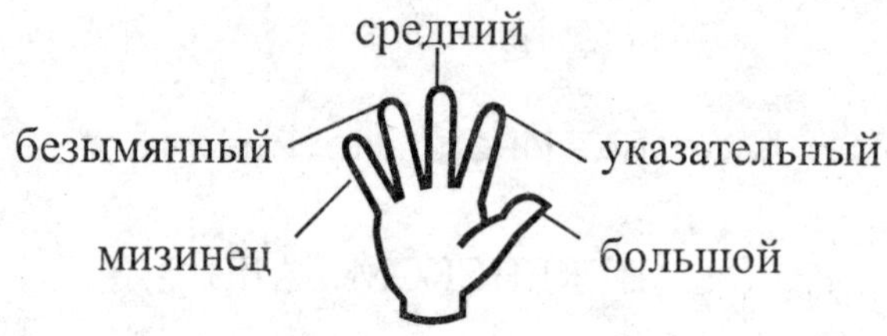

В КОСМЕТИЧЕСКОМ КАБИНЕТЕ

– Что будем делать?

– *Мне сегодня вечером нужно прекрасно выглядеть. Сделайте, пожалуйста, макияж.*

– А какой вы хотите: яркий? скромный?

– *Мне, пожалуйста, лёгкий: я иду на официальный приём.*

– Хорошо. Но сначала я рекомендую вам почистить лицо, сделать питательную маску и массаж лица и шеи.

– *И сколько времени для этого потребуется?*

– Часа два.

– *Ну, хорошо.*

6 *а)* Прочитайте рассказ. Перескажите его.

НОВАЯ ПРИЧЁСКА

Я носила разные причёски. Особенно мне идут длинные распущенные волосы. Нравится, а главное – не надо стричься. Последнее время мне казалось, что я нашла, наконец, свой стиль, свою причёску. Стала сама себе нравиться. Да и знакомые чаще стали говорить: "Ты сегодня хорошо выглядишь, Ирина".

В общем, мне нравилась моя причёска. И всё-таки иногда мне казалось, что в ней чего-то чуть-чуть не хватает.

Скоро отпуск, и мне захотелось быть особенно красивой, тем более что отдыхать я собиралась не одна...

Итак, я в парикмахерской. Мастер посмотрела на меня и уверенно сказала: "Я ничего не хочу менять, только немного подровнять, вы мне и так нравитесь, это ваш стиль". "Ну, наконец-то, – подумала я, – мне повезло. Кажется, я попала к настоящему мастеру". И спокойно села в кресло.

Когда всё было кончено, я посмотрела в зеркало и не узнала себя. Волос почти не было, щёки стали толстыми, глаза сделались маленькими, ну а нос почему-то вдруг вырос.

– Ну, как? Нравится? Очень модная стрижка. Сама бы носила, да мне не идёт.

– А мне идёт?!

– Что, вам не нравится? Посмотрите... по-моему, прекрасно. А через две недели будет совсем хорошо.

– Через две недели? А мне сейчас нужно быть красивой. Я не могу ждать!

– Зато теперь вы можете два месяца не ходить в парикмахерскую!

Вечером позвонил мой приятель, с которым мы собирались ехать вместе в отпуск. Я сказала ему, что срочно, завтра же, улетаю в Сибирь на всё лето и провожать меня не надо.

(По рассказу Е. Богатых)

б) Соедините вопросы и ответы:

1) С какой целью героиня пошла в парикмахерскую?	Подождать две недели, когда волосы снова отрастут.
2) Что предложил ей мастер?	Стрижка очень изменила героиню: лицо стало вульгарным и некрасивым, глаза – маленькими, нос вырос...
3) Что произошло в результате стрижки?	Немного подровнять волосы.
4) Что посоветовал мастер после стрижки?	Сделать причёску более эффектной.

в) Выберите из данных названий рассказа наиболее удачное

- Бывает и так!
- Как я испортила свой отпуск.

А может быть, вы озаглавите рассказ сами?

- ....

7 Побеседуем.

1) Считаете ли вы этот рассказ юмористическим?
2) Какие чувства вызывает у вас героиня рассказа?
3) Знакома ли вам ситуация, описанная в рассказе?
4) Правильно ли поступила героиня, не поехав в отпуск со своим другом?
5) Как бы вы поступили в данной ситуации:
   - посмотрели бы на себя в зеркало, засмеялись и ушли;
   - ушли бы из парикмахерской в очень плохом настроении;
   - заплакали от обиды;
   - рассказали бы всё вашему другу и вместе с ним посмеялись над ситуацией;
   - ... ?

8 **а)** Как вы думаете, какой разговор по телефону состоялся между героиней рассказа и её другом? Составьте диалог.

А теперь прочитайте его.

– Ты знаешь, завтра я срочно улетаю в Сибирь!
– *Когда ты вернёшься?*
– В конце августа…
– *А как же наш отпуск?*
– Придётся подождать до следующего лета.
– *Жаль!*
– Мне тоже.
– *А проводить (to see you off) тебя можно?*
– Ни в коем случае! Меня мама проводит!
– *Ну что же… Желаю успеха…*
– И я себе тоже…

Пофантазируем. Представьте себе, что на другой день Он и Она случайно встретились, и Он увидел Её с новой стрижкой. Какой разговор мог бы состояться между ними в этом случае?

9 Расскажите:

1) Есть ли в вашем городе парикмахерская, которая пользуется особой популярностью? Ходите ли вы туда? Как часто?
2) Любите ли вы естественную, простую причёску или сложную?
3) К какому парикмахеру вы предпочитаете ходить и почему:
   - к знаменитому;
   - к весёлому;
   - к “дорогому”;
   - к модному;
   - к которому привыкли;
   - к тому, который работает недалеко от вашего дома (университета, места работы);
   - к опытному;
   - к неопытному, но любящему экспериментировать;
   - к молодому;
   - к старому;
   - … ?

10 ***а)*** Познакомьтесь с таблицей. Постарайтесь запомни как спрягаются глаголы СТРИЧЬ и СТРИЧЬСЯ.

стричь		***стричься***	
я стригу ты стрижёшь она стрижёт	мы стрижём вы стрижёте они стригут	я стригусь ты стрижёшься она стрижётся	мы стрижёмся вы стрижётесь они стригутся

б) А теперь проверьте себя. Заполните таблицу.

ИТАК,	Я	НАТАША	НАТАША и ЛЕНА	А ТЫ? ТЫ ТОЖЕ
стричь ***стричься***				

в) Вставьте глаголы *СТРИЧЬ* и *СТРИЧЬСЯ* в нужной форме.

ПОГОВОРИМ О СТРИЖКЕ

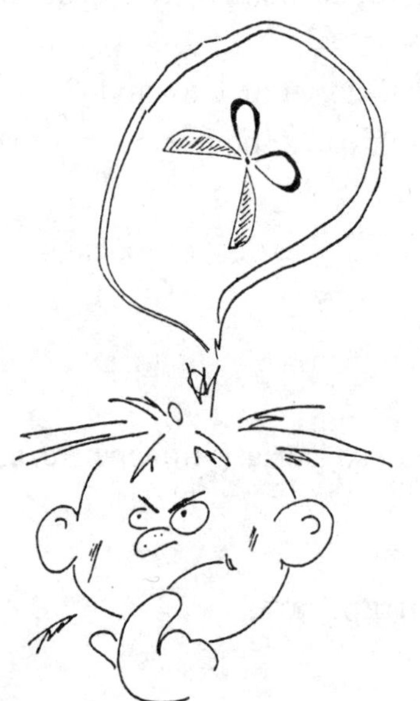

Обычно меня … мой мастер Семён Владимирович. Я люблю короткую стрижку обычно … коротко.

Моему другу очень нравится моя стрижка Он как-то спросил меня: “У кого ты … ?” ответил, что … в парикмахерской недалеко о моего дома. Там работает много мастеров, все они … очень хорошо.

Я хожу в парикмахерскую один раз в месяц. Мой брат, наоборот, не любит … . Обычно он … раз в три месяца: он предпочитае носить длинные волосы.

А как часто … вы? Как вы обычно … свои волосы: коротко или длинно?

11 *а)* Рассмотрите рисунок.

- Что случилось с маленьким Серёжей?
- Почему его мама в ужасе?
- На кого теперь похож Серёжа?

б) Составьте диалог мамы и Серёжи:

Мама: – … ?!
Серёжа: – *… !*
Мама: – … ?
Серёжа: – *Зато я теперь как папа!*

12 Согласны ли вы с тем, что

- из парикмахерской вы всегда выходите красавицей;
- самый лучший парикмахер – это модный;
- короткая стрижка делает женщину молодой;
- “дорогой” мастер – всегда хороший мастер;
- модная стрижка всем к лицу?

3. Время. События. Люди

ИНОСТРАНЦЫ О РОССИ

В Россию иностранцы ездят с разными целями: с деловой целью (би нес, торговля, совместные предприятия и дела), с познавательной – узнат эту незнакомую, такую не похожую на их собственную страну (Какая он Россия? Какие они, русские?), ближе познакомиться с культурой русско народа, получить практику общения на русском языке. Большинство из н увозит с собой на родину воспоминания и – часто! – желание ещё р вернуться сюда. И возвращаются.

Есть люди, которые любят Россию не придуманную, сказочную, такую, какая она есть на самом деле. А она – разная в разные времен в разных ситуациях, в разных регионах.

ПИСЬМО В ГАЗЕТ

Я БОЛЬНА РОССИЕЙ…

Я одна из тех француженок, которые больны неизлечимой болезнью "русской". Я люблю эту страну и вас, людей этой страны, но мне стыдн вам в этом признаться.

О чём может писать французская женщина в русской газете? "Обо всём о чём угодно", – сказали в редакции. "Напишу что-нибудь о Франции, подумала я. – Или о России! Россия глазами француженки". А потом по думала: "Какая же я по отношению к России француженка, если иду Париже по улице и разговариваю сама с собой по-русски, и сны снятс какие-то совсем не французские, и разговариваю с друзьями об одном том же – о России".

Видите ли, я уже около двадцати лет езжу туда и сюда, рассказыва русским о Франции, а французам о России… А это два мира, две плане ты… Я не хочу рассуждать о том, что ТАМ хорошо, а ТУТ плохо ил наоборот… Боже упаси! *Я просто больна Россией*!

Нина Бушарди,
фотокорреспондент, Франция

Я ГОРЯЧО ЛЮБЛЮ РОССИЮ

В моей душе всегда живёт северная столица России – Санкт-Петербург, город исключительной красоты.

Я горячо люблю Россию. Мне очень нравятся ваши традиции, тёплый и сердечный народ, достопримечательности и памятники, культура и искусство, национальные обычаи, природа.

У меня давно была мечта поработать здесь несколько лет, и она наконец осуществилась. В течение 2-х лет я работала в университете им. А.И. Герцена в качестве преподавателя китайского языка и всей душой радуюсь тому, что число студентов, изучающих китайский язык и оявляющих большой интерес к Китаю, всё более увеличивается.

Народы России и Китая связаны узами традиционной многолетней ужбы. Надеюсь, что дружба между нашими странами и народами будет ить в веках, подобно тому как вечно будут нести свои воды Нева и Бохай.

Ду Фанцзе, доцент Даляньского иститута иностранных языков, Китай

ПО МАТЕРИАЛАМ ПРЕССЫ

ТЕПЕРЬ ОНА НЕ МОЖЕТ ЖИТЬ БЕЗ РОССИИ

После полиомиелита она была не способна ни дышать, ни двигаться. Ікольный учитель Уре Дорицци увёз её из клиники, они поженились и эт уже 20 лет живут вместе. Нина работает психологом, пишет книги. Год азад она решила поехать в Россию (когда-то из этой страны от большевиов бежала её бабушка). Партнёром её был бизнесмен, *поставщик реабилиационной техники (provider of physical therapy equipment)*. Они повезли в оссию инвалидные коляски, одежду, медикаменты.

Теперь Нина Дорицци, подданная Швейцарии, не может жить без Росии. Она скучает по “сумасшедшей” России.

ИЗ ИНТЕРВЬЮ

Я НАШЛА В РОССИИ СТРАНУ ДУШИ

В Ярославле была выставка картин Элиде Кабасси.

Творчество Элиде – размышления о судьбе земли, о человечестве, о ечении времени, о себе. Перед открытием выставки Элиде смотрела в окна убернаторского дома, из которых видна Волга, и повторяла:

– Я не могу до конца *осознать (to realize)*, что здесь, на берегу Волги, ейчас находятся мои картины. Волга для меня – это символ русской души, отому что Волга течёт медленно, а мне очень близка медлительность, которая присуща русскому человеку. Это именно та медлительность, ко- рая позволяет задуматься о жизни и о себе. В Италии это невозможно в Москве тоже уже темп европейского города, а в русской провинции з ещё осталось. Я очень люблю такие города, как Ярославль, Псков, – име но у вас ощущаешь физическое пространство и тишину, замкнутую в пр странство.

– С чего у вас началась любовь к России? Может быть, в вас ес русские гены?

– Гены у меня, скорее всего, цыганские, потому что меня постоян тянет путешествовать. Уже несколько лет я живу в России, но думаю, ч скоро переберусь на Восток, ближе к Индии и Тибету.

А любовь к России началась давно, лет в 15, и, как это часто быва у европейцев, с русской литературы, а именно с Достоевского. Русские всег удивляются, почему нам, европейцам, так понятен, так близок Достоевски Просто в творчестве Достоевского как бы аккумулировано всё то, чего хватает прагматичным европейцам. Когда мне исполнилось 19 лет, увлеклась левым политическим движением, для участников которого Сове ский Союз был идеалом, достойным подражания.

После окончания академии я начала изучать русский язык. Тогда сказала себе: "Я уже знаю 100 слов и могу ехать в Советский Союз". Та я и сделала. Первый раз я приехала в Москву в 1988 году. И хотя тог иностранцам без визы нельзя было выезжать дальше, чем за 40 километр от Москвы, а визу получить было сложно, я нелегально путешествовала п России, Средней Азии. Уже тогда я поняла, что Советский Союз – это н идеальная страна, но *я нашла в России то, к чему стремилась, – я нашл Страну Души.*

Элиде Кабасси,
художница, Италия

ВЫСТУПЛЕНИЕ НА КОНФЕРЕНЦИИ

Я ВЛЮБИЛАСЬ В РОССИЮ

Я много раз была в России. За время моих пу тешествий (некоторые из них были довольно про должительными) я, кажется, начала понимать, чт такое русская культура. Вероятно, лучше всего, есл я передам свои впечатления от моего знакомства с нею шаг за шагом.

Мой первый шаг можно назвать так: "Знакомство с тем, что лежит поверхности русской культуры". Это был период, когда я замечала ивычные для русских, но необычные для иностранца особенности рус-ой жизни и культуры. Я вспоминаю, как удивляло меня обилие много-артирных домов и тот факт, что все они похожи друг на друга. Я заме-ла также, что услышать английскую речь в России можно только в самых рогих гостиницах, хотя, как мне говорили, многие люди в больших го-дах изучали английский язык. По этой причине я чувствовала себя со-ршенно изолированной, так как не понимала, что говорят вокруг, и не огла прочитать даже вывески магазинов. Я помню, как первый раз ехала метро одна и как считала остановки на пальцах, чтобы не пропустить зою. Я также заметила, какими недовольными, грубыми выглядели люди улицах и в транспорте. Американке, привыкшей к обществу, в котором се друг другу постоянно улыбаются и желают всего лучшего при проща-ии, было очень нелегко приспособиться к этому. И всё же, несмотря на ти различия, я за время моего первого путешествия в Москву в 1993 году *юбилась в Россию*. Она действительно оказалась самым невероятным и амым интересным местом из всех, в которых я побывала.

Мой следующий шаг – это "знакомство с университетской жизнью в оссии". Я преподавала в университете два раза. Во время первого долгого ребывания в России я была стипендиаткой "Fulbright" и читала лекции по етодике преподавания для детей с умственными и физическими дефекта-и. Я заметила разницу между русскими и американскими студентами. Во-ервых, русские студенты не ходили на лекции регулярно. Во время лекций ни часто шептались, особенно в последних рядах. Тем не менее мне очень онравились мои русские студенты. За исключением шёпота, они были веж-ивы и внимательны. Кроме того, они показали себя очень сообразитель-ыми и не боялись трудных заданий. (Американских студентов часто отпу-ивают задания, которые им кажутся слишком трудными.) Для меня это было приятной неожиданностью.

Мой третий шаг можно назвать так: "Изучение языка". Учить рус-ский язык я начала через месяц после того, как приступила к преподава-нию в университете. Я решила изучать русский язык только потому, что я считала это необходимым, поскольку я жила в России. Тогда это не было для меня особенно интересно. Я начала брать уроки раз в неделю. Через две недели я была совершенно очарована русским языком и часами зани-малась им каждый день. Я стала брать уроки два раза в неделю. С этого момента для меня открылись новые перспективы, и я начала двигаться от поверхностного восприятия русской культуры к более глубокому осмысле-нию её.

"Знакомство с русскими людьми" было моим четвёртым шагом. мере того как я обживалась в России, у меня стали появляться русск друзья. С моими друзьями я чувствовала себя совсем иначе, чем среди ули ной толпы. В отличие от людей на улице мои друзья всегда были добр и внимательны. Я начала понимать, что иметь русского друга – это как вл деть сокровищем. С моими русскими подругами я ощущала удивительн душевное родство, что редко случалось при общении с моими американ скими друзьями. Даже когда я уезжаю и затем возвращаюсь в Россию, э отношения не меняются. Мои русские друзья всегда были готовы показа мне, как они живут. Благодаря этому я начала понимать трудности, кот рыми полна их жизнь, их взгляд на мир.

Мой последний шаг можно назвать "Взаимопроникновение двух кул тур". Первое время я так увлеклась русской культурой, что была не в с стоянии оценить по достоинству свою собственную культуру. В то время чувствовала себя скорее русской, чем американкой. Затем я вернулась Америку, и сейчас я воспринимаю себя просто как американку, котора любит русскую культуру и русских людей. Благодаря знакомству с незна комой культурой человек не только открывает для себя увлекательный новы мир, но и начинает по-новому понимать собственную культуру.

Кэролин Купер, профессор
Чарльстонского университета, США

РАЗМЫШЛЕНИЯ

ОТ СИЭТЛА ДО САНКТ-ПЕТЕРБУРГА СОВСЕМ НЕДАЛЕКО...

Я американец, и, конечно, Россия – это совсем другая, неизведанна для меня страна. И поэтому всё в России удивительное и не такое, каким я привык или даже хотел бы видеть. Я могу понять американцев, которые например, не принимают Россию. Ну что поделаешь, Россия, действитель но, не самая удобная страна для повседневной жизни и быта. Можно рассуждать и так. Был случай, когда одна студентка на второй день уехала из России в Америку: она не могла жить в другой, холодной стране, есть другую еду, встречаться с другими людьми...

Ну а я... Ну что тут сказать? Я просто люблю Россию такой, какая она есть. И считаю, что её есть за что любить.

Помню, в первый раз я приехал сюда ещё до перестройки, когда всё в России было в дефиците, всё надо было "доставать". И если что-то продавали, то это называлось "давали". И что вы думаете? Мне и тогда было хорошо в этой стране. Я довольно быстро привык к такой ситуации. Както в булочной рядом с университетом "давали" индийский чай – страшный ефицит в те времена. Я купил пачку чая, прибежал в преподавательскую закричал: "Анна Алексеевна! Скорее идите в булочную! Там чай дают!" се преподаватели рассмеялись: "Ну вот, Майкл совсем адаптировался к усской жизни!"

Люблю я и сегодняшнюю Россию, когда уже нет дефицита, когда в агазинах и на рынке много продуктов, вещей (а у русских, к сожалению, ало денег, чтобы их купить) и когда иностранцам хорошо живётся в этой тране, потому что доллар "стоит дорого".

Я думаю, что для меня в России нелёгкий быт – не самое главное, и аже совсем не главное; главное – другое: её просторы, её прекрасная, совсем е экзотическая, а именно русская (с берёзками) природа, русская культура, оторая и сейчас помогает русским людям выжить. И, конечно, русские люди, ои друзья. С ними мне хорошо. Для меня очень-очень важно, что русские меют брать чужую боль на себя, на свои плечи.

Можно много говорить о России, а можно сказать короче, и вы меня оймёте правильно: *от Сиэтла до Санкт-Петербурга совсем недалеко, если тебя в России ждут дорогие тебе люди.*

Майкл Смит, студент из США,
обучался русскому языку в РГПУ им. А.И. Герцена

ЧТО Я ЛЮБЛЮ В РОССИИ

Моя жена и друзья всегда спрашивают меня, почему я хочу опять поехать в Россию, что я люблю в России. И мне понятен их вопрос: ведь я или живу в России, или решаю, когда я туда возвращаюсь. Жена уже знает ответ: "Потому что он сумасшедший человек".

Это – да, но почему именно в Россию, а, например, не в Монголию? Почему не в Италию, где мы два раза путешествовали с нею, ели прекрасную еду, гуляли по красивым улицам Рима, Флоренции и Венеции.

Как я могу объяснить ей и другим, что место отпуска и место, где хочется жить, – это совсем разные вещи?

Ещё труднее объяснить, что я люблю наблюдать, как в маршрутном такси передают деньги от человека к человеку и дальше, а потом передают мелочь обратно. И как сказать, что интонация русской речи, когда речь взлетает и падает вниз, *заставляет трепетать мою душу (makes my heart go aquiver).* Или то, что я считаю себя вечным студентом.

Может быть, я люблю контрасты России. Все говорят о невежливости и грубости продавцов, но всегда ли это так? Сегодня, например, я пошёл в университетскую столовую раньше, чем обычно, и спросил женщину, которая работала в кассе, скоро ли откроется столовая. "Через минут пять-десять," – сказала она. Поэтому я сидел и ждал. Но другая женщина, которая работает там, сказала: "Почему это не кормят мужчину?" И я получи суп и салат и поел, а потом заплатил. При этом подумал, что только здес в России, может быть такая ситуация.

Мне кажется, что существуют три России: *Россия туристов* – Больш театр и балет; *Россия инвесторов и иностранных бизнесменов* – клуб с "новыми русскими"; и всё-таки остаётся третья, *культурная, Россия*. И люблю Россию, в которой люди говорят о театре и, когда уже совсем п здно, приглашают вас переночевать у них, но спать можно только на кухн больше негде (меня спрашивают: "В Америке люди спят на кухне?").

Я люблю Россию даже с остатками прежнего, советского, времени (хот у меня нет романтизированного взгляда на это страшное время, когда стольк людей погибло в лагерях), когда деньги не были ещё так важны: цена кни концертов и даже транспорта была такой низкой, что не надо было думат что купить: книгу или билет в театр.

Я не могу объяснить, *что я люблю в России*, потому что всё в Росси и саму Россию трудно понять, это тайна. И я вспоминаю известные стих русского поэта Ф. Тютчева:

Умом Россию не понять,
Аршином общим не измерить *(can't be measured by a common yardstick, common standartd can't be applied to it).*
У ней особенная стать *(It is very special, peculiar, it is difficul to understand it):*
В Россию можно только верить.

Марк Гальперин, профессор Центрального
Вашингтонского университета, США

P.S. *Я спросила у Марка Гальперина: "Марк! Вы приедете ещё в Петербург?"*

"Конечно, – ответил он. – Это только моя жена думает, что я здесь в последний раз". И рассмеялся.

ИЗ РАЗГОВОРА

"Вчера прилетели в Санкт-Петербург поздно вечером, лёг спать. А утром проснулся, подошёл к окну, смотрю – снег! Снег! Значит, я в России. И мне так хорошо стало!"

Кент Ричардс, студент из Великобритании,
обучался русскому языку в РГПУ им. А.И. Герцена

4. Проверьте себя!

Составьте словосочетания с предлогом или без предлога:

сделать (стрижка)
вымыть (голова)
сушить волосы (фен)
побрызгать волосы (лак)
стричься (парикмахерская)

. Закончите предложения.

1) Серёжа обычно стрижётся ... .
2) Наташа собирается в гости. Она решила пойти в парикмахерскую и сделать ... .
3) Ольга решила изменить цвет волос. Она сказала подруге: "Я хочу ...".
4) Светлане надоело носить длинные волосы, и она решила изменить … .

3. Вставьте в предложения слова и словосочетания в нужной форме.

1) СТРИЧЬСЯ

Анатолий не любит … . Обычно он … раз в три месяца.

2) НОВАЯ СТРИЖКА

Наталья решила сделать … . Из парикмахерской она вышла с … . Друзьям очень понравилась её … . Девушки спрашивали: "Наташа, где ты сделала … ?" А Сергей сказал: "Тебе очень идёт …". Наталья была довольна … . Ей нравилось говорить о … .

4. Составьте диалог мастера и клиента

- в женском зале;
- в мужском зале.

5. Подберите определения к словам *СТРИЖКА, ПРИЧЁСКА, П РИКМАХЕРСКАЯ, МАСТЕР.*

МОДЕЛЬ: стрижка *(какая?)* новая,

6. ***а)*** Ответьте на вопросы:

ЧЕМ	расчёсывают сушат стригут	ВОЛОСЫ?

б) Отгадайте загадки.

Зубов много, а ничего не ест.

Ношу их много лет, а счёта им не знаю.

7. Напишите сочинение на тему: "Я решила (решил) сделат новую причёску".

18 БЫТОВЫЕ ПРОБЛЕМЫ Я РЕШАЮ ТАК...

1. Лексика по теме

БЫТОВЫЕ ПРОБЛЕМЫ: стирать/выстирать бельё; сдавать/сдать бельё в прачечную, обувь в ремонт, одежду в химчистку. Ремонтировать/отремонтировать сумку, обувь, часы. Чинить/починить сумку, обувь, часы, очки. Ставить/поставить набойки (на сапоги, туфли). Отрываться/оторваться (о пуговице); пришивать/пришить пуговицу. Ателье по ремонту обуви. Прачечная. Химчистка.	EVERYDAY PROBLEMS: to wash the linen/laundry; to take linen to the laundry, shoes to the shoe repair shop, clothes to the dry cleaner's. To repair a bag, shoes, a watch. To fix a bag, boots/shoes, a watch, glasses. To fix the heels (on the boots, shoes). To tear off (about a button); to sew a button on. Shoe repair shop. Laundry. Dry cleaners.
ФОТОГРАФИРОВАТЬ/СФОТОГРАФИРОВАТЬ *(кого? что?)*, снимать/снять *(кого? что?)*;	TO PHOTOGRAPH, to take a photograph of;

фотографироваться/сфотографироваться;	to be photographed;
фотография форматом 3 х 4 (три на четыре), 6 х 9 (шесть на девять), для удостоверения;	photo format 3 x 4 (three by four), 6 x 9 (six by nine), for a document;
фото, (фото) снимок; фотоальбом; фотограф, профессионал, любитель; фотокорреспондент; (не) фотогеничен.	photo, picture/shot; photo album; photographer, professional, amateur; photojournalist; (not) photogenic.
Фотоаппарат, заряжать/зарядить фотоаппарат, вставлять/вставить кассету (в фотоаппарат). Фотоателье.	Camera, to load a camera, to insert a roll of film (into the camera). Photographer's (studio)/photo shop.
Плёнка цветная, чёрно-белая; проявлять/проявить плёнку; печатать/напечатать кадры, снимки, фотографии.	Film colour, black and white; to develop a film; to print frames, shots, photographs.
ВИДЕОКАМЕРА, видеофильм, снимать/снять видеофильмы.	VIDEOCAMERA, videofilm, to take videos.
ЧАСЫ механические, электронные; будильник; часы идут (точно), стоят, спешат, отстают; заводить/завести часы.	WATCH (CLOCK) mechanical, electronic; an alarm clock; watch is/runs right, stands still, is/runs fast, is/runs slow; to wind a watch (a clock).
Разбиваться/разбиться, стекло разбилось;	To break, glass is broken;
пружина лопнула;	spring snapped;
ломаться/сломаться, часы (будильник, браслет) сломались.	to be broken, the watch/clock (the alarm clock, the watchband) broke.
Ремонтировать/отремонтировать часы; относить/отнести часы в ремонт; чистить/почистить часы; заменять/заменить стекло, пружину, батарейки,	To repair a watch/clock; to take a watch/clock in for repair; to clean a watch/clock; to change the watch/clock glass, spring, batteries,
менять/поменять браслет.	to change the watchband.
Ателье по ремонту часов ("Ремонт часов"); часовой мастер, часовщик.	Watch/clock repair shop ("Watch/clock repair"); watch/clock repairman, watchmaker/clockmaker.

2. Давайте поговорим!

У МЕНЯ ПРОБЛЕМА…

1 *а)* Прочитайте письмо.

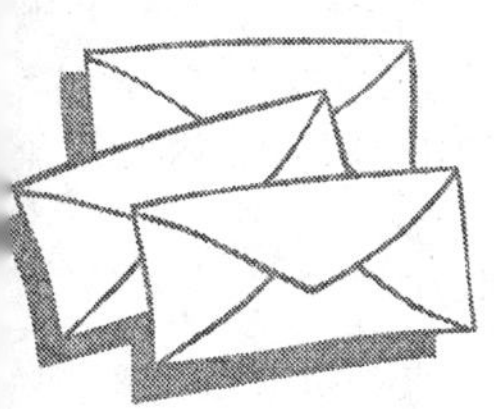

Том, привет!

Знаешь, дома, в Америке, у меня, как и у всех людей, возникает масса проблем, в том числе и бытовых: надо постирать рубашку, проявить фотоплёнку, отремонтировать часы. Дома всё понятно: что делать, куда идти.

Однако не думал я, что когда поеду учиться в Петербург, то и там будут всё те же проблемы. Например, сегодня у меня оторвалась пуговица на рубашке, надо пришить, но нет ни иголки, ни ниток. Вот уж действительно: бытовые проблемы есть везде. И не только у меня, но и у моих друзей тоже: Майе надо отремонтировать туфли, Марк сломал очки и ходил в "Оптику", а Сюцинь меняла молнию на сумке.

Я тебе уже писал, что Петербург – удивительно красивый город, с прекрасными пригородами: Пушкин, Павловск… И всю эту красоту хочется увезти с собой. Есть только один способ сделать это. Ты уже понял? Конечно же, я постоянно фотографирую дома́, фонтаны, людей… И вот, пожалуйста, кончилась плёнка, и поэтому появилась маленькая проблема: где купить её, как спросить об этом?

А рубашки? Три взял, и все уже грязные – надо отдавать в стирку.

Как видишь, "весь в проблемах". А проблемы, как известно, надо решать.

Пока всё. Побежал в фотоателье. Пиши, не забывай!

Мэтью.

б) Ответьте на вопросы:

1) Какие проблемы приходится решать Мэтью?
2) А какие бытовые проблемы есть у вас? Как вы их решаете?

Используя текст письма, закончите диалоги. Разыграйте и.

– Привет, Мэтью! Куда ты идёшь с таким большим пакетом?
– *Привет, Джон! Это мои грязные рубашки, их надо постирать.*
– О, это небольшая проблема. Лучше всего сдать бельё в прачечную
– ... .

* * *

– Здравствуй, Сюцинь! Ты что такая весёлая?
– *Да, Мэтью, сегодня у меня отличное настроение: я нашла атель по ремонту сумок.*
– А что у тебя случилось?
– ... .

* * *

– Майя, ты на днях ремонтировала свою обувь?
– *Да, я поставила набойки на туфли.*
– Я тоже хочу починить свои ботинки. Где ты чинила свою обувь?
– ...

* * *

– Джон, у тебя нет иголки с ниткой?
– *К сожалению, нет. А что случилось?*
– Да вот оторвалась пуговица на рубашке.
– *У меня этих проблем нет: я ношу свитеры и куртки на молнии.*
– Да... А мне что делать?
– ... .

* * *

– Марк, добрый день! Ты почему не здороваешься?
– *О, Мэтью, привет! Извини, я просто плохо вижу.*
– Это заметно. А где же твои очки?
– *Очки упали и разбились.*
– И что ты собираешься делать?
– ... .

3 Прочитайте диалоги и инсценируйте их.

МЭТЬЮ, САША И... ФОТОАППАРАТ

– Мэтью, я вижу у тебя фотоаппарат. Ты любишь фотографировать?

– *Да, люблю, но я, конечно, не профессионал, я любитель.*

– Давай в следующее воскресенье поедем за город и возьмём с собой фотоаппарат.

– *Договорились!*

* * *

– Мэтью, когда ты чаще всего фотографируешь?

– *Чаще всего в поездках и путешествиях. Фотографии, особенно когда их много делаешь, конечно, стоят недёшево, но это мои встречи, мои воспоминания, и для меня это дорого.*

– Ты много путешествуешь?

– *Да, я часто путешествую по своей стране, бываю и за границей, и мой фотоаппарат всегда со мной.*

* * *

– Мэтью, я давно хотел тебя спросить, что ты больше любишь: фотографировать или фотографироваться?

– *Наверное, фотографировать. Вот, например, вчера около Казанского собора я сфотографировал маленькую девочку, которая вела бо-о-о-льшую собаку, а в зубах у собаки была бо-о-о-льшая сумка! Это было очень смешно.*

* * *

– Мэтью, ты когда-нибудь увлекался слайдами?
– *Да, у меня много слайдов. Но сейчас мы с друзьями больше смотрим не слайды, а видеофильмы. У меня есть небольшая видеокамера, и я сам снимаю фильмы.*
– Да, видеокамера – это здорово!

* * *

– Мэтью, давай сфотографируемся вместе у “Медного всадника”!
– *Хорошо. Но у меня кончилась плёнка. Надо купить новую и зарядить фотоаппарат!*
– У меня есть. Я обычно беру с собой на всякий случай запасную.

А ТЕПЕРЬ – В ФОТОАТЕЛЬЕ!

– Девушка, я хотел бы сфотографироваться!
– *Пожалуйста! Какой снимок вам нужен?*
– Мне нужна маленькая чёрно-белая фотография три на четыре (3 × 4) для студенческого билета.
– *Хорошо. Заплатите в кассу. С вас ... рублей. Возьмите квитанцию и проходите к фотографу.*

* * *

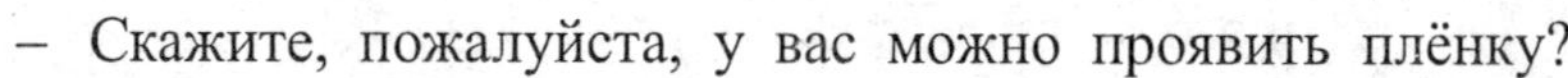
– Скажите, пожалуйста, у вас можно проявить плёнку?
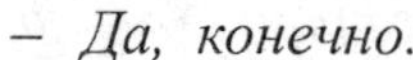
– *Да, конечно.*

– Хорошо. Тогда, пожалуйста, проявите эту плёнку и напечатайте фотографии.
– *Какой формат вы хотели бы?*
– Шесть на девять (6 × 9). Когда можно зайти за фотографиями?
– *Завтра после обеда.*

Я ПОКУПАЮ ФОТОАЛЬБОМ

– Вы можете показать мне этот фотоальбом?
– *Пожалуйста!*
– У меня много новых фотографий. Сколько снимков здесь помещается?
– *100 снимков. Это удобный фотоальбом, и размер небольшой.*
– Хорошо, я покупаю его.

4 Вставьте вместо точек глаголы в нужной форме.

1) Оля обожает… , она может позировать перед фотоаппаратом с утра до вечера.
2) Расскажите, что вы … вчера на экскурсии?
3) Скажите, пожалуйста, в этом музее можно …? Давайте … вместе около Русского музея! Интересно, что Мэтью… сейчас?
4) Наташа – фотомодель. Ей часто приходится … .
5) Мэтью не любит … , он предпочитает … своих друзей.
6) Серёжа – фотокорреспондент газеты. Он всё время … городские сюжеты.

ИСПОЛЬЗУЙТЕ:

фотографировать/ сфотографировать	*что?*	город
	кого?	людей
фотографироваться/ сфотографироваться	*с кем?*	с родителями
	где?	в фотоателье у (около) “Медного всадника”

Вместо точек вставьте данные слова в нужной форме: ФОТОГРАФИЯ, СФОТОГРАФИРОВАТЬСЯ, ПРОЯВЛЯТЬ, ФОТОГРАФИРОВАТЬ, ПЕЧАТАТЬ, ФОТОГРАФИРОВАТЬСЯ.

МЭТЬЮ ЛЮБИТ… ФОТОГРАФИРОВАТЬ? ФОТОГРАФИРОВАТЬСЯ?

Мэтью очень любит … своих друзей. Дома у него большой фотоальбом с … его друзей. Мэтью любит сам … плёнку и … снимки.

Мэтью считает, что он нефотогеничен, поэтому он не любит … . Линда часто говорит ему: “Мэтью , давай … вместе!”, но Мэтью никогда не соглашается. Иногда друзья шутят: “Скоро ты будешь дедушкой, и никто не узнает, как ты выглядел в молодости. У тебя много фотоальбомов, но нет собственных … !”

6 Кто составит больше слов, которые начинаются на "ФОТО"?

ФОТО

....

....

....

7 Познакомьтесь:

Вот Андрей. Он решил сфотографироваться на память о юге и море.

Вот его подруга Галя.

А это – его знакомый Гена с сыном Петей.

Рассмотрите рисунок. Интересно, о чём думает каждый из них в этой ситуации.

а) Прочитайте диалог по ролям, перескажите его.

О, ЧАСЫ!

– Саша, я поздравляю тебя с днём рождения и хочу подарить тебе маленький подарок!

– *Спасибо, Мэтью! О, часы! Это очень ценный для меня подарок!*

– Тебе они понравились? Я узнал у Лены, что тебе нравятся электронные часы. К тому же они не боятся ни воды, ни пыли.

– *Спасибо, отличный подарок! А я обратил внимание, что ты носишь механические часы.*

– Да, я предпочитаю обычные механические часы, потому что не люблю менять батарейки.

– *Мэтью, но механические часы надо заводить каждый день! И каждый день надо помнить об этом!*

– Ничего, это дело привычки. Ведь будильник ты тоже заводишь каждый день?

– *Нет, будильник заводит Лена! И каждое утро она будит меня!*

б) Ответьте на вопросы:

1) А какие часы предпочитаете вы?
2) Есть ли у вас дома будильник?
3) Кто вас будит по утрам: будильник, мама, жена (муж)? А может, кот (собака)?

Разыграйте диалоги. Составьте аналогичные.

В ЧАСОВОЙ МАСТЕРСКОЙ

– Мои часы упали, и стекло разбилось. Можно его быстро заменить?

– *Сейчас посмотрим. Да, стекло мы заменим, а часы нужно почистить.*

– Скажите, пожалуйста, а можно поменять браслет?
– *Да, выбирайте любой на витрине.*
– Хорошо. А как быстро вы отремонтируете часы?
– *Подождите минут 20.*

* * *

– Посмотрите, пожалуйста, будильник сломался.
– *Да, у него лопнула пружина. Её надо заменить. На это потребуется время. Сегодня 20-ое. 23-го можете получить будильник. Я выпишу вам квитанцию. Ваша фамилия?*
– Иванов.
– *Адрес?*
– Невский проспект, дом 60, квартира 45.
– *С вас пятьдесят рублей.*

10 ***а)*** Прочитайте стихотворение. Может быть, вы его выучите наизусть?

Говорят, часы стоят,
Говорят, часы спешат,
Говорят, часы идут,
Но немножко отстают.
Мы смотрели с Мишкой вместе,
Но часы висят на месте!

б) Соедините левую и правую колонки.

ЧАСЫ

не работают	спешат
идут быстрее, чем надо	отстают
идут медленнее, чем надо	стоят

в) Восстановите и дополните реплики диалогов.

– … ?
– *Сейчас пятнадцать минут первого (12.15)*
– Большое спасибо. Я никогда не знаю точное время: мои часы всё время … .
– *Значит, пора отнести их в ремонт.*

* * *

– … ?
– *Мои часы упали и теперь … .*
– В ваших часах лопнула пружина, её надо … .

* * *

– Наташа, а где часы, которые я тебе подарил?
– *Знаешь, браслет сломался, вот я и ношу часы не на руке, а в сумке.*
– Напрасно, тебе нужно … .

11 Составьте слова. Прочитайте их. Составьте диалог на тему "В часовой мастерской".

12 Отгадайте загадку:

Без ног, а ходит,
Без рук, а показывает.

3. Время. События. Люди

МУЗЫКАЛЬНАЯ СЛАВА РОССИИ

“ПО ШКАЛЕ РИХТЕРА МЫ НАСТРАИВАЛИ СВОЮ ЖИЗНЬ”

***Святослав Рихтер** – великий пианист, музыкальный гений мира.*

• *Он не оставил после себя учеников. Говорят, в молодые годы его единственный педагогический опыт оказался неудачным.*

• *Он никогда не записывался на отечественных студиях из-за низкого качества грамзаписи.*

• *Он никогда не улыбался на сцене, даже кланяясь в ответ на бурные овации зала.*

• *Он не любил радио- и телеинтервью и был замкнут (he was enclosed), молчалив, как закрытый рояль.*

• *Он обладал феноменальной памятью и уникальными руками. Такие люди рождаются раз в столетие.*

В пятнадцать лет Рихтер начал работать концертмейстером, в девятнадцать дал сольный концерт в Одессе – играл Шопена. И только в двадцать два года поступил учиться в московскую консерваторию к профессору Генриху Нейгаузу. Великий музыкальный педагог тогда сказал: “Вот ученик, о котором я мечтал”.

Рихтер был солистом Московской филармонии. Он ездил с концертами в самые глухие районы страны, играл на простых инструментах, для самой демократичной публики. Играл так же гениально, как в Большом зале консерватории.

Удивительно, но Рихтер никогда не был лауреатом международных конкурсов. Только в 1950 году ему разрешили выступать за рубежом, а на Западе – ещё через десять лет.

Он выступал со всеми величайшими солистами и дирижёрами столетия.

Последние годы Рихтер провёл за границей, лишь изредка приезжая в Россию. Болезни заставили его прекратить концертную деятельность. Для него это была катастрофа.

И вот возникла идея: сделать программу с Мстиславом Ростроповичем. риехав в Россию и поселившись на своей даче на Николиной Горе, Рихер играл по девять часов в день. Концерт должен был состояться в авгуе. Но 1 августа сердце великого пианиста остановилось.

Поэт Андрей Вознесенский сказал: “Рихтер, всегда бывший одиноким нием, стал символом русской интеллигенции. *По шкале Рихтера мы страивали свою жизнь*”.

ЮРИЙ ТЕМИРКАНОВ: “ИСКУССТВО – ЭТО РАЗГОВОР С МОЕЙ ДУШОЙ”

Юрий Темирканов:

- *художественный руководитель и авный дирижёр Петербургской филармоии (Петебургский филармонический орестр входит в пятёрку самых сильных колективов мира);*
- *главный приглашённый дирижёр орестра Датского радио;*
- *с 2000-го года возглавляет один из чших оркестров в мире – Балтиморский имфонический оркестр;*
- *дирижёр с мировой славой – своеобазный культурный символ Санкт-Петервга.*

Из интервью с маэстро

– *Что для Вас в жизни самое главное?*

– Для меня лично сейчас вообще ничего не важно. Меня волнует друое: чтобы оркестр, который я возглавляю, не потерял своего великого имени. ркестр, уже при мне, снова стал великим оркестром. Это – моя цель, авное, что я смог сделать в жизни.

– *Мы понимаем, что музыка – это ваша жизнь. Чем она Вас поорила?*

– Любой вид искусства может вызвать в человеке и дурные качества, хорошие, а музыка не будит в человеке дурного. Никогда. Даже если это амая трагическая музыка, она оптимистична.

– *Вы как-то сказали, что быть богатым и успешным для Вас мало-вато. Что же важно?*

– Согласие с душой, с совестью.

– *Чего Вы никогда не сделаете?*

– Я думаю, что никогда не предам.

– *Каким, по вашему мнению, должен быть дирижёр?*

– Оркестранты должны чувствовать, что тот, кто встал перед ними имеет на это право и знает больше, чем они.

Невозможно назвать все качества, нужные для дирижёра. Священник тоже ведь выходит к народу и говорит не свои слова, а Библии. Моё дело – пересказывать чужую музыку, но по-своему.

Высшее достижение – это когда слушатели думают, что вот сейчас и рождается это произведение.

– *А что бы Вы могли сказать о публике?*

– По моим многолетним наблюдениям, публика, хоть и со своими нюансами, в принципе везде одинакова. И во Флориде, где средний возраст слушателей примерно 70 лет, и в Нью-Йорке... Каждый из слушателей в отдельности обычно мало понимает из того, что мы делаем на сцене. Но когда слушатели собираются вместе, их обмануть нельзя.

Если выходит Рихтер и начинает играть, то они чувствуют, что происходит нечто невероятное. Искусство ведь не только арифметическая сумма приёмов, техники и мастерства. Искусство – это *колдовство (sorcery). Это разговор с моей душой.*

ЮРИЙ БАШМЕТ: "... ОДИНОЧЕСТВО С ИНСТРУМЕНТОМ ЯВЛЯЕТСЯ ОДНОВРЕМЕННО ОБЩЕНИЕМ С МИЛЛИАРДАМИ"

Юрий Башмет:

- *профессор Московской консерватории;*
- *почётный академик Лондонской Академии искусств;*
- *преподаёт в Академии Киджана (Италия) и в г. Туре (Франция).*

– *Юрий Абрамович, вы сейчас в Москву приехали в отпуск?*

– Какой отпуск, что вы! Я вообще разучился отдыхать. Последний раз отдыхал, когда меня мама вывозила к морю ещё мальчишкой. Став взросным, я всего один раз ездил в отпуск с женой. И всё. Я заметил, что когда ничего не делаю, то мне даже физически становится плохо.

– *Откуда же вы силу берёте?*

– А я её не беру. Я, видимо, использую то, что есть. Иногда сам себе говорю: “Надо отдохнуть”. А что это значит, сам не понимаю.

– *И вам нравится такая жизнь? Вы, например, можете сказать, что будете делать 12 декабря 2001 года?*

– Сразу не скажу, надо заглянуть в дневник. А там у меня есть несколько дат, которые я всегда помню. Вот сегодня у меня благотворительный концерт в Кусково. Через такие вещи у меня происходит связь со страной, из которой я в своё время не уехал, чему рад. Человек, который уехал из России и теперь вернулся, – внутренне всё равно поломанный.

– *Через всю вашу жизнь проходит имя Рихтера. У вас даже дачи рядом.*

– Святослав Рихтер – это огромная книга в моей жизни. Если хотите, он был *инопланетянином (alien, being from another planet)*. Рихтера заметили все, но по-настоящему так никто и не оценил. Самое главное, что в нём было, – это владение измерениями, не известными науке.

– *Вы верите в судьбу?*

– Конечно. У каждого человека своя судьба. Рядом с понятием “судьба” есть ещё талант. Он даётся от Бога. Но человек, наделённый талантом, сам должен его в себе беречь. И ещё есть родительские гены. Нам даётся как бы стартовая энергия.

Работать? Работать, конечно, надо. Это понятно. Но ещё очень важно, какое влияние оказывает наше окружение.

– *Но ведь талант просто так не даётся. За него надо платить. И порой очень дорогой ценой. Как правило, человек одарённый редко бывает счастлив...*

– А что такое счастье? Вот что вы предпочтёте – быть богатым и не испытывать любви или, наоборот, не быть миллионером, но быть любимым и любить? Я, например, выбираю любовь. Это духовное богатство, которое нельзя оценить ни миллионом, ни миллиардом.

То же самое в музыке.

Через композитора, даже ничего не зная о нём, можно общаться с менталитетом его времени. Занимаясь классической музыкой, оказываешься вне времени. И *это ощущение неописуемо (this feeling is indescribable, unspeakable)*.

– *Вы первый сделали альт солирующим инструментом. Как было воспринято ваше решение?*

– В истории нашей страны сольные концерты на альте никто не играл. И сделать это в Москве мне не разрешали. Я ходил на приёмы к директору зала, в филармонию, и везде мне отвечали: "Почему мы должны вам давать зал? Ведь у вас даже звания нет".

Что мне оставалось отвечать? Не мог же я воскликнуть: "Я самый лучший!" Я не должен оценивать сам себя. Потому что я вне сравнения. Как, впрочем, и все люди. Задача каждого – делать своё дело как можно лучше и не думать об оценках.

– *Мы уже привыкли к несколько демоническому образу Юрия Башмета. Вы специально стремились создать такой имидж?*

– Ничего неестественного в моих длинных волосах нет. Когда я мальчишкой играл на гитаре песни "Битлз", длинные волосы были в моде. Так и осталось. Однажды я пришёл в гости к Рихтеру, и Святослав Теофилович сказал: "Юра, вам так идут длинные волосы". А его оценка для меня свята. Так и хожу.

– *Вы верите, что после земной жизни душа не умирает?*

– Я не верю. Я знаю. С этим вечным миром я ощущаю связь. Через мать, которой уже много лет нет. Мы будем существовать и после смерти.

(По материалам прессы)

4. Проверьте себя!

1. Раскройте скобки. Составьте словосочетания с предлогом и без предлога:

фотографировать (друзья)
фотография (студенческий билет)
проявить (плёнка)
отнести часы (ремонт)
ателье (ремонт часов)

2. Подберите синонимы к следующим словам и предложениям:

фотография –
снимать –
часы стоят –

3. Напишите названия предприятий, где можно:

проявить плёнку		
отремонтировать	часы очки	
выстирать бельё		
починить обувь		

4. Восстановите реплики диалогов.

КОТОРЫЙ ЧАС?

– …?
– Минуточку. Сейчас …. О, знаете, мои часы стоят!
– …?
– У меня электронные часы и заводить их не надо.
– … .
– Нет, батарейку я меняла недавно.
– … .
– Да, вы правы, здесь поможет только мастер!

НОВЫЙ СОСЕД

– Здравствуйте! Я ваш новый сосед. Вы не скажете, где в вашем ра оне ближайшая прачечная?
– … .
– Ещё я бы хотел починить обувь…
– … .
– А где можно отремонтировать часы?
– … .
– А вы не дадите мне нитки – мне надо пришить пуговицу?
– … !!!

5. Вставьте в предложения слова по смыслу.

У Серёжи упали часы, сейчас они не работают. Серёжа пошёл в часо вую мастерскую, и мастер сказал, что в часах лопнула пружина и её надо … Мастер посоветовал Серёже … верхнее стекло, которое разбилось. Серёж также решил … браслет для часов.

* * *

Мария Ивановна принесла часовому мастеру будильник. Тот посмотрел и сказал: “Ничего страшного. Будильник работает, но ему нужна профилак- тика, словом, часы нужно …” . Мария Ивановна спросила, сколько времени займёт ремонт часов. Мастер ответил, что … будильник за 10 минут.

6. Рассмотрите рисунки. Какие диалоги здесь могут состояться?

7. Напишите сочинение на тему: “Бытовые проблемы есть везде”.

19 КАК ВЫ СЕБЯ ЧУВСТВУЕТЕ?

1. Лексика по теме

ВЫ ЗАБОЛЕЛИ	YOU'VE FALLEN ILL/YOU'RE ILL
Болеть (несов.), заболевать/заболеть *(чем?)* гриппом; простужаться/простудиться, промокать/промокнуть;	To be ill, to fall ill *(with what?)* with a flu; to catch a cold, to get wet;
(кого?) меня (его …) знобит; *(у кого?)* у меня (у него) болит горло, голова, рука, зуб;	I (he) feel(s) shivery; my throat, head, hand, tooth hurts;
появился кашель (насморк), заложило (заложен) нос; *(кому?)* мне (ему …) больно глотать;	I've got a cough (head cold), my nose is congested/blocked/stuffed up; it hurts to swallow;
(у кого?) у меня (у вас …) насморк, схватывать/схватить насморк; чихать; кашель, кашлять.	I have (you have) a head cold, to catch a head cold; to sneeze; cough, to cough.
Боль острая, тупая; ноющая; головная;	Pain sharp, dull; gnawing; headache;

боль появилась в горле, в желудке, в сердце, в груди, под лопаткой, в спине; болит, ноет зуб. Температура нормальная, 36,6 (тридцать шесть и шесть), высокая, повышенная, низкая; температура поднялась (появилась) вечером; мерить температуру. Лечение, лсчиться.	ache has started in the throat, in the stomach, in the heart, in the chest, under the shoulder blade, in the back; tooth is aching. Temperature normal, 36,6 (thirty six point six degrees Celcius), high, above normal, low; temperature has risen (has appeared) in the evening; to take the temperature. Treatment, to be cured.
ВАМ НАДО ОБРАТИТЬСЯ К ВРАЧУ Обращаться/обратиться к врачу, ходить/сходить к врачу, на приём, в (студенческую) поликлинику; вызывать/вызвать врача на дом, скорую помощь.	YOU NEED TO SEE A DOCTOR To turn to a doctor, to go to a physician, at an appointment, to the (student) clinic; to summon a doctor on a house call, ambulance.
В РЕГИСТРАТУРЕ Регистратура, регистратор, работник регистратуры. Заводить/завести, заполнять/заполнить карточку.	IN THE REGISTRY Registry, registrar/recorder, registry employee. To start(out), to fill in a hospital card/form.
НА ПРИЁМЕ У ВРАЧА Врач, доктор; терапевт; врачи-специалисты: кардиолог, хирург, окулист (глазной врач), отоларинголог (ухо, горло, нос), зубной врач (дантист), невропатолог. Принимать/принять больного, вести приём; *Больной:* ставить градусник (под мышку), показывать горло, раздеваться (до пояса); жаловаться на плохое самочувствие, озноб, слабость, одышку, плохой аппетит, бессонницу, боль в ... , насморк.	AT A DOCTOR'S APPOINTMENT Physician, doctor; therapeutist; physician-specialists: cardiologist, surgeon, ophthalmologist, otolaryngologist, dentist, neuropathologist. To admit/see a patient, to conduct an appointment; *Patient:* to put a thermometer (under one's arm), to show one's throat, to get undressed (to the waist); to complain of feeling bad, chill, weakness, shortness of breath, bad appetite, insomnia, pain in ... , head cold.

Врач: осматривать/осмотреть больного; прослушивать/прослушать (лёгкие); измерять/измерить давление, температуру.	*Doctor:* to examine a patient; to listen to (lungs); to measure pressure, temperature.
Ставить/поставить диагноз. Лечить. Выписывать/выписать рецепт, прописывать/прописать лекарство, таблетки, порошки, микстуру, капли.	To diagnose. To cure. To write out a prescription, to prescribe medicine, pills, powder, cough syrup/mixture, drops.
Заболевание: простуда, грипп; повышенное (высокое), пониженное (низкое) давление;	*Illness*: cold, flu; above normal (high), below normal (low) pressure;
переутомляться/переутомиться, переутомление;	to be tired out, fatigue;
падать/упасть, ломать/поломать (руку, ногу...), перелом (ноги, руки...), ушибать/ушибить (руку, ногу...), ушиб;	to fall, to break (arm, leg ...), a fracture (of the leg, of the arm...), to injure (arm, leg ...), injury;
вывихивать/вывихнуть (руку), вывих, растягивать/растянуть (ногу, связки), растяжение, подвёртывать/подвернуть (ногу, руку);	to dislocate (an arm), dislocation, to sprain (leg, ligaments), sprain, to twist (leg, arm);
близорукость, дальнозоркость; кариес; симптомы заболевания.	shortsightedness, farsightedness; tooth decay; an illness' symptoms.
ВАС ОБСЛЕДУЮТ Обследоваться *(несов.)*, проходить/пройти (полное) обследование.	YOU'RE EXAMINED To be examined, to undergo a (full) examination.
Сдавать/сдать анализ крови, мочи; делать/сделать рентген (рентгеновский снимок), электрокардиограмму (ЭКГ), ультразвуковое исследование (УЗИ);	To provide a blood sample, urine sample; to get an x-ray, electrocardiogram (ECG), ultrasound exam;
удалять/удалить зуб, ставить/поставить пломбу, пломбировать/запломбировать зуб.	to extract a tooth, to get a tooth filling, to fill a tooth.

В АПТЕКЕ (АПТЕЧНОМ КИОСКЕ)	AT THE CHEMIST'S/IN THE DRUGSTORE (DRUG COUNTER)
Покупать/купить лекарство от головной боли (от головы), от зубной боли, от простуды, от ожогов; что-нибудь дезинфицирующее, жаропонижающее, противовоспалительное, успокаивающее, профилактическое, снотворное; таблетки (аспирин...), порошки, микстура, мазь; бинт; вата; пластырь; йод; термометр, грелка.	To by medicine for a headache, for a toothache, for a chill, for burns; some kind of disinfectant, fever suppressant, an antiinflammatory, sedative, preventive, sleeping pill/soporific; tablets (aspirin...), powder, cough syrup, ointment; bandage; cotton wool; plaster/band aid; iodine; thermometer, hot-water bag/warmer.
ВЫ ЛЕЧИТЕСЬ	YOU'RE GETTING BETTER/UNDERGOING A CURE
Пить лекарство, принимать/принять таблетки, микстуру (от кашля), порошок (до еды, после еды, 3 раза в день, утром и вечером), закапывать/закапать капли в нос, полоскать/прополоскать горло. Соблюдать/соблюсти постельный режим, лежать в кровати.	To take medicine, to take tablets/pills, cough syrup, powder (before meal, after meal, 3 times a day, in the morning and at night), to put drops in/drip nose drops, to gargle. To stay in bed for bed rest, to lie in bed.
ВЫ ВЫЗДОРАВЛИВАЕТЕ	YOU RECOVER
Выздоравливать/выздороветь, поправляться/поправиться. Навещать/навестить больного. Задумываться/задуматься над своим образом жизни, держать себя в форме, соблюдать/соблюсти диету, следить за правильным питанием, плавать; бороться с болезнями, со стрессом, влиять/повлиять на стресс.	To recover, to get better. To visit a sick person. To examine one's lifestyle, to keep oneself in shape, to hold to a diet, to keep up with healthy eating, to swim; to fight diseases, stress, to affect stress.

2. Давайте поговорим!

1 *а)* Прочитайте письмо.

Здравствуй, Линда!

На прошлой неделе мы с друзьями ездили в Петергоф. Погода была прекрасная. Интересная экскурсия во дворце, красивые парки, сказочные фонтаны – всё это мне очень понравилось.

Среди множества фонтанов Петродворца есть несколько "шутих" (fun fountains). Пётр I любил пошутить со своими гостями: по камешкам они добирались до грибка, наступали на какой-нибудь камень, и... грибок превращался в фонтан. Меня такая шутка Петра I застала врасплох (took by surprise): я промок. Мокрая рубашка сохла на мне довольно долго, и я подумал: "Всё. Теперь схвачу насморк". А тут ещё внезапно усилился ветер, полил сильный дождь. И вот вечером меня начало знобить (наверное, поднялась температура), заболело горло, стало больно глотать, появился кашель, заложило нос, я стал чихать. Словом, я простудился основательно. Джон, который пришёл навестить меня, посоветовал мне сходить к врачу. Я так и сделал.

Утром я пошёл в студенческую поликлинику. Вначале надо было пойти в регистратуру, где на меня завели карточку.

И вот я на приёме у терапевта. Врач спросил меня, на что я жалуюсь, измерил температуру, прослушал лёгкие, посмотрел горло и выписал мне много-много рецептов.

Я пошёл в аптеку, купил таблетки от простуды, от головной боли и от температуры, капли в нос, микстуру от кашля. И теперь я полощу горло, принимаю таблетки, пью микстуру, закапываю капли в нос и... жду своего выздоровления. Вот так хорошо "пошутил" со мною царь Пётр I!

Сейчас мне уже лучше. Думаю, через пару дней я окончательно поправлюсь. Будь здорова!

Мэтью.

б) Ответьте на вопросы:

1) Как Мэтью простудился?
2) Что посоветовал Джон Мэтью?
3) Какие симптомы простуды были у Мэтью, и что он сделал посл[е] посещения врача?

ИСПОЛЬЗУЙТЕ:

Мэтью заболел		
У Мэтью	Симптомы простуды	Как лечился Мэтью
	У него температура 37,5 (тридцать семь и пять); поднялась / повысилась / повышенная / высокая } температура Его знобит	Измерить температуру (градусником), принять лекарство
	У него болит / заболела } голова; сильная головная боль	Принимать (пить) лекарство (таблетки, порошки)
	У него заложен / заложило } нос; насморк	Закапывать капли в нос
	У него болит / заболело / красное } горло; (появилась) сильная боль в горле Ему больно глотать	Полоскать горло. Он полощет горло (ск//щ)
	У него (небольшой, сильный) кашель Он кашляет	Пить микстуру от кашля
	Он чихает	

Меня (его...) *(вин.п.)*	знобит тошнит
Мне (ему...) *(дат.п.)*	больно глотать

2 Прочитайте диалоги. Разыграйте их.

МЭТЬЮ ЗАБОЛЕЛ

– Мэтью, что с тобой? Ты плохо выглядишь. На тебе лица нет!

– Мне кажется, я заболел!

– Что у тебя болит?

– Меня знобит, болит горло и голова.

– А температура?

– Повышенная: 37,5.

– Наверное, ты простудился.

– Да, я вчера промок в Петродворце.

– Не будем сами ставить диагноз. Давай вызовем врача на дом.

– Нет, не надо на дом, я не так уж сильно и болею.

– Хорошо, есть другой вариант. Здесь недалеко студенческая поликлиника, давай сходим к врачу.

– Спасибо, Джон, провожать меня не надо. Обещаю завтра утром обязательно сходить к врачу.

В РЕГИСТРАТУРЕ

– Будьте добры, мне нужно попасть к врачу.

– Что у вас болит?

– У меня температура, болит голова и горло.

– Вы первый раз?

– Да, первый.

– Тогда я заведу на вас карточку. Ваша фамилия, имя, год рождения?

– Мэтью Смит, 1980.

– Где вы учитесь?

– На факультете русского языка как иностранного.

– Когда вы заболели?

– Вчера.

– Возьмите карточку. Терапевт принимает на втором этаже, кабинет 12.

В КАБИНЕТЕ ВРАЧА

– Проходите, пожалуйста! Садитесь. Что вас беспокоит?

– Доктор, у меня насморк, кашель, меня знобит. Вчера я промок, и вечером у меня поднялась температура.

– Какая у вас температура?

– Вчера была 37,5, а сегодня я не измерял.

– Хорошо. Вот градусник, поставьте его под мышку.

...Так, у вас 38,1. Покажите горло, пожалуйста. Откройте рот, скажите "А-а!" Да, горло у вас красное. Разденьтесь до пояса, я прослушаю лёгкие.

...Дышите глубже. Хорошо. Теперь не дышите. Можете дышать. Одевайтесь.

– Доктор, что у меня?

– Лёгкие чистые, но у вас сильная простуда. Придётся вам недельку полежать дома. Я вам выпишу рецепты. Сходите в аптеку и купите эти лекарства. Порошки будете принимать три раза в день после еды. Микстуру от кашля пейте утром и вечером. А капли в нос надо закапывать несколько раз в день. Полощите горло содой и солью (на стакан воды 1 чайная ложка соли и 1 чайная ложка соды). И, пожалуйста, соблюдайте постельный режим.

– Простите, что надо делать?

– Лежать в постели и не гулять, пока у вас не пройдёт насморк, кашель и не перестанет болеть горло. Понятно?

– Да, спасибо, доктор. Я всё понял. А когда я поправлюсь?

– Думаю, через неделю всё будет в порядке. Если не будет лучше, приходите на приём ещё раз.

– Спасибо.

– Будьте здоровы!

В АПТЕКЕ

– Скажите, пожалуйста, у вас есть эти лекарства? Вот мои рецепты.

– Так, вам прописали аспирин в таблетках, антигриппин в порошках, капли в нос и микстуру от кашля. Всё это стоит 97 рублей 50 копеек. Платите, пожалуйста, в кассу.

– Скажите, а у вас есть градусник?

– Да, он стоит 10 рублей 50 копеек. Всего 108 рублей.

– Спасибо.

МЭТЬЮ ВЫЗДОРАВЛИВАЕТ

– Мэтью, привет! Как твои дела? Как ты сегодня себя чувствуешь?

– Здравствуй, Джон. Спасибо, что зашёл навестить меня. Мне уже лучше. Хорошо, что ты посоветовал мне сходить к врачу. Мне выписали рецепты, я купил лекарства в аптеке и теперь лечусь.

– И сколько дней тебе придётся лежать?

– Сказали, что дней семь, но я думаю, что встану раньше.

– Тебе надо есть больше фруктов и пить минеральную воду.

– Я так и делаю. А когда я поправлюсь, поеду на экскурсию в Репино.

– Надеюсь, ты возьмёшь и куртку, и зонт!

– Да, тут ты абсолютно прав!

а) Вы заболели и пришли на приём к врачу. Какой разговор у вас состоится? Составьте диалоги.

ИСПОЛЬЗУЙТЕ:

БОЛЬНОЙ НА ПРИЁМЕ	БОЛЬНОЙ	ВРАЧ	
	У меня…	У вас…	Вам надо…
у терапевта	часто болит голова, плохой сон (бессонница), пропал аппетит	высокое (повышенное), низкое (пониженное) давление; переутомление	пройти полное обследование, сдать анализы крови и мочи, соблюдать режим дня, больше гулять, бросить курить…
у кардиолога	боли в сердце, под левой лопаткой, в груди; одышка		сделать электрокардиограмму (ЭКГ)
у хирурга	болит рука; я упал, ушибся, растянул, подвернул, сломал руку	(возможен) ушиб, растяжение, вывих, перелом	сделать рентген (рентгеновский снимок)
у окулиста	болят / покраснели / слезятся } глаза	зрение нормальное, близорукость, дальнозоркость	проверить зрение, закапывать глазные капли
у зубного врача	постоянно болит, (ноет) зуб; острая зубная боль, флюс	кариес	сделать рентген (рентгеновский снимок), поставить пломбу (запломбировать зуб), удалить зуб

5) Восстановите реплики больных. Разыграйте диалоги.

У ТЕРАПЕВТА

– Что у вас болит?
– … .
– У вас бывает повышенное давление?
– … .
– Как вы спите?
– … .
– У вас хороший аппетит?
– … .
– Какие лекарства вы принимаете?
– … .
– У вас явное переутомление. Вам надо больше гулять, соблюдать режим дня и следить за своим давлением.
– … .

У КАРДИОЛОГА

– На что жалуетесь?
– … .
– У вас бывает одышка, когда вы поднимаетесь по лестнице?
– … .
– Вам надо срочно сделать ЭКГ.

У ХИРУРГА

– Какие у вас жалобы?
– … .
– Когда и как это случилось?
– … .
– Здесь болит, когда я нажимаю?
– … .
– А здесь больно?
– ...
– Нужно срочно сделать рентгеновский снимок.
– … ?
– Я думаю, что у вас нет перелома, а только сильный ушиб. Но снимок надо сделать обязательно.

У ОКУЛИСТА

– Что вас беспокоит?
– … .
– Вы носите очки или линзы?
– … .
– Давайте проверим зрение. Закройте правый глаз. Какая это буква?
– … .
– Закройте левый глаз. Читайте эти буквы.
– … .
– Хорошо. Зрение у вас нормальное. У вас просто небольшое воспаление. Я пропишу вам глазные капли.
– … ?
– Капайте по 2 капли в каждый глаз утром и вечером.
– … !

У ЗУБНОГО ВРАЧА

– Я вас слушаю! Что болит?
– … .
– Давайте посмотрим! Откройте рот! Шире, пожалуйста! Здесь? Понятно. Вы давно были у врача?
– … .
– Давайте сделаем рентгеновский снимок!
– … .
– Нет, если зуб хороший, его удалять не надо, будем лечить! Вот направление, идите в рентгеновский кабинет. Сделайте снимок и принесите его мне!

Давайте поговорим:

1. Можете ли вы назвать себя абсолютно здоровым человеком?
2. Когда вы идёте к врачу сами, а в каких случаях вызываете врача на дом?
3. Есть ли у вас домашний врач? Популярны ли семейные доктора в вашей стране?
4. Часто ли вы обращаетесь к врачу?
5. Что вы обычно делаете, если у вас болит голова?

6. Какие лекарства вы принимаете, если простужаетесь?
7. Любите ли вы говорить о своём здоровье?
8. Любите ли вы лечиться сами и лечить других?

5 Согласны ли вы с тем, что

- здоровье дороже богатства;
- кто здоров, тот и молод;
- здоровье труд любит;
- здоровье – лучшая косметика;
- самое лучшее лекарство – покой;
- самый лучший доктор – время;
- смех – великий лекарь;
- сон дороже лекарства?

Если да, то почему?

6 Прочитайте текст и перескажите его.

"УДИВИТЕЛЬНО УМНАЯ ЖЕНЩИНА!"

Однажды к английскому хирургу Джону Абернети (1763–1831), известному необычайной лаконичностью речи, обратилась за помощью женщина с сильно опухшей рукой. Между ними произошли следующие диалоги:

– Ожог?
– Ушиб.
– Компресс.

На следующий день:

– Лучше?
– Хуже.
– Ещё компресс.

Через два дня:

– Лучше?
– Здорова. Сколько?
– Ничего.

После ухода дамы Абернети с восхищением произнёс очень длинную для него фразу:

– Удивительно умная женщина!

(По материалам прессы)

3. Время. События. Люди

ПРОБЛЕМЫ

ЭТО ЗНАКОМОЕ СЛОВО – СТРЕСС...

Ханнес Линдеман, доктор медицины из Германии:

– Зачем бесполезно *расстраиваться (to get upset)*? Пользы – ноль, а вред психике большой. Стресс пытаются побороть с помощью новейших медикаментов, но и они чаще всего бесполезны. Не надо лекарств. Просто живите с таким девизом: "Ничто не приносит успех, кроме успеха".

Сергей Шварков, доктор медицинских наук, Московская медицинская академия имени А.М. Сеченова:

– Говорят, избегайте стрессов. Но так обычно не получается. Наоборот, чаще всего у нас бывает хронический стресс, который может длиться долгие годы. Так что постарайтесь проще относиться к этому явлению. В небольших дозах стресс даже полезен.

I. СТРЕСС В РОССИИ

В РОССИИ МНОГО ФАКТОРОВ ДЛЯ СТРЕССА

Что такое стресс? "Это *кошмар (nightmare)*", – скажете вы. И будете правы. Психологи называют стрессом любые необычные *воздействия на человека (influence on a person)*, которые отрицательно влияют на него.

В России много факторов для стресса: маленькая заработная плата, страх потерять работу.

В стабильных странах 3–7% населения страдает от стресса. В России с 1985 года – 30%. При этом в районах Крайнего Севера, в регионах, удалённых от центра, в городах, где заводы прекратили выпуск продукции, этот процент особенно высок (до 60%).

КТО ПОДВЕРГАЕТСЯ В РОССИИ СТРЕССАМ В ПЕРВУЮ ОЧЕРЕДЬ?

В первую очередь, это *бизнесмены*. Впрочем, они в любой стране составляют группу риска. Им нередко приходится начинать новые проекты, а это всегда напряжение.

Российский бизнесмен испытывает, несомненно, бо́льший стресс, чем его западный коллега: его условия работы слишком часто меняются. Сегодня – так, завтра – иначе. Отсюда и страх принять неверное решение.

Стрессам подвергается также огромная группа людей *в возрасте 45–55 лет*. Эти люди *с приходом реформ (with the onset of reforms)* не сумели изменить себя, свои взгляды и свою профессиональную жизнь, не смогли обеспечить себе и своей семье нормальное существование. И это естественно: после 45 полностью изменить свою жизнь очень трудно. И получается, что человек не может заниматься делом, которому посвятил всю свою жизнь.

Другая многочисленная группа – люди *в возрасте 20–35 лет*, не имеющие возможности создать семью *из-за материального неблагополучия (because of material trouble)*.

Отдельную группу составляют *старики*, о которых не могут заботиться родственники.

И, наконец, стрессы испытывают *подростки 14–17 лет*, живущие в *неблагополучных семьях (in unfortunate families)*. Они не знают, чем заняться, и ищут выход в наркотиках, алкоголе, *воровстве (stealing, theft)*.

II. СТРЕСС И ЗДОРОВЬЕ

Стрессовые ситуации очень плохо влияют на здоровье, особенно на нервную систему. Это приводит к депрессии, а нередко и к *самоубийству (suicide)*. С 1985 года количество самоубийств в России выросло на 20 %.

III. КАК БОРОТЬСЯ СО СТРЕССОМ?

"Радикальный" метод борьбы – это *улучшение экономической ситуации*. Но люди в наше нервное время и сами пытаются бороться со стрессом.

Во-первых, это *занятия спортом*. Во-вторых, *более частые, короткие отпуска*. Например, в некоторых фирмах работники уходят в отпуск не раз в год, как традиционно было принято в России, а раз в два месяца.

Кроме спорта и коротких отпусков, российские предприниматели стараются *собираться вместе и весело проводить время*. Это помогает не только *снимать стрессы (to relieve stresses)*, но и сохранять хорошие отношения с коллегами.

Со стрессом борются не только в России. В Японии, например, на предприятиях уже много лет существуют "куклы" менеджеров, над которыми вволю может *поиздеваться (to taunt)* любой работник, считающий, что с ним поступили несправедливо.

В иных компаниях позволяют уставшим и *раздражённым сотрудникам (irritated employees)* уничтожить какой-нибудь предмет, к примеру, автомобиль или телевизор.

Самый простой способ – *листки гнева ("anger sheets")*: человек в гневе должен разорвать и выбросить листок.

(По материалам прессы)

ДОМАШНИЙ ЛЕКАРЬ

У одной моей знакомой дома живёт настоящий питон (python). Знакомая уверяет, что теперь её не мучает головная боль. Другая приятельница начала лечиться... пиявками (leeches).

Неужели действительно так можно лечиться?

С этим вопросом я обратилась к директору центра «Андролог» кандидату медицинских наук Александру Гришину.

– Животные – *биоэнерготерапевты (bioenergy therapeutists).* Известны чудо-исцеления больных с помощью… кошек, собак и даже рыб.

В Америке и Израиле, например, уже давно разработана целая программа по лечению стрессов и нервно-психических заболеваний у женщин и детей при помощи дельфинов. Даже детский аутизм (болезненная замкнутость, необщительность) лечится с помощью рыб.

Эксперименты показывают: женщины, имеющие кошек, живут дольше и меньше нервничают.

– Выходит, заведи кошечку или собачку – и у тебя никогда не будет инфаркта (heart attack)?

– На этот счёт и статистика имеется: женщины, которые перенесли инфаркт и после этого завели пушистого друга, избежали второго, а то и третьего инфаркта. У мужчин статистика тоже достаточно оптимистичная.

– Ну а на практике-то как происходит излечение?

– Животное само чувствует, что у хозяина болит. Заболит спина – собака постарается лечь рядом. Сопротивляться не надо. Животное само определит зону боли. А если ещё и поносить на пояснице собачью шерсть, через недельку не придётся бежать к врачу.

Кошки отлично умеют *снимать давление (to lower the blood pressure).* При ухудшении самочувствия погладьте свою любимицу 10–15 минут по шелковистой шерсти. Таким же простым способом можно помочь себе и после сильного эмоционального стресса.

Известно, что именно ночью чаще всего случаются ıфаркты, инсульты, нарушения ритма сердца. Если ря- ›м с больным спит кошка или собака, она обязательно ›днимет тревогу. Членам семьи надо обязательно обра- ıть внимание на странное поведение животного.

– Чаще всего дома мы держим собак и кошек. Ну а п птиц какая польза?

– Певчая птичка – мощный источник положитель- ых эмоций. Послушайте пять–шесть раз в день *пение* 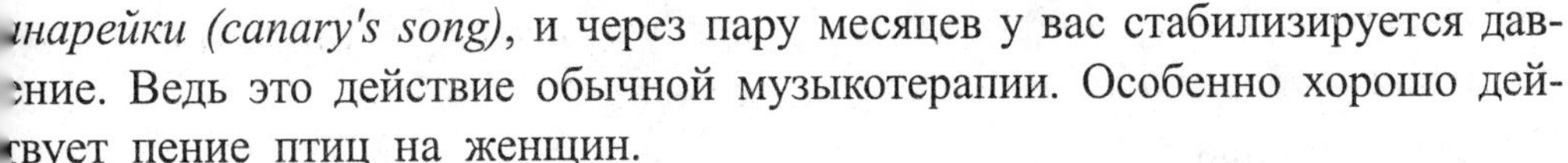
нарейки (canary's song), и через пару месяцев у вас стабилизируется дав- ение. Ведь это действие обычной музыкотерапии. Особенно хорошо дей- твует пение птиц на женщин.

Кстати, именно животным принадлежат многие открытия. Знаете, кто ткрыл валерианку? Ну, конечно, кошка! В честь неё в народе валериану до их пор зовут “кошачьей травой”.

Лисы и барсуки (foxes and badgers) непременно весной вытаскивают де- ёнышей на солнышко. Это обстоятельство и натолкнуло датского ученого Тильса Финзена на мысль лечить людей солнечными ваннами. Кстати, *ванны рязевые (mud baths)* тоже открыли животные.

Конечно, заболевший человек не станет надеяться только на своего юбимца. Но если вы имеете домашних животных или собираетесь кого- ибудь приобрести, вспомните несколько ПРОСТЫХ СОВЕТОВ:

- *Если у вас плохо со зрением, заведите рыбок. И ежедневно по 20–30 минут следите за их плавными движениями. Это отличная глазная гимнастика.*
- *Для профилактики нервных стрессов поиграйте с вашей кошкой или собакой хотя бы 15 минут в день.*
- *Есть смысл дать зализать (to let lick) своей собаке небольшую рану на руке или ноге. Собачья слюна – хорошее дезинфицирующее средство. Недаром говорят: заживёт как на собаке (it heals like on a dog quickly).*
- *Если вы одиноки, даже не раздумывайте – заводите себе четвероногого или крылатого дружка. Они помогут вам сохранить здоровье.*

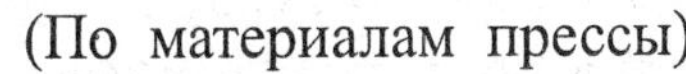
(По материалам прессы)

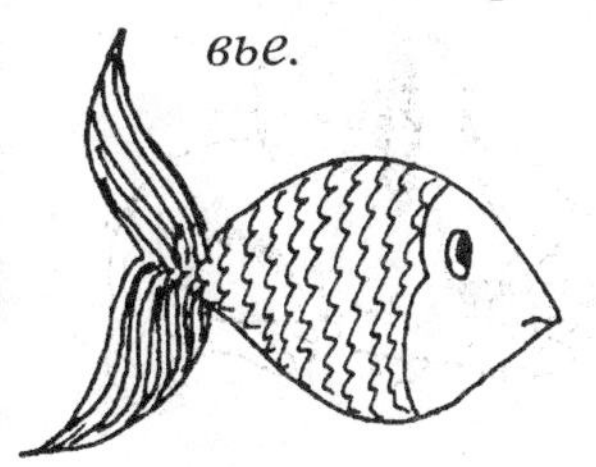

4. Проверьте себя!

1. Составьте словосочетания с предлогом или без предлог

вызвать (врач, дом)
навестить (больной)
пить (микстура)
таблетки (головная боль)
лежать (кровать)
лечить (больной)

2. Соедините одинаковые по смыслу слова и словосочетани из двух колонок:

заболеть	побывать у больного с визитом
навестить больного	выздороветь
поправиться	простудиться

3. Вставьте слова по теме:

Мэтью заболел. Он лежал в кровати, потому что у него была ... 38,1 У Мэтью был ... аппетит. Три раза в день он ... таблетки, ... капли в нос Мэтью очень хотел быстро ..., чтобы снова поехать на экскурсию.

4. Подберите синонимичные выражения:

Что вас беспокоит?	
Поправляйтесь!	
У тебя плохой вид!	

5. Восстановите реплики:

– Почему ты вчера не был в школе?
– ... .
– А что у тебя болело?
– ... .

* * *

– Николай, привет! Ты не хочешь в воскресенье поехать на лыжах в лес?
– … .
– А что с тобой случилось?
– … .

* * *

– … !
– У меня болит нога.
– … .
– Я вчера упал с лестницы.

* * *

– … ?
– У меня болит зуб вверху, справа.
– … ?
– Я был у врача три месяца назад.

. а) Скажите, чем занимается Дима?

Диме 25 лет…

35 лет…

45 лет…

б) Дима неважно себя чувствует. И вот он у терапевта. Дим жалуется врачу на стресс, плохой сон, аппетит. У него по седели и стали редкими волосы.

Как, по-вашему, что ему советует доктор? Заполните таб лицу:

Вам надо	Вам не надо
• делать зарядку, • …	• смотреть телевизор, • …

в) А что вы посоветуете Диме? Составьте небольшой рассказ

ИСПОЛЬЗУЙТЕ:

Я ВАМ (тебе)	советую рекомендую	• реже смотреть телевизор, • заниматься спортом, • правильно питаться, • ходить в сауну, • влюбиться, • …
ВАМ (тебе)	надо (бы, было бы) … (обязательно) нужно следует…	
НА ВАШЕМ (твоём) месте я бы…		

7. Напишите небольшое сочинение-рекомендацию: "Что нужно делать и чего не нужно делать, если вы простудились".

1. Лексика по теме

СОЗДАНИЕ ГОРОДА Основывать/основать. Основатель города; реформатор. Сооружать/соорудить; возводить/возвести; воздвигать/воздвигнуть, планировать/спланировать. Строительство, сооружение, архитектурный ансамбль; колонна, колоннада; лавра; колокольня; крепость; верфь.	CITY CREATION To found. Founder of a city; reformer. To construct; to raise, to erect; to plan. Construction, building/edifice, architectural ensemble; pillar, colonnade; monastery of the highest rank; bell tower; fortress; shipyard.
Архитектор/зодчий, строитель; скульптор, художник.	Architect, builder; sculptor, artist.
Украшен *(-а, -о, -ы) (чем?)* позолотой, лепкой, фигурами, скульптурой, скульптурными деталями, барельефами, колоннами, статуями, вазами.	Decorated *(with what?)* with gilding, embossment, figures, sculpture, sculptural details, bas-relieves, pillars, statues, vases.

ШПИЛЬ, КУПОЛ золотой, блестящий, сверкающий. Сверкать, сиять, блестеть. Завершать *(что?)*, венчать *(что?)*, возвышаться, виден издалека; заканчиваться/закончиться *(чем?)*, увенчан *(чем?)*; украшать/украсить *(что?)*, являться/явиться украшением *(чего?)*.	SPIRE, CUPOLA/DOME gold(en), brilliant, sparkling. To sparkle, to shine/to beam, to shine/to glitter. To top, to crown, to tower, is seen from afar; to be topped (by), to be crowned (with); to decorate, to be the decoration.
УЛИЦА, переулок, проспект, набережная. Улица длинная, короткая, широкая, узкая; прямая; начинаться, идти прямо, поворачивать/повернуть, заканчиваться/закончиться.	STREET, lane, avenue, embankment. Street long, short, wide, narrow; straight; to start, to run straight/ahead, to turn, to end.
РЕКА спокойная, быстрая; широкая, большая, небольшая; глубокая, мелкая; брать начало; течь; впадать.	RIVER quiet, fast; wide, big, not big; deep, shallow; to start/to take the beginning; to flow; to flow (into).
МОСТ: железобетонный, металлический, деревянный; длинный, короткий; широкий, узкий; лёгкий; пешеходный; висячий, разводной. Строить/построить *(когда?)* в 1912 году, в XIX веке, в начале XX века, перебрасывать/перебросить *(через что?)*, перекидывать/перекинуть *(через что?)* через реку, соединять/соединить *(что?)* берега, правый и левый берег; украшать/украсить *(чем?)* фонарями, разводиться *(когда?)* ночью.	BRIDGE: reinforced concrete, metallic, wooden; long, short; wide, narrow; light; pedestrian; suspension, swing. To build in 1912, in the nineteenth century (XIX-th), at the beginning of the twentieth century (XX-th), to throw over the river, to join the banks, right and left banks; to decorate with street lamps, to swing up at night.
РЕШЁТКА лёгкая, изящная; являться украшением.	LATTICE light, graceful; to be a decoration.
ЭМБЛЕМА, символ города; символизировать *(что?)*.	EMBLEM, symbol of a city; to symbolize.

II. Давайте поговорим!

Впервые в Санкт-Петербурге

1 ***а)*** Прочитайте письмо и перескажите его.

Дорогой Том!

Итак, я в Петербурге. Время летит быстро. Погода стоит хорошая, и я много гуляю. Я, конечно, уже прошёл пешком весь Невский проспект от Адмиралтейства до площади Александра Невского, был на Стрелке Васильевского острова, на набережной Невы.

Что мне понравилось больше всего? Ещё в Америке я решил, что в первый же день пойду к Зимнему дворцу. Моя встреча с Дворцовой площадью была, как первая любовь: сразу и навсегда. Представляешь, я стоял посреди огромной площади, в самом центре сказочного Санкт-Петербурга! Прямо передо мной – нарядный Зимний дворец, слева – сверкающий шпиль Адмиралтейства, чуть дальше – громадный золотой купол Исаакиевского собора.

В двух шагах от меня шумел Невский, а здесь, на площади, было очень тихо. Я стоял совсем маленький рядом с величественной Александровской колонной, надо мною было голубое небо, и всё-всё, что было вокруг, – это было то, о чём я так долго мечтал. Я стоял и повторял слова Пушкина: "Люблю тебя, Петра творенье! Люблю твой строгий, стройный вид...".

Мне нужно многое увидеть. Я ещё не был в Эрмитаже и Русском музее. Обязательно схожу в Казанский собор и Кунсткамеру, сфотографирую город с колоннады Исаакиевского собора.

В моих планах – Петропавловская крепость, Летний сад и Летний дворец Петра I, Никольский собор на Театральной площади и, конечно же, Мариинский театр и филармония!

Да, хорошо бы сходить ещё на Мойку, 12 "в гости" к Александру Сергеевичу Пушкину.

Хочу посмотреть фонтаны Петродворца, Лицей в Царском Селе (эт город Пушкин), Дворец Павла I в Павловске, Китайский дворец в Оран енбауме. И, если будет время, съезжу в Репино, в "Пенаты".

Но... мне нельзя забывать и то, что я студент и должен выпо нять домашние задания! Так что пожелай мне удачи! А я буду теб писать обо всём интересном, что увижу или услышу здесь. На сегод всё.

Пиши.

Мэтью.

б) Ответьте на вопросы:

1) Что увидел Мэтью в первый день своего пребывания в Петербург
2) Каковы, на ваш взгляд, первые впечатления Мэтью о Санкт-Петер бурге?
3) Что собирается посмотреть Мэтью в Петербурге? А вы?

ИСПОЛЬЗУЙТЕ:

Таблица

Он обратил внимание на ... Ему запомнился ... Он заинтересовался ... Его заинтересовало ... Его заинтересовало (то), что ... Его внимание привлёк ... Его удивило ...	Ему понравился Ему понравилось (то), что ... Он любовался ... На него произвёл сильное впечатление ... Он восхищался ... Он восхищён ... Он в восторге от ... Его приятно поразил... Его приятно поразило (то), что ...	Ему не понравился ... Ему не понравилось (то), что ... Он был разочарован тем, что ... Его неприятно поразило то, что ...

2 Расскажите о своей первой самостоятельной прогулке по Петербургу. Начните свой рассказ так:

1) Я пошёл прогуляться просто так, без всякой цели, как говорят русские, “куда глаза глядят”.
2) Я люблю узнавать новый город сам, “здороваться с ним за руку”.
3) Об этой прогулке я мечтал ещё дома.

ИСПОЛЬЗУЙТЕ таблицу 1.

3 Соедините слова из двух колонок:

нарядный	Санкт-Петербург
сказочный	небо
голубое	площадь
громадный	купол
огромная	шпиль
сверкающий	колонна
величественная	дворец

4 ***а)*** Рассмотрите рисунки. Решите “кроссворды”. Какие из достопримечательностей города вы уже знаете?

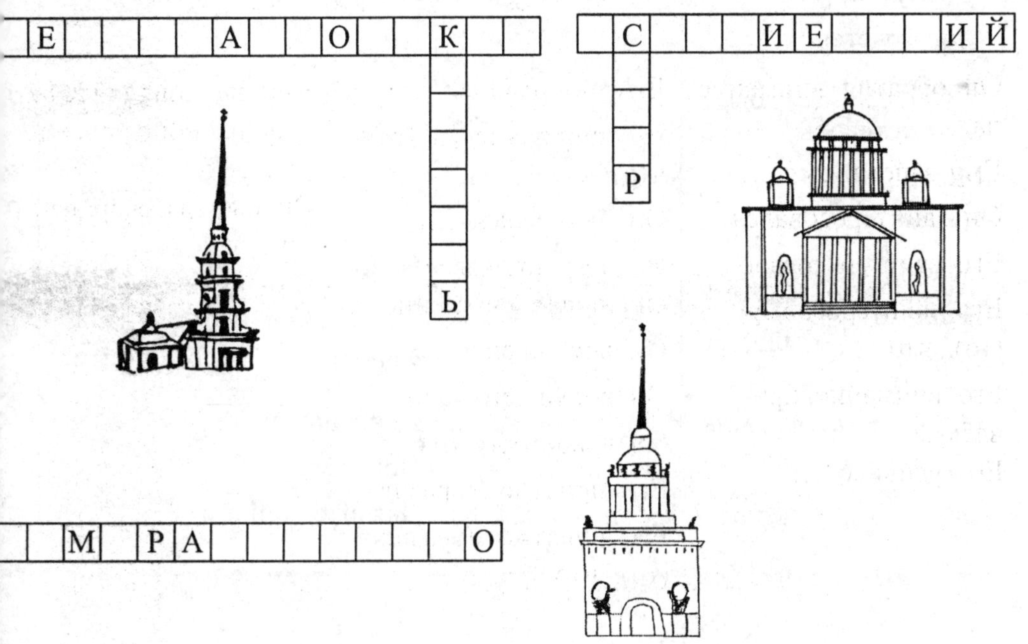

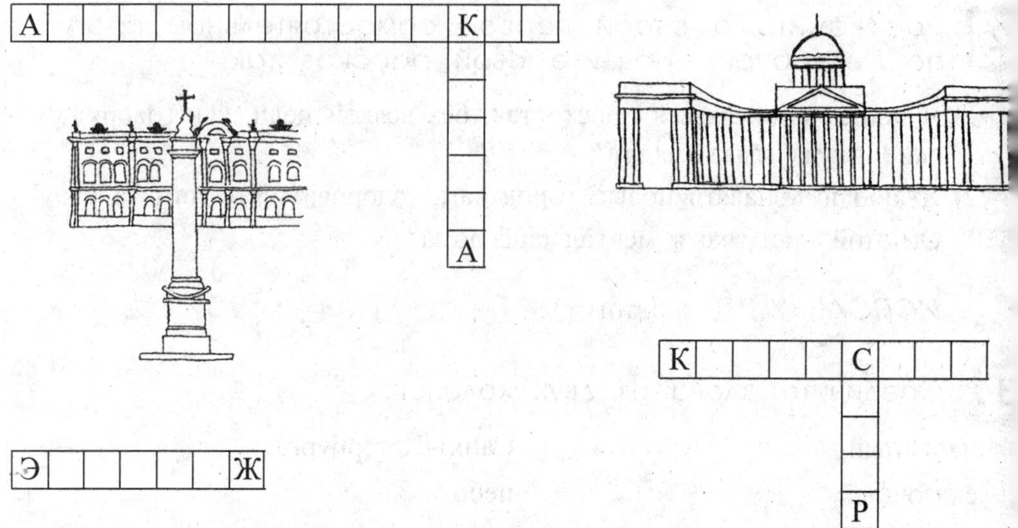

б) У вас в гостях ваш русский друг Александр. Он пригласи вас и ваших друзей погулять по городу. Куда бы вы хотел пойти? Почему?

ИСПОЛЬЗУЙТЕ:

Таблица

Я хочу + *инфинитив*	Я хочу пойти	в Эрмитаж
Мне хочется + *инфинитив*		
Я хотел бы + *инфинитив*		
Мне хотелось бы + *инфинитив*		
Можно (бы) + *инфинитив*		
Нужно (бы) + *инфинитив*		
Надо (бы) + *инфинитив*	Надо пойти	
Неплохо (было) бы + *инфинитив*		
Хорошо (было) бы + *инфинитив*	Хорошо (было) бы пойти	
(А) не + *инфинитив* + ли	А не пойти ли	
Глагол 1 л., мн. ч., наст. или буд. вр.	Пойдёмте	
Давай (те) + *глагол 1 л., мн. ч., буд. вр.*	Давайте пойдём	

"Здесь будет город заложён..."
А.С. Пушкин

5 ***а)*** Прочитайте, что рассказал Александр о возникновении Санкт-Петербурга и о Петропавловской крепости.

КАК НАЧИНАЛСЯ ПЕТЕРБУРГ

Мэтью, нам обязательно надо сходить в Петропавловскую крепость: ведь именно с неё в 1703 году началось строительство нашего города. Ты своими глазами увидишь место, откуда начинался Петербург. Но вначале нам придётся вспомнить кое-что из истории.

В начале XVII века невские земли были захвачены шведами. Выход России в Балтийское море был закрыт. Чтобы Россия могла торговать с западными странами, развивать с ними политические и культурные связи, необходимо было возвратить эти земли. И вот в 1700 году началась Северная война со шведами. В ходе этой войны русские вернули свою территорию, и Россия получила выход в Балтийское море. Пётр I решил укрепиться на новом месте, сделать его неприступным для любых врагов, с этой целью он строит крепость. Это была будущая Петропавловская крепость.

Именно под защитой этой крепости возник и стал развиваться город Петербург. Город на Неве должен был стать ключом от Балтийского моря, и он стал им...

Да, велика роль нашего города в судьбе всей страны...

"Природой здесь нам суждено
В Европу прорубить окно,
Ногою твёрдой стать на море", – читаем мы пушкинские строки.

Петропавловская крепость – ровесница города. Рассказать о Петропавловской крепости – это значит рассказать о возникновении Петербурга. День её закладки – 27 мая 1703 года – считается днём рождения Петербурга.

Это было почти 300 лет назад. И сейчас каждый год, 27 мая, петербуржцы празднуют день рождения своего города.

б) Выберите правильный ответ:

1) Строительство Петербурга началось с
- Петропавловской крепости;
- Адмиралтейства;
- Невского проспекта.

2) Петропавловскую крепость начали строить в

- 1701 году;
- 1703 году;
- 1700 году.

3) Свой день рождения Петербург празднует

- 27 мая;
- 7 ноября;
- 9 мая.

6 *а)* Прочитайте рассказ Александра о строительств Санкт-Петербурга. Перескажите текст.

ПЕТЕРБУРГ СТРОИЛСЯ ТАК…

А сейчас, Мэтью, я расскажу о том, как строился *блистательны (brilliant)* Санкт-Петербург. Сейчас он действительно блистательный. А во раньше… Хочешь послушать историю создания города? Это интересно.

Строительство города началось в 1703 году. *Места* здесь были сыры и *болотистые (swampy places)*. Людей для работы везли со всей Росси Многие умирали от холода, голода и тяжёлой работы.

Первые постройки в городе были в основном деревянные. Когда сюд стали приезжать богатые люди (*дворяне, купцы – nobles, merchants*) и *ре месленники (craftsmen)*, каждый из них по приказу царя должен был пост роить себе деревянный дом.

Позже в центральных районах, и прежде всего на набережных Невы было запрещено строить деревянные дома. Для того чтобы привлечь

Неизвестный художник. Пётр I Великий на строительстве Петербурга. *1830-е гг.*

етербург мастеров-каменщиков, Пётр I в 1714 году специальным указом апретил строить каменные дома по всей России. Более того, все, кто приезжал в Петербург по воде или по суше, должен был привезти с собой амни: 3 камня, если по суше, от 10 до 30 камней, если по воде. Это была ак бы *"пошлина" (duty)* для въезда в город. И уже через 5–6 лет всё зменилось: появился каменный Петербург.

Здания, построенные при Петре I, к сожалению, не сохранились, кроме одного – деревянного домика Петра I. В домике было три комнаты: кабинет, толовая и спальня. В этом домике Пётр иногда обедал, отдыхал, праздновал победы. Позже Пётр стал жить в Зимнем (1711) и Летнем дворце (1712), о он не забыл про свой первый дом. По указу царя домик был отремонтирован.

В 1844 году вокруг дома построили существующий и ныне каменный футляр. В 1930 году домик стал музеем, филиалом дворца-музея Петра I в Летнем саду. Здесь можно познакомиться с экспозицией, которая расскажет об основных этапах Северной войны и о первых годах строительства Петербурга.

6) Составьте вопросы по тексту и ответьте на них.

7 Используя материал задания 6, закончите диалоги.

– Знаешь, Александр, меня удивляет, как Пётр I сумел так быстро построить каменный город на болоте.

– *Да, действительно, город строили на сыром и болотистом месте и построили довольно быстро. Во-первых, людей для строительства везли со всей России, а во-вторых, Пётр ввёл пошлину на въезд в Петербург.*

– И что это за пошлина?

– *Каждый, кто приезжал...*

* * *

– Я читал, что Пётр I был необычным царем и правил страной тоже необычно.

– *Это так. Некоторые его указы просто оригинальны.*

– Ты говоришь о "каменной" пошлине?

– *И не только об этом. Например, в 1714 году Пётр по всей России запретил строить...*

* * *

– Очень хотелось бы погулять по тому, "петровскому", Петербургу...

– *Погулять, конечно, нельзя, а вот побывать у Петра в гостях мо[ж]но.*

– Как?!

– *Я тебе советую...*

а) Прочитайте диалоги и разыграйте их.

У ВХОДА В ПЕТРОПАВЛОВСКУЮ КРЕПОСТЬ

– Ну а теперь давай погуляем по Петропавловской крепости. Здесь м[ы] увидим много интересного.

– *Вход здесь?*

– Да, видишь, мы входим через Петровские ворота. Это главные, п[а]радные ворота Петропавловской крепости.

– *Какие они массивные и огромные!*

– Обрати внимание: парадный вход оформлен в виде триумфальн[ой] арки. Над аркой – громадный двуглавый орел, герб царской Росси[и]. Он весит 1069 килограммов! Представляешь?

– *Подожди минуточку, я хочу здесь сфотографироваться!*

– Посмотри, Мэтью, какие здесь толстые крепостные стены – почт[и] 20 метров.

– *Невероятно! А какова их высота?*

– 10–12 метров. Для сравнения скажу, что высота одного этажа в с[о]временном доме около 3 метров.

СНАЧАЛА – В ПЕТРОПАВЛОВСКИЙ СОБОР!

– Мэтью, куда ты хочешь пойти сначала?

– *Конечно же, в Петропавловский собор. Я так часто любовался и[м] издалека.*

– Да, прекрасный собор. Кстати, построен собор в стиле барокко. Эт[о] был очень модный стиль в России XVIII века.

– *А кем он был построен?*

– Архитектором Трезини. Раньше здесь стояла маленькая деревянна[я] церковь, и вот на её месте Доменико Трезини построил каменны[й] собор.

– *Мне очень нравится собор: такой светлый, нарядный. Давай зайдём внутрь!*

* * *

– *Как здесь красиво!*
– Да. Здесь великолепный интерьер: стройные колонны, красивые люстры, прекрасная скульптура.
– *Я вижу знамёна. Это, наверное, шведские?*
– Совершенно верно. Это военные трофеи со времён Северной войны.
– *Здесь так много позолоты и росписей, как будто это не храм, а парадный дворцовый зал.*
– Да, интерьер собора необычен для русских церквей. Посмотри на иконостас. Это уникальный памятник резьбы по дереву.
– *Сколько здесь икон!*
– Да, это огромный иконостас. Здесь 43 иконы. Их написали московские иконописцы. Ну а теперь пойдём в *усыпальницу (vault).*

* * *

– Знаешь, Мэтью, Петропавловский собор служил царской усыпальницей.
– *А где похоронен Пётр I?*
– Сам Пётр похоронен в южной части собора. Он умер рано утром 27 января 1725 года. Здесь же похоронены русские императоры – от Петра I до Александра III.
– *Я читал, что в соборе также захоронены останки семьи императора Николая II?*
– Да, но это в другом зале.

К СВЕДЕНИЮ!

Первый архитектор молодой столицы – итальянец Доменико Трезини. Руководил строительством Петропавловской крепости и Петропавловского собора. Он же планировал строительство молодого города. Доменико Трезини хотел пробыть в России только один год, а прожил 30 лет. Умер в Петербурге.

б) Расскажите о Петропавловском соборе. Используйте м
териал задания *а)*, а также информацию, которую за
сал Мэтью в своей записной книжке.

А вот и записная книжка.

- Петропавловская крепость – самая высокая точка города.

- Пётр I хотел, чтобы колокольня Петропавловского собора была выше колокольни Ивана Великого в Москве (79,5 м).

- Высота колокольни со шпилем – 122,5 метра.

- Фигура ангела:
  высота – 3,2 метра,
  размах крыльев – 3,8 метра.

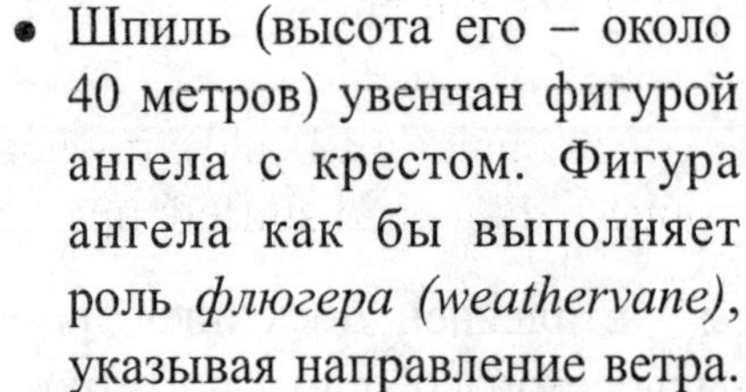

- Шпиль (высота его – около 40 метров) увенчан фигурой ангела с крестом. Фигура ангела как бы выполняет роль *флюгера (weathervane)*, указывая направление ветра.

- В 1776 году на колокольне установили куранты. Эти музыкальные часы играют 4 раза в сутки.

9 ***а)*** Прочитайте письмо.

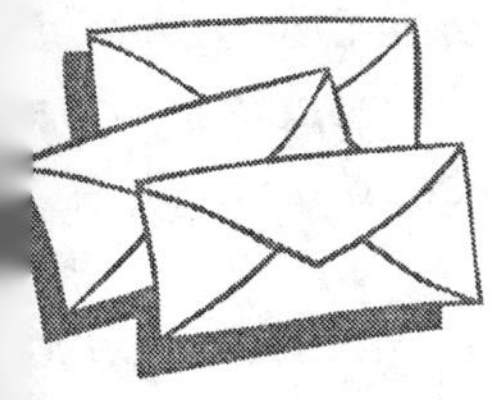

Здравствуй, дорогая Линда!

Хочу рассказать тебе о своей последней экскурсии: мы с Александром были в Петропавловской крепости. Впечатление потрясающее (astounding): это и настоящая русская история, и настоящая красота. Был прекрасный солнечный день, настроение тоже было прекрасное. Золотой шпиль Петропавловки (так в Петербурге называют Петропавловскую крепость) горел на солнце. Интересно, что когда мы входили в крепость, раздался выстрел из пушки. Представляешь? Как будто нас приветствовал сам Пётр I. Оказывается, со времён Петра в северной столице живёт традиция – ровно в 12 часов бьёт пушка, и это означает, что в городе наступил полдень.

Мы пробыли в Петропавловской крепости несколько часов. Чтобы ты представила, где мы были, я специально для тебя нарисовал план крепости.

Смотри, это Петропавловский собор (1). Он стоит на площади. Здесь же находятся наиболее интересные постройки середины XVIII – начала XIX века.

Вот это Комендантский дом (2). Здесь жил комендант крепости. Как правило, коменданта назначал сам царь. Это была почётная и ответственная должность. Комендант находился в крепости день и ночь. Можно сказать, что всю свою жизнь он проводил в крепости. После

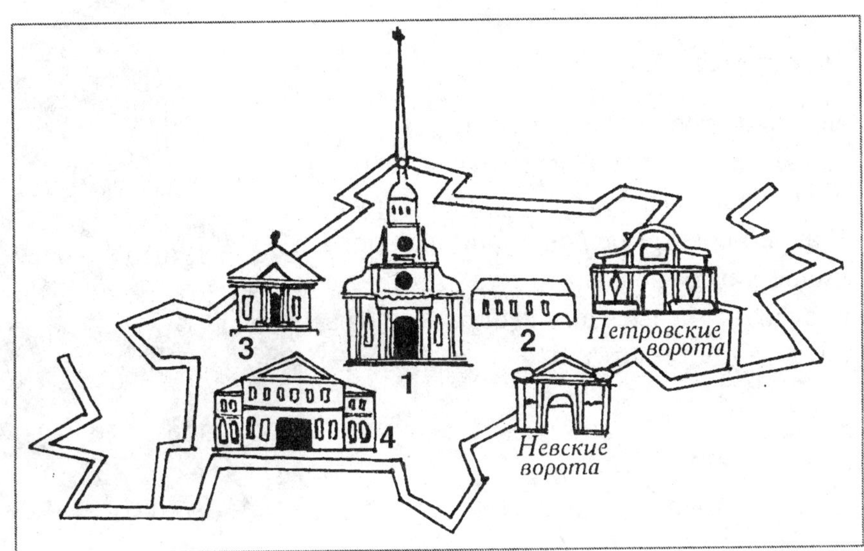

смерти он тоже оставался здесь: комендантов хоронили на специал ном Комендантском кладбище.

Рядом с собором – Ботный домик (3). Его построили для хранен ботика Петра I – небольшого судна, на котором он учился морскому дел Сейчас этот ботик (его называют “дедушкой русского флота”) — Центральном военно-морском музее.

Здесь же находится Монетный двор (4), старейшее промышленно предприятие города (оно работает до сих пор). Здесь чеканят монеты изготавливают ордена и медали.

Ещё я обратил внимание на интересный современный памятни Петру I. Его подарил городу скульптор Михаил Шемякин (сейчас он жи вёт в Америке). Я хочу узнать твоё мнение об этом памятнике, напиш мне. Кстати, размеры фигуры Петра I рассчитал компьютер.

Ну, вот и всё! Надеюсь, что мой рассказ был для тебя интересен

До свидания! Пиши!

Мэтью.

б) Итак, что увидели Мэтью и Александр в Петропавловской кре пости? Назовите все “объекты” экскурсии и расскажите о них.

в) Понравился ли вам памятник Петру I скульптора Михаила Шемякина? Да или нет? Почему?

ИСПОЛЬЗУЙТЕ:

сидеть на троне, парадный костюм; спокойная поза; небольшая голова, непропорциональная фигура, большие руки, тонкие нервные пальцы, длинные ноги; умное лицо, твёрдый взгляд; трон установлен на невысоком квадратном гранитном постаменте.

К СВЕДЕНИЮ!

ПОЛИТИЧЕСКАЯ ТЮРЬМА РОССИИ

С самого начала Петропавловская крепость стала политической тюрьмой. Её первым узником был царевич Алексей, сын Петра I, не согласный с реформами отца. В *казематах (dungeons)* крепости содержались многие политические заключённые: декабристы, писатели Радищев, Чернышевский, Горький, один из участников покушения на царя Александра III – Александр Ульянов.

10 Были ли вы в Петропавловской крепости? Что вас там заинтересовало больше всего и что вы советуете посмотреть?

Первая судостроительная верфь России

11 **а)** Прочитайте диалог и разыграйте его.

МЭТЬЮ И ДЖОН ГОВОРЯТ ОБ АДМИРАЛТЕЙСТВЕ

– Джон, ты уже несколько месяцев живёшь в Петербурге и, наверное, многое знаешь об этом городе. Я слышал, что в Петербурге впервые в России стали строить крупные корабли. Ты знаешь что-нибудь об Адмиралтействе?

– *Адмиралтейство было крупной судостроительной верфью. Здесь строили военные корабли. Надо сказать, что строительство Адмиралтейства начинается уже в ноябре 1704 года.*

– Ноябрь 1704-го… А Петропавловская крепость была заложена в мае 1703 – разница всего лишь в пять месяцев! Можно сказать, что Адмиралтейство – ровесник города!

– *Совершенно верно. Пётр торопился построить Адмиралтейство: он хотел сделать Россию могущественной морской державой. И ему это удалось. Адмиралтейство строило парусные корабли вплоть до 1844 года. А вот теперь ответь на такой вопрос: почему рядом с Адмиралтейством расположено несколько площадей?*

– Да, правда… Дворцовая, Декабристов, Исаакиевская. Целых три! Почему?

– *Пётр запретил строить дома вокруг верфи (она же была и крепостью). Со временем здесь образовались широкие, просторные площади. Ты их уже назвал.*

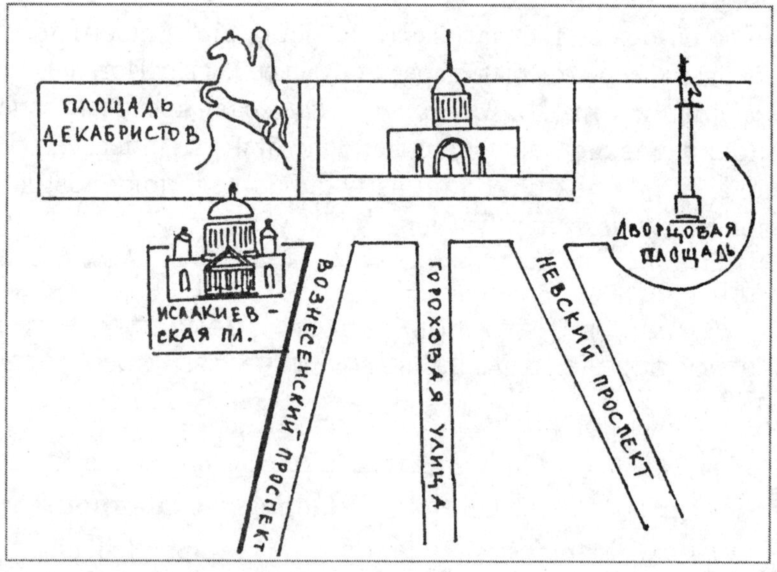

– Интересно, кто же создал Адмиралтейство?

– *Здание несколько раз перестраивалось. Новое, современное Адмиралтейство было построено по проекту русского архитектора Андреяна Захарова.*

б) Трансформируйте диалог в рассказ.

К СВЕДЕНИЮ!

Андреян Дмитриевич Захаров, автор проекта Адмиралтейства, родился, жил и работал в Петербурге.

Он закончил с золотой медалью Петербургскую Академию художеств. Затем учился архитектуре в Европе.

Строительство Адмиралтейства было начато при жизни Андреяна Захарова, но построенное Адмиралтейство он не увидел. Великий архитектор умер в 50 лет.

Похоронен Андреян Дмитриевич Захаров в некрополе Александро-Невской лавры.

а) Прочитайте письмо.

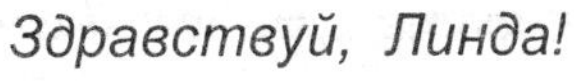

Здравствуй, Линда!

Знаешь, вчера, после разговора с Джоном об Адмиралтействе, я решил прогуляться вокруг Адмиралтейства и рассмотреть его как следует. Прогулка получилась довольно продолжительной: я прошёл 406 метров вдоль главного фасада, потом 163 метра вдоль бокового (теперь умножь на два!).

Конечно, я долго стоял перед главной башней Адмиралтейства: она очень красивая. Адмиралтейство украшено скульптурой, барельефами на “морскую” тематику. Вот нимфы, сказочные жительницы моря. Они стоят перед аркой Адмиралтейства на высоком постаменте. В руках они держат Земной шар.

Выше, над колоннадой, множество статуй. Некоторые из них символизируют Огонь, Воду, Воздух, Землю, Ветры и другие стихии, от которых зависит жизнь моряков.

А вот барельеф, где бог морей Нептун вручает Петру I свой трезубец (trident), символ власти. Справа – женщина с короной на голове. Это Россия. Этот барельеф посвящается созданию флота в России. Главная идея – Россия получила власть над морем! Россия торжествует!

Ещё одна “морская” деталь: шпиль Адмиралтейства украшает золотой кораблик. Это символ морского могущества России. Кстати, этот кораблик стал эмблемой Петербурга. Издали кораблик кажется маленьким, но на самом деле он довольно большой: два метра в высоту и два метра в ширину. Кораблик-флюгер помогает петербуржцам определить направление ветра. Кстати, высота Адмиралтейской башни со шпилем – 72,5 метра.

Прошёлся я и по Александровскому саду. Когда-то здесь были шумные народные гулянья, сейчас это просто небольшой парк, где можно отдохнуть, полюбоваться фонтаном. Мне понравились памятники, установленные известным писателям, музыкантам, учёным.

Потом я вышел на площадь Декабристов, немного постоял перед памятником Петру I и по набережной вернулся на Дворцовую площадь.

Вот так я и закончил свою экскурсию. Я вообще стал больше ходить пешком, и мне это нравится.

Ну, вот и всё!

Пока!

Мэтью.

б) Задайте друг другу вопросы по тексту и ответьте на них.

в) Опишите кораблик на шпиле Адмиралтейства.

ИСПОЛЬЗУЙТЕ:

КОРАБЛИК	*(какой?)* лёгкий, парусный		
	завершает венчает	*(что?)*	шпиль; Адмиралтейство
	плывёт над городом		
	виден издалека		
	символизирует является символом	*(что?)* *(чего?)*	
	украшает является украшением	*(что?)* *(чего?)*	

Пётр I и его время

То академик, то герой,
То мореплаватель, то плотник –
Он всеобъемлющей душой
На троне вечный был работник.

А.С. Пушкин

 ***а)*** Прочитайте письмо.

Здравствуй, Том!

Я хочу рассказать тебе о человеке, который основал Петербург, – о Петре I.

Современники Петра пишут, что это был высокий мужчина, с прекрасным лицом, стройный, кудрявый. Носил простую одежду, так что люди иногда и не знали, что перед ними государь. Пётр не любил ходить в окружении подданных (servants). Часто его сопровождал только один или два человека.

Царь был прост в общении и нетребователен (not picky about everyday comforts) в быту. Он мог появиться в любом уголке Петербурге, зайти в любой дом и сесть за стол. Ел самую простую пищу: кислые щи, кашу, студень (meat-jelly/aspic), жаркое с огурцами (roast with pickles), ветчину. Пить любил квас и анисовую водку.

За границей Пётр вёл себя так же, как и в России. Он не люби. ждать и зависеть от кого-либо, всё должно было подчиняться его вол и слову. Так, если царю надо было куда-нибудь ехать, он садился в первун попавшуюся карету (carriage-coach) и приказывал себя везти, даже есл не знал её владельца. Такое приключение случилось с госпожой Матинь он, которая выехала для прогулки: царь взял её карету и поехал в Бу лонь, а госпожа Матиньон, к своему удивлению, осталась без экипажа

Пётр был очень способным и трудолюбивым человеком. Он знал 14 ремёсел. Говорят, царь даже лапоть (wovenbirch shoes) сплёл, правда, только один: на второй времени не было. Однажды Пётр I проработал в кузнице (forge) целый день и на заработанные деньги купил себе новые башмаки (shoes). Показывая на них, Пётр часто говорил: "Вот башмаки, которые я заработал себе тяжёлым трудом".

Пётр I никогда не предавал своих союзников. Слову царя можно было верить.

Я задумался над тем, почему Петра I называют Великим? Что он сделал для России?

Александр рассказал мне, что Пётр правил страной 29 лет – с 1696 по 1725 год, и при нём Россия добилась больших успехов в экономике и культуре.

Пётр I внёс много нового в жизнь России: он изменил порядок управления государством, при нём появилось большое количество заводов и фабрик, открылось множество новых учебных заведений, были созданы армия и флот, которые одержали целый ряд побед. Именно при Петре I Россия превратилась в великую европейскую державу. Царь Пётр был первым, кто по-настоящему открыл Россию Европе, а Европу – России.

В 1721 году Сенат за выдающиеся заслуги торжественно присвоил царю титул (звание) Петра Великого, Отца Отечества и Императора Всероссийского. Россия была провозглашена империей – так называли большие и сильные государства.

Вот так, Том! Желаю тебе быть таким же целеустремлённым, как император Пётр I. Шучу, конечно!

Пока!

Мэтью.

К СВЕДЕНИЮ!

РАБОЧИЙ ДЕНЬ ПЕТРА ВЕЛИКОГО

Вставал царь очень рано и уже в 3–4 утра решал дела на совете министров. Затем шёл в Адмиралтейство, где следил за постройкой судов, а нередко работал и сам. Дома занимался *токарным делом (turner's work)*, которое очень любил.

В 11 часов царь обедал. После обеда отдыхал, а затем снова работал: шёл на строительство, посещал мастерские, осматривал корабли. "Делу – время, потехе – час", – часто говорил государь.

Спать Пётр ложился рано. А утром его ждали новые государственные дела.

ЦАРЬ-КОЛЛЕКЦИОНЕР

Пётр Великий был не только царём-преобразователем, но и коллекционером. Да ещё каким!

Всю жизнь Пётр I собирал книги. Его библиотека стала основой книжного собрания Академии наук.

Всевозможные редкие вещи царь собирал в специальном "кабинете редкостей". Так появилась Кунсткамера – первый российский музей, который существует и поныне.

б) Побеседуем:

1) Опишите внешность Петра I.
2) Каков был Пётр I в общении и в быту?
3) Какой распорядок дня был у Петра I?
4) Какой музей основал Пётр I?
5) Почему Петра I называют великим реформатором?

в) Перескажите текст. Составьте диалог по тексту.

14 ***а)*** Прочитайте текст. Расскажите, в каких странах Пётр побывал и что интересного там увидел.

КАК ПЁТР I ПУТЕШЕСТВОВАЛ

Пётр I стал царём в 1682 году, когда ему было всего 10 лет. Россия в то время переживала трудный момент в своей истории: она очень сильно отставала в своём развитии от других стран Европы.

Молодой царь хорошо понимал, что нужно выводить Россию из отсталости, строить заводы, фабрики. Для решения всех этих задач России нужны были прежде всего образованные люди.

Мысль о том, что надо ехать изучать Европу и учиться у европейцев, родилась у царя давно. И в России он окружил себя иностранцами, учился их ремёслам, говорил их языком и даже в письмах к матери подписывался Petrus.

"Я ученик и нуждаюсь в учителях", – вырезал Пётр на своей личной печати. Царь постоянно учился сам и заставлял учиться других. Он отправил десятки молодых людей за границу учиться.

Первое путешествие Петра I в Европу длилось долго – целых восемнадцать месяцев. А было это в 1697–1698 гг. В путешествие отправились 250 человек. Среди них был и *урядник (village constable)* Преображенского полка Пётр Михайлов – царь Пётр I, решивший ехать под таким псевдонимом.

Пётр хорошо понимал, что России нужны иностранные специалисты. И он сам, и его приближённые, путешествующие вместе с ним, приглашали в Россию военных, моряков, инженеров, ремесленников. Всего за рубежом было нанято около 900 самых разных специалистов – от вице-адмирала до корабельного повара.

Пётр I побывал в Германии, в Голландии, в Англии.

В Кёнигсберге царь впервые увидел Балтийское море, с которым позже будет связано многое в его жизни и деятельности. Здесь же Пётр изучал артиллерийское дело.

В Голландии он жил у знакомого, работал на верфи плотником. Между делом Пётр осматривал фабрики, заводы, лесопильни. И хотя он носил красную куртку и белые штаны, одежду голландского рабочего, его узнавали.

В Англии Пётр усовершенствовал свои познания в кораблестроении и стал настоящим мастером. "Навсегда остался бы я только плотником, если бы не поучился у англичан", – говорил Пётр. Он ездил в Лондон, в Королевское общество наук, затем в Оксфорд и Вулич, где в лаборатории наблюдал изготовление артиллерийских снарядов, побывал несколько раз в Гринвичской обсерватории и на Монетном дворе, в Портсмуте Пётр осматривал военные корабли.

Побывал Пётр I и в парламенте. Послушав парламентские речи (английскую речь пересказывал переводчик), Пётр сказал своим спутникам: "Весело слушать, когда подданные открыто говорят своему государю правду; вот чему надо учиться у англичан".

До поездки он знал, что хочет сделать. Теперь он знал, как это сделать.

Прошло совсем немного времени, и в стране начались политические и экономические реформы, был заложен Санкт-Петербург, создан мощный морской флот. Россия получила доступ к мировым торговым рынкам и стала одной их ведущих держав Европы.

(По материалам прессы)

б) Составьте диалоги по тексту.

15 Прочитайте анекдоты (правдивые истории) о Петре Великом. Перескажите одну из историй.

Пётр I любил Екатерину и часто повторял ей: "Ничто не может сравниться с тобою!"

И всё-таки царица была второй страстью Петра, а государство – первой. Благоразумная царица понимала это и никогда не спорила.

* * *

Купец Таммес рассказывал, что Пётр считал себя хорошим зубным врачом и всегда охотно брался вырвать кому-нибудь зуб. Услышав, что прислуга купца жалуется на зубную боль, он приехал с собственными инструментами и по всем правилам вырвал зуб.

Кстати, среди экспонатов Кунсткамеры хранится полотняный мешочек, а в нём – множество зубов, которые Пётр I собственноручно удалил у своих подданных, чтобы избавить их от боли (правда, многие зубы почему-то оказались здоровыми).

* * *

Пётр запретил простым людям падать перед ним на колени и зимой снимать шапки перед дворцом царя.

* * *

По дороге в Голландию Пётр I побывал в гостях у супруги курфюрста Бранденбургского Софии Шарлотты и её матери. Это был первый выход Петра в большой европейский свет.

Сначала Пётр растерялся, но потом быстро освоился, разговорился и очаровал хозяек. Царь признался, что не любит ни музыки, ни охоты, но обожает фейерверки, плавать по морям, строить корабли, показал свои мозолистые руки. В конце вечера выпившие гости затеяли танцы, причём московские кавалеры приняли корсеты своих немецких дам за их рёбра ..

София Шарлотта так описала свои впечатления: "Царь очень высокого роста, лицо его очень красиво, он очень строен. Он обладает большой живостью ума, его суждения быстры и справедливы... Этот человек совсем необыкновенный. Невозможно его описать и даже составить о нём понятие, не видав его".

* * *

За обедом Пётр любил повторять тост: "Да здравствует тот, кто любит Бога, меня и Отечество!"

16 Итак, каким вы теперь представляете себе Петра I? Расскажите, каким он был

- человеком;
- государственным деятелем;
- полководцем;
- коллекционером.

ИСПОЛЬЗУЙТЕ прочитанные вами тексты.

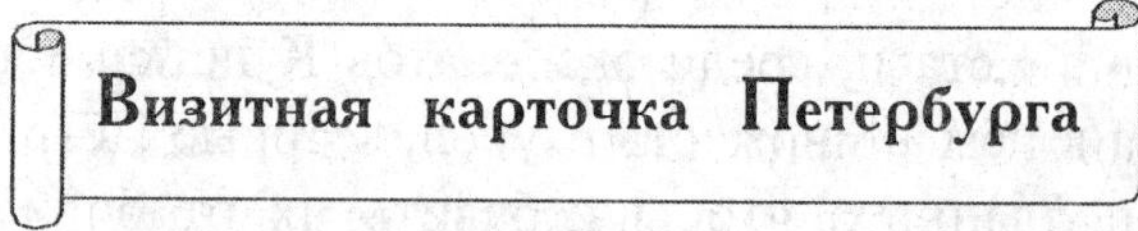
Визитная карточка Петербурга

17 а) Прочитайте текст.

ВЕЛИКИЙ ГОРОД

Каждому большому городу есть чем гордиться – историей или архитектурой, погодой или географией, правителями или горожанами.

Санкт-Петербург и в этом смысле оригинален. О нём сказано больше, чем о каком-либо ином городе, стоит вспомнить только названия этого рода, официальные и неофициальные. Названия эти не случайны: это границы жизни Санкт-Петербурга, его истории, особенности его природы, климата, его роль в жизни России.

Город несколько раз менял своё название.

Основанный 27 мая 1703 года, он получил официальное название – *Санкт-Петербург*, что означает "город святого Петра". Так Пётр I назвал его в честь апостола Петра, одного из учеников Христа, которому Бог вручил ключи от рая.

В просторечии город часто именовали *Питером*.

В августе 1914 года, во время первой мировой войны, он был переименован в *Петроград*.

С 26 января 1924 года город носил имя В.И. Ленина – *Ленинград*, а в 1991 году ему было возвращено его исконное название: *Санкт-Петербург*.

Вот они, эти даты – даты истории Петербурга:

Петербург

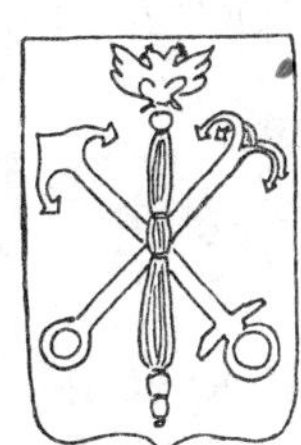

27 мая 1703 года – день основания города

1703–1914 – Санкт-Петербург

1914–1924 – Петроград

1924–1991 – Ленинград

С 7 сентября 1991 года – Санкт-Петербург

А знаете ли вы, сколько поэтических названий у Петербурга?

Например – *"Северная Венеция"*. В Петербурге, как и в Венеции, много каналов, островов, мостов. Уже в 1738 году в городе Петра было более 40 мостов. А в своё время в Петербурге, как и в Венеции, одним из средств сообщения между районами Петербурга были лодки. И сегодня на Неве можно увидеть много экскурсионных теплоходов и катеров. Здесь множество прекрасных памятников зодчества.

Название *"Северный Рим"* возникло после разгрома русскими войсками армий Наполеона. Непобеждённую северную столицу стали сравнивать с "Вечным городом". Называли её так ещё и потому, что город в первой трети XIX века приобрёл прекрасный облик, когда его улицы, проспекты, набережные украсились величественными дворцами, особняками, общественными зданиями.

Петербург иногда называют *"Северной Пальмирой"*. Напомним, что Пальмира возникла ещё до нашей эры в оазисе Сирийской пустыни. Этот город славился вечнозелёными пальмами. Наибольшего расцвета он достиг в III веке и поражал всех своими архитектурными шедеврами.

Петербург и Пальмиру, несомненно, можно сравнивать. Во-первых, об города были построены в необычных условиях: Петербург – среди боло Пальмира – среди песков пустыни. Во-вторых, оба города славились сво ими архитектурными ансамблями.

И уж, конечно, Петербург – это *“Петра творенье”*.

Пётр I очень любил свой город и называл его *“Мой парадиз”* (Мо рай).

б) Когда город был назван

• Санкт-Петербургом	1914
• Петроградом	1703
• Ленинградом	1991
• Санкт-Петербургом	1924

в) Почему город так называется? Соедините правую и левую колонки:

Санкт-Петербург	Рим был непобедим и красив, романтическое сравнение с прекрасным древним городом-воином.
Северная Пальмира	Венеция известна своими каналами и мостами; сравнение с целью подчеркнуть красоту города.
Северная Венеция	Пальмира возникла в бесплодной пустыне; романтическое сравнение с древним городом, в котором было много архитектурных шедевров.
Северный Рим	Город назван так в честь апостола Петра, небесного покровителя Петра I.

г) Какое из названий города вам понравилось больше всего? Докажите, что Петербург может называться именно так.

Петербург — город прекрасных архитектурных ансамблей

Не сразу Петербург стал городом прекрасных архитектурных ансамблей, на это ему понадобилось 100 лет. Но то, что создано, и сегодня вызывает восхищение. Вот эти замечательные архитектурные ансамбли: Стрелка Васильевского острова, площадь Декабристов, ансамбль Дворцовой площади, ансамбль площади Искусств и другие.

Многие известные зодчие создавали их: Бартоломео Франческо Растрелли (1700–1771), Джакомо Кваренги (1744–1817), Андрей Воронихин (1759–1814), Жан Тома де Томон (1760–1813), Андреян Захаров (1761–1811), Карло Джакомо Росси (1775–1849), Огюст Монферран (1796–1858) и другие.

Давайте пройдёмся по некоторым площадям города и убедимся, что Санкт-Петербург – действительно музей под открытым небом.

18 **а)** Прочитайте текст.

ПЛОЩАДЬ ДЕКАБРИСТОВ

Эту площадь знают все. Здесь любят гулять петербуржцы, сюда, к памятнику Петру I, приезжают с цветами молодожёны, на эту площадь приходят все туристы города – узнать, увидеть, сфотографироваться.

Площадь Декабристов (раньше она называлась Сенатской) свой современный облик приобрела не сразу.

В царствование Екатерины II на площади был воздвигнут знаменитый памятник Петру I – “Медный всадник”. Эта одна из самых известных конных статуй в Европе. Памятник создавался 14 лет. Автор его – французский скульптор Этьен Фальконе. Торжественное открытие памятника состоялось 7 августа 1782 года.

К первой половине XIX века памятник Петру I окружили прекрасные здания: с восточной стороны – Адмиралтейство, с западной – Сенат и Синод, высшие органы государственной и духовной власти дореволюционной России, с южной – Исаакиевский собор.

Северная граница площади – это Нева и её набережная, одно из любимых мест отдыха жителей и гостей города.

б) Джон нарисовал план площади Декабристов. Какие вопросы задавал ему Мэтью, рассматривая рисунок? Что отвечал Джон?

Составьте диалог.

19 ***а)*** Прочитайте диалог. Инсценируйте его.

ПОЧЕМУ ПЛОЩАДЬ НАЗЫВАЕТСЯ ТАК: ПЛОЩАДЬ ДЕКАБРИСТОВ?

– Привет, Джон! Ты откуда?

– *Я только что из библиотеки. Знаешь, после посещения площади Декабристов захотелось узнать о декабристах побольше.*

К.И. Кольман. 14 декабря 1825 года на Сенатской площади. *1830-е гг.*

– Отлично! Эта информация и для меня интересна. Я знаю, что декабристами называют участников восстания, которое произошло 14 декабря 1825 года на Сенатской площади. Это были офицеры русской армии?

– *Да. Это были очень образованные, умные люди. И благородные. Они хотели добиться переустройства российского общества: отмены крепостного права (serfdom) (ведь крепостные крестьяне в России были на положении рабов), ограничения царской власти (limitations of the Tsars Power).*

– И…

– *К сожалению, судьба их была трагической. Восставшие были окружены и разгромлены. Многие участники восстания были арестованы и сосланы в Сибирь, а руководители восстания – их было 5 человек (П. Пестель, С. Муравьёв-Апостол, К. Рылеев, М. Бестужев-Рюмин и П. Каховский) – казнены.*

– И Сенатскую площадь переименовали в площадь Декабристов?

– *Да, но это было уже гораздо позже – в 1925 году, в связи со 100-летием восстания декабристов.*

б) Трансформируйте диалог в рассказ.

20 ***а)*** Прочитайте письмо Мэтью.

Здравствуй, Линда!

Сегодня я получил задание – описать памятник в Санкт-Петербурге. Для меня это трудное задание, так как нужно было использовать много новых слов. Ну а насчёт выбора памятника я не сомневался ни минуты, – конечно, "Медный всадник"! Мы уже много говорили о личности Петра I, и я решил описать, как его "увековечили" в бронзе.

Вот мой рассказ. Читай и представляй этот памятник вместе со мной.

"Мы стоим на площади Декабристов и любуемся памятником Петру I.

Екатерина II решила поставить в Петербурге памятник Петру I и объявила конкурс на лучший проект памятника. Эскиз французского скульптора Фальконе был лучшим, и он получил заказ.

Фальконе гениально просто показал Петра – реформатора, государственного деятеля.

Вот конь Петра взлетел на гранитную скалу и остановился. Пётр левой рукой удерживает коня, его правая рука простёрта (is reached out)

вперёд. Царь уверен в себе и твёр Лицо Петра выражает силу, ум властность. Всё в этом памятни ке символично. Например, скала – символ трудностей, которые при ходилось преодолевать Петру и мо лодой России. По скале ползё змея. Она символизирует врагов которые мешали развитию Росси и петров-ским реформам.

Интересна история постамен та. Памятник возвышается на ска ле в форме волны. Постамент был высечен из огромного камня. Этот камень в народе называли "Гром-кам нем", так как когда-то он был рас колот молнией во время грозы. Он лежал в болоте в районе Лахти под Петербургом. Его вес был свыше 1600 тонн. Камень везли в Петербург по воде и по суше почти 2 года По дороге его обрабатывали".

Вот такое сочинение. Я посылаю тебе открытку с изображением Медного всадника. Мне кажется, что памятник тебе понравится.

До свидания!

Твой Мэтью.

б) Что правильно и что неправильно:

1) Пётр стоит на коне в лавровом венке победителя.
2) По скале ползёт змея.
3) Змея символизирует злые силы природы.
4) Памятник возвышается на постаменте в форме волны.
5) Камень, из которого был высечен постамент, в народе называли "Гроза-камень".
6) Знаменитый памятник Петру I Пушкин назвал "Медным всадником".

в) Составьте вопросы по тексту и задайте их друг другу.

К СВЕДЕНИЮ!

И ЕЩЁ О “МЕДНОМ ВСАДНИКЕ”

- Голову Петра I вылепила 19-летняя ученица Фальконе Мари Колло.
- Кажется, что памятник имеет всего лишь две точки опоры (а это очень трудная в техническом отношении задача). Между тем есть третья точка опоры – это где хвост коня соприкасается со змеёй. Так остроумно была преодолена техническая трудность.
- Фальконе не был на открытии памятника: срок его контракта был закончен, и он был вынужден из-за придворных интриг покинуть страну. “Медный всадник” – лучшая работа мастера.
- Автором подписи на постаменте “Петру I – Екатерина Вторая. Лета 1782 года” был писатель и баснописец того времени Сумароков.
- Памятник Петру I работы Фальконе вдохновил Александра Сергеевича Пушкина на создание поэмы “Медный всадник”.
- В годы Великой Отечественной войны (1941–1945 гг.) жители города сумели сохранить любимый памятник. Его закрыли мешками с песком и *зашили досками (boarded it up)*.

20 ***а)*** В воскресенье Мэтью вместе с группой студентов ходил на экскурсию на Дворцовую площадь. Об ансамбле Дворцовой площади им рассказал экскурсовод. Мэтью (молодец!) записал речь экскурсовода на диктофон. Вот он, этот рассказ. Прочитайте его и перескажите.

ГЛАВНАЯ ПЛОЩАДЬ ПЕТЕРБУРГА

Мы с вами на главной площади Санкт-Петербурга – Дворцовой.

Главным украшением Дворцовой площади, несомненно, является *Зимний дворец*. Царский дворец был построен по проекту архитектора Растрелли (1754–1762 гг.) в стиле барокко. Светло-зелёное здание украшено белыми колоннами, на крыше дворца – много скульптур и ваз.

Дворец служил царской резиденцией до 1917 года. Сейчас здесь в четырёх зданиях размещаются богатейшие коллекции государственного Эрмитажа.

Зимний дворец – это первое здание, украсившее Дворцовую площад Это было в конце XVIII века, а в начале XIX века замечательный архитекто Карл Росси строит на Дворцовой площади *здание Главного штаба*. Вот он перед вами: большое светло-жёлтое здание с белыми колоннами. Вы, навер ное, уже поняли, что построено оно в другом стиле – строгом стиле класси цизма. Прекрасное здание, не правда ли? Росси тоже остался им доволен. "Зим ний дворец – это жемчужина, а Главный штаб – раковина, в которой на ходится эта жемчужина", – ска зал он.

Давайте подойдём поближ Видите, Главный штаб украше *Триумфальной аркой*. Она посвя щена победе русских в Отече ственной войне 1812 года. По смотрите внимательно: шест коней везут богиню Победы. З спиной у неё крылья, а в руках лавровый венок.

И ещё одна достопримеча тельность Дворцовой площади *Александровская колонна* рабо ты Огюста Монферрана. Она тоже посвящена победе Росси над Наполеоном. Александ ровская колонна представляет собой огромный монолит весом около 600 тонн. Её высота – 47,5 метра. Это самая высокая колонна в мире она выше Вандомской колонны в Париже и колонны Траяна в Риме Трудно представить себе, что в начале XIX века можно было воздвиг нуть такое тяжёлое и сложное сооружение. Огромный гранитный моно лит за два часа подняли на пьедестал две с половиной тысячи человек. Колонна ничем не прикреплена к постаменту и держится за счёт своего веса. Поэтому петербуржцы довольно долго не гуляли вокруг колонны, боясь, что она упадёт.

Колонна заканчивается фигурой ангела с крестом: ангел *попирает (crushes)* крестом змею – символ победы добра над злом.

Открытие Александровской колонны состоялось 30 августа 1834 года и было очень торжественным. Перед колонной был проведён военный парад, в котором участвовало около 100 тысяч человек.

б) Выберите правильный ответ:

1) Ансамбль Дворцовой площади создавался
   - около полувека;
   - около века;
   - около двух веков.
2) Зимний дворец служил
   - музеем;
   - царской резиденцией;
   - картинной галереей.
3) Зимний дворец построен
   - в стиле барокко;
   - в стиле классицизма;
   - в готическом стиле.
4) Здание Генерального штаба было возведено
   - Франческо Растрелли;
   - Огюстом Монферраном;
   - Карлом Росси.
5) Триумфальная арка Генерального штаба символизирует победу русских в войне
   - со Швецией;
   - с Францией;
   - с Германией.
6) Александровскую колонну на Дворцовой площади возвёл
   - Андреян Захаров;
   - Огюст Монферран;
   - Этьен Фальконе.

в) Составьте диалог (полилог) по тексту.

22 А теперь сами проведите экскурсию по Дворцовой площади. Используйте информацию, которую Мэтью записал во время экскурсии.

- Ансамбль Дворцовой площади. Здание Зимнего дворца (1754–1762 гг.). Проект Франческо Растрелли. Стиль – русское барокко. Резиденция русских царей.
- Здание Главного штаба. Проект Карла Росси (1819–1829 гг.). Стиль – классицизм. Арка Главного штаба – памятник победы в Отечественной войне 1812 года.

• Александровская колонна. Проект Огюста Монферрана (1832–1834гг.) Высота – 47,5 м. Вес – более 600 тонн. Из монолитного гранита. Держится за счёт собственного веса. Венчает колонну ангел с крестом.

 **а)** Прочитайте диалог и разыграйте его.

ДВАДЦАТЬ КИЛОМЕТРОВ ПО ЭРМИТАЖУ…

– *Джон, я, к сожалению, ещё не был в Эрмитаже. А ты что-нибудь знаешь о нём?*

– Немного. Ещё при Екатерине II за границей было куплено 225 картин выдающихся западноевропейских художников. Их поместили во дворце. Так было положено начало картинной галерее. Галерея всё более и более пополнялась, и для неё даже потребовалось специальное здание. Так рядом с Зимним дворцом на берегу Невы вырос Малый Эрмитаж, затем ещё несколько зданий. Самое интересное из них, на мой взгляд, – Новый Эрмитаж.

– *Да, да, я видел пятиметровые фигуры атлантов около входа в Новый Эрмитаж. Это здорово! А сколько всего зданий занимает Эрмитаж?*

– Четыре. Знаешь, по специальным галереям из одного здания можно переходить в другое, не выходя на улицу. А вот чтобы осмотреть все выставки Эрмитажа, нужно пройти 20 километров. В музее более 300 залов!

– *Ого! Знаешь, я хочу как можно скорее пройти эти 20 километров. А что самое интересное в Эрмитаже?*

– О, это трудный вопрос. Здесь можно увидеть искусство почти всех времён и народов, начиная с Древнего Египта и Древней Греции, картины Леонардо да Винчи, Рубенса, Рафаэля, Рембрандта и многие другие уни-

альные произведения. В музее проводится специальная экскурсия в "Золотую кладовую" Эрмитажа, где хранится золото скифов, украшения, подарки и личные вещи царской семьи (ордена, табакерки, туалетные принадлежности и другие вещи). А ещё есть экскурсия в Подземный дворец Петра I.

– *Очень полезная информация, спасибо. И ещё я хотел спросить вот что: ведь "Эрмитаж" – это французское слово?*

– Да, и в переводе с французского означает "уединённый уголок".

– *Ничего себе "уголок"! "Уголок" – это что-то небольшое, совсем маленькое, а тут огромный дворец. Интересно, а сколько в таком "уединённом уголке" окон?*

– Подожди минутку, Мэтью. Так... У меня здесь записано... Вот, нашёл, в Эрмитаже 1945 окон, 1050 парадных и жилых помещений, 1886 дверей и 117 лестниц.

– *Вот это да! Просто нет слов!*

– Великий Растрелли говорил, что Зимний дворец создавался "для единой славы всероссийской". Да, кстати, музей открыт ежедневно с 11 до 18 часов. Выходной день – вторник.

б) Переделайте диалог в рассказ.

в) Были ли вы в Эрмитаже? Расскажите, что вам понравилось там более всего.

24 ***а)*** Сегодня прекрасный день. После занятий Мэтью взял фотоаппарат и пошёл прогуляться по улицам Петербурга. Кстати, он побывал на одной из площадей города, очень известной и красивой. Как вы думаете, на какой? Ответить на вопрос вам поможет эта информация.

- Эту площадь с Невским проспектом соединяют улицы Малая Морская и Большая Морская.
- Здесь находится один из самых больших соборов города (он и дал название площади), а справа – гостиница.
- Часть площади занимает самый широкий мост города (ширина его – 99,25 метра).
- В центре площади установлена конная статуя одного из русских императоров.
- В глубине площади стоит дворец, построенный этим императором для своей дочери Марии. Сейчас в этом дворце находятся *органы городского управления (city administration)*.

б) Итак, что находится на этой площади? Выберите из данног списка названия основных "объектов" площади и решит кроссворды. Расскажите об этой площади.

ИСПОЛЬЗУЙТЕ:

Казанский собор, Русский музей, Мариинский дворец, гостиница "Ев ропейская", Исаакиевский собор, памятник Александру III, памятни Петру I, памятник Николаю I, гостиница "Астория", Дворцовый мос Аничков мост, Синий мост.

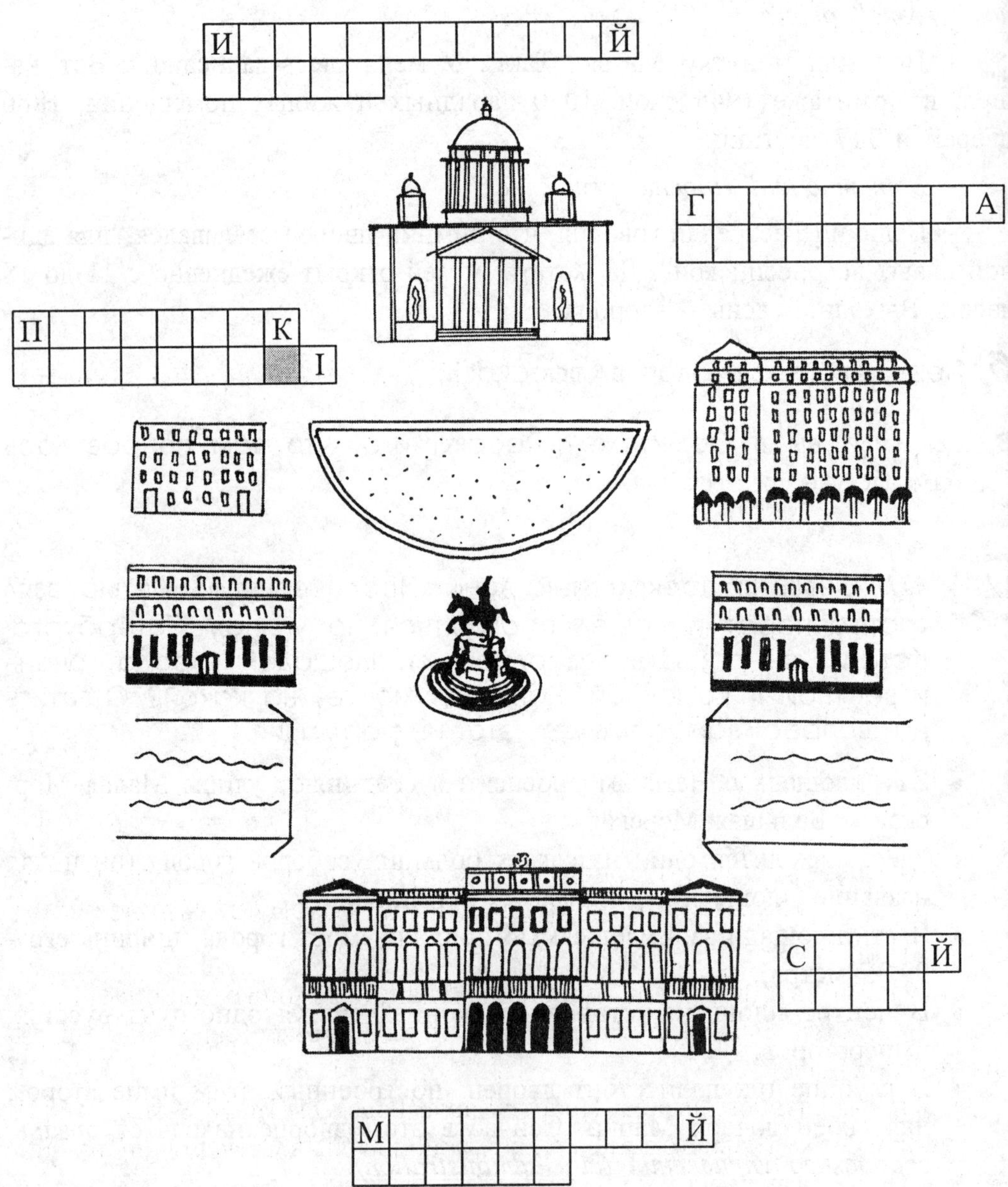

25 *а)* Опишите Исаакиевский собор.

ИСПОЛЬЗУЙТЕ:

Собор-великан. Высота – 101,5 метра (это высота 30-этажного дома). Вмещает 14 тысяч человек. Строили 40 лет (1818–1858 гг.). Архитектор – Огюст Монферран. 112 колонн, золотой купол, стены толщиной до 5 метров, облицованные серым мрамором. Украшен многочисленными рельефами, статуями. Смотровая площадка колоннады – на высоте 43 метров. Внизу – панорама Невы, Университетской набережной, Невского проспекта.

б) Вы рассматриваете Исаакиевский собор. Многое в нём вас восхищает и удивляет. Выразите свои чувства.

- Обратите внимание на золотой купол Исаакиевского собора. Он виден практически из любой точки города: ведь его высота более ста метров.
- Это же высота современного 30-этажного дома! ...!

* * *

- Посмотрите на эти колонны: это мощные гранитные монолиты. Каждая из этих колонн (весом – 114 тонн, а высотой – 17 метров) была установлена всего лишь за 40-45 минут.
- И это в XIX веке! ...!

* * *

- Давайте поднимемся на смотровую площадку колоннады и полюбуемся панорамой Петербурга.
- И на какую же высоту мы поднимемся?
- 43 метра. Вы увидите город с высоты “птичьего полёта”.
- ...! Фотографии будут отличные!

ИСПОЛЬЗУЙТЕ:

Удивительно! Прекрасно! Чудесно! Вот здорово! (Вот) уж никогда бы не подумал! Ну и ну! Отлично! Вот это да! Потрясающе!

14 Зак. 33

Санкт-Петербург – город рек, каналов и мостов

 **а)** Прочитайте письмо.

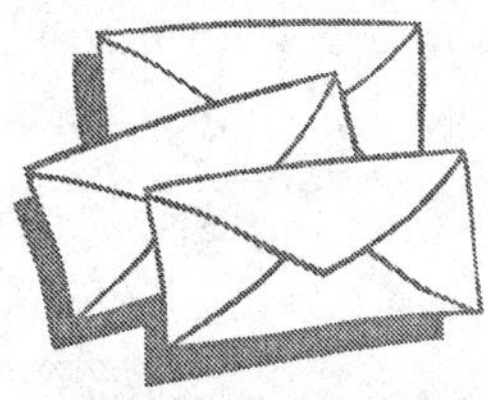

Здравствуй, Линда!

Наконец-то я получил от тебя письмо. Я очень рад, что у тебя всё в порядке. Ты спрашиваешь, как я живу. Жизнь у меня сейчас ну о-о-чень интересная. Может быть, потому, что я люблю путешествовать.

Вчера, например, я и мои русские друзья Лена и Саша отправились на вечернюю прогулку на теплоходе. Это была экскурсия "По рекам и каналам Петербурга". Экскурсия была очень романтическая. Мы плыли на небольшом уютном теплоходе по Фонтанке, Мойке, каналу Грибоедова и Крюкову каналу мимо Инженерного замка и Летнего сада, Мариинского театра и Исаакиевской площади. На набережных было мало транспорта, поэтому они казались тихими.

У каждой реки, у каждого канала своя набережная, своя решётка, свои мосты, свои фонари и, конечно, своя история!

Вот, например, Фонтанка... Она берёт начало в Неве, течёт по центральной части города и вновь впадает в Неву. Такое название – Фонтанка – река получила потому, что когда-то обеспечивала водой фонтаны Летнего сада.

Смотришь на спокойную, неширокую Фонтанку, на деловых уток под мостом (они не улетают из города), и трудно представить, что до середины XVIII века эта небольшая река была границей города, а на её берегах рос лес.

Через Фонтанку переброшено много интересных мостов, в том числе и висячих. Около Летнего сада, на-

Набережная реки Фонтанки

пример, находится Прачечный мост. Он построен в 1766–1768 годах сохранился до наших дней без изменений! Самый известный мост через Фонтанку – это, конечно, Аничков мост, со знаменитыми конными скульптурами Клодта. Кстати, мосты украшены очень разнообразно: гранитными столбами, башнями, чугунными сфинксами, фонарями, решётками.

Да, каких только мостов нет в Петербурге! Есть и каменные, и деревянные, и металлические, и мосты-великаны, и мосты-лилипуты.

Например, самый широкий мост в Петербурге – Синий, его ширина около 100 метров. Это мост-площадь через Мойку на Исаакиевской площади. Кстати, я много раз ходил по этой площади и не подозревал, что это мост, только очень широкий.

Очень красивы небольшие пешеходные мостики, перекинутые через каналы. Они кажутся лёгкими, словно летят по воздуху. Никогда не думал, что таких мостов в Петербурге так много и что они так поэтичны. Теперь понятно, почему петербургские художники часто рисуют мостики.

А всего в Санкт-Петербурге около 400 мостов.

Кстати, один из таких пешеходных висячих мостиков находится рядом с нашей гостиницей. Он называется Банковским, так как в прошлом веке рядом с мостом находился банк. Другое название моста – Грифонов, потому что его украшают грифоны – львы с золотыми крыльями. Ты можешь смеяться надо мной, но когда я бываю здесь, я здороваюсь с ними. Кстати, на мосту нельзя курить (висит табличка) – мост-то деревянный.

Мосты через Неву на ночь разводятся, чтобы суда могли пройти по Неве. В белые ночи это интересное зрелище.

Ну, вот и всё! Счастливо!

Мэтью.

б) Ответьте на вопросы.

1) На какой экскурсии побывал Мэтью?
2) Что рассказал Мэтью о Фонтанке? Какая она?
3) Какой самый широкий мост в Петербурге?
4) Почему художники города любят рисовать небольшие пешеходные мостики?

5) Какой мостик запомнился Мэтью больше всего? Почему? А какой вам?

6) Почему мосты на Неве разводятся?

в) Составьте по тексту письма диалоги, которые можно было бы озаглавить так:

- Река Фонтанка в Петербурге;
- Мосты, которые я увидел на экскурсии;
- Пойдём "разводить" мосты!

ИСПОЛЬЗУЙТЕ:

РЕКА	*(какая?)* спокойная, быстрая; широкая, небольшая; глубокая, мелкая; длинная, недлинная		
	берёт начало	*(где?)*	в Неве
	течёт	*(через что?)*	через (весь) город
	впадает	*(во что?)*	в залив

МОСТ	*(какой?)* железобетонный, металлический, деревянный; длинный, короткий; широкий, узкий; лёгкий; пешеходный; висячий; разводной		
	построен	*(когда?)*	в 1912 году в XIX веке в начале XX века
	переброшен перекинут	*(через что?)*	через реку, канал
	соединяет	*(что?)*	берега правый и левый берег
	украшен	*(чем?)*	фонарями, решётками
	разводится	*(когда?)*	ночью

К СВЕДЕНИЮ!

КОГДА РАЗВОДЯТСЯ МОСТЫ

Дворцовый мост: 1.40 – 3.00

Мост Лейтенанта Шмидта: 1.45 – 4.55

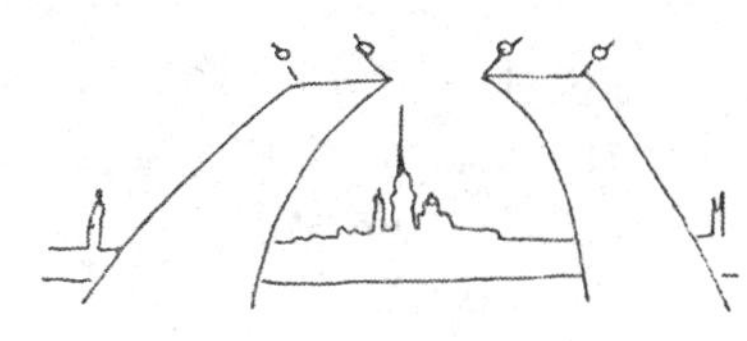

27 Прочитайте диалоги. Правильно употребляйте сочетания числительных с существительными. Расскажите, что нового вы узнали о реках, каналах, мостах Петербурга.

– Скажите, пожалуйста, какие в Петербурге мосты самые широкие и самые длинные?

– *Самый широкий мост – Синий через Мойку на Исаакиевской площади. Его ширина – 99,25 метра. Самый длинный мост в городе – мост Александра Невского. Его длина – 905,7 метра.*

99,25 – девяносто девять и двадцать пять сотых метра

905,7 – девятьсот пять и семь десятых метра

* * *

– А сколько мостов в Петербурге разводится?

– *Всего 22 разводных моста, из них 7 – на Неве.*

* * *

– Я знаю, что главная река в Петербурге – Нева. А сколько всего рек в городе?

– *В городе около 100 рек и каналов. Если все реки и каналы соединить вместе, то получится дорога длиною в 836 километров!*

* * *

– А что вы знаете о Неве?

– *Нева образовалась около 2 500 лет назад. Её длина – 74 километра. В границах города Нева течёт почти 32 километра.*

* * *

– Я читал, что в Петербурге было более 330 наводнений.

– *Да, это так. И самое сильное из них было в ноябре 1824 года, когда высота воды достигла 4,1 метра. Наводнение разрушило 462 дома. Но сейчас город от наводнений защищает дамба (is protected by a dam). Она отделяет Неву от Финского залива.*

> **“Нет ничего лучше Невского проспекта!”**
> *Н.В. Гоголь*

28 ***а)*** Вам нравится Невский проспект? Вы мало о нём знаете? Ну что ж, прочитайте тексты.

ТРИ ПРОГУЛКИ ПО НЕВСКОМУ ПРОСПЕКТУ

Первая прогулка: от Адмиралтейства до канала Грибоедова

Итак, откуда же мы начнём свою прогулку по Невскому? Конечно же, от Адмиралтейства. И это не случайно.

Уже в 1704 году по собственному чертежу Петра I была заложена первая русская верфь на Балтийском море – ***Адмиралтейство***. Через два года здесь спустили на воду первый русский военный корабль.

Для связи Адмиралтейской верфи с дорогой на Москву в густом лесу *была прорублена (was cut through)* улица. Вдоль улицы стали строить дома и дворцы. Это и был будущий Невский проспект.

Давайте прямо от Адмиралтейства пойдём по правой стороне Невского проспекта! Вот мы перешли через Мойку. Вы обратили внимание на фонари, украшающие этот мост? Нет?! Тогда оглянитесь и полюбуйтесь ими. Отметьте эту особенность Санкт-Петербурга: самые разнообразные красивые фонари украшают город!

И сразу же, на углу Невского и набережной реки Мойки (Мойка – так называют эту улицу петербуржцы), вы увидите красивое светло-зелёное здание. Это ***Строгановский дворец***. В XVIII веке граф Строганов заказал известному архитектору Растрелли проект нового дома. Граф хотел, чтобы

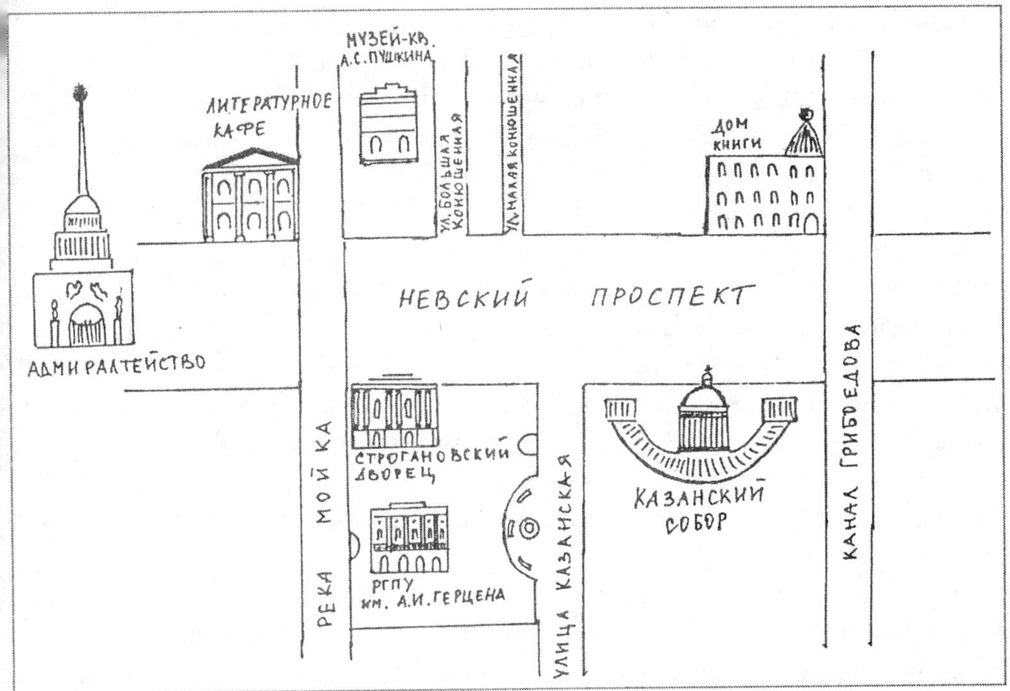

его дворец был величественным и торжественным. Растрелли украсил дворец эффектными колоннами, множеством скульптурных деталей. Это был действительно самый красивый дворец на Невском! Для Растрелли дворец графа Строганова был своеобразной "репетицией" перед строительством Зимнего дворца.

Давайте повернём по Мойке направо. Обратите внимание на красивые ворота в глубине большого двора. Перед вами главный корпус ***Российского государственного педагогического университета имени А.И. Герцена***. РГПУ имени А.И. Герцена – один из крупнейших вузов России. Университет занимает довольно большую площадь между Мойкой и Казанским собором. Здесь на 25 факультетах обучаются около 20 тысяч студентов. Кстати, именно в этом университете, на факультете русского языка как иностранного, и учится наш главный герой Мэтью, а также его друзья.

А теперь вернёмся на Невский проспект.

На противоположной стороне, в доме на углу Невского и Мойки, в XIX веке помещалась кондитерская Вольфа и Беранже. 27 января 1837 года Пушкин отсюда уехал на дуэль и там, на Чёрной речке, был смертельно ранен. Сейчас в бывшей кондитерской в память о Пушкине открыто ***"Литературное кафе"***.

Совсем недалеко отсюда, в доме № 12 по набережной реки Мойки, находится ***Музей-квартира Пушкина***. Именно сюда привезли смертельно раненного поэта после дуэли на Чёрной речке.

Мы покидаем "пушкинский уголок" Петербурга и идём дальше.

Ваше внимание, конечно же, привлечёт ***Казанский собор.*** Он находится между улицей Казанской и каналом Грибоедова.

Казанский собор был построен по проекту А.Н. Воронихина в 1801-1811 годах. В этом соборе должна была находиться *чудотворная икона (miracle working icon)* Казанской Божьей Матери. Именно поэтому он так и называется – Казанский.

Когда началась Отечественная война 1812 года, в Казанском соборе стали хранить военные трофеи: армейские знамёна, ключи от завоёванных городов и многое другое. Здесь был похоронен великий русский полководец Михаил Кутузов. Позже перед собором были установлены памятники великим русским полководцам, героям Отечественной войны 1812 года Кутузову и Барклаю-де-Толли. В настоящее время Казанский собор – действующий православный храм.

Со стороны Невского проспекта Казанский собор украшен величественной колоннадой.

Да, чуть не забыли! Давайте пройдём несколько шагов по Казанской улице и посмотрим направо. Перед вами – небольшой сквер. Он был разбит во второй половине XIX века. Его украшает полукруглая решётка. Она тоже выполнена по проекту Воронихина и представляет большую художественную ценность. Обратите внимание на удивительно изящный рисунок решётки. Этот уютный сквер замечательно дополняет ансамбль Казанского собора.

Напротив улицы Казанской находится ***Малая Конюшенная улица***. Несколько лет назад она полностью преобразилась. Пройдитесь по ней! Эта небольшая улица восхищает своим оформлением, оригинальной мостовой, художественной подсветкой. В центре улицы установлен памятник русскому писателю Николаю Васильевичу Гоголю. Теперь Гоголь и Невский неотделимы друг от друга.

На углу Невского проспекта и канала Грибоедова находится крупнейший в городе книжный магазин ***Дом книги***. Раньше здесь располагалось Российское отделение американской компании швейных машин "Зингер".

Через канал Грибоедова перекинут 60-метровый ***Казанский мост*** (третий по ширине в городе). Здесь наша прогулка заканчивается.

б) Побеседуем:

1) Где начинается Невский проспект?
2) С какой целью Пётр I построил Адмиралтейство?
3) Какие известные дворцы и соборы находятся на Невском? По чьим проектам они создавались?
4) Что составляет архитектурный ансамбль Казанского собора?

29 *а)* А теперь совершим вторую (не менее интересную!) прогулку по Невскому проспекту.

Вторая прогулка: от канала Грибоедова до Аничкова моста

Перейдём канал Грибоедова. Слева в перспективе канала Грибоедова вы увидите церковь Вознесения Христова, или, как её называют, ***"Спас на крови"***. Она была построена в 1883–1907 годах на месте убийства народовольцами царя Александра II ("Народная воля" – тайная революционная организация, её участники назывались народовольцами) и похожа на храм Василия Блаженного на Красной площади в Москве. Церковь необыкновенно красива и внутри. Все стены, столбы и своды её украшены мозаикой, общая площадь мозаики составляет более 7 тысяч квадратных метров (для сравнения: в Исаакиевском соборе мозаика занимает около 800 квадратных метров).

Пройдём вперёд по Невскому проспекту, повернём налево и по небольшой Михайловской улице выйдем на ***площадь Искусств***. На площади расположен зелёный, тенистый сквер. Летом здесь особенно приятно посидеть в тени деревьев недалеко от шумного Невского проспекта.

В центре сквера – ***памятник А.С. Пушкину*** работы скульптора М.К. Аникушина (1957 г.). Посмотрите на памятник: Пушкин как будто читает свои стихи.

Главное здание в архитектурном ансамбле площади – Михайловский дворец. Он был построен по проекту К.И. Росси в 20-х годах XIX века для брата царя Александра I – Михаила (отсюда и название – Михайловский дворец). В этом здании в 1898 году открыт ***Русский музей***. В настоящее время в коллекции музея более 300 тысяч произведений русского искусства.

Площадь Искусств получила своё название не случайно: здесь расположено несколько музеев, театров, филармония.

На целый квартал протянулся по Невскому проспекту ***Гостиный двор*** – крупный торговый центр Петербурга. Он был построен в конце XVIII века.

Когда-то на этом месте стояли многочисленные деревянные лавки петербургских купцов.

Кстати, напротив Гостиного двора находится и другой крупный универмаг – ***“Пассаж”***, где продаются товары для женщин.

А вот и Садовая улица. Давайте перейдём эту улицу и выйдем на ***площадь Островского***. Посмотрите, перед вами здание ***Российской национальной библиотеки имени М.Е. Салтыкова-Щедрина***. Это одна из крупнейших библиотек мира. Здесь хранится свыше 14 миллионов томов.

На площади, в центре сквера, возвышается величественная фигура Екатерины II. ***Памятник императрице*** был открыт в 1873 году (скульптор – А.М. Опекушин).

На пьедестале, “у ног” Екатерины, вы увидите фигуры выдающихся деятелей второй половины XVIII века. Среди них – Екатерина Дашкова, женщина, ставшая директором Петербургской Академии наук и президентом Российской Академии.

В глубине площади Островского находится ***Александринский театр***, построенный Карлом Росси в 1828–1832 годах.

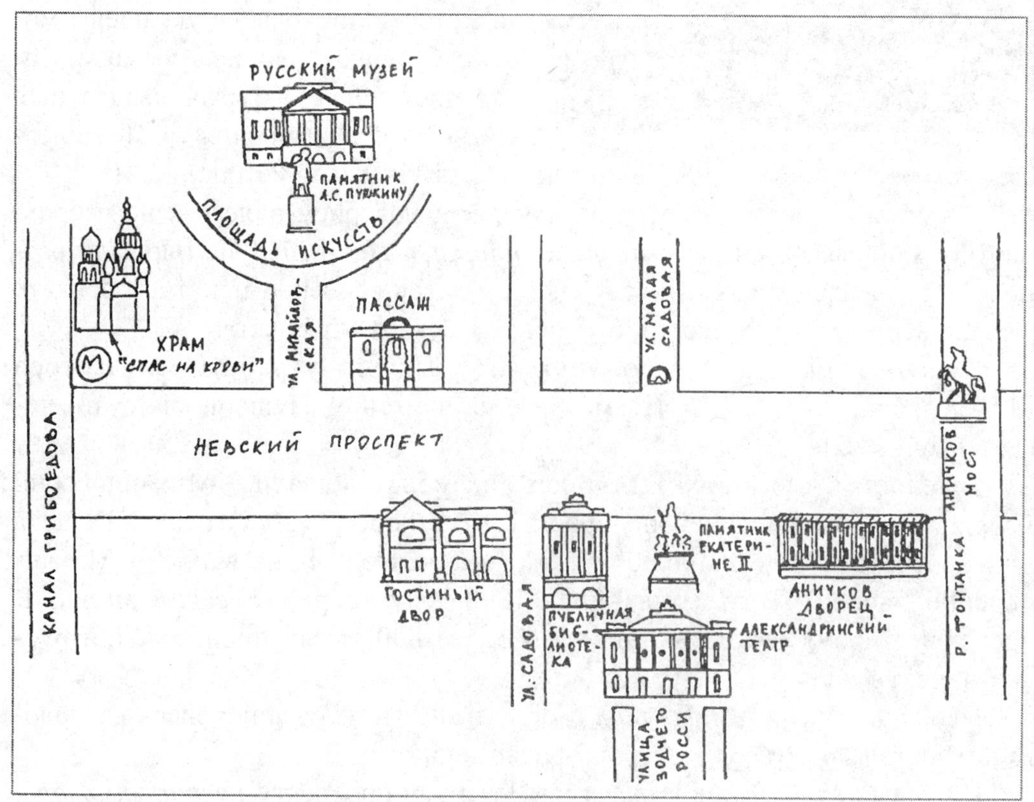

Но… чудеса на этом не кончаются: за театром находится удивительная улица, носящая имя своего создателя – зодчего Росси. Давайте медленно пройдёмся по ней.

Эта улица уникальна. Она поражает своей гармонией. ***Улица Зодчего Росси*** находится между совершенно одинаковыми зданиями. Ширина её – 22 метра, высота зданий – тоже 22 метра, длина – 220 метров, ровно в 10 раз больше ширины улицы и высоты её зданий. Кстати, в доме № 2 находится Академия балета имени А.Я. Вагановой. Это старейшее балетное училище было основано в 1738 году. Здесь учились известнейшие мастера балета – Анна Павлова, Михаил Фокин, Галина Уланова, Константин Сергеев и другие.

Заканчивается улица Зодчего Росси полукруглой площадью. В 1892 году здесь поставили памятник великому русскому учёному Михаилу Ломоносову и площадь назвали Ломоносовской.

Рядом с Александринским театром расположен ***Дворец творчества юных*** (бывший ***Аничков дворец***), где работают многочисленные кружки и клубы, проводятся праздники, встречи с друзьями из разных стран.

А теперь мы приглашаем вас на одну из красивейших улиц Петербурга, ***Малую Садовую***. Она отреставрирована совсем недавно. Полюбуйтесь её оформлением, постойте возле музыкального фонтана, пройдитесь по маленьким магазинчикам, посидите в уютном кафе и представьте себе, что именно такой пешеходной зоной будет когда-нибудь вся старая часть Петербурга.

Здесь мы и закончим вторую прогулку.

б) Побеседуем:

1) Что вы узнали о храме “Спас на крови”?
2) Что расположено на площади Искусств и почему она так называется?
3) Какие крупные универмаги города находятся на Невском проспекте?
4) Чем интересна площадь Островского?

5) Что вы можете рассказать об улице Зодчего Росси?
6) Что находится сейчас в бывшем Аничковом дворце?
7) Что вам больше всего понравилось на этой прогулке?

30 Используя материал текста о Невском проспекте (задание 29), опишите улицу Зодчего Росси.

ИСПОЛЬЗУЙТЕ:

УЛИЦА	*(какая?)*	Садовая, Восстания Зодчего Росси	длинная, короткая широкая, узкая прямая
	носит имя Некрасова		
	начинается	*(где?)*	от, у, около на площади
	идёт прямо поворачивает	*(куда?)*	направо, налево
	заканчивается	*(где?)* *(чем?)*	у, около площадью

31 *а)* Прочитайте текст.

Третья прогулка: от Аничкова моста до моста Александра Невского

Сразу за Дворцом творчества юных находится ***Аничков мост***. Он был построен через реку Фонтанку в начале 40-х годов XIX века.

На гранитных постаментах установлены четыре конные группы. Тема этого скульптурного ансамбля – укрощение лошади человеком, символизирующее покорение людьми дикой природы. Скульптуры на левом берегу Фонтанки очень динамичны: конь не хочет подчиняться чужой воле, и юноша с трудом сдерживает его. Скульптуры на правом берегу спокойнее: человек побеждает коня и подчиняет его себе. Знаменитые кони Аничкова моста – лучшее творение Клодта. Современники называли эту скульптурную группу «музыкой в бронзе».

Недалеко от Невского проспекта на набережной реки Фонтанки находится ***Фонтанный дом***, бывший дворец графа Шереметьева. Это место связано с именем русской поэтессы Анны Ахматовой, которая долгое время жила там. Сейчас в Фонтанном доме Музей-квартира А. Ахматовой.

Далее на Невском проспекте преобладают дома, построенные в конце XIX – начале XX века. Это рестораны, магазины, кинотеатры, гостиницы, жилые дома.

Через несколько кварталов вы окажетесь на ***площади Восстания***. Здесь находится здание ***Московского железнодорожного вокзала*** (1851 г.). Гармонично дополняет облик площади павильон станции метро "Площадь Восстания". В центре площади в 1985 году установлен обелиск "Городу-герою

Ленинграду” в честь 40-й годовщины победы в Великой Отечественной войне 1941–1945 годов.

За площадью Восстания Невский проспект меняет своё направление и ведёт к ***площади Александра Невского***. Этот отрезок проспекта называется Старо-Невским.

В конце его, на площади Александра Невского, находится ***Александро-Невская Лавра***. На территории Лавры располагаются два некрополя, где похоронены учёный М.В. Ломоносов, архитекторы А.Н. Воронихин, К.И. Росси, писатель Ф.М. Достоевский, композитор П.И. Чайковский и другие известные деятели русской культуры.

Некрополи Александро-Невской Лавры известны художественными надгробными памятниками, выполненными талантливыми русскими мастерами. Эти памятники и составляют Музей городской скульптуры. Это единственный в нашей стране музей подобного рода.

б) Побеседуем:

1) Какова главная тема скульптурного ансамбля Аничкова моста?
2) Что находится на площади Восстания?
3) Почему некрополи Александро-Невской Лавры считаются музейной достопримечательностью?

в) Что правильно и что неправильно:

- Аничков мост построен через реку Мойку.
- Аничков мост украшает скульптурный ансамбль работы скульптора Клодта.

- На площади Восстания находятся Финляндский вокзал и станция метро "Площадь Восстания".
- В центре площади Восстания установлен обелиск "Городу-герою Ленинграду".
- В Александро-Невской Лавре располагается некрополь.

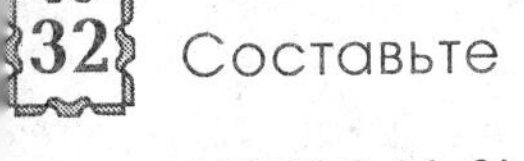

Составьте рассказ о прогулке по Невскому проспекту.

ИСПОЛЬЗУЙТЕ:

ФРАЗЕОЛОГИЗМЫ СО СЛОВОМ *"ГЛАЗ"*

ФРАЗЕОЛОГИЗМЫ	*ИХ ЗНАЧЕНИЕ*	*ПРИМЕРЫ*
Идти куда глаза глядят	Идти без всякой цели, без определённого направления, всё равно куда.	Возвращаться домой после экскурсии не хотелось, и Мэтью пошёл *куда глаза глядят.*
Глаза разбежались	Не знать, на что смотреть в первую очередь, – так много красивого, хорошего.	На Невском проспекте Мэтью увидел так много интересного, что у него *глаза разбежались.*
Глаз не оторвать	Так красиво, что нельзя не смотреть.	Какая красота! *Глаз не оторвать.*
Бросаться в глаза	Сильно выделяться среди других предметов, быть особенно заметным.	Мэтью *бросилось в глаза* мужественное, властное лицо Петра I.
ГЛАГОЛ *"СМОТРЕТЬ"* С ПРИСТАВКАМИ		
Рассматривать/ рассмотреть	Смотреть внимательно, не торопясь, детально ознакомиться с чем-либо.	Он внимательно *рассматривал* альбом (картину).
Осматривать/ осмотреть	Осмотреть со всех сторон, полностью какое-либо место (город, музей, квартиру).	Мы *осмотрели* выставку за два часа.

Засматриваться/ засмотреться (на кого? на что?)	Обратить внимание на кого-то (на что-то); при этом отвлечься от основного действия.	Мой друг *засмотрелся на* красивую девушку и прошёл мимо своего дома.

33 Прочитайте диалоги. Составьте аналогичные, используя выделенные фразеологизмы.

– Как ты обычно проводишь своё свободное время?

– *Я люблю бродить по незнакомому городу, просто* ***иду куда глаза глядят.***

– Но так легко заблудиться.

– *Во-первых, у меня есть карта, а во-вторых, я всегда могу спросить дорогу у прохожих. Как говорят русские,* ***язык до Киева доведёт!***

* * *

– Знаешь, сегодня я была в Доме книги, а потом немного погуляла. Что это за церковь на канале Грибоедова?

– *Это храм "Спас на крови". Его построили на месте покушения народовольцев на царя Александра II.*

– Очень красивая церковь! ***Глаз не оторвать***!

– *И мне она очень нравится.*

* * *

– Что тебе прежде всего ***бросилось в глаза*** на Невском проспекте?

– *Красивая архитектура и красивые девушки.*

– Ну, Мэтью, ты всегда шутишь!

34 Составьте диалоги по ситуациям: вы знакомите ваших гостей с центром города.

И ОПЯТЬ НЕВСКИЙ ПРОСПЕКТ

- К вам в гости приехали ваши родители. Они расспрашивают вас об университете, в котором вы учитесь, и интересуются, где он находится. Гостям очень понравились Адмиралтейство и Казанский собор, и вы рассказываете об этих достопримечательностях Санкт-Петербурга.

- Вы побывали со своим другом на площади Искусств. Он восхищён красотой этой площади, спрашивает, почему она так называется, и выражает желание сходить в Русский музей.
- А сегодня вечером вы с другом идёте в Александринский театр. До начала спектакля ещё есть время. Вы предлагаете прогуляться по площади Островского. Вашему другу очень понравился памятник Екатерине II перед Александринским театром. Он осматривает этот памятник и задаёт вам вопросы.
- Вы гуляете с Юко (это студентка из Японии, и в Петербурге она совсем недавно) по Невскому проспекту. Ей понравился Аничков мост. Она с большим интересом рассматривает скульптурный ансамбль на этом мосту. Вы с удовольствием отвечаете на её вопросы.

Ваш Санкт-Петербург

35 К вам приехал друг. Он никогда не бывал в Петербурге. Вы хотите показать ему город. Составьте план экскурсий. Что вы покажете ему, если он приехал

- на три дня;
- на неделю;
- на месяц.

36 **а)** О Петербурге сложено много легенд. Прочитайте и перескажите одну из них.

Рассказывают, что однажды богатый англичанин, который много слышал о красоте Петербурга, решил приехать сюда и убедиться, правду ли говорят об этом городе. Он приплыл в Петербург на своём корабле и остановился напротив Летнего сада. Англичанин был поражён красотой решётки Летнего сада. Он не стал выходить на берег и велел плыть обратно в Англию. “Почему? – спросили его. – Вы же не видели Санкт-Петербурга!” Англичанин ответил: “Я видел удивительно красивую решётку прекрасного сада, значит, я видел Петербург, я понял его душу!”

б) Согласны ли вы с тем, что душу Петербурга, его красоту и гармонию можно понять, если

- увидеть решётку Летнего сада;
- посмотреть на город с высоты Исаакиевского собора;
- побывать на Дворцовой площади;
- ....
- ....

в) Назовите три достопримечательности, которые, на ваш взгляд, создают облик Санкт-Петербурга. Расскажите о них.

37 Вы хотите встретиться с девушкой (молодым человеком). Интересно, где вы встретитесь и почему именно здесь?

38 Проведите репортаж для телевидения с одной из площадей Петербурга. При этом дайте наиболее полную информацию об этой площади.

39 Опишите какую-нибудь достопримечательность Петербурга, не называя её. Ваши друзья должны догадаться, о чём идёт речь.

40 Наш город хорош тем, что самостоятельные прогулки доставляют не меньшее удовольствие, чем экскурсии. Во время таких прогулок вы открываете для себя живописные, уютные местечки в Петербурге. Расскажите об одной из таких прогулок.

41 Если бы вы были мэром Санкт-Петербурга, что бы вы изменили в жизни города:

- отремонтировали тротуары;
- один раз в неделю сделали вход в музеи бесплатным;
- ...

42 Подберите определения-характеристики Петербурга.

ПЕТЕРБУРГ

Каким он казался вам *до приезда сюда*	Каким вы его представляете *сейчас*

ИСПОЛЬЗУЙТЕ:

маленький, шумный, современный, солнечный, многолюдный, северный, молодой, холодный, обычный, нарядный, особенный, промышленный, древний, морской, красивый, грязный, зелёный, крупный, весёлый, старинный, поэтический, деловой, чистый, провинциальный, добрый, яркий, тихий, чудесный, каменный, строгий, малолюдный, роскошный, серый, столичный, прекрасный, дождливый, большой.

43 Не одно поколение жителей Петербурга восклицает вместе с Пушкиным: "Люблю тебя, Петра творенье..."

Если бы вы задали вопрос петербуржцам, чем они гордятся, что бы они ответили вам?

А чем бы вы гордились в первую очередь?

44 Опишите свои впечатления о Петербурге в письме к другу (подруге).

45 Вы беседуете с вашими друзьями после возвращения из Петербурга. Какие вопросы они вам зададут и что вы на них ответите? Составьте диалог.

46 Расскажите о самом счастливом дне в Петербурге, когда вам хотелось сказать: "Остановись, мгновенье, ты – прекрасно!"

Сколько лиц у Петербурга?

Санкт-Петербург… Город, который имеет не один и не два облика, а много. Это и культурный, и административный центр, это город-порт и город науки.

А впрочем, вы уже неплохо знаете Санкт-Петербург, познакомились с его центром и новыми районами, съездили в его пригороды: Пушкин, Павловск, Петродворец, побывали в его музеях, театрах, на выставках. И это замечательно!

Теперь этот город принадлежит не только петербуржцам, не только россиянам, он принадлежит и вам. Вы согласны с этим?

Наверное, вы свободно можете рассказать о культуре Петербурга, его архитектурных шедеврах, о Петербурге как о городе Петра I (с этим материалом мы вас подробно познакомили), по другим темам мы дадим вам дополнительную информацию.

Ну а остальные "лица" Санкт-Петербурга пусть будут плодом ваших собственных наблюдений, размышлений и даже, может быть, фантазий.

Итак, *сколько лиц у Санкт-Петербурга? Какой Петербург вам нравится больше всего? Выберите себе "свой" Петербург и познакомьте нас с ним.*

Успехов вам!

ПЕТЕРБУРГ

- город Петра I,
- город на Неве,
- город рек и каналов,
- город набережных и мостов,
- театральный,
- культурная столица России,
- город архитектурных ансамблей,
- литературный,
- музыкальный,
- город науки,
- деловой,
- спортивный,
- город туристов,
- город монументальной скульптуры.

ПЕТЕРБУРГ ИНТЕРНАЦИОНАЛЬНЫЙ

Петербург с самого начала был многонациональным городом. Этим он отличался от большинства русских городов. Прорубив “окно в Европу” для россиян, Пётр Великий широко распахнул двери и для европейцев. Одних пригласил сам Пётр – России нужны были специалисты, другие приезжали в незнакомую для них страну сами в поисках удачи, славы, денег.

К середине XVIII века иностранцы составляли 7,5 процента населения столицы. Селились они, как правило, городскими слободами по национальному признаку. Так, например, в районе Дворцовой площади находилась одна из немецких слобод с центральной Немецкой улицей (позже она была переименована в Миллионную), на Васильевском острове находилась *Французская слобода*, на левом берегу Невы в её нижнем течении – *Английская слобода*. Среди жителей столицы были финны, *поляки*, шведы, *греки*, *татары*...

Петербург вырос не на пустом месте: здесь были и русские, и *финские* поселения. Авторитет трудолюбивых и добросовестных финских крестьян в Петербурге был очень высок. Молоко, овощи, фрукты, зелень – всем этим финские крестьяне снабжали население столицы.

В Петербурге одной из самых многочисленных групп были *немцы*. Аккуратные, добросовестные и талантливые мастера, они пользовались среди горожан всеобщим уважением.

Влияние немцев на все сферы жизни России вообще и Петербурга в частности было связано также с многолетними родственными связями императорских домов России и Германии.

Правда, после начала первой мировой войны (август 1914 г.), когда антинемецкие настроения в России, и особенно в Петербурге, оказались очень сильными, Санкт-Петербург был даже переименован в Петроград. Немецкое население в Петербурге резко сократилось.

Голландцев в Петербурге было не так много, хотя появились они едва ли не в первые недели существования города. Первый торговый корабль, прибывший в новый русский порт, был голландский. Широко известна легенда о том, как капитан этого голландского судна никак не мог поверить, что *лоцман (boat pilot)*, который привёл его судно в устье Невы, был государь Пётр I, а простой деревянный домик на берегу реки, где его угощали роскошным обедом, был дворцом русского царя. Ничего не подозревая, он одаривал жену Петра заморскими тканями и знаменитым на весь мир голландским сыром, прося её каждый раз целовать за это. А “лоцман” Пётр только подбадривал его. Когда наконец голландец понял шутки царя, то упал к его ногам, прося прощения. Но Пётр, как рассказывает легенда, поднял его, купил все его товары и “дал многие привилегии на будущее”.

Голландское присутствие заметно и до сих пор: это бывшая голландская церковь и остров Новая Голландия. Голландцы, появлявшиеся в Петербурге в начале XVIII века, были в основном моряками и, наверное, потому корней здесь не пустили.

Шведская община в Петербурге, как и голландская, тоже была малочисленной. В начале XX века на два миллиона населения Петербурга насчитывалось только три тысячи шведов. Но, несмотря на это, их вклад в экономику и культуру Петербурга велик. Достаточно вспомнить архитектора Фёдора Лидваля и промышленника Альфреда Нобеля.

Петербург, по данным переписи 1989 года, по-прежнему остаётся интернациональным городом: здесь финнов – 5469, латышей – 3400, грузин – 7804, татар – 43997, немцев – 3570, французов – 43, поляков – 7955, армян – 12070. В переписи упоминаются представители практически всех республик бывшего Союза, а также румыны, сербы, словаки, турки, уйгуры, халха-монголы, хорваты, чехи, японцы.

Сегодняшний Санкт-Петербург – один из самых крупных многонациональных городов России. О многонациональности и *веротерпимости (religious tolerance)* Петербурга сегодня красноречиво свидетельствует уже тот факт, что на Невском проспекте по соседству находятся голландская церковь, костёл святой Екатерины, армянская церковь, лютеранская церковь, православный Казанский собор.

(По Н. Синдаловскому)

МОНУМЕНТАЛЬНАЯ СКУЛЬПТУРА В САНКТ-ПЕТЕРБУРГЕ

- В России в память о событиях и героях возводились храмы. Памятники строить не разрешалось, церковь строго следила за этим. Поэтому не случайно в Москве, истинно русском городе, памятники появились позже, чем в северной столице, где памятники стали создавать гораздо раньше.
- В XVIII веке в Петербурге было всего три памятника, из них два – *Петру Великому* (на площади Декабристов и перед Инженерным замком).
- В XIX веке в Петербурге было установлено много монументов, один интереснее другого. На Марсовом поле был открыт памятник *Суворову*. Это первый отечественный памятник человеку не царского звания. В Летнем саду открыт памятник *Крылову*, обрамлённый рельефами персонажей басен. Этот первый русский памятник литератору установлен в 1855 году, всего через 10 лет после смерти баснописца.
- В Петербурге стоят монументы русским царям: *Николаю I* на Исаакиевской площади, *Екатерине II* на Невском проспекте, *Александру III* во дворе Мариинского дворца.

• Уже в XX веке были установлены памятники известным русским писателям, композиторам и художникам.

Памятник великому поэту *А.С. Пушкину* (1957 г.) стоит на площади Искусств (работы М. Аникушина). Об этом памятнике Набоков пошутил, что Пушкин словно пробует рукой мелкий петербургский дождичек. На набережной Невы установили памятник *М.В. Ломоносову*. Совсем недавно на Малой Конюшенной улице поставлен памятник *Н.В. Гоголю*.

В Таврическом саду стоит памятник *П.И. Чайковскому,* на Театральной площади, рядом с консерваторией, – памятники русским композиторам *М.И. Глинке* и *Н.А. Римскому-Корсакову.*

В январе 1999 г. в Румянцевском саду, рядом с Академией художеств, открыли памятники великим русским художникам – *Илье Репину* и *Василию Сурикову*.

МУЗЫКАЛЬНЫЙ ПЕТЕРБУРГ

• В самом центре Санкт-Петербурга находится *филармония*: Малый зал им. М.И. Глинки выходит на Невский проспект, Большой зал – на площадь Искусств. На её сцене выступают лучшие музыканты мира.

Петербург может гордиться тем, что его филармония не прекращала свою работу даже в самые тяжёлые дни: 7-ая симфония Дмитрия Шостаковича исполнялась здесь во время блокады. Это был подвиг музыкантов и людей, любящих свой город. Концерт транслировали на Большую землю, на фронт. На здании филармонии висит мемориальная табличка, посвящённая этому событию.

• На Театральной площади расположена *Консерватория им. Н.А. Римского-Корсакова*. Здесь вы всегда можете послушать молодые таланты.

• Совсем недалеко от Невского проспекта находится *Капелла*. Там вы можете побывать на концертах классической и современной музыки, послушать выступления различных хоров.

• Хорошей традицией в Санкт-Петербурге стали *музыкальные фестивали "Белые ночи"*, которые проходят каждый год в июне, в период белых ночей. В это время в город приезжают музыканты из разных городов России и из разных стран. Это настоящий праздник музыки.

ТЕАТРАЛЬНЫЙ ПЕТЕРБУРГ

• В Петербурге много драматических театров: *Александринский театр, Большой драматический театр имени Товстоногова (БДТ), Малый драматический театр, Театр юного зрителя (ТЮЗ), Открытый театр* и другие.

• Петербург – родина русского балета. В городе существует старейшая русская балетная школа. Она готовит артистов балета не только для своей страны, но и для других стран мира.

• В Петербурге два театра оперы и балета: это Мариинский театр и Театр оперы и балета имени М. П. Мусоргского. Это театры, в которые всегда трудно достать билеты.

• 200 лет существует *Мариинский театр*, который составил славу русского искусства. Театр славится одними из лучших в мире оперной и балетной труппами. Гастроли Мариинского театра в различных регионах страны, а также за рубежом – праздник для зрителей. Мариинский театр – колыбель русского балета. В репертуаре театра классические балеты: "Спящая красавица" и "Лебединое озеро" Чайковского, "Жизель" Адана и другие. В оперном репертуаре театра представлены "Евгений Онегин" Чайковского, "Соловей" Стравинского, "Волшебная флейта" Моцарта, "Травиата" Верди и другие.

На сцене Мариинского театра выступали замечательные русские певцы Фёдор Шаляпин и Леонид Собинов, танцевала легендарная Анна Павлова, работал балетмейстером знаменитый Мариус Петипа, создавший более 50 балетов.

Прекрасен интерьер театра: каждый вечер здесь зажигается 700-килограммовая люстра "Шапка Мономаха", которая состоит из 27 тысяч хрусталиков, открывается занавес, нарисованный по эскизам известного художника-декоратора Александра Головина.

• На площади Искусств находится второй оперный театр – *Театр оперы и балета имени М.П. Мусоргского*. В 1833 г. он был открыт как театр "узкого аристократического круга". Сейчас это любимейший театр петербуржцев и гостей города. Он знаменит своими оперными постановками ("Травиата" Верди, "Тоска" Пучини и др.), а также классическими и современными балетами ("Петрушка" и "Свадебка" Стравинского, "Макбет" Каллоша и др.).

ЛИТЕРАТУРНЫЙ САНКТ-ПЕТЕРБУРГ

• Корней Чуковский писал о том, что Петербург – самый лирический город в России. "В нём каждый закоулок – цитата из Пушкина, из Некрасова, из Александра Блока".

• Литературная слава Петербурга неоспорима: *Пушкин, Лермонтов, Гоголь, Некрасов, Достоевский, Салтыков-Щедрин, Некрасов, Блок, Ахматова, Мандельштам, Зощенко, Бродский* и многие другие. Все они жили и творили в этом городе, для них Петербург был источником вдохновения. Герои их произведений тоже жили в этом городе, ходили по его улицам. В Санкт-Петербурге большой популярностью пользуются экскурсии "Литературный Петербург": вам покажут мемориальные музеи, где когда-то жили писатели и поэты, улицы, которые описаны в их произведениях.

• В городе много мемориальных музеев: А.С. Пушкина, Н.А. Некрасова, А.А. Блока, Ф.М. Достоевского, А.А. Ахматовой, М. Зощенко.

3. Время. События. Люди

СТИЛЬ ЖИЗНИ

С ЮМОРОМ – О ПЕТЕРБУРГЕ И ПЕТЕРБУРЖЦАХ

Принято считать, что каждой национальности присущи какие-то особенные черты. И это проявляется в характере, манере вести себя, привычках, вкусах, в еде. Так, финны сами любят пошутить по поводу своей медлительности. Армяне очень эмоциональны. Итальянцы любят макароны с домашними томатными соусами и хорошее вино. Американцы на бегу едят гамбургеры. И так далее.

Да и жители разных городов тоже отличаются друг от друга, имеют свои "национальные черты".

Так что же отличает петербуржцев от новгородцев, москвичей и псковичей хотя бы на первый взгляд?

Итак. *"Национальный напиток"* петербуржца – *пиво*. Нигде в Федерации вы не увидите столько поклонников этого янтарного напитка. Питерская "Балтика" составляет 13 % всего "федеративного" пива. И нигде в Федерации нет такого числа уютных маленьких пивных и кафе.

Второй по значению *"национальный напиток"* петербуржца – *кофе*. Наверное, нет такого петербуржца, который не сказал бы однажды: "Я не пил кофе, вот поэтому-то я плохо себя чувствую".

"Национальная еда" петербуржца – *сосиски*. Реже – *пельмени*.

"Национальная рыба" жителей Петербурга – *корюшка*. Только в Петербурге в таком количестве и с таким удовольствием едят эту маленькую рыбку. Каждую весну весь город пахнет свежими огурчиками – так именно пахнет корюшка. И рыбаки выстраиваются вдоль Невы днём и ночью.

Любит поесть свежую корюшку и *"национальное петербургское животное"* – *кошка*. Практически нет таких петербуржцев, которые не любили бы котов, не держали бы их дома и не подкармливали бы "лестничных" и "подвальных" кошек.

"Национальная одежда" петербуржца – *куртка*. Кожаная она или нет – вопрос спорный. В питерских погодных условиях кожа – лучший материал.

"Национальный головной убор" петербуржца – *кепка* или *вязаная шапочка*. Петербурженки любят *береты*. Шляпки носят редко. Известная эстрадная певица Алла Пугачёва в одном из своих телеинтервью удивлялась тому, что петербурженки "почему-то" не носят шляпки с широкими полями. "Разве они не знают, какой может быть загадочной и очаровательной

женщина в шляпке!" – восклицала прима. Да, попробовала бы она походить в шляпке на питерском ветру…

"Национальная обувь" петербуржца – *ботинки* или *сапоги на толстой подошве*. Во всём мире толщину подошвы диктует мода. В Петербурге толщину подошвы диктуют климат и городские службы, ответственные за уборку улиц.

"Национальный вид транспорта" в Петербурге – *трамвай*. Да, он грохочет и трясётся, и гремит, но всё равно он вызывает у петербуржцев самые тёплые чувства (особенно после сорокаминутного ожидания под проливным дождём или в мороз).

Но особый предмет *"национальной гордости"* петербуржцев – *погода*. Чем хуже она, чем больше доставляет неудобств, тем приятнее. Петербуржцы любят *поучать (to instruct)* неопытных приезжих: тех, например, кто летом не взял с собой тёплого свитера и шерстяных носков. Или тех, кто вздумал приехать зимой в шубе, меховой шапке и без зонтика. Особо гордятся петербуржцы *наводнениями*.

Портрет петербуржцев можно писать бесконечно. Но ясно одно: петербуржцы осознают себя особой общностью и с гордостью продолжают трёхсотлетние традиции своих предков.

(По материалам прессы)

НЕСКОЛЬКО СЛОВ О СТАРЫХ ПЕТЕРБУРЖЦАХ

Наших питерских коренных стариков осталось не так уж много. Надо сказать, что они отличаются от остальных людей.

Их легко узнать *по характеру речи*, по оборотам вроде "я, право, затрудняюсь", "барышня". Они никогда не обратятся к человеку: "Эй!" или, что ещё хуже: "Мужчина!", "Женщина!" В крайнем случае, воспользуются ироническим "дамочка".

Кстати, питерские жители всегда славились *умением слушать и слышать*. Однако если вы спросите старушку на улице: как пройти или на чём доехать, то можете не понять ответ: "На Кирочной сядете на шестёрку, на Голодае – кольцо". Эти старые названия помнят только старожилы.

Помимо всего прочего, они *тихо говорят*, *голос не повышают*, считают по старинке, что кричать – это некрасиво. Их можно угадать и *по внешнему виду*. Как? Вспоминается старый анекдот. Встречаются два петербургских интеллигента. "Иван Иваныч! Сколько лет, сколько зим! Никогда бы вас не узнал, если бы не пальто".

Отличаются они и *любовью к "авоськам" (string shopping bags)*. Вы наверняка их видели где-нибудь на набережной Фонтанки с "авоськой", из которой торчат пакет молока и батон.

Они *пишут письма*. Даже если по телефону позвонить можно. Пишут друзьям и родным, ученикам и случайным попутчикам, тем, с кем когда-то очень давно вместе отдыхали в Коктебеле. Они ещё и отвечают моментально, а если ты задержишься с ответом, паникуют, воображая всякие ужасы. И по первому же абзацу письма вы сразу можете понять: писал старый петербуржец. Потому что в первом абзаце ни разу не встретится местоимение "я".

В *устном общении* они тоже не станут терзать вас своей "историей болезни", зато *о вашем здоровье спросят обязательно.* И никогда не скажут "он" или "она" о присутствующих: о том, кому симпатизируют, говорится "Машенька" или "Мария Николаевна", о том, кто неприятен, – г-н Протопопов или товарищ Тютькин…

Вы их найдёте в каждой коммуналке (communal apartment). Занавесочки под цвет старой кушетки, крахмальные салфеточки, избалованный кот, который сыт вместо хозяйки.

Они никогда не поленятся постучать в дверь к соседям: "У вас чайник кипит", "Вас к телефону", не забудут, что их очередь убирать "места общего пользования".

(По материалам прессы)

ПЕТЕРБУРГ ГЛАЗАМИ РУССКИХ

Я ЛЮБЛЮ СВОЙ ГОРОД

ТАТЬЯНА ИВАНОВА, психолог:

– Когда все говорят, что в третьем тысячелетии начнётся возрождение России, я твёрдо уверена, что в центре России будет Петербург. Петербург – не только мистически красивый город, он таит в себе огромный нравственный и духовный потенциал. Что касается меня, то я не представляю себе жизни нигде, кроме как здесь.

* * *

СЕРГЕЙ ПОПОВ, музыкант:

– Я не был в Петербурге полтора года. Работал по контракту в Германии. В какой-то момент почувствовал, что творчески иссяк. Мучился, безрезультатно что-то искал. Потом как озарило. Купил билет, прилетел домой. И просто прошёлся по питерским улочкам, подышал родным воздухом. Для меня здесь каждый дом – музыкальное произведение, каждый глоток прохладного питерского воздуха – заряд энергии. Я понял, что всеми своими творческими удачами я обязан Петербургу.

* * *

МИХАИЛ БОЯРСКИЙ, артист:

– За что вы любите Петербург?

– Не знаю. Это мой дом, я тут родился. Почти всё в жизни связано с этим городом – радости и печали, удачи и неудачи. И потом прелесть Петербурга и в его возвышенной душе. Есть своё очарование в старых стенах – что-то родное, домашнее. Уютное. И люди здесь скромные, реально смотрящие на жизнь, не снобы.

– В XIX веке Петербург часто противопоставлялся Москве. Его называли холодным, рациональным, деловым, а Москву – сердечной, сентиментальной...

– Были всякие мнения... но как эмоциональны все произведения искусства, которые создавались в Петербурге! Вспомните Чайковского, Пушкина, Гоголя, Достоевского! Город может быть внешне спокойным, а внутри – весь кипеть.

– Вы счастливы?

– Я чувствую себя частицей Санкт-Петербурга и не променяю это ощущение ни на что. Только подумать: тут ходил Пушкин! Вот эти дома, улицы, камни помнят Гоголя, Достоевского, Блока, Ахматову... Просто фантастика! Когда это понимаешь, жизнь становится другой, – словно те, великие, живут рядом с нами.

(По материалам прессы)

Я ЛЮБЛЮ ТЕБЯ, ПЕТЕРБУРГ!

Я первый раз в Санкт-Петербурге, и для меня здесь много нового.

В Швеции я живу в маленьком городе, поэтому для меня непривычно, что повсюду так много людей. Я не знал, что в Петербурге живёт 5 миллионов человек (во всей Швеции – 8 миллионов). Меня удивила архитектура Петербурга. Я не привык к таким зданиям – они очень большие, старинные и красивые. Есть что посмотреть. Улицы и проспекты в городе – тоже большие и красивые.

Мне кажется, что культура занимает большое место в жизни русских. Здесь так много музеев и театров!

В Швеции мы редко ходим в театр. Здесь я впервые смотрел балет. Было очень интересно.

Тобиас Перссон,
Швеция

* * *

Петербург мне очень нравится. Здесь прекрасные дома-памятники (надо их только отремонтировать). Очень много красивых магазинов (жалко только, что в них так мало русского). Театры, а в них интересные спектакли. Музеи, выставки, памятники. Атмосфера города – это что-то неповторимое. Экскурсии по городу, на которые приглашают туристов. И люди – это самое важное.

У нас так много общего, что я чувствую себя здесь хорошо, как у себя дома. Хочу, очень хочу приехать сюда. Если будет такая возможность, наверное, приеду, назло комарам!!!

Габриелла Яблонька-Конопка,
Польша

* * *

Я приехал учиться в Петербург, потому что дома, в Голландии, нам сказали – это единственная возможность учиться в России. Я ничего не знал о России и о Петербурге. В Голландии мне было трудно представить для себя Россию. А теперь я не хочу отсюда уезжать. *Я ЛЮБЛЮ ТЕБЯ, ПЕТЕРБУРГ!*

Марк Дэ Врис,
Голландия

МЫ ВОЗВРАЩАЕМСЯ В РОССИЮ ВНОВЬ И ВНОВЬ

Какая она, Россия? Мне кажется, что в Европе плохо знают Россию, и у людей часто создаётся неверное впечатление о ней. И во многом здесь виноваты средства массовой информации: пресса, телевидение. Они не всегда полно и объективно освещают жизнь и проблемы любой страны, не только России. Мы обычно слышим о какой-то стране только тогда, когда есть новости и новости эти страшные и трагические. Кстати, я заметила также, что люди совсем мало знают о моей родине – Японии, кроме её проблем и новой бытовой техники. Люди вообще боятся того, чего они не знают.

Надо видеть и другие стороны жизни России, ведь Россия – не только страна с проблемами, но и очень красивая страна, здесь удивительная природа, здесь живут интересные люди.

Мне кажется, что русские имеют особенный характер: в нём есть и европейские, и азиатские черты. Может быть, потому, что половина страны относится к Европе, а половина – к Азии? И русская история богата всякими событиями, в том числе и разнообразными отношениями с европейскими и азиатскими странами и народами.

Прожив несколько месяцев в России, я смогла заметить, что многие люди очень добрые и милые, особенно когда мы становимся друзьями. В России высокая культура. Слушая музыку, я чувствую, что в ней есть что-то особенное, необъяснимое. И в литературе – тоже. Я ещё не совсем понимаю, что это такое, но я чувствую это. Да, мне кажется, что Россия – страна чувства. И отсюда – этот парадокс: когда чувства побеждают разум, возникают проблемы, и в то же время чувства создают великое искусство. Подобный парадокс, вероятно, существует везде, но мне кажется, что в России он проявляется наиболее сильно.

Кто-то из русских мне сказал, что мы, иностранцы, можем или любить, или ненавидеть Россию. Это, наверное, так: людям, которые любят порядок и стабильность, Россия может показаться хаотичной, но для людей, которые могут терпеть нестабильность и неудобства в жизни, в России есть что-то такое привлекательное, чего нет в других странах. Вот почему мы возвращаемся в Россию вновь и вновь.

Мигуми Хисаизуми,
Япония

4. Проверьте себя!

1. Составьте словосочетания, добавьте необходимые предлоги:

назвать в честь (апостол Пётр)
символ (морское могущество)
установить памятник (известный писатель)
украшен (скульптура)
вечерняя прогулка (теплоход)
мостики, перекинутые (канал)
украсить дворец (колонны)
выполнена (проект Воронихина)
поражать (красота)

2. Вставьте необходимые слова:

Невский проспект … у здания Адмиралтейства и … на площади Александра Невского. На углу Невского и Мойки … Строгановский дворец. Это величественное … выполнено по … архитектора Растрелли.

Казанский собор был … в 1801–1811 гг. Ансамбль собора … полукруглая решётка. Перед собором … памятники великим русским полководцам.

Через Фонтанку … Аничков мост. Его … четыре конные группы работы П.К. Клодта. Этот скульптурный ансамбль … не только в Петербурге, но и в Европе.

В центре площади Восстания … обелиск "Городу-герою Ленинграду". На территории Александро-Невской Лавры … некрополи. Они известны своими художественными надгробными памятниками, выполненными русскими … .

3. Напишите как можно больше слов, отвечающих на вопросы:

КАКОЙ (-АЯ, -ИЕ)	Петербург?	....
	Дворцовая площадь?	....
	Фонтанка?	....
	памятник Петру I?	....
	улицы в Петербурге?	....

4. Вы рассказываете о достопримечательностях Петербурга. Составьте предложения со следующими словами и словосочетаниями:

обратить внимание *(на что?)*

понравиться *(кому? чем?)*

поразить *(кого? чем?)*

произвести сильное впечатление *(на кого?)*

5. Что чем украшено? Соедините левую и правую колонки:

парк	колоннада
дворец	каменные львы
сквер	фонари
набережная	каменные скульптуры
пешеходный мостик	ажурная решётка
собор	колонны
площадь	памятник

6. Посоветуйте вашим друзьям познакомиться с достопримечательностями города. Составьте предложения:

Обязательно посмотрите … .

Если будет время, посмотрите … , потому что … .

Стоит посмотреть … .

7. Напишите сочинение на тему: "Моя прогулка по Петербургу" ("Что мне понравилось и не понравилось в Петербурге"; "Мой первый и мой последний день в Петербурге").

РУССКИЕ ПЕСНИ

КАТЮША

Слова М. Исаковского
Музыка Н. Блантера

1. Расцветали яблони и груши,
   Поплыли туманы над рекой.
   Выходила на берег Катюша,
   На высокий берег, на крутой.

2. Выходила, песню *заводила* — *started to sing*
   Про степного *сизого* орла, — *dark blue*
   Про того, которого любила,
   Про того, чьи письма берегла.

3. Ой, ты, песня, песенка девичья,
   Ты лети за ясным солнцем *вслед* — *following*
   И бойцу на дальнем *пограничье* — *border*
   От Катюши передай привет.

4. Пусть он вспомнит девушку простую,
Пусть услышит, как она поёт.
Пусть он землю бережёт родную,
А любовь Катюша сбережёт.

Не скоро
1. Рас - цве - та - ли я - бло - ни и гру - ши,
по - плы - ли ту - ма - ны над ре - кой.
Вы - хо - ди - ла на бе - рег Ка - тю - ша,
на вы - со - кий бе - рег, на кру - той.
Вы - хо - ди - ла на бе - рег Ка - тю - ша,
на вы - со - кий бе - рег, на кру - той.

КАЛИНКА

Русская народная песня

Припев:
Калинка, калинка, калинка моя.
В саду ягода малинка, малинка моя.

Под *сосною*, под зеленою, *pine*
Спать положите вы меня!
Ай, люли, люли!
Ай, люли, люли!
Спать положите вы меня!

Припев.

Сосёнушка, ты зеленая,
Не шуми ты надо мной.
Ай, люли, люли!
Ай, люли, люли!
Не шуми ты надо мной.

Припев.

Красавица, *душа-девица*, *sweet heart*
Полюби же ты меня.
Ай, люли, люли,
Ай, люли, люли!
Полюби же ты меня.

ОЙ, МОРОЗ, МОРОЗ...

Русская народная песня

Ой, мороз, мороз, не морозь меня,
Не морозь меня, моего коня.

Моего коня *белогривого* – *white-maned*
У меня жена, ой, *ревнивая*. *jealous*

У меня жена, ой, красавица,
Ждёт меня домой, ждёт, *печалится*. *is sad*

Я вернусь домой на закате дня,
Обниму жену, напою коня. *will embrace*

Ой, мороз, мороз, не морозь меня,
Не морозь меня, моего коня.

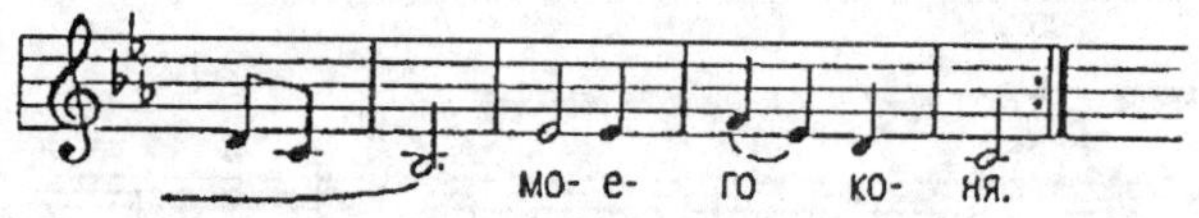

КРУТИТСЯ, ВЕРТИТСЯ ШАР ГОЛУБОЙ...

Старинный городской романс

Крутится, вертится шар голубой,
Крутится, вертится над головой,
Крутится, вертится, хочет *упасть*, — *to fall down*
Кавалер барышню хочет *украсть*. — *to steal*

Где эта улица, где этот дом,
Где эта барышня, что я влюблён?
Вот эта улица, вот этот дом,
Вот эта барышня, что я влюблён.

ОЙ, ЦВЕТЁТ КАЛИНА

Слова М. Исаковско[illegible]
Музыка И. Дунаевско[illegible]

Ой, цветёт ка- ли-на в по-ле у ру- чья.

Па-рня мо-ло- до- го по-лю- би- ла

я. Па-рня по-лю- би- ла на сво-

ю бе- ду: не мо-гу от- кры- ться — сло-

ва не най- ду.

Ой, цветёт калина
В поле у ручья.
Парня молодого
Полюбила я.
Парня полюбила
На свою беду:
Не могу открыться –
Слова не найду.

Он живёт – не знает
Ничего о том,
Что одна дивчина
Думает о нём...
У ручья с калины
Облетает цвет,
А любовь девичья
Не проходит, нет!

А любовь девичья
С каждым днём сильней.
Как же мне решиться
Рассказать о ней?
Я хожу – не смею
Волю дать словам.
Милый мой, хороший,
Догадайся сам.

ДАВАЙТЕ ВОСКЛИЦАТЬ

Музыка и слова Б.Окуджавы

Давайте *восклицать*, друг другом восхищаться. — *to exclaim*
Высокопарных слов не надо *опасаться*. — *to be afraid of*

Давайте говорить друг другу комплименты –
Ведь это всё любви счастливые моменты.

Давайте горевать и плакать откровенно:
То вместе, то *поврозь*, а то – попеременно. — *separately*

Не надо придавать значения злословью,
Поскольку грусть всегда соседствует с любовью.

Давайте понимать друг друга с полуслова,
Чтоб, ошибившись раз, – не ошибиться снова.
Давайте жить, во всём друг другу *потакая*, — *indulging*
Тем более что жизнь – короткая такая.

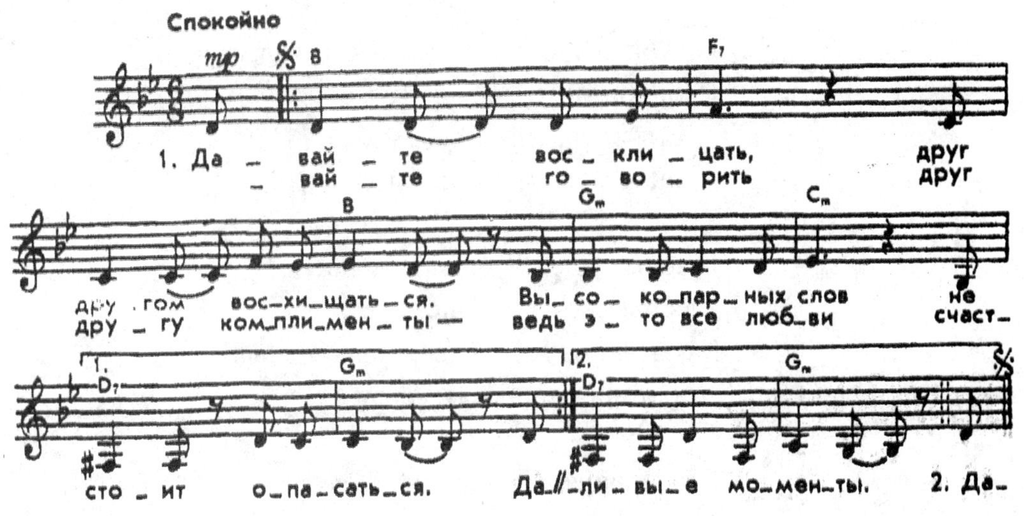

ТЁМНО-ВИШНЁВАЯ ШАЛЬ

Слова и музыка неизвестных авторов

Не торопясь

Я о прошлом теперь не мечтаю
И мне прошлого больше не жаль.
Только много и много напомнит
Эта тёмно-вишнёвая шаль.

В этой шали я с ним повстречалась
И любимой меня он назвал.
Я стыдливо лицо закрывала,
А он нежно меня целовал.

Говорил мне: “Прощай, дорогая,
Расставаться с тобою мне жаль.
Как к лицу тебе, слышишь, родная,
Эта тёмно-вишнёвая шаль!”

Я о прошлом теперь не мечтаю,
Только сердце сдавила печаль.
И я молча к груди прижимаю,
Эту тёмно-вишнёвую шаль.

ПОДМОСКОВНЫЕ ВЕЧЕРА

Слова М. Матусовского | Музыка В. Соловьёва-Седого

Не торопясь

Не слышны в саду даже шорохи,
Всё здесь замерло до утра.
Если б знали вы,
Как мне дороги подмосковные вечера.

Речка движется и не движется,
Вся из лунного серебра.
Песня слышится и не слышится
В эти тихие вечера.

Что ж ты, милая, смотришь искоса,
Низко голову наклоня?
Трудно высказать и не высказать
Всё, что нá сердце у меня.

А рассвет уже всё заметнее,
Так, пожалуйста, будь добра,
Не забудь и ты эти летние
Подмосковные вечера.

МЫ ЖЕЛАЕМ СЧАСТЬЯ ВАМ!

Слова И. Шаферана — Музыка С. Намина

Подвижно

Am Dm
1.В мире, где кру - жит-ся снег шаль-ной, где мо-ря гро-
Am Dm Am
зят кру - той вол - ной, где по-дол - гу доб - ру - ю
F E7 Am
ждём по-рой мы весть, Что-бы бы-ло лег-че в трудный час,
Dm Am Dm
о - чень нуж - но каж-до-му из нас, о - чень нуж - но
Am F E7
каж-до-му знать, что счасть-е есть. Мы же-ла-ем
Am A7 Dm Dm6
счасть-я вам, счасть-я в этом ми-ре боль-шом! Как
E7 Am E7
солн-це по ут-рам, пусть о-но за-хо-дит в дом. Мы же-ла-ем
Am A7 Dm Dm6
счасть-я вам, и о-но дол-жно быть та-ким: ког-
E7 D♯dim E7 Am
да ты счастлив сам, счастьем по-де-лись с дру-гим. 2.В мире, где вет -

1. В мире, где кружится снег шальной,
Где моря грозят крутой волной,
Где подолгу добрую ждём порой мы весть,
Чтобы было легче в трудный час,
Очень нужно каждому из нас,
Очень нужно каждому знать,
Что счастье есть.

ПРИПЕВ:

Мы желаем счастья вам,
Счастья в этом мире большом!
Как солнце по утрам,
Пусть оно заходит в дом.
Мы желаем счастья вам,
И оно должно быть таким:
Когда ты счастлив сам,
Счастьем поделись с другим.

2. В мире, где ветрам покоя нет,
Где бывает облачный рассвет,
Где в дороге дальней нам часто снится дом,
Нужно и в грозу, и в снегопад,
Чтобы чей-то очень добрый взгляд,
Чей-то очень добрый взгляд согревал теплом.

ПРИПЕВ:

Мы желаем счастья вам,
Счастья в этом мире большом!
Как солнце по утрам,
Пусть оно заходит в дом.
Мы желаем счастья вам,
И оно должно быть таким:
Когда ты счастлив сам,
Счастьем поделись с другим.

ДРУЖБА

Слова А. Шмульяна
Музыка В. Сидорова
Подвижно
Em
1.Ко - гда прос - тым и неж-ным
Am6 B7 Em B7
взо-ром лас-ка-ешь ты ме-ня, мой друг, не-о-бы-
Em Am6
чай-ным цвет-ным у - зо-ром зем-ля и
Em F#7 B7 Em Припев:
не-бо вспы-хи-ва-ют вдруг. Ве-сель - я
E7 Am D7
час и боль раз-лу-ки го-тов де-лить с тобой всег-
G B7 Em
да. Да-вай по - жмём друг дру-гу
Am6 Em F#7 B7 Em Fine
ру-ки и в даль-ний путь на дол-ги-е го-да! 2. Мы так близ -

1. Когда простым и нежным взором
Ласкаешь ты меня, мой друг,
Необычайным цветным узором
Земля и небо вспыхивают вдруг.

ПРИПЕВ:

Веселья час и боль разлуки
Готов делить с тобой всегда.
Давай пожмём друг другу руки
И в дальний путь на долгие года!

2. Мы так близки, что слов не нужно,
Чтоб повторять друг другу вновь,
Что наша нежность и наша дружба
Сильнее страсти, больше чем любовь.

ПРИПЕВ:

Ключи к теме 1
ДАВАЙТЕ ПОЗНАКОМИМСЯ!

12 Задание на аудирование.

1. В театре

– Простите, здесь свободно?

– Да, садитесь, пожалуйста!

– Очень странно, что здесь есть свободное место.

– Моя подруга не пришла, поэтому место свободно.

– Да, мне очень повезло! Теперь мы соседи, и, если не возражаете, давайте познакомимся: Михаил!

– Таня.

– Очень приятно. Разрешите посмотреть вашу программу? Кто поёт Кармен?

– Ирина Богачёва!

– О! Это моя любимая певица!

2. В гостинице

– Простите, у вас есть свободные места?

– К сожалению, свободных мест нет.

– Девушка, что же мне делать?

– Советую вам обратиться куда-нибудь ещё.

– Нет, я хочу остановиться здесь, потому что только здесь работают такие красивые администраторы! Простите, как вас зовут? Меня – Николай.

– Ольга Алексеевна.

– Очень приятно. Олечка, помогите мне, пожалуйста!

– Хорошо. Приходите после двух. Думаю, к этому времени места освободятся.

– Большое вам спасибо!

3. В библиотеке

– Извините, можно сесть?

– Да, садитесь, здесь свободно!

– Спасибо! О, я, кажется, забыл ручку. Простите, у вас нет ручки?

– Вот, возьмите.

– Спасибо! Извините, а чистого листа бумаги у вас нет?

– Возьмите, пожалуйста! Вы больше ничего не забыли?

– Простите меня, но мы, кажется, где-то встречались?

– Мы с вами встречаемся здесь почти каждый день.

– Ну, конечно! Вы и в прошлый раз давали мне ручку …

– А вы забыли вернуть её.

– Простите! Меня зовут Антон, а вас?

– А меня Вера. Давайте заниматься.

4. В ресторане

– Девушка, здесь свободно?

– Да.

– Можно, мы с приятелем сядем к вам?

– Пожалуйста.

– Очень хорошо. А вот и мой приятель. Его зовут Игорь, а меня Павел. А вас?

– А меня Марина.

– Отлично! Вот и познакомились! Марина, здесь хорошо кормят?

– Кормят неплохо, но обслуживают долго.

– Это не беда. Пойдёмте пока потанцуем. Вы не против?

– Нет. Я очень люблю танцевать.

5. В транспорте

– Девушка, садитесь, пожалуйста! Здесь свободное место!

– Спасибо, я постою.

– Но у вас тяжёлая сумка!

– Ничего. Мне скоро выходить.

– Мне тоже. Кстати, мы с вами соседи. Я живу в соседнем подъезде. Меня зовут Анатолий.

– Действительно, ваше лицо мне знакомо. А я Лиза.

– Вот и наша остановка. Давайте вашу сумку, я помогу.

13 *а)* Знакомиться, знакомый, знакомить, знакомство;

б) знакомый, знакомить, знакомство, знакомиться.

16 *б)* Правду говорят: "Не имей сто рублей, а имей сто друзей".
Правду говорят: "Старый друг лучше новых двух".

ТЕСТ

1. познакомиться с новым преподавателем
представиться новому коллективу
познакомить Наташу с Николаем / Наташу и Николая
представить друга родителям

2. Познакомиться; зовут Сергей, зовут; познакомлю; представил; знакомьтесь; друг; "Я рад познакомиться с вами"; "Я тоже очень рада"; познакомились.

3. Познакомиться, познакомил, познакомить, знакомьтесь, познакомился.

4. • Я хотел бы с вами познакомиться:

1) Можно с вами познакомиться?
2) Мне хотелось бы с вами познакомиться.
3) Давайте знакомиться! Меня зовут...
4) Давайте с вами познакомимся!
5) Разрешите с вами познакомиться!
6) Позвольте представиться! Меня зовут...

• Позвольте представить вам моего друга:

1) Разрешите представить вам ...
2) Разрешите вас познакомить с ...
3) Я хочу познакомить вас с ...

4) Мне хотелось бы познакомить вас с …
5) Познакомьтесь с … .
6) Познакомьтесь, пожалуйста! Это …, а это …
7) Знакомьтесь! Это …, а это …

- Рад с вами познакомиться:

1) Очень приятно.
2) Очень рад(а).

5. ***а)*** – Познакомьтесь, пожалуйста… Это мои папа и мама. А это Ольга Васильевна, моя учительница русского языка.
– Очень приятно.
– Рады познакомиться. Николай Иванович. Светлана Алексеевна.

б) – Можно с вами познакомиться?
– Меня зовут Наташа.
– Очень приятно. Иван.

Ключи к теме 2
ЗДРАВСТВУЙТЕ! КАК ДЕЛА?

7 ***б)***

- по имени и отчеству;
  по имени;
- к друзьям и знакомым такого же возраста;
  к близким родственникам;
- к малознакомым людям;
  к лицам старше по возрасту и положению.

Т Е С Т

1. встречать друга
встречаться с братом
проститься с подругой
спрашивать о делах
приветствовать коллегу
обращаться к профессору

2. Здороваться – прощаться.

3. Как ваше здоровье? — Как вы себя чувствуете?
Как дела? — Как идут ваши дела?
Что нового? — Какие новости?
Как жизнь? — Как живёте?
Как ваша семья? — Как муж, сын, дочь?
Давно мы с вами не встречались! — Сколько лет, сколько зим!
Не думал, что встречу тебя! — Кто бы мог подумать, что встречу тебя!

Ключи к теме 3
ТЫ И ТВОЁ ИМЯ

9 ***б)*** Толя – ТолЕЧКа, ТолЕНЬКа, ТолЮШКа, ТолИК;
Валера – ВалерОЧКа, ВалерОНЬКа, ВалерУШКа, ВалерИК;
Дима – ДимОЧКа, ДимОНЬКа, ДимУШКа;
Ваня – ВанЕЧКа, ВанЮШа, ВанюшКа;
Коля – КолЕЧКа, КолЕНЬКа, КолЮШа, КолюшКа;
Вера – ВерОЧКа, ВерОНЬКа, ВерУШа, ВерушКа;
Катя – КатЕЧКа, КатЕНЬКа, КатЮШа, КатюшКа;
Лиза – ЛизОЧКа, ЛизОНЬКа, ЛизУШКа, ЛизИК;
Надя – НадЕЧКа, НадЕНЬКа, НадЮШа, НадюшКа;
Оля – ОлЕЧКа, ОлЕНЬКа, ОлЮШКа.

10 ***а)*** ЛАРА, ИРА, ВЕРА, ЮРА.
ЛЁША, МИША, МАША, ПАША, САША.

б) Ларочка, Ларонька;
Ирочка, Иронька, Ирушка;
Верочка, Веронька, Веруша, Верушка;
Юра, Юрочка, Юронька, Юрушка, Юрик;
Лёшечка, Лёшенька, Лёшик;
Мишечка, Мишенька;
Машечка, Машенька;
Пашечка, Пашенька;
Сашечка, Сашенька.

Т Е С Т

1. брать фамилию мужа

оставить девичью фамилию
давать кличку
назвать Машей
редкое имя
полная форма имени

2. АННА, АЛЛА

3. • мама к сыну;
• жена к мужу;
• коллега к коллеге;
• приятель к приятелю.

5. Мальчик вырос. И теперь он *не Коля, а Николай Иванович.*

6. *а)* 1) Чайковский;
2) Пушкин;
3) Репин;

б) 1) Чайковский;
2) Пушкин;
3) Репин.

Ключи к теме 4
А ЕСЛИ ЭТО ЛЮБОВЬ?

Невеста

И В ШУТКУ, И ВСЕРЬЁЗ

- “Горько!”
- – серебряная
  – золотая
  – бриллиантовая

ТЕСТ

1.

сделать предложение	предложить руку и сердце
муж и жена	супруги
молодожёны	молодые, новобрачные
играть свадьбу	справлять свадьбу
вступать в брак	жениться, выходить замуж

2. Полюбили, предложение, пожениться, обручальные, свекровь, свадебное, весёлая и шумная, регистрировались, медовый.

3. • Муж и жена, супруги;
• свекровь;
• холостяком.

4.

САША	ЛЕНА
• делать/ сделать предложение • предлагать/ предложить руку и сердце • просить/попросить руки девушки у её родителей • жениться	• принимать/ принять предложение • выходить/выйти замуж

САША и ЛЕНА
вступать/ вступить в брак; пожениться

5. вступить в брак;
регистрироваться в ЗАГСе;
венчаться в церкви;
обменяться кольцами;
делать предложение;
влюбиться с первого взгляда;
стать мужем и женой;
золотая свадьба;
Дворец бракосочетания;
провести медовый месяц;
играть свадьбу.

Ключи к теме 5
СЕМЬЯ ЕСТЬ СЕМЬЯ

2 Муж и жена; муж; тёщу; тесть; зять; невесткой; свёкор и свекровь; внука; племянницу; дядя.

3 ① – муж для ②; отец для ③, ④, ⑦; свёкор для ⑤; дедушка для ⑥; тесть для ⑧.

② – жена для ①; мать для ③, ④, ⑦; свекровь для ⑤;
бабушка для ⑥; тёща для ⑧.

③ – дочь для ①, ②; сестра для ④, ⑦; тётя для ⑥.

④ – сын для ①, ②; брат для ③, ⑦; муж для ⑤;
отец для ⑥.

⑤ – жена для ④; невестка для ②; сноха для ①; мать для ⑥.

⑥ – сын для ④, ⑤; внук для ①, ②;
племянник для ③, ⑦.

⑦ – дочь для ①, ②; сестра для ③, ④; жена для ⑧;
тётя для ⑥.

⑧ – муж для ⑦; зять для ①, ②; дядя для ⑥.

6

1. Бабушка;
2. отец;
3. внучка;
4. зять;
5. дедушка;
6. мать;
7. сестра;
8. брат.

8 Вечером опять вся наша семья сядет за стол.

12 Переживаю, не заживает; обживаем; прожили, дожить; прожили, пережили, выжили.

ТЕСТ

1. сестра – брат
бабушка – дедушка
прабабушка – прадедушка
тётя – дядя
племянница – племянник
внучка – внук

правнучка – правнук
тёща – тесть
свекровь – свёкор

2. Внучка; жена; брат/сестра; свёкор; тётя.

4. *а)* Родиться; родители; родственники; день рождения.
б) Родился; рождения; родители; родственники.

5. Маленькая, недружная, счастливая.

6. Трудолюбивая, многодетная, гостеприимная.

Ключи к теме 6
ПРОБЛЕМЫ СОВРЕМЕННОЙ СЕМЬИ

Т Е С Т

1. причина развода
выступать инициатором развода
заниматься домашним хозяйством
обсуждать семейную проблему
пользоваться льготами

2. Расходятся; развода; лидером в семье; детей; кончается разводом.

4. Разводов; распадаются из-за пьянства, измены; расходятся из-за мамы, лидером, вмешивается.

5. Собакой; душу.

6. Под каблуком; душа в душу.

Ключи к теме 7
МОЙ ДОМ

8 *б)* Застроена; строить; достроить; перестраивали, надстроили, пристроили.

в) Застроить; достроил; достроит; надстроить, пристроить; перестроить.

ТЕСТ

1. жить на восьмом этаже
переехать в новый район
квартира в центре
отдыхать на даче
жить в загородном доме

2. Тихом; удобная, просторная и светлая; раздельных; высокие, толстые, большая; спокойные.

3. Гостиная; детская; кабинет; кухня; ванная; спальня.

5. Перестроить, надстроить, пристроить, построить.

6. Забор – собор.

Ключи к теме 8
КАКУЮ МЕБЕЛЬ – В КАКУЮ КОМНАТУ?

4 Стол, кресло; компьютер, телефон; шкафу; настольную лампу; картину.

5 *а)* Кухню; часы, шкафом; в шкафу; столом.

6 *б)* Прихожая.
Вешалку; зеркало; бра; коврик; полку для обуви.

7 Ванна; душ; раковина; унитаз; полка, кран.
Ванная.

Т Е С Т

1. интерьер квартиры
   мебельный гарнитур состоит из стенки, дивана, двух кресел
   повесить картину в спальне
   передвинуть стол на середину комнаты
   положить книгу в ящик стола

2. сделать ремонт – отремонтировать;
   разместить шкаф, стол, стулья
   в квартире определённым образом – расставить мебель;
   снять картину в одной комнате и повесить её в другой – перевесить.

4. Вешалку, комнату, гостиная, гарнитур; шкаф, стенка, диван, столик, кресла; кухня, кухня, плита, часы.

Ключи к теме 9
ЛЮБИШЬ ЛИ ТЫ ДОМАШНЮЮ РАБОТУ?

Т Е С Т

1. убирать квартиру
   вытереть пыль с мебели
   почистить ковёр пылесосом
   заниматься домашними делами
   купить новую стиральную машину
   навести порядок в квартире

2. Отремонтировал; покрасила; оклеили; побелить; белил; покрасил.

3. гладить утюгом;
   стирать в стиральной машине;
   натирать полотёром;
   пылесосить пылесосом.

4. Полон рот; рукава; золотые.

5. 1) Бельё лучше стирать в *стиральной машине*.
   2) Убирая квартиру, вначале нужно *пропылесосить её*.
   3) Чтобы хорошие вещи дольше служили, *за ними надо правильно ухаживать*.

Ключи к теме 10
У КАЖДОГО ГОРОДА – СВОЁ ЛИЦО

18 Столица; порт; курорт.

19 **По горизонтали:**
1. купол;
2. мост.

По вертикали:
3. река;
4. памятник;
5. собор;
6. площадь.

ТЕСТ

1. любоваться памятником
познакомиться с историей
являться промышленным центром
много музеев, театров
один из красивейших городов страны
открытки с видами города

Ключи к теме 11
ГДЕ ЭТА УЛИЦА, ГДЕ ЭТОТ ДОМ?

ТЕСТ

1. справа от Русского музея
перед высоким зданием
рядом с университетом
недалеко от станции метро
напротив Летнего сада
в двух шагах от набережной

2. БЛИЗКО:
недалеко (отсюда);
совсем близко;
рядом;
рукой подать;
в двух шагах (от..., отсюда).

ДАЛЕКО:
очень далеко;
довольно далеко.

6. 2); 3).

Ключи к теме 12
КАК ПРОЙТИ? КАК ПРОЕХАТЬ?

2 ***а)*** Задание на аудирование.

ЖЕНСКАЯ “БЛАГОДАРНОСТЬ”

Однажды я ехал в троллейбусе в часы “пик”. В троллейбусе было много народу, поэтому я никак не мог достать деньги и купить билет.

Рядом со мной стояла красивая девушка. Я думал, что ей очень неудобно ехать в переполненном троллейбусе.

Пассажиры входили и выходили, толкались, но я ничего не видел и не слышал. Я стоял как камень, грудью защищая Прекрасную Незнакомку.

Девушка внимательно посмотрела на меня своими огромными голубыми глазами. О! За такие глаза я был готов защищать её от пассажиров всего Петербурга и Москвы тоже! Моё сердце радостно забилось.

Девушка сказала: “Пассажир! Покажите ваш билет, пожалуйста!”

... ?

б)
- Троллейбус был переполнен;
- она ему понравилась;
- была кондуктором.

13 Приземлиться в аэропорту;
пройти паспортный контроль, таможенный досмотр;
предъявить, паспорт;
заполнить таможенную декларацию;
получить багаж;
встретить в аэропорту; группу студентов, своих друзей.

15 От пристани, вокзал; остановка, станция; вокзала; стоянка, стоянки, остановка; аэропорта; станции, вокзале.

18 ***б)***
1. Язык до Киева доведёт!
2. Заблудиться в трёх соснах.
3. Мир тесен.

ТЕСТ

1. ехать на трамвае/трамваем
ждать на остановке
водить машину
проехать станцию
прилететь в аэропорт

2. Остановка автобуса; станция метро; стоянка такси.

3. Спускаться по эскалатору; выйти из троллейбуса; ехать без пересадок; поезд прибывает/приходит.

4. Часы "пик"; негде упасть.

5. Идёт; ходил; пойдёт; поедет.

Ключи к теме 13
ТЫ ДЕЛАЕШЬ ПОКУПКИ

15 *б)* 1. доплачу; 2. переплатили; 3. недоплатили, доплатите/заплатите; 4. оплатил; 5. расплатился.

ТЕСТ

1. заплатить деньги в кассу
работать продавцом
покупать на рынке
магазин самообслуживания
перерыв на обед
рассказать о покупке

2. Закрываться; бедный выбор (товаров); низкие цены; переплатить; государственный магазин.

3. Пачку печенья; пакет/бутылку молока; банку/бутылку пива; пакет сахарного песка; коробок спичек; пачку чая; бутылку/пакет сока; пачку сигарет.

4. Заплатил; расплачивался; переплатил; переплачивают; недоплачивают; оплатил; заплатить; платить; оплатить; заплатить.

5. Деньгами; денег не клюют; карману; впросак.

Ключи к теме 14
А ВОТ И ПОЧТА!

3 Отправить, бросить, надписал, указал;
купил, не написал, получать, писать;
переписываешься, получил, ответил, написать, придёт.

Т Е С Т

1. посылать телеграмму
письмо в Россию/из России
опустить письмо в почтовый ящик
получить письмо от друга
писать родителям
переписываться с фирмой

2. посылать – отправлять
вести переписку – переписываться
получатель – адресат
заклеивать – запечатывать

3. Получаю, пишу; переписываюсь; приносит; пишу, опускаю/бросаю, почтовый ящик.

6. Отправляешь; писать, получать; пишешь, надписать; отправьте; заполнили.

Ключи к теме 15
АЛЛО! Я ВАС СЛУШАЮ...

2 *б)* Зазвонил; позвони; звонил, позвонит; созвонимся,
позвони; позвоните/перезвоните; звонил, дозвониться.

Т Е С Т

1. звонить знакомому
дозвониться до фирмы
пользоваться радиотелефоном
снять трубку
оставить информацию на ...

созвониться с другом
ошибиться номером
позвать к телефону

2. Звонит; трубку; номер; гудок; слушаю.

5. Дозвониться; зазвонил; созвонимся; позвонит.

6. Свободен, длинные.

Ключи к теме 16
Я ЖИВУ В ГОСТИНИЦЕ

ТЕСТ

1. останавливаться в гостинице
номер на четвёртом этаже
подниматься на лифте
беседовать с администратором
номер с телефоном
устроиться в двухместном номере

2. Старинных, фешенебельных, на окраине, тихой; дорогом, светлом, уютном.

3. забронировать – заказать
устроиться – поселиться
одноместный – на одного человека
меня это устраивает – мне это подходит
гость – проживающий

5. Остановились, устроились, остановиться/поселиться, устроились.

6. *По горизонтали:*
1. Администратор

По вертикали:
2. Бармен
3. Кемпинг
4. Горничная
5. Отель
6. Мотель

Ключи к теме 17
ИДЁМ В ПАРИКМАХЕРСКУЮ

ТЕСТ

1. сделать стрижку
вымыть голову
сушить волосы феном
побрызгать волосы лаком
стричься в парикмахерской

2. 1) У своего знакомого мастера/в парикмахерской;
2) причёску/стрижку;
3) покрасить волосы;
4) причёску.

3. 1) Стричься, стрижётся.
2) стрижку, новой стрижкой, стрижка, стрижку, новая стрижка, стрижкой, своей стрижке.

6. ***а)*** Волосы | расчёсывают расчёской
сушат феном
стригут ножницами

б) Расчёска. Волосы.

Ключи к теме 18
БЫТОВЫЕ ПРОБЛЕМЫ Я РЕШАЮ ТАК...

1) Фотографироваться;
2) фотографировали;
3) фотографировать, сфотографируемся, фотографирует;
4) фотографироваться;
5) фотографироваться, фотографировать;
6) фотографирует.

5 Фотографировать; фотографиями; проявлять, печатать; фотографироваться; сфотографируемся; фотографий.

ТЕСТ

1. фотографировать друзей
   фотография на студенческий билет
   проявить плёнку
   отнести часы в ремонт
   ателье по ремонту часов
2. Фотография – снимок,
   снимать – фотографировать,
   часы стоят – не работают.

3. Фотоателье; ателье по ремонту часов ("Ремонт часов"); "Оптика"; прачечная, ателье по ремонту обуви ("Ремонт обуви").

5. Заменить; заменить; поменять.
   Почистить; почистит.

Ключи к теме 19
КАК ВЫ СЕБЯ ЧУВСТВУЕТЕ?

ТЕСТ

1. вызвать врача на дом
   навестить больного
   пить микстуру
   таблетки от головной боли
   лежать в кровати
   лечить больного

2. заболеть – простудиться
   навестить больного – побывать у больного с визитом
   поправиться – выздороветь

3. Температура; плохой; принимал; капал; поправиться/выздороветь.

4. Что у вас болит?/На что жалуетесь?
   Выздоравливайте!
   Ты плохо выглядишь!

Ключи к теме 20
САНКТ-ПЕТЕРБУРГ

ТЕСТ

1. назвать в честь апостола Петра
   символ морского могущества
   установить памятник известному писателю
   украшен скульптурой
   вечерняя прогулка на теплоходе
   мостики, перекинутые через канал
   украсить дворец колоннами
   выполнена по проекту Воронихина
   поражать красотой.

2. Начинается, заканчивается, находится, здание, проекту; построен, украшает, установлены; переброшен/перекинут, украшают, известен; возвышается, находятся, мастерами.

Римма Михайловна Теремова,
Валентина Леонидовна Гаврилова

ОКНО В МИР РУССКОЙ РЕЧИ

Технический редактор *Цветков О.В.*
Корректор *Потехина М.П.*
Набор *Потехина М.П.*

Издательство «Борей»:
Санкт-Петербург, Литейный пр., 58.

ЛП № 000064 от 15 января 1999 г.

Сдано в набор 09.09.2000. Подписано в печать с готовых диапозитивов 18.01.2001. Формат $70\times100^{1}/16$. Печ. л. 29,5.
Бумага офсетная. Печать офсетная.
Тираж 2 000 экз. Заказ № 33.

ОАО «Санкт-Петербургская типография № 6».
193144, Санкт-Петербург, ул. Моисеенко, 10.
Телефон отдела маркетинга 271-35-42.